高职高专“十三五”规划教材

物流管理专业

新编供应链管理

（第 2 版）

戴建平　李　屏　主　编
史翠清　洪淑娟　王桂庆　副主编
黎珍珍　俞健萍　参　编

南京大学出版社

内容简介

本书结合编者多年在供应链管理教学和实践中的经验，整合企业对供应链管理人才的需求，以“工学结合”的思想为指导，融合项目教学的理念和模式，将供应链管理课程中最核心的思想加以提炼，将全书的内容划分为六大项目19个任务。通过对本书的学习，学生将对供应链系统有一个全面的了解，同时能掌握研究供应链的三大工具，深刻掌握供应链的两大核心环节，以及掌握设计供应链的基本知识和基本技能。

本书教学理念先进，内容新颖，讲解深入浅出，图文并茂，层次清楚，理论与实践紧密结合，适合作为各大中专院校物流管理专业教材及各行业企业供应链的培训资料，同时也可作为广大物流及供应链爱好者学习的参考书。

图书在版编目（CIP）数据

新编供应链管理 / 戴建平，李屏主编. -- 2版. -- 南京：南京大学出版社，2017.1

高职高专“十三五”规划教材. 物流管理专业

ISBN 978-7-305-18172-6

Ⅰ. ①新… Ⅱ. ①戴… ②李… Ⅲ. ①供应链管理－高等职业教育－教材 Ⅳ. ①F252

中国版本图书馆CIP数据核字(2017)第011422号

出版发行　南京大学出版社
社　　址　南京市汉口路22号　　邮　编　210093
出 版 人　金鑫荣

丛 书 名　高职高专“十三五”规划教材•物流管理专业
书　　名　新编供应链管理（第2版）
主　　编　戴建平　李　屏
策划编辑　胡伟卷
责任编辑　黄园园　蔡文彬　　　编辑热线　010-88252319

照　　排　北京圣鑫旺文化发展中心
印　　刷　常州市武进三厂印刷有限公司
开　　本　787×1092　1/16　　印张 18.5　　字数 462千
版　　次　2017年1月第2版　2017年1月第1次印刷
ISBN　978-7-305-18172-6
定　　价　43.00元

网　　址：http://www.njupco.com
官方微博：http://weibo.com/njupco
微信服务号：njuyuexue
销售咨询热线：（025）83594756

前言

本书第1版自2011年出版以来,受到了众多读者的好评和欢迎。第2版在第1版的基础上对很多内容进行了修改与完善,对相关术语、条例、案例等进行了更新。修订的内容主要是:在项目3中新增了"采购策略"、在项目4中新增了"配送线路优化方法"、在项目5中新增了"供应链库存管理的不确定性";重新编写了项目4中的"补货计划"、项目5中的"库存的概念及作用"和"供应链中的VMI策略"。除此之外,还对书中其他项目的内容进行了适当的删减,修正了部分文字表述。修订后的新版教材结构更加清晰合理,知识体系更趋完整,内容丰富新颖,更加凸显供应链管理课程的特色。

本书在编写的过程中尽量做到简明扼要、条理清晰,便于教师教学和学生学习。本书的创新主要体现在以下3个方面。

1. 教学方法的创新

供应链管理课程主要采用了项目教学法和体验式教学法,同时综合运用了案例分析、情境模拟、分组对抗及学生利用网络课件自学等灵活的方式,不再拘泥于单一的教学模式,自始至终牢牢掌控住学生的"注意力",最大限度地调动学生的学习热情。

2. 教学内容组织与形式的创新

教学内容的选取上摈弃了以往注重学术性忽视实践性的缺点,真正从提高学生实践能力着手设计相应的教学内容。理论上通过项目教学手段将课程规划为六大核心项目,每个项目通过若干个任务进行项目教学,这样的教学设计内容可以使得学生快速而系统性地掌握供应链的精髓和本质,一改传统的以教材为主的应试教育模式。同时课程教学中50%的时间用于学生实践,在很大程度上强化了学生的职业技能和职业素养,这也充分体现了高职教育的理念。

3. 丰富的助学手段

本课程的教学设计将理论与实践进行高度的融合,精心设计了与课程配套的教学课件。教学课件是本书的一大亮点,完全摈弃了传统课件"文字搬家"的弊端,从学生的视角设计了知识链接、在线测试等多媒体学习资源,可通过电脑、手机终端等多种途径,方便快捷地进行课程学习。

本书由无锡开放大学戴建平、珠海城市职业技术学院李屏担任主编,乌海职业技术学院史翠清、厦门东海职业技术学院洪淑娟、海南省洋浦技工学校王桂庆担任副主编,广西工业职业技术学院黎珍珍、嘉兴南洋职业技术学院俞健萍参编。戴建平编写了项目1和项目5,并对全书进行统稿;李屏编写了项目2;史翠清编写了项目4;洪淑娟、王桂庆编写了项目3;黎珍珍、俞健萍编写了项目6。

本书在编写过程中,阅读并参考了许多国内外的学术论著,借鉴了众多学者的学术见解,在此向这些专家和学者表示诚挚的感谢。

由于编者水平有限,书中难免存在疏漏之处,恳请使用本书的师生和读者批评指正。

编　者

2016年11月

本书PPT下载

目　录

项目1 认识供应链

任务1 了解供应链

学习任务

通过相关知识的描述,结合本次任务的案例分析,反复对比研究供应链成功和失败的案例,观察案例中企业的运作模式,分析案例中企业供应链的构成;能分析企业供应链的成功或失败给企业带来的影响,基本说出供应链在企业中所能起到的成效。通过相关的知识导读能明确供应链的内涵和外延,理解供应链的关键特征,把握供应链的核心环节和基本流程。

知识目标

- 理解供应链的基本概念。
- 掌握供应链的特征。
- 熟悉供应链的主要分类。
- 掌握供应链的基本结构。
- 掌握供应链的三大基本流程。

技能目标

- 能够正确描绘某企业的供应链。
- 能够识别供应链的几个关键特征。
- 能够根据行业及企业特征对供应链进行分类。
- 能够正确理解采购和配送这两个供应链上的核心环节。

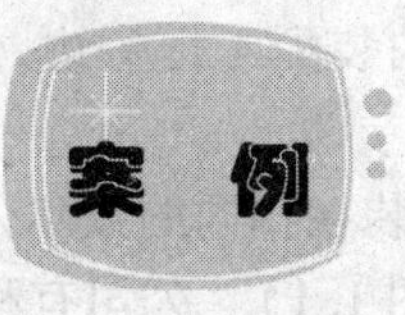

案例1 戴尔公司的供应链

戴尔公司于1984年由现任总裁兼执行长Michael Dell创立,他同时也是目前在计算机领域任期最久的总执行长。他的简单经营理念创造出戴尔公司独树一帜的利基:依照不同需求,为客户量身定做计算机。与客户直接的沟通使戴尔公司更有效及明确地了解客户的需求,并迅速与客户的需求产生互动。

这种革命性的业务模式,使戴尔公司成为目前全球领先的计算机系统直销商,同时也是电子商务基础建设的主要领导厂商。截至2009年12月31日,戴尔公司过去四季度的营业收入高达574亿美元,名列全球第二,成为世界主要计算机系统厂商中的佼佼者。2009年,戴尔公司全球共有75 100名员工。在美国,戴尔公司更是企业用户、政府部门、教育机构和消费者市场排名第一的个人计算机供货商。

在戴尔公司之前,个人计算机是大批量生产后运送到零售店,然后一台台地卖给消费者的,就像卖洗衣机、电视机和其他家用品一样。这种方式是可行的,可是需要大量的库存,而且客户可以选择的品种非常有限。

戴尔公司用直销模式打破了一切,它根据客户订单制造计算机,然后直接运送给客户(见图1.1)。戴尔公司最初从邮寄订单开始,是较早意识到互联网巨大潜力的公司之一,并率先在1996年通过互联网销售计算机。4年之后,戴尔公司每天仅仅在网上的销售额就达到5 000万美元。2001年戴尔公司成为全球最大的个人计算机制造商,紧随其后的是从前的行业首领——合并后的惠普和康柏。

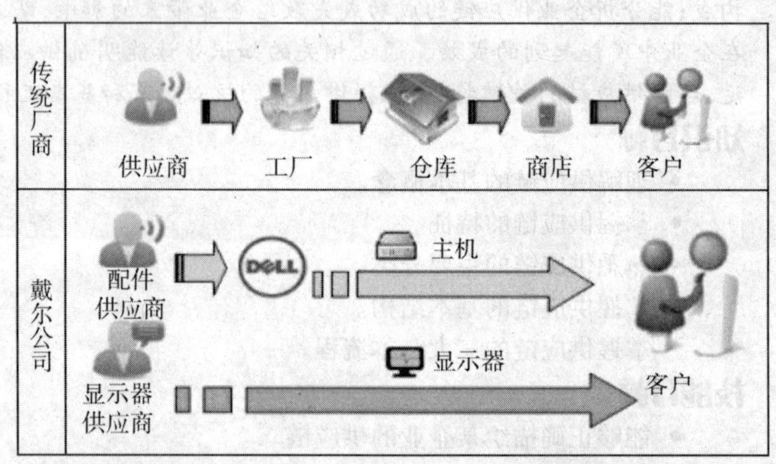

图1.1 戴尔公司的供应链

众所周知,戴尔公司的成功是建立在整合直销的商业模式和按订单生产的生产模式的基础上,但是其实戴尔公司并不是第一家尝试这种策略的个人计算机公司。让这家公司如此成功的真正原因是它执行的方式。戴尔公司绝对坚决地从供应链环节中节省时间和成本。供应商就坐落在戴尔公司自己的装配工厂旁边,供应商按照准时制生产的模式持续提供固定数量的零配件。

显示器从制造商那里直接运来,装在相同的戴尔公司包装箱里,合并在戴尔公司自己的货里,可以直接运送给一个客户(见图1.1)。公司有科学的预测和计划,从而享受到了预先使用客户的付款而带来的财务上的优势。事实上戴尔公司在付款购买部件之前已经从客户那里得到了付款。

对这种方式的完美使用使公司的利润比竞争者高5%。在商品市场上,这是一个不容置疑的优势。

戴尔公司管理供应链的方法由以下3个步骤构成。

1）减少供货商并将其集中。

戴尔公司在全球有 6 座工厂，包括马来西亚的槟城（1996 年 1 月成立）和中国的厦门（1998 年 8 月成立）。它将原本下给 200 多家供货商的订单集中，交给其中 50 家，但条件是它们在戴尔公司工厂旁边盖仓库，就近供货，不愿配合的就从供应链上剔除。戴尔公司本身的零件库存时间不到 2 小时，接到订单后，再通知供货商送零件来，从进料到组装完出货只要 4 小时。

这个观念类似丰田汽车当年的“零库存”（Just In Time）生产方式，在个人计算机业则属创举，颠覆了过去个人计算机业先做市场预估、再依据预估备料生产的模式，后来陆续被同业采用。

为了降低库存并提高零件的流通性，供货商也琢磨出相应的方法，即把零件尽量模块化，减少库存多种不同零件的成本，增加不同零件间的兼容性。从设计的时候就考虑尽量用标准零件。

生产电源供应器的台达，是戴尔公司供应链成员之一，从 1997 年开始和戴尔公司做生意。台达也在学习戴尔精神，并打算向下推动，减少目前 100 多家提供零件给台达的供货商数目和使用的零件数目，以更加利于管理。

戴尔公司对供货商有一套考核制度，考核项目包含品质、物流和服务等。它不断检查每一家供货商的表现，作为保留或淘汰的依据。戴尔公司的评估是做得最仔细的，对供货商非常了解。

2）强化供应链上的信息流通速度和透明度。

与戴尔公司做生意的供货商，等于是在帮它管理库存，必须很清楚戴尔公司未来的出货计划，以免库存过多使自己赔本、库存不够而被戴尔公司撤换。对戴尔公司来说，也必须随时掌握整条供应链上的库存情形，确保其上每一个公司的运作都正常。这牵涉双向的信息流通和信任。

戴尔公司必须确保这一整条神经活得好好的，一小段出问题，整条神经就会瘫痪。在供应链的运作上，换供货商的成本是很高的。

戴尔公司高度运用信息技术，构建连接客户、生产线和供货商的基本骨干，并要求供货商配合。

由于戴尔公司是接单后生产，不走经销渠道，没有存货放在店面的货架上，所以一旦货物从戴尔公司的工厂送出，就等于已经卖掉了。戴尔公司会把每天各种机型个人计算机的销售数字公布在内部网站上，让供货商查询，以使供货商了解接下来哪些零件需求多、哪些需求少。至于戴尔公司即将或刚接到的订单也会公布在该网站上，并帮助供货商做零件预估。戴尔公司会在交货前 13 周做预估，并随着天数减少修正，一直到两周前冻结预估数字，而供货商就根据这个数字在预定时间交货。

戴尔公司盯得很紧，和它做生意很辛苦，但是较愉快，因为戴尔公司的预估很准，一旦下单就会做到。与台达有业务往来的另一家计算机公司，曾因预估错误，以为存货不足，要求台达紧急出货，第二天空运到美国，但是等飞机起飞后又通知台达不要出货。个人计算机业的净利润率才 5%，这一批货万一退回来没卖掉，要出 20 批货赚的钱才能弥补这一次损失。

3）降低研发和设计比重，放大伙伴价值。

戴尔公司的核心能力在于管理好整条供应链，让新产品在最短时间内交到客户手上。

和这件事无关的,都会拿出来交给供应链上的伙伴。

戴尔公司的研发费用只占整体营业收入的不到2%,在前十名计算机公司中是最低的一家,但成长能力却最强。

戴尔公司供应链所取得的成效有:

- 客户下单到出货存货周转天数为4天;
- 每人每小时的生产效率提升160%;
- 订单处理效率提高50%;
- 订单错误率降低50%;
- 每家工厂零件存货空间为9.29 m^2;
- 每家工厂成品存货空间为0。

案例2 凯玛特的供应链

20世纪90年代末,凯玛特(K-Mart)的供应链无力支持其对抗沃尔玛的低价。而在折扣零售业,价格就是一切。然而更糟糕的是,当凯玛特通过蓝色特价宣传单把人们吸引到店里的时候,人们却发现根本没有那些商品。它的供应链即使在有充足时间提前通知的情况下也无法及时供应货物,挣扎中的凯玛特决定采用新技术来解决这个问题。在2000年5月,公司宣布投资前所未有的14亿美元用于软件和服务来改善其供应链系统,投资中包括从亿杰公司引进仓库管理技术和从i2技术公司引进计划系统。

一年半之后,这些系统还没有正式实施,凯玛特宣布它们摈弃了曾购买的这些软件,并且要进行1.3亿美元的销账处理。到底出了什么问题?

公司承认战略清晰度不够,说它们在实施系统之前需要重新思考供应链的策略。这是个正确的想法,然而这个决定仿佛来得太晚、去得太早了。凯玛特进行销账处理后不久,又宣布从曼哈顿联合(Manhattan Associates)公司购买价值6亿美元的仓库管理软件来解决问题。也许为了进一步减轻供应链的压力,公司还宣布关闭250家店。而现在这家公司已经彻底倒闭了。

我的笔记

知识导读

知识链接

1.1 供应链的概念

供应链(supply chain)是围绕核心企业,通过对信息流、物流、资金流的控

制,从采购原材料开始,制成中间产品以及最终产品,最后由销售网络把产品送到消费者手中的将供应商、制造商、分销商、零售商直到最终用户连成一个整体的功能网链结构模式。

供应链的概念是从扩大的生产概念发展来的,它将企业的生产活动进行了前伸和后延。例如,日本丰田公司的精益协作方式就将供应商的活动视为生产活动的有机组成部分而加以控制和协调,这就是前伸。后延是指将生产活动延伸至产品的销售和服务阶段。

因此,供应链就是通过计划(plan)、获得(obtain)、存储(store)、分销(distribute)、服务(serve)等这样一些活动在客户和供应商之间形成的一种衔接(interface),从而使企业能满足内外部客户的需求。

供应链包括产品到达客户手中之前所有参与供应、生产、分配和销售的公司和企业,因此其定义涵盖了销售渠道的概念。供应链对上游的供应者(供应活动)、中间的生产者(制造活动)和运输商(储存运输活动),以及下游的消费者(分销活动)同样重视。

供应链是在相互关联的部门或业务伙伴之间所发生的物流、资金流、知识流、信息流和服务流,覆盖从产品(或服务)设计、原材料采购、制造、包装到交付给最终用户的全过程的功能网链。一个典型的钢材行业的供应链如图 1.2 所示。

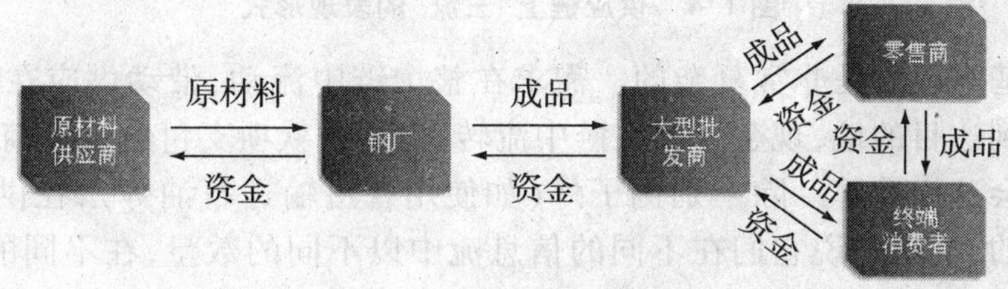

图 1.2 钢材行业的供应链

1.2 供应链中的流

供应链管理的一个根本目标就是实现货物从生产者手里到达消费者终端时的有序流转。

运输功能负责将成品运送到下一个供应链环节。一直以来,运输管理总是被并入另一个相关部门——物料管理部门,因为物料部门负责从供应商到工厂,然后经过工厂内部的 3 种库存形式最后到最终用户手里的全方位的原材料的流动。

供应链中存在三大流程,即需求流、供应流及现金流,如图 1.3 所示。因此,供应链管理的关键在于平衡好需求流、供应流及现金流的关系。

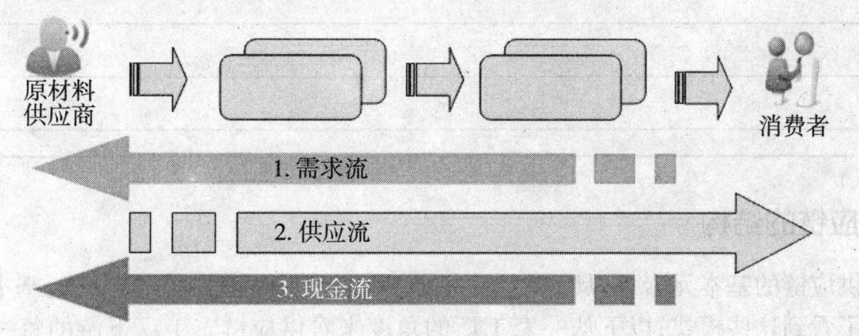

图 1.3 供应链上的三大流程

需求流和现金流是供应链上两个比较关键的流,没有这两个流,货物根本不会移动。正是由于需求提供了货物移动的动力,而现金提供了激励,才使得货物有了移动。在供应链上有效管理货物移动的关键在于同步 3 个流——货物流、需求流和现金流。如图 1.4 所示,在供应链的每个环节中都可能包含任意数目的组织,因此同步好这 3 个流是比较困难的。

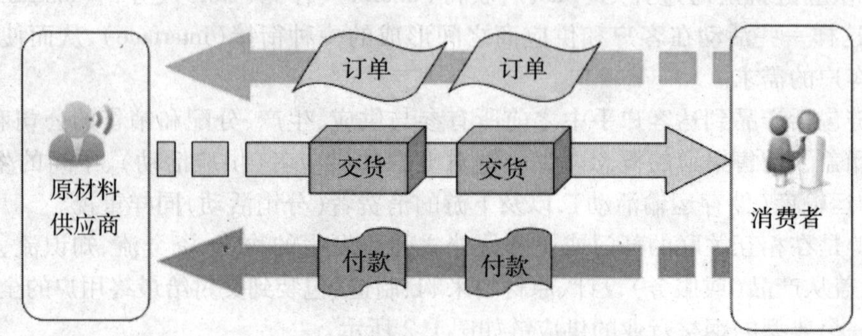

图 1.4 供应链上"三流"的表现形式

供应链的基本运作是非常复杂的。需求在整个链中流动,带动供应在链中反向地运动。随着供应到达目的地,现金开始在链中流转,把货物款项支付给供应商。现实世界的供应链其实不会这样简单。除个别例子外(如使用管道输送石油等),在供应链中的这 3 个流是不连贯的,也就是说它们在不同的信息流中以不同的数量,在不同的时间里运动。需求通常是以订单的形式、供应通常以交货的方式、现金通常以付款的方式出现(见图 1.4)。

大量的供应链管理的方法都与平衡这些信息流的大小和频率有关。例如,经济订货批量(Economic Order Quantity,EOQ)的原理是大规模采购的订单优于不规则采购的订单。然而为了减少库存量,则要求多频次、小批量的配送。对于任何一个给定的流,信息流越小,供应链就越接近于在一个连贯的流动中运作,而不是在供应链中割裂、离散地流动。

我的笔记

1.3 供应链的结构

尽管供应链的基本元素可以以层出不穷的方法来组合,但是对于其结构,基本上有两种模式。为了看到这些模式,以下从一家工厂的角度来看供应链。工厂下游的每一个节点都是成品的终点,从而形成了工厂的配送网络;每个上游节点都是补给的源头,从而形成了采购网络。供应链的这两种网络从工厂的角度看截然不同。

有些工厂的货物只运往一个地点,不过这很罕见。通常的模式是,每家工厂都需要服务许多终端来满足一定地理区域的客户的要求。在这些终端可能再把货物运到更远的地方,以此类推,直到产品达到最后的消费者(见图 1.5)。这种连续层次的供应链模式通常被叫作配送。

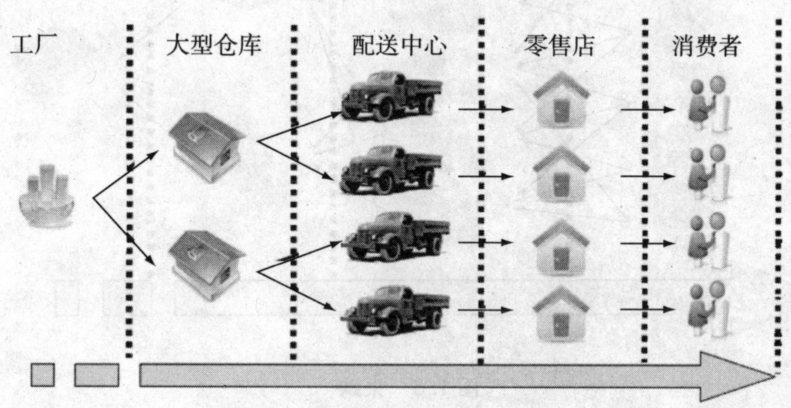

图 1.5 配送

配送是指以低成本、高效率地满足需求的方式来引导成品从工厂流动到消费者处。当一家公司控制了几层的配送节点后,配送经理常常通过图 1.5 的层次试图维持一个秩序井然的配送网络。也就是说,货运通常不允许跳过配送梯队,每个终端只从上一层的节点收货。尽管这些限制简化了配送网络的管理,但它们并没有产生低成本、高效率的方案。现在出现了更复杂的工具来帮助设计和运营配送系统,从而克服了在配送模式上的限制。

当供应链上终端的数量增加时,管理终端的难度就会急剧增加。有了更多的节点,就必须更好地分配库存。这样的话,任何一个节点都会存在因为没有恰到好处数量的产品而产生风险。另外,处理货物的费用和时间随着节点层次的增加而增加,但是随着节点层次的增加运输费用反而下降了,这是因为产品可以以更大量、更经济的方法运往更遥远的地方。在这正反作用之间找到正确的平衡点是设计配送的关键,同时也是必须加以权衡的地方。

其实,如果往上游看会看到相反的模式。尽管一家工厂有可能从单一供应商处获取所有的原材料,但是现实中这样的可能性很小。通常工厂要从许多供应商处采购货物,每家供应商也从许多家供应商的供应商处采购货物,以此类推到原材料,它直接来自于最初的供应商(见图 1.6)。支持这部分供应链的商业模式就是采购,它涉及以及时、节省成本的方式规划从供应商开始到工厂的原材料和部件的流动,如图 1.6 所示。

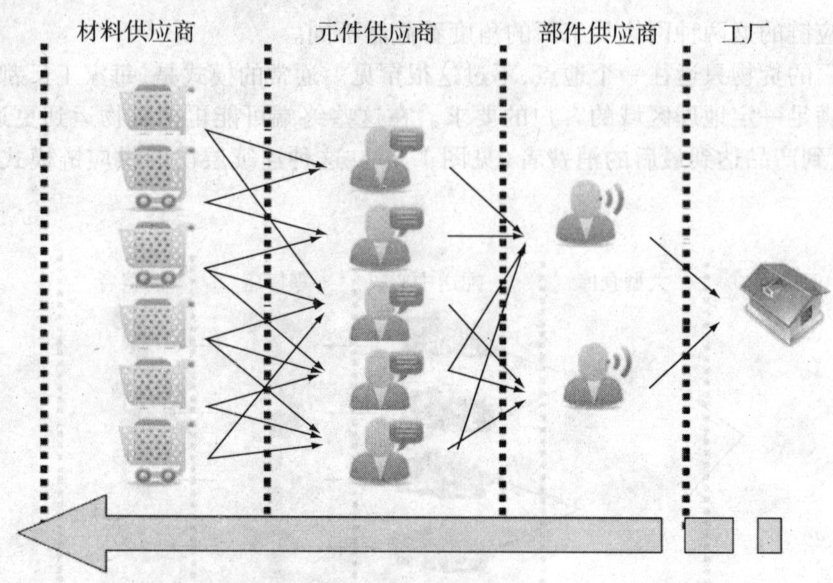

图1.6　采购

和配送一样,当供应源增加时采购管理就变得更加困难了。成功采购的关键是安排所有的材料尽量在生产日期接近时才到达,这样就不用支付额外的成本。根据偶然性的理论,涉及越多的供应商,就越有可能至少有一个供应商延期交货。

另外付款和订单的成本也随着供应商的数量增加而增加,这是因为需要更多的管理费用来管理这些额外的联系。和配送的层次一样,在采购这里增加层次也会增加生产材料送达工厂的时间和费用。

我的笔记

1.4　供应链的特征

供应链的两个最基本特征是复杂性和变化性。

1. 复杂性

供应链的复杂性来自3个主要流相互之间联系的方式。看上去它们之间的联系很简单,即订单启动交货、交货启动付款,但是在实际操作中,订单、交货和付款的关系都比较复杂,如图1.7所示。

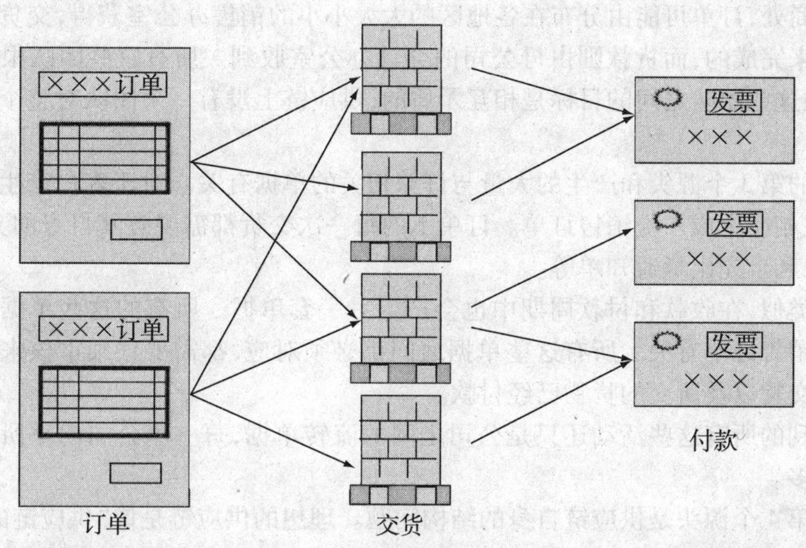

图 1.7 订单、交货和付款

一个简单的生产任务产生的订单合并在一起来达到采购上的规模经济。履行这些订单的交货可能会造成合并订单来减少运输的成本,但是大的订单可能需要拆成两次或更多次的交货,以前延期交货的物品常常会延期。

一张发票通常会覆盖几次交货的内容,一次付款也会覆盖几张发票,诸如此类。这 3 种基本流的简单的联系常常被这些组合和分拆弄得很复杂。

复杂性的另一个源头是供应链管理的方式,不同的团队在管理不同的 3 种流(见图 1.8)。在交易的顾客处,订单可能是由中心采购部门下达的,货物则由不同的当地工厂来接收,而货款则由各区域的会计部门支付。

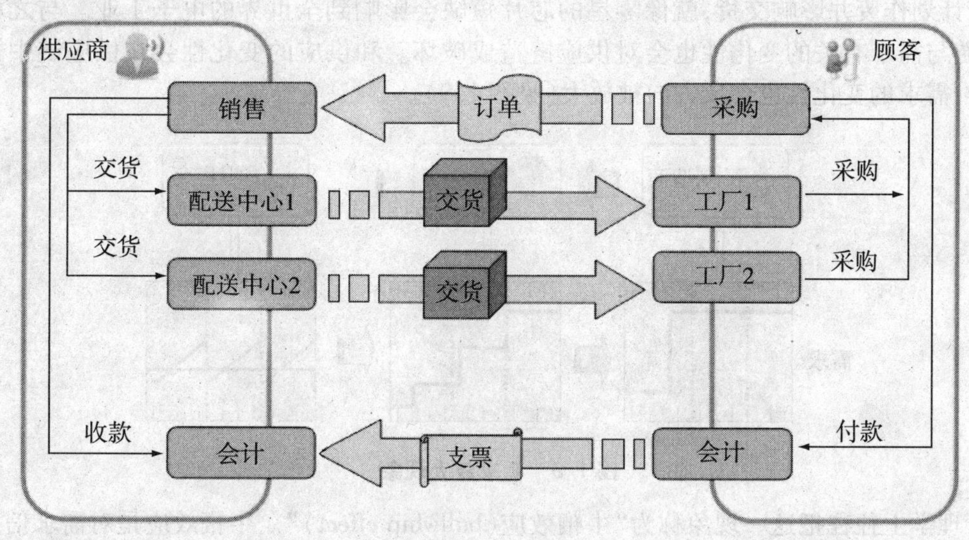

图 1.8 不同的团队管理不同的流

在供应商处,订单可能由分布在各地区的大大小小的销售办公室获得,交货是由各地区的配送中心来完成的,而货款则由母公司的会计办公室收到。所有这些团队根据不同的标准运作,往往这些团队之间的目标是相互矛盾的,供应链上没有一个团队对整个交易的结果负责。

复杂性的第3个源头和产生的大量与订单相关的单据有关。对于客户产生的每一笔订单,供应商也相应生成一份销售订单。订单下的每一次交货都需要有其自身的支持单据,如包装单、提单和事先出货通知单等。

与之相类似,在收款和付款周期中也会产生另一套单据。所有的这些单据都跟相应的采购订单和销售订单有关。所有这些单据之间都必须对应,都需要仔细审核来确保订购的货物已经被交货以及所交的货物已经付款。

刚刚提到的所有这些活动还只是公司之间的流转单据,每一家公司内部所需单据的数量还要多得多。

复杂性第4个源头是供应链自身的结构问题。理想的供应链是像"供应链的结构"部分所阐述的拥有整齐的采购和配送梯队,所有的交易都遵循一个有秩序的子环节。但是实际操作中,这些对供应链运营来说非常重要的梯队管理模式往往难以被理解,很多供应链上由于涉及太多的组织,所以在供应链的设计上显得很困难,很多企业从来没有考虑过设计自己的供应链。

再加上供应链上的企业做决策的时候很少能考虑到供应链这一整体,往往会破坏供应链上有机的秩序——如企业决定开一家新的分厂,增加某一部件的供应商,关闭某一地区的仓库等等,这些决策往往会导致整个供应链系统的紊乱。

2. 变化性

供应链的第2个关键特征是变化性。供应链特别容易受变化性的影响,因为其涉及一系列各种独立的活动。例如,在上游过程中的相对较小的延期可以在整条供应链中被放大,使生产计划作废并影响交货,就像零星的芯片短缺会影响到全世界的电子工业。与之相类似,下游与需求有关的变化性也会对供应链造成破坏。和供应的变化性会在供应链中被放大一样,需求的变化性也会反方向被放大(见图1.9)。

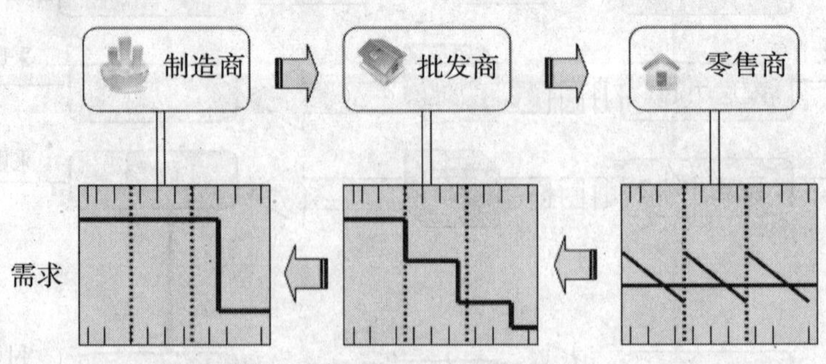

图1.9 需求放大现象

管理学上往往把这一现象称为"牛鞭效应(bullwhip effect)"。牛鞭效应是对需求信息扭曲在供应链中传递的一种形象的描述(见图1.10)。其基本思想是:当供应链上的各节点企业只根据来自其相邻的下级企业的需求信息进行生产或者供应决策时,需求信息的不真实性会沿着供应链逆流而上,产生逐级放大的现象。当信息达到起始端的供应商时,其所获得的需求信息和实际消费市场中的客户需求信息发生了很大的偏差。由于这种需求放大效应的影响,供应方往往维持比需求方更高的库存水平或者说是生产准备计划。

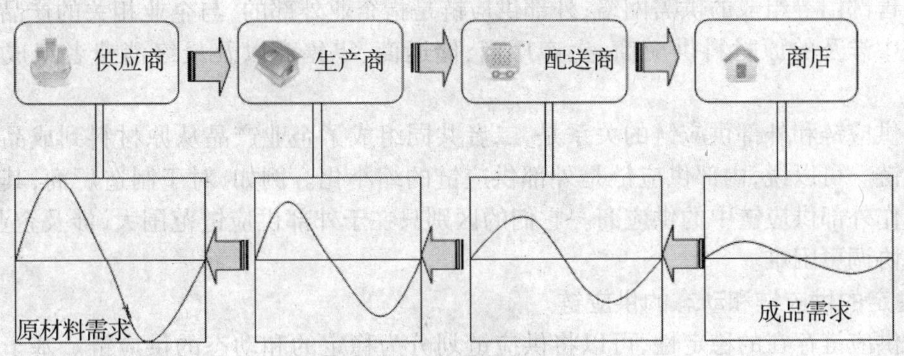

图 1.10 牛鞭效应

牛鞭效应在如今的供应链管理中无疑是表现得最为突出的了。在 1998 年英国举办的供应链管理专题会议上,一位与会者提及,在他的欧洲日杂公司,生产、供应环节发生着这样的现象:从渔场码头得到原材料,经过加工、配送到产品的最终销售需要 150 天时间,虽然消费者得到这样的商品没有感觉到不好,而且所有的中间环节也都是按照他们原本的最优效率运转着,但是这位管理者做了一个数据对比后,感到非常惊愕——他的产品加工的整个过程仅仅占用了 150 天中的 45 分钟。为什么供应链被拖得这么长,而真正最有价值的只有 45 分钟,大部分时效为何被浪费掉了呢?

在整条供应链上,各个环节,如零售商、批发商、分销商和制造商等,每一个节点企业的订单都会产生波动,需求信息都或多或少有扭曲发生,这样下来,通过零售商、批发商、分销商和制造商,逐级而上,信息的扭曲会越来越严重。美国著名的供应链管理专家 Hau L. Lee 教授把牛鞭效应解释为:尽管特定产品的客户需求变动不大,但是这些商品的库存和延期交货波动水平却相当大。

如今人们对牛鞭效应这一现象已经比较了解并能应付,但是需求放大在许多供应链中将继续成为一个严重的问题。

我的笔记

1.5 供应链的类型

根据不同的划分标准,通常将供应链划分为以下几种类型。

1. 内部供应链和外部供应链

内部供应链是指由企业内部产品生产和流通过程中所涉及的采购部门、生产部门、仓储部门和销售部门等组成的供需网络;外部供应链是指企业外部的,与企业相关的产品生产和流通过程中涉及的原材料供应商、生产厂商、储运商、零售商以及最终消费者组成的供需网络。

内部供应链和外部供应链的关系是,二者共同组成了企业产品从原材料到成品到消费者的供应链。可以说,内部供应链是外部供应链的缩小化。例如,对于制造厂商,其采购部门就可看作外部供应链中的供应商。它们的区别只在于外部供应链范围大,涉及企业众多,企业间的协调更困难。

2. 稳定的供应链和动态的供应链

根据供应链存在的稳定性,可以将供应链划分为稳定的和动态的供应链。基于相对稳定、单一的市场需求而组成的供应链稳定性较强,而基于相对频繁变化、复杂的需求而组成的供应链动态性较高。在实际管理运作中,需要根据不断变化的需求,相应地改变供应链的组成。

3. 平衡的供应链和倾斜的供应链

根据供应链容量与用户需求的关系,可以将供应链划分为平衡的供应链和倾斜的供应链。一个供应链具有一定的、相对稳定的设备容量和生产能力(所有节点企业能力的综合,包括供应商、制造商、运输商、分销商和零售商等),但用户需求处于不断变化的过程中,当供应链的容量能满足用户需求时,供应链处于平衡状态;而当市场变化加剧,供应链的容量不能满足用户需求,造成供应链成本增加、库存增加、浪费增加等现象时,企业不是在最优状态下运作,供应链则处于倾斜状态。平衡的供应链可以实现各主要职能之间的均衡。

平衡供应链如图1.11所示。

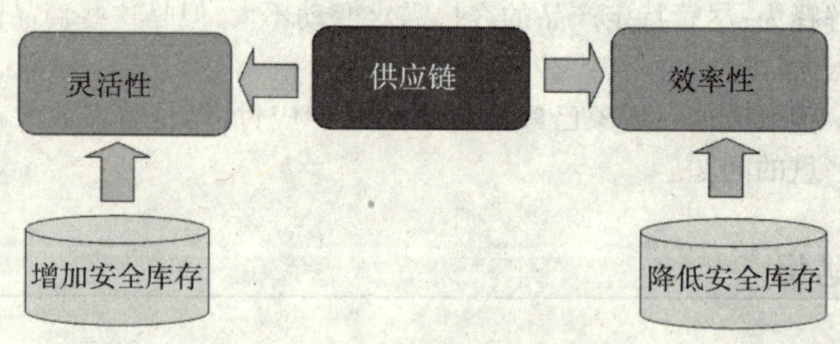

图1.11 平衡供应链

4. 有效性供应链、反应性供应链和创新性供应链

根据供应链的功能模式(物理功能、市场中介功能和客户需求功能),可以把供应链划分为3种:有效性供应链(efficient supply chain)、反应性供应链(responsive supply chain)和创新性供应链(creative supply chain)。

有效性供应链主要体现供应链的物理功能,即以最低的成本将原材料转化成零部件、半成品、产品,以及在供应链中的运输等。

反应性供应链主要体现供应链的市场中介的功能,即把产品分配到满足用户需求的市场,对未预知的需求做出快速反应等。

创新性供应链主要体现供应链的客户需求功能,即根据最终消费者的喜好或时尚的引导,调整产品内容与形式来满足市场需求。

我的笔记

____

____

____

____

复习思考

一、填空题

1. 供应链是围绕核心企业,通过对________、________、________的控制,从采购原材料开始,制成中间产品以及最终产品,最后由销售网络把产品送到消费者手中的将________、________、________、________直到最终用户连成一个整体的功能网链结构模式。

2. 供应链中存在的三大流程分别是________、________以及________。________为整个供应链提供了激励。

3. 供应链的两个最基本特征是:________和________。

4. 根据供应链存在的稳定性划分可以将供应链分为________和________供应链。基于________、________而组成的供应链稳定性较强,而基于________、复杂的需求而组成的供应链动态性较高。

5. 供应链上存在的两大核心环节分别是________和________。

二、不定项选择题

1. 根据供应链容量与用户需求的关系,可以将供应链划分为(　　)。

A. 平衡的供应链　B. 倾斜的供应链
C. 内部供应链　D. 外部供应链

2. 供应链就是通过(　　)等这样一些活动而在客户和供应商之间形成的一种衔接,从而使企业能满足内外部客户的需求。

A. 计划　B. 获得　C. 存储
D. 分销　E. 服务　F. 组织

3. 任何一个供应链上均存在(　　)。

A. 需求流　B. 现金流　C. 供应流　D. 信息流

4. 供应链的基本特征包括(　　)

A. 复杂性　B. 变化性　C. 随机性　D. 时代性

5. 内部供应链是指企业内部产品生产和流通过程中所涉及的(　　)等组成的供需网络。

A. 采购部门　B. 生产部门　C. 仓储部门　D. 销售部门

6. 外部供应链是指企业外部的、与企业相关的产品生产和流通过程中涉及的(　　　)组成的供需网络。

A. 原材料供应商　　B. 生产厂商　　C. 储运商　　D. 零售商

E. 最终消费者

三、简答题

1. 供应链上存在的两大核心环节是什么？请谈谈你对它们的认识。
2. 为什么说复杂性是供应链的一大典型特征？谈谈你对复杂性的理解。
3. 什么是有效性供应链？什么是反应性供应链？什么是创新性供应链？

四、案例分析

ZARA 的快速供应链系统

Inditex 公司是西班牙排名第一、全球排名第三的服装零售商，在全球 52 个国家拥有 2 000多家分店。旗下拥有 ZARA、Pull and Bear、Massimo Dutti 等 9 个服装品牌。ZARA 是其中最成功的，被认为是欧洲最具研究价值的品牌。ZARA 创立于 1985 年，它既是服装品牌，也是专营 ZARA 品牌服装的连锁店零售品牌。

每一季推出的独特款式对 ZARA 品牌的成功的确相当重要。但是可能许多人没有发现，在快速引领潮流推出新款的背后，供应链系统贯穿了整个流程：从每款服装的设计一直到分配到每个分店。Inditex 每年提供 12 000 种不同的产品项目供客户选择，从设计理念到成品上架仅需十几天。这一切不得不归功于 ZARA 公司独特的供应链管理：强大的供应链管理系统及其IT系统支持，使其成为全球服装行业中响应速度与弹性管理的标杆企业，成为“时装行业中的戴尔计算机”。

ZARA 的供应链突出了一个“快”字。首先在产品设计方面，ZARA 很少完全依靠自己设计和研发，更多是从其他时装品牌的发布会上寻找灵感。根据服装行业的传统，高档品牌时装每年都会在销售季节提前 6 个月左右发布时装信息，一般是 3 月发布秋冬季时装，9 月发布春夏季时装。这些时装公司会在巴黎、米兰、佛罗伦萨、纽约等世界时尚中心发布其新款服装，而 ZARA 的设计师们则是最积极的“观众”。

这些信息被迅速反馈回总部后，马上会有专业的时装设计师团队分类别、款式及风格进行改版设计，重新组合成 ZARA 自己全新的产品主题系列。ZARA 总部有一个 260 人的专业团队，由设计专家、市场专家和采购专家(负责采购样品、面料和生产计划等)组成，共同探讨将来可能流行的服装款式、花色和面料等，并讨论大致的成本和零售价格等问题，形成初步的一致意见。

在设计师绘出服装草样并完善后，这个团队还会根据草样进一步讨论确定批量、价格等问题，决定是否投产。开放的团队、频繁的沟通、保证马上付诸实施，这些使得 ZARA 的设计除了拥有低成本和流行元素外，更具备了6 个月的时尚信息“提前量”。

ZARA 的采购环节也非常有特色。在布匹采购方面，ZARA 主要购买原坯布(一种未染色的织布)，根据需要进行染色后再生产。这样不仅可以迅速应对市场上花色变换的潮流，还可以有效降低原材料库存成本并防止缺货的风险。为防止对某家供应商的依赖，同时也鼓励供应商更快地反应，ZARA剩余的原材料供应来自于其公司附近的 260 家供应商，每家供应商的份额最多不超过 4%。

当服装进入生产阶段，ZARA 的做法则和当今世界上流行的外包模式大相径庭，它不仅拥有自己的纺织厂及服装加工厂，并在欧洲一些主要地区建立了独立的物流运输企业。由 ZARA 投资控股的 14 家工厂连接成一个超大型的自动化配销仓库，完全自制自销。虽然生产成本比外包生产提高了 15%~ 20%，但高效率的作业管理使得生产速度得到提升，并减少了存货带来的滞压成本，因此除了有效消除掉这部分可见的成本外，生产企业基本还可以维持 10% 的稳定利润。

接下来，配送环节至关重要。为了加快物流速度，ZARA 总部设有双车道高速公路直通各配送中心。通常订单收到后 8 个小时内货物就可以被运走，每周给各专卖店配货两次。服装被从物流中心用卡车直接运送到欧洲的各个专卖店，并利用附近的两个空运基地运送到美国和亚洲，再利用第三方物流的卡车送往各专卖店。

最后是营销管理。ZARA 要求各专卖店每天必须定时把销售情况发回总部，并且每周要根据当前库存和近两周内的销售预期向总部发两次补货申请。这些信息的准确性是对专卖店管理人员的重点考核内容。另外，为了保证订单能够集中批量生产，减少生产转换时间和降低成本，各个专卖店必须在规定时间前下达订单，如果错过了则只有等到下一次申请。

总部拿到各专卖店的销售、库存和订单等信息后，综合分析各种产品是畅销还是滞销，如果滞销则取消原定生产计划。由于在当季销售前，ZARA 只生产下个季度出货量的 15% 左右，这样 ZARA 在一个销售季节结束后最多只有不超过 18% 的服装不太符合消费者口味，而行业平均水平约为 35%。可以说，ZARA 成功最根本的原因在于其高效的协同供应链运作体系。

资料来源：http://bj. house. sina. com. cn/biz/2009 - 01 - 19/115188. html.

思考

1. ZARA 供应链的快速主要体现在哪些环节？
2. 保障 ZARA 供应链取得成功的核心要素有哪些？
3. 谈谈学习本案例后你的心得体会。

五、实训

调查一家你比较熟悉的企业，分析一下该企业供应链的构成情况。可以以协作小组的形式分组完成该实训项目。

任务2 供应链管理

学习任务

通过对本次任务案例的分析,反复对比各个案例中的共性之处,找出供应链中所研究的主要内容和方法;通过对供应链管理方法的深入研究,更进一步地了解供应链的本质和内涵,并由此找到供应链管理中的主要支点,分析这些支点在供应链管理中所占的重要地位;通过对供应链管理方法的总结和分析,进一步掌握供应链管理方法的实际应用,并以此为基础更进一步来总结和发展供应链管理理论体系。

知识目标

- 理解供应链管理的主要内容及涉及的主要问题。
- 熟悉供应链管理中的主要支点及其影响。
- 掌握快速反应(QR)和有效客户反应(ECR)的实施方法。
- 掌握商品分类管理(CM)和协同预测与补货(CPFR)的主要内容。
- 了解供应链管理理论基础。

技能目标

- 能够熟练掌握供应链中常用的管理方法。
- 能够结合实例分析案例中供应链管理的内容。
- 能够将供应链管理方法应用于实际管理中。
- 能够掌握供应链管理支点对供应链的作用和影响。

案例 供应链管理方法协同预测与补货的诞生

1980年,美国俄亥俄州辛辛那提市的日用品制造商宝洁(Proctor & Gamble,P&G)公司,接到密苏里圣路易市一家超级市场的要求——能不能由宝洁公司自动补充架子上的帮宝适(Pamper)牌纸尿布,不必每次再经过订货的手续,只要架子上一卖完,新货就到,超市每月付一张货款的支票。因而两家公司就试验将双方计算机连起来,做出了一个自动补充纸尿布的雏形系统,试用结果良好,这样两家公司就不必再为"尿布"发愁了。由此,自动化的供应链管理也就开始了。

1987年,宝洁公司副总裁Ralph Drayer决心将"尿布"系统扩大,要覆盖它们所有的下游经销商和日用品销售商。Ralph Drayer解释说,零售业上下游买卖的手续过于烦琐,尤其是对多家、多样商品的买卖,不但复杂,而且费时耗力,要付出很高的成本。因此,宝洁公司希望革新自己旧的供应模式。

开展这项工作所面临的第 1 个挑战，就是要树立一个真正的榜样。宝洁公司与沃尔玛一拍即合，开始自动送货的合作，“连续补充”（continuous replenishment）的概念就因此产生了。

宝洁与沃尔玛这两家最大的卖主与买主，彼此信任，不断试用更有效率的做法，来降低存货、运费和其他不确定的因素。事实证明，自从宝洁公司与沃尔玛实行产销联盟以后，沃尔玛店铺中宝洁公司的纸尿布商品周转率提高了 70%，与此相对应，宝洁公司的纸尿布销售额也提高了 50%，达到了 30 亿美元，宝洁公司与沃尔玛之间的产销联盟所产生的另一个重大积极作用是：以这两个企业为中心，彻底打破了当时在美国流通领域占统治地位的以双环节为主的多环节流通体制。

当时，有两家大型百货零售连锁店试用，一家是沃尔玛，一家是凯玛特。沃尔玛在 1988 年买了宝洁公司的“尿布”系统，然后充分运用系统的特点并不断开发，致使企业发展到今天已经成为拥有千家大卖场的全球最大百货零售企业。而另一家凯玛特，在试用了宝洁公司的系统以后，就没再继续使用，结果后来企业申请破产保护。现在宝洁公司的产品，占了沃尔玛商品的 20%，而且还在继续增长，而宝洁公司的这套系统理念，也就发展成了供应链管理的新策略——协同预测与补货。

沃尔玛与宝洁公司的合作，改变了两家企业的运营模式，实现了双赢。为了实现对供应的有效运作和管理，以及对市场变化的科学预测和快速反应，一种面向供应链的策略——协同预测与补货（Collaboration，Planning，Forecasting and Replenishment，CPFR）应运而生，并逐渐成为供应链管理的一个成熟的商业流程。协同预测与补货斩掉了纠缠工商关系的一条“毒龙”——高昂的补货费用和低效率的沟通方式。与此同时，沃尔玛与宝洁公司合作的协同预测与补货理念，也演变成供应链管理的标准。

我的笔记

知识导读

2.1　供应链管理的内容

1. 供应链管理涉及的主要领域

供应链管理研究的内容主要涉及 4 个领域——供应、生产计划、物流和技术（见图 1.12）。

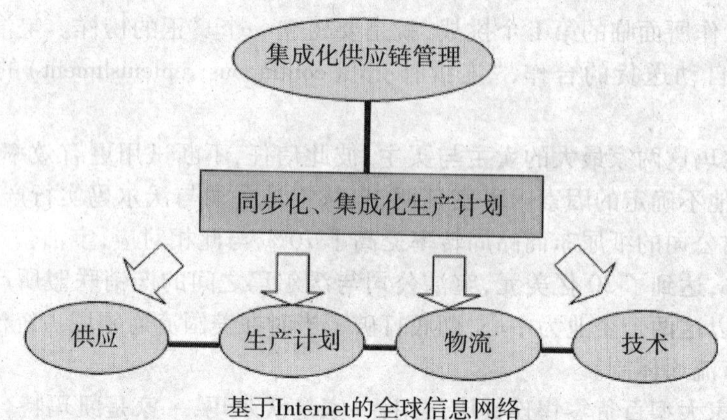

图1.12 供应链管理涉及的领域

供应链管理是以同步化、集成化生产计划为指导,以各种技术为支持,尤其是以Internet/intranet为依托,围绕供应、生产计划、物流(主要指制造过程)和满足客户需求来实施。供应链管理主要包括计划、合作、控制从供应商到客户的物料和信息,其目标在于提高客户服务水平和降低总的交易成本,寻求两个目标间的平衡。

在以上4个领域的基础上,可以将供应链管理细分为职能领域和辅助领域。职能领域主要包括产品工程、产品技术保证、采购、生产控制、库存控制和仓储管理。而辅助领域主要包括客户服务、制造、设计工程、会计核算、人力资源和市场营销。

影响供应链管理成功实施的因素有很多,其中起着重要作用的因素主要有存库、成本、信息、客户服务和合作关系。

(1) 库存

存货和存库水平的管理是供应链管理的重点,是评价供应链管理成功与否的主要绩效标准。简单地说,存货水平必须既能合理满足客户需求,又要降低供应链成本。为了保持商品库存供求的平衡,需要对供应链进行综合管理以避免不必要的重复。当存货在供应链中移动时,为了减少或消除不确定性,存货的可见性是十分必要的——它消除了安全存货。存货的可见性包括库中存货的可见性,其他储存设施中存货的可见性及运送途中存货的可见性。

(2) 成本

高效率与低成本是供应链管理的重要目标。在供应链管理环境下,作为供应链一部分的企业需要认识到它们的经营方式与活动会对厂商与客户产生什么影响。企业往往试图使自己的成本最优化,但是可能会对其供应商或客户产生负面影响。在当今环境下,全球在供应链之间展开了竞争,企业不得不运用信息共享、合资等方案来配合其供应链活动以完成成本目标,这些必须以一定的系统理论和总成本分析为基础。在涉及几个企业时,取得这种目标远比一个企业取得这种目标困难得多。

(3) 信息

信息流的管理对供应链的效益与效率是一个关键因素。要真正实现供应链管理潜能的最大化,信息流必须是一个双向流。如果实现信息共享,就可以实时获取信息,同时如果信息调度完整和准确,就可以大大减少不确定性,反过来又会减少安全库存和明显降低存货。

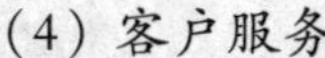

(4) 客户服务

客户服务是供应链管理成功的一个重要因素。全球供应链的成功就在于其在供应链到货成本或价格与提供的有关服务方面为最终客户提供的价值。信息技术对改善客户服务具有重要作用。客户服务使全球供应链保持竞争力,赢得更大的市场份额。

(5) 合作关系

供应链伙伴之间的合作是供应链管理成功的另一个重要因素,即将整个供应链作为一个单独的组织来经营。如今合作和联盟等概念已经成为物流和供应链管理词汇的一部分,这表明更多建立在对抗上的传统企业关系正在发生改变。供应链关系比信息共享和关注供应链总成本更需要协作。战略与策略规划同样需要供应链伙伴间的协作。供应链的协同规划需要包括一个内部的跨职能的团队与外部供应商、生产商和分销商等的共同努力。

2. 供应链管理涉及的主要问题

供应链管理涉及的并不仅仅是物料实体在供应链中的流动,还涉及以下主要问题。

(1) 随机性问题

随机性问题包括对供应商可靠性、运输渠道可靠性、需求可靠性、需求不确定性、价格波动影响、汇率变动影响、随机固定成本、提前期的确定和客户满意度的确定等的研究。

(2) 供应链结构性问题

供应链结构性问题包括对规模经济性、选址决策、生产技术选择、产品决策和联盟网络等的研究。

(3) 供应链全球化问题

供应链全球化问题包括对贸易壁垒、税收、政治环境、产品各国差异性等的研究。

(4) 协调机制问题

协调机制问题包括供应—生产协调、生产—销售协调和库存—销售协调等。

我的笔记

2.2 供应链管理的支点

供应链管理的实现,是把供应商、生产厂家、分销商和零售商等在一条供应链上的所有节点企业都联系起来进行优化,使生产资料以最快的速度,通过生产、分销环节变成增值的产品,到达有消费需求的消费者手中。这不仅可以降低成本、减少社会库存,而且会使社会资源得到优化配置。更重要的是,通过信息网络、组织网络,实现了生产及销售的有效连接和物流、信息流与资金流的合理流动,最终把合适的产品以合理的价格及时送到消费者手上。计算机业的戴尔公司在其供应链管理上采取了极具创新的方法,体现出有效的供应链管理的优越性。构造高效供应链可以从以下4个方面入手。

1. 以客户为中心

从某种意义上讲,供应链管理本身就是以客户为中心的"拉式"营销推动的结果,其出发点和落脚点都是为客户创造更多的价值,都是以市场需求的拉动为原动力。客户价值是供应链管理的核心,企业是根据客户的需求来组织生产的;以往供应链的起始动力来自制造环节,先生产物品,再推向市场,在消费者购买之前,是不会知道销售效果的。在这种"推式"系统里,存货不足和销售不佳的风险同时存在。现在,产品从开始设计时就已经让客户参与了,其目的是使产品能真正符合客户的需求。这种"拉式"系统的供应链是以客户的需求为原动力的。

供应链管理始于最终用户。其架构包括3个部分:客户服务战略决定企业如何从利润最大化的角度对客户的反馈和期望做出反应;需求传递战略则是企业以何种方式将客户需求与产品服务的提供相联系;采购战略则决定企业在何地、怎样生产产品和提供服务。

① 客户服务战略。第一步是对客户服务市场进行细分,以确定不同细分市场的客户期望的服务水平;第二步应分析服务成本,包括企业现有的客户服务成本结构和为达到不同细分市场服务水平所需的成本;第三步是销售收入管理,这一步非常重要,但常被企业忽视。当企业为不同客户提供新的服务时,客户对此会如何反应?是购买增加而需要增加产能,还是客户忠诚度上升,使得企业可以提高价格?企业必须对客户做出正确反应,以使利润最大化。

② 需求传递战略。企业采取何种销售渠道组合把产品和服务送达客户,这一决策对于客户服务水平和分销成本有直接影响。而需求规划(即企业如何根据预测和分析制定生产和库存计划来满足客户需求),是大多数企业最为重要的职能。良好的需求规划是成功地满足客户需求、使成本最小化的关键。

③ 采购战略。关键决策是自产还是外购,这直接影响企业的成本结构和所承担的劳动力、汇率和运输等风险。此外,企业的产能如何规划布置,以及企业如何平衡客户满意和生产效率之间的关系,都是很重要的内容。

2. 强调企业的核心竞争力

在供应链管理中,一个重要的理念就是强调企业的核心业务和竞争力,并为其在供应链上定位,将非核心业务外包。由于企业的资源有限,企业要在各式各样的行业和领域都获得竞争优势是十分困难的,因此它必须集中资源在某个自己所专长的领域(即核心业务)上。也就是在供应链上定位,成为供应链上一个不可替代的角色。

例如,沃尔玛作为一家连锁商业零售企业,高水准的服务以及以此为基础构造的客户网络是它的核心竞争力。于是,沃尔玛超越自身的商业零售企业身份,建立起了高效供应链。

首先,沃尔玛不是一家仅等待上游厂商供货、组织配送的纯粹的商业企业,而是直接参与到上游厂商的生产计划中去,与上游厂商共同商讨和制订产品计划、供货周期,甚至帮助上游厂商进行新产品研发和质量控制。这就意味着沃尔玛总是能够最早得到市场上最希望看到的商品,当别的零售商正在等待供货商的产品目录或者商谈合同时,沃尔玛的货架上已经开始热销这款产品了。

其次,沃尔玛高水准的客户服务能够做到及时地将消费者的意见反馈给厂商,并帮助厂商对产品进行改进和完善。过去,商业零售企业只是作为中间人,将商品从生产厂商传递到消费者手里,反过来再将消费者的意见通过电话或书面形式反馈到厂商那里。看起来沃尔玛并没有独到之处,但是结果却差异很大。

原因就在于,沃尔玛能够参与到上游厂商的生产计划和控制中去,因此能够将消费者的意见迅速反映到生产中,而不是简单地充当二传手或者传声筒。

3. 相互协作的双赢理念

传统的企业运营中,供销之间互不相干,是一种敌对争利的关系,系统协调性差。企业和各供应商之间没有协调一致的计划,每个部门各搞一套,只顾安排自己的活动,影响整体最优。企业与供应商和经销商都缺乏合作的战略伙伴关系,且往往从短期效益出发,挑起供应商之间的价格竞争,失去了供应商的信任与合作基础。市场形势好时对经销商态度傲慢,市场形势不好时又企图将损失转嫁给经销商,因此得不到经销商的信任与合作。而在供应链管理的模式下,所有环节都被看作一个整体,链上的企业除了自身的利益外,还会一同去追求整体的竞争力和赢利能力。因为最终客户选择一件产品,整条供应链上的所有成员都受益;如果最终客户不要这件产品,则整条供应链上的成员都会受损失。可以说,合作是供应链与供应链之间竞争的一个关键。

4. 优化信息流程

信息流程是企业内员工、客户和供货商的沟通过程,以前只能以电话、传真,甚至见面达成信息交流的目的,现在能利用电子商务、电子邮件,甚至互联网进行信息交流。虽然手段不同,但内容并没有改变。而计算机信息系统的优势在于其自动化操作和处理大量数据的能力,使信息流通速度加快,同时减少失误。然而,信息系统只是支持业务过程的工具,企业本身的商业模式决定着信息系统的架构模式。

为了适应供应链管理的优化,必须从与生产产品有关的第一层供应商开始,环环相扣,直到货物到达最终用户手中,真正按供应链的特性改造企业业务流程,使各个节点企业都具有处理物流和信息流的自组织和自适应能力。要形成贯穿供应链的分布数据库的信息集成,从而集中协调不同企业的关键数据。所谓关键数据,是指订货预测、库存状态、缺货情况、生产计划、运输安排和在途物资等数据。为了便于管理人员迅速、准确地获得各种信息,应该充分利用 EDI(Electronic Data Interchange,电子数据交换)、Internet 等技术手段,实现供应链的分布数据库信息集成,达到共享采购订单的电子接收与发送、多位置库存控制、批量和系列号跟踪及周期盘点等重要信息。思科公司是运用 Internet 实现虚拟供应链的典范,超过 90% 的公司订单来自 Internet,而思科的工作人员直接过手的订单不超过 50%。思科公司通过公司外部网连接零部件供应商、分销商和合同制造商,以此形成一个虚拟的、适时的供应链。当客户通过思科的网站订购一种典型的思科产品(如路由器)时,所下的订单将触发一系列的消息给其生产印刷电路板的合同厂商,同时分销商也会被通知提供路由器的通用部件(如电源),组装成品的合同制造商通过登录到思科公司的外部网并连接至其生产执行系统,可以事先知道可能发生的订单类型和数量。信息整合也使整个供应链上的企业都能共享有用的信息。例如,沃尔玛与宝洁公司共享宝洁产品在沃尔玛零售网络中的销售信息,使宝洁公司能够更好地管理这些产品的生产,从而也保障了沃尔玛商场中这些产品的供货。

我的笔记

2.3 供应链管理的方法

2.3.1 QR

1. QR 产生的背景

20 世纪 60 年代开始,美国的杂货行业受到了大量的外国进口商品的强烈冲击。到 20 世纪 80 年代,美国本土生产的鞋、玩具以及家用电器的市场占有份额下降到 20%,尤其是在纺织与服装行业,进口商品大约占到纺织服装行业总量的 40%,全行业面临着危机。一方面,从中美洲、亚洲等地流入大量低价服装;另一方面,美国生产厂家由于人工费上涨,本土制品的价格居高不下,影响到消费者的购买欲望,厂家生产的商品在市场上滞销,销售额下降,企业经营受到巨大影响。

面对与国外商品的激烈竞争,纺织与服装行业在 20 世纪 70 年代和 80 年代采取的主要对策是在寻找法律保护的同时,加大现代化设备的投资。到了 20 世纪 80 年代中期,美国的纺织与服装行业是受进口配额系统保护最重的行业,而纺织业是美国制造业生产率最高的行业。尽管上述措施取得了巨大的成功,但服装行业进口商品的渗透却在继续增加。一些行业的先驱认识到:保护主义措施无法保护美国服装制造业的领先地位,必须找到其他方法。

1984 年,美国纺织服装与化纤行业的一些主要经销商倡导成立了一个委员会,名为用国货为荣委员会(Crafted With Pride in USA Council)。该委员会的主要任务是促进消费者购买美国生产的纺织品和服装。1985 年,该委员会开始以在媒体上做广告等形式宣传国产纺织品的优点,联合行业内的企业采取共同的促销活动,提高美国消费者对本国生产服装的关注。

另一方面,该委员会在 1985—1986 年委托零售业咨询公司克特·萨尔蒙(Kurt Salmon)公司对行业进行提高竞争力的调查。在经过了大量充分的调查后指出,虽然纺织品产业供应链各环节上的企业都十分注重提高各自的经营效率,但是整个供应链总体的效率却并不高,于是,纺织服装业以及零售业开始寻找导致供应链中低效率、高成本的环节,最终发现供应链的长度过长、对供应链终端的反应缓慢是造成其效率低下的主要根源。

纺织服装行业供应链效率低下的具体现象表现在:一方面滞销产品积压在仓库里,另一方面缺货经常发生。这与服装行业的传统商业习惯有很大关系。纺织服装业的一般商业习惯是:在销售季节到来前半年,销售商就向成衣制造商发出订单,待季节到来之际,预备在旺季销售的服装约有一半已经生产出来。如果此时不能按照预计情况销售出去,就会成为降价销售对象而积压在仓库里。反之,若销售状况比预计的要好,也不可能再下订单追回生产,失去扩大销售的机会。整个服装供应链系统的总损失每年可达 25 亿美元,其中 2/3 的损失来自零售商或制造商对服装的降价处理以及在零售时的缺货。进一步的调查又发现,消费者离开商店而不购买的原因主要是商品没有适合他们的尺寸或颜色。整个服装供应链,从原材料到消费者购买,时间为 66 周:其中,11 周在制造车间,40 周在仓库或转运,15 周在商店。这样长的供应链不仅耗费的各种费用多,更重要的是,生产和分销活动都是基于不精确的需求预测,这样因生产数量过多或过少造成的损失非常大,主要是存货成本太高,缺货率太高。

为此,克特·萨尔蒙公司建议零售业者和纺织服装生产厂家合作,共享信息资源,建立一个快速反应系统(Quick Response System,QRS)来实现销售额增长、投资回报率和客户服务满意度最大化以及库存量、商品缺货风险和商品减价最小化的目标。

2. QR 的含义

从 QR(Quick Response,快速反应)的发展背景中可以看到,建立 QR 系统的基础是准确把握销售动向。其具体方法是运用 POS(Point of Sale,销售时点信息)系统的单品管理功能,及时掌握每一种商品的销售状况和库存状况,同时对于在零售阶段获得的销售信息在供应链上下游企业中共享。也就是说,下游零售阶段的销售动向要及时、准确地反映到生产计划上。作为信息交换的手段就是行业 EDI 系统。无论行业中的哪家制造商,只要使用行业 EDI,就可以及时获得某种商品的销售动向信息;无论哪家零售商,都可以通过行业标准 EDI 与厂家开展交易、补充订货。这样,在信息共享和电子数据交换系统的支持下,实现高效率的商品供应。

2001 年《物流术语》中对 QR 的定义是,物流企业面对多品种、小批量的买方市场,不是储备了"产品",而是准备了各种"要素",在用户提出要求,就能以最快速度抽取"要素",及时"组装",提供所需服务或产品。

QR 策略要求供应链中的企业在面对纺织服装这一类多品种、小批量的买方市场时,不是预先储备好了"产品",而是准备了各种"要素",一旦用户提出要求,就能以最快的速度抽取"要素",及时"组装",提供所需服务或产品。

3. 实施 QR 成功的条件

美国是 QR 的发源地,有许多企业都已开始实施 QR,并取得了成功。实施 QR 的零售商有西尔斯(Sears)、沃尔玛等。实施 QR 的供应商有利维斯(Levi Struss)、箭牌公司(Arrow Products)等。

布莱克·波(Black Burn)在对美国纺织服装业研究的基础上,认为 QR 的成功有以下 5 项条件。

① 改变传统的企业经营方式、经营意识和组织结构。

② 开发和应用现代信息处理技术。必须利用好现代信息处理技术,这是成功实施 QR 活动的前提条件。现代信息技术有条形码技术、电子订货系统(EOS)、POS 系统、EDI 技术、EFT(电子资金转账)、VMI(供应商管理库存)和 CRP(连续补货程序)等。

③ 与供应链各方建立战略伙伴关系。与供应链各方建立战略伙伴关系的具体内容包括以下两个方面:一是积极寻找和发现战略合作伙伴,二是在合作伙伴之间建立分工和协作关系。合作的目标是:削减库存,避免缺货现象的发生,降低商品风险,避免大幅度降价现象

的发生,减少作业人员和简化事务性作业等。

④ 充分的信息共享。必须改变传统的对企业商业信息保密的做法,实现信息的充分共享。将销售信息、库存信息、生产信息和成本信息等与合作伙伴交流共享,并在此基础上,要求各方在一起发现问题、分析问题和解决问题。

⑤ 供应方必须缩短生产周期,降低商品库存。

4. QR的实施步骤

实施QR需要经过6个步骤(见图1.13),每一个步骤都需要以前一个步骤作为基础,并比前一个步骤有更高的回报,但是需要额外的投资。

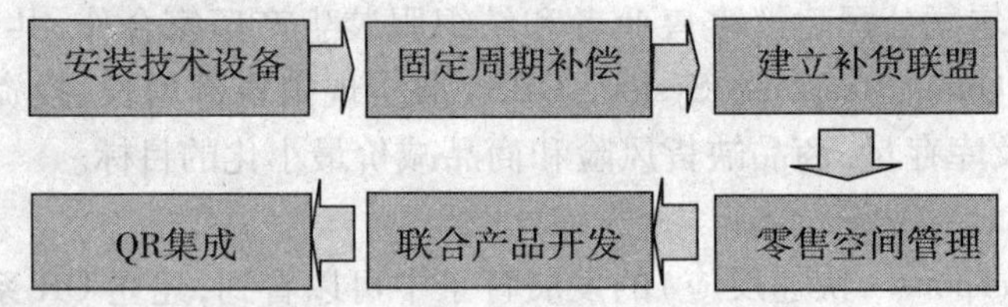

图1.13 实施QR的6个步骤

1) 安装技术设备。

零售商首先必须安装通用产品代码(UPC码)、POS扫描和EDI等技术设备,以加快POS机收款速度,获得更准确的销售数据并使信息沟通更加畅通。POS扫描用于数据输入和数据采集,即在收款检查时用光学方式阅读条形码,然后将条形码转换成相应的商品代码。

通用产品代码是行业标准的12位条形码,用做产品识别。正确的通用产品代码对POS端的客户服务和有效的操作是至关重要的。扫描条形码可以快速、准确地检查价格并记录交易。

EDI是指在计算机间交换商业单证时需遵从一定的标准,EDI要求公司将其业务单证转换成行业标准格式,并传输到某个增值网(VAN),贸易伙伴在该增值网上接收到这些单证,然后将其从标准格式转到自己系统识别的格式。商业单证包括订单、发票、订单确认、销售和存货数据及事先运输通知等。

2) 固定周期补货。

QR的自动补货要求供应商更快、更频繁地运输重新订购的商品,以保证店铺不缺货,从而提高销售。通过对商品实施QR并保证这些商品能敞开供应,可以使零售商的商品周转速度更快,消费者可以选择更多的花色品种。

某些基本商品每年的销售模式实际上都是一样的,一般不会受流行趋势的影响。这些商品的销售量是可以预测的,所以不需要对商品进行考察来确定重新订货的数量。

自动补货是指基本商品销售预测的自动化。自动补货在过去和目前销售数据及其可能变化的基础上使用软件进行定期预测,同时考虑目前的存货情况和其他一些因素,以确定订货量。自动补货是零售商、批发商在仓库或店内进行的。

3) 建立补货联盟。

这是为了保证补货业务的流畅。零售商和消费品制造商联合起来检查销售数据,制定关于未来需求的计划并进行预测,在保证有货和减少缺货的情况下降低库存水平。还可以进一步由消费品制造商管理零售商的存货和补货,以加快库存周转速度,提高投资毛利率。投资毛利率是销售商品实际实现的毛利除以零售商的库存投资额。

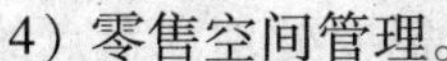

4）零售空间管理。

这是指根据每个店铺的需求模式来规定其经营商品的花色品种和补货业务。一般来说，对于花色品种、数量、店内陈列及培训或激励售货员等决策，消费品制造商也可以参与甚至制定决策。

5）联合产品开发。

这一步的重点不再是一般商品和季节商品，而是如服装等生命周期很短的商品。厂商和零售商联合开发新产品，而且经常在店内对新产品实行试销，从而缩短从新产品概念到新产品上市的时间。其关系的密切程度超过了购买与销售的业务关系。

6）QR 集成。

通过重新设计业务流程，将前 5 步的工作和公司的整体业务集成起来，以支持公司的整体战略。QR 前 4 步的实施，可以使零售商和消费品制造商重新设计产品补货、采购和销售业务流程。前 5 步使配送中心得以改进，可以适应频繁的小批量运输，使配送业务更加流畅。

同样，由于库存量的增加，大部分消费品制造商也开始强调存货的管理，改进采购和制造业务，以做出正确的反应。

最后一步零售商和消费品制造商重新设计其整个组织以及绩效评估系统、业务流程和信息系统，设计的重点是消费者而不是传统的公司职能，要求集成的信息技术。

有时可以先完成最后一步工作，至少是设计整体体系结构，这样补货的改进和新产品的开发就会尽可能地互相吻合。在确定公司核心业务及其发展方向时，应具有战略性的眼光。

5. 实施 QR 的收益

(1) 减少削价损失及降低流通费用

某公司库存周期长短和需求预测误差的关系如图 1.14 所示。

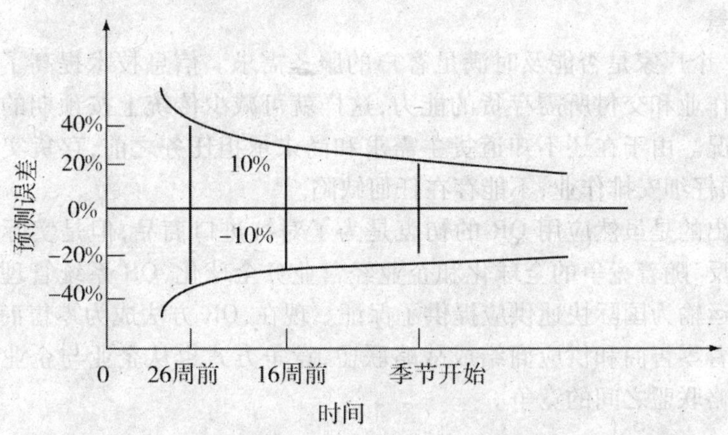

图 1.14　某公司库存周期长短和需求预测误差的关系

从图 1.14 可以看出，该公司如果在季节开始之前的 26 周进货，则需求预测误差（缺货或积压）在 40% 左右；如果在季节开始之前的 16 周进货，则需求预测误差在 20% 左右；如果在很靠近季节开始的时候进行，需求预测误差只有 10% 左右。应用 QR 系统可以及时获得更准确的客户需求信息，把握畅销商品和滞销商品，同时通过多频次、小数量的送货方式，在零售店需要的时候才进货，这样需求预测误差可降到 10% 左右，使得库存商品能够最大限度地满足客户的需求，减少了客户需求不足的商品的库存，从而减少了削价的损失。同时，由于集成了对客户需求的预测和生产规划,因此可以提高库存周转速度,需要处理和盘点的库存量减少了,从而降低了流通费用。

(2) 降低管理费用

因为不需要手工输入订单,所以采购订单的准确率提高了。额外订货和发货的减少也降低了管理费用。货物发出之前,仓库对运输标签进行扫描并向零售商发出预先发货清单,这些措施都降低了管理费用。

(3) 更好地计划生产

由于可以对销售进行预测并能够得到准确的销售信息,厂商可以准确地安排生产计划。

(4) 提高了销售额

条形码和POS扫描使零售商能够准确地跟踪存货情况,在库存真正降低时才订货,降低了订货周期。由于实施自动补货系统,保证了在客户需要商品时可以得到现货。

(5) 降低了采购成本

实施QR后,由于大大简化了商品采购的订单准备、订单创建、订单发送及订单跟踪等环节,所以采购成本得到了降低。

(6) 加快库存周转

实施QR后,生产厂商按市场需求生产,零售商按客户需求订货,可以根据需要随时补充货物,从而加快了库存的周转。

(7) 更好地为客户服务

由于相应成本的降低、流通速度的加快,厂家和商家能够及时把握客户的实际需求,并按需求生产,所以能够在最短的时间内满足客户的需求,并且由于流通成本的降低,最终消费者也能从中获益。

6. QR的前景

QR关系到一个厂家是否能及时满足客户的服务需求。信息技术提高了在最短的可能时间内完成物流作业和交付所需存货的能力,这样就可减少传统上按预期的客户需求过度地储备存货的情况。由于在还不知道货主需求和尚未承担任务之前,存货实际上并没有发生移动,所以必须仔细安排作业,不能存在任何缺陷。

这里需要指出的是虽然应用QR的初衷是为了对抗进口商品,但是实际上并没有出现这样的结果。相反,随着竞争的全球化和企业经营业务全球化,QR系统管理迅速在各国企业界扩展。航空运输为国际快速供应提供了保证。现在,QR方法成为零售商实现竞争优势的工具。同时随着零售商和供应商结成战略联盟,竞争方式也从企业与企业间的竞争转变为战略联盟与战略联盟之间的竞争。

2.3.2 ECR

1. ECR 策略产生的背景

在 20 世纪 60 年代和 70 年代,美国百货业的竞争主要是在生产厂家之间展开。竞争的重心是品牌、商品、经销渠道和大量的广告和促销,在零售商和生产厂家的交易关系中生产厂家占据支配地位。进入 20 世纪 80 年代,特别是到了 90 年代以后,在零售商和生产厂家的交易关系中,零售商开始占据主导地位,竞争的重心转向流通中心、商家自有品牌(PB)、供应链效率和 POS 系统。同时在供应链内部,零售商和生产厂家之间为取得对供应主导权的控制,同时为商家自有品牌和厂家品牌(NB)占据零售店铺货架空间的份额展开激烈的竞争,这种竞争使得在供应链的各个环节间的成本不断转移,导致供应链整体的成本上升,而且形成交易关系双方一赢一输的局面,容易牺牲力量较弱一方的利益。

在此期间,从零售商角度来看,随着新的零售业(如仓储商店、折扣店)的大量涌现,零售商能以相当低的价格销售商品,从而使日杂百货业的竞争更趋激烈。在这种情况下,许多传统超市业者开始寻找适应这种竞争方式的新管理方法。从生产厂家角度来看,由于日杂百货商品的技术含量不高,大量无实质性差别的新商品被投入市场,使生产厂家之间的竞争趋同化。生产厂家为了获得销售渠道,通常采用直接或间接的降价方式作为向零售商促销的主要手段,这种方式往往会大量牺牲厂家自身的利益。因此,如果生产厂家能与供应链中的零售商结成更为紧密的联盟,将不仅有利于零售业的发展,同时也符合生产厂家自身的利益。

另外,从消费者的角度来看,过度竞争往往会使企业在竞争时忽视消费者的需求。通常消费者要求的是商品的高质量、新鲜度、服务和合理价格基础上的多种选择。然而,许多企业往往不是通过提高商品质量、服务和在合理价格基础上的多种选择来满足消费者,而是通过大量的诱导型广告和广泛的促销活动来吸引消费者转换品牌,同时通过提供大量非实质性变化的商品给消费者选择。这样消费者不仅得不到他们需要的商品和服务,得到的反而往往是高价和不甚满意的商品和服务,同时被大量诱导型广告和促销活动搞得眼花缭乱。对于这种情况,客观上要求企业从消费者的需求出发,提供能满足消费者需求的商品和服务。

2. ECR 的含义

ECR(Efficient Customer Response,有效客户反应)是以满足客户要求和最大限度降低物流过程费用为原则,能及时做出准确反应,使提供的物品供应或服务流程最佳化的一种供应链策略。ECR 通过生产厂家、批发商和零售商等供应链组成各方相互协调和合作,实现以更好、更快并且成本更低的服务满足消费者需求的目的。

ECR 的优点在于供应链各方为了提高消费者满意度这个共同的目标进行合作,分享信息和诀窍。ECR 是一种把以前处于分离状态的供应链联系在一起来满足消费者需要的工具。

3. ECR 的特征

(1) 管理意识的创新

传统的产销双方的交易关系是一种此消彼长的对立型关系,即交易各方以对自己有利的买卖条件进行交易。简单地讲,这是一种赢—输型关系。ECR 要求产销双方的交易关系是一种合作伙伴关系,即交易各方通过相互协调合作,实现以低成本向消费者提供更高价值服务的目标,在此基础上追求双方的利益。简单地讲,这是一种双赢型关系。

(2) 供应链整体协调

传统流通活动缺乏效率的主要原因在于厂家、批发商和零售商之间存在企业间联系的非效率性和企业内采购、生产、销售和物流等部门或职能之间存在部门间联系的非效率性。传统的组织以部门或职能为中心进行经营活动,以各个部门或职能的效益最大化为目标。这样虽然能够提高各个部门或职能的效率,但容易引起部门或职能间的摩擦。同样,传统的业务流程中各个企业以各自企业的效益最大化为目标,这样虽然能够提高各个企业的经营效率,但容易引起企业间的利益摩擦。ECR 要求对于各部门、各职能以及各企业之间的隔阂,进行跨部门、跨职能和跨企业的管理和协调,使商品流和信息流在企业内和供应链内顺畅地流动。

(3) 涉及范围广

既然 ECR 要求对供应链整体进行管理和协调,ECR 所涉及的范围必然包括零售业、批发业和制造业等相关的多个行业。为了最大限度地发挥 ECR 所具有的作用,必须对关联的行业进行分析研究,对组成供应链的各类企业进行管理和协调。

4. ECR 系统构建

ECR 作为一个供应链管理系统,需要把市场营销、物流管理、信息技术和组织革新技术有机结合起来作为一个整体使用,以实现目标。ECR 系统的结构如图 1. 15 所示。构建 ECR 系统的具体目标是:实现低成本的流通,建设基础关联设施,消除组织间的隔阂,协调合作满足消费者需求。组成 ECR 系统的技术要求主要有信息技术、物流技术、营销技术和组织革新技术。下面对这些要素进行说明。

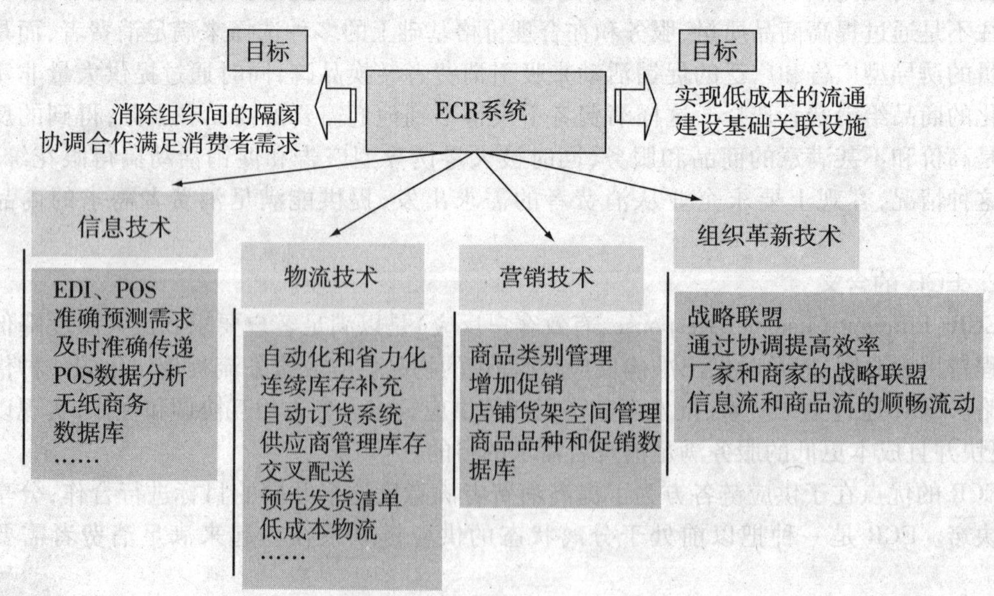

图 1. 15 ECR 系统的结构

(1) 营销技术

在 ECR 系统中采用的营销技术主要是商品类别管理(category management)和店铺货架

空间管理(space management)。

商品类别管理是以商品类别为管理单位,寻求整个商品类别全体收益最大化。具体来说,企业对经营的所有商品按类别进行分类,确定或评价每一个类别商品的功能、收益性和成长性等指标,在此基础上,结合考虑各类商品的库存水平和货架展示等因素,制订商品品种计划,对整个商品类别进行管理,以便在提高消费者服务水平的同时增加企业的销售额和提高收益水平。

例如,企业把某类商品设定为吸引客户的商品,把另一类商品设定为增加企业收益的商品,努力做到在满足客户需要的同时兼顾企业的利益。商品类别管理的基础是对商品进行分类。分类的标准、各类商品功能和作用的设定依企业的使命和目标不同而不同。但是原则上,商品不应该以是否方便企业来进行分类,而应该以客户的需要和客户的购买方便来进行分类。

店铺货架空间管理工作对店铺的空间安排、各类商品的展示比例及商品在货架上的布置等进行最优化管理。在综合店铺管理中,对该店铺的所有类别的商品进行货架展示面积的分配,对每个类别下的不同品种的商品进行货架展示面积分配和展示布置,以便提高单位营业面积的销售额和单位营业面积的收益率。

(2) 物流技术

ECR系统要求及时配送(JIT)和顺畅流动。实现这一要求的方法有连续库存补充计划(CRP)、自动订货(CAO)、预先发货清单(list of pre-shipment)、供应商管理库存(VMI)、交叉配送(cross docking)和店铺直送(Direct Store Delivery,DSD)等。

交叉配送(见图1.16)是在零售商的流通中心,把来自各个供应商的货物按发送店铺迅速进行分拣装车,向各个店铺发货。在交叉配送的情况下,流通中心仅是一个具有分拣装运功能的通过型中心,有利于缩短交货周期、减少库存和提高库存周转率,从而能节约成本。

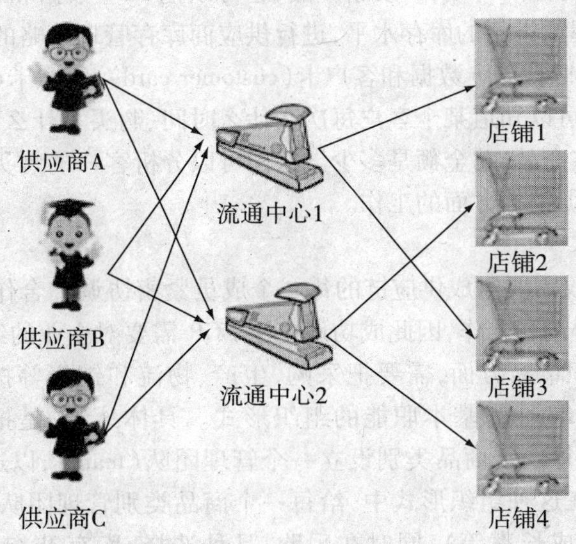

图1.16 交叉配送示意

店铺直送方式(见图1.17)是指商品不经过流通配送中心,直接由生产厂家运送到店铺的运送方式。采用店铺直送方式可以保持商品的新鲜度,减少商品运输破损,缩短交货周期、时间。

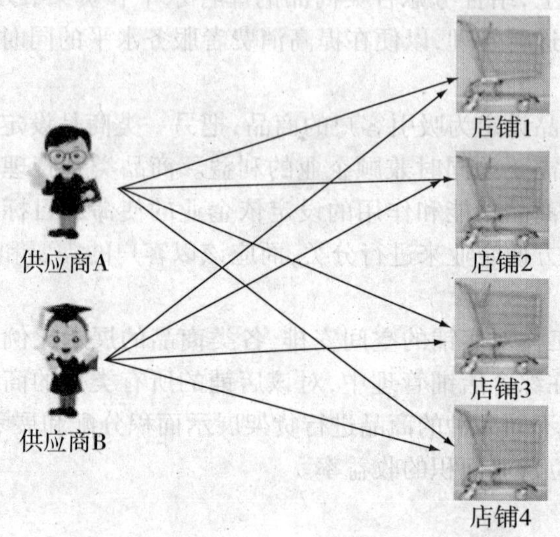

图1.17 店铺直送示意

(3) 信息技术

ECR系统的信息技术主要有EDI和POS。

对于零售商来说,通过对在店铺收银台自动读取的POS数据进行整理分析,可以掌握消费者的购买动向,找出畅销商品和滞销商品,做好商品类别管理。可以通过利用POS数据做好库存管理、订货管理等工作。对于生产厂家来说,通过EDI利用及时、准确的POS数据,可以把握消费者需求,制订生产计划,开发新产品,还可以把POS数据和EOS(电子订货系统)数据结合起来分析把握零售商的库存水平,进行供应商库存管理策略的库存管理。

现在,许多零售企业把POS数据和客户卡(customer card)、积点卡(point card)等结合起来使用。通过客户卡,可以知道某个客户每次在什么时间、购买了什么商品、金额多少,到目前为止总共购买了哪些商品、总金额是多少。这样可以分析客户的购买行为,发现客户不同层次的需要,做好商品促销等方面的工作。

(4) 组织革新技术

应用ECR系统不仅需要组成供应链的每一个成员紧密协调和合作,还需要每一个企业内部各个部门间紧密协调和合作,因此成功地应用ECR需要对企业的组织体系进行革新。

在企业内部的组织革新方面,需要把采购、生产、物流和销售等按职能划分的组织形式改变为以商品流程(flow)为基本职能的组织形式。具体地说,是把企业经营的所有商品按类别划分,对应于每一个商品类别设立一个管理团队(team),以这些管理团队为核心构成新的组织形式。在这种组织形式中,给每一个商品类别管理团队设定经营目标(如客户满意度、收益水平和成长率等),同时在采购、品种选择、库存补充、价格设定和促销等方面赋予相应的权限。每个管理团队由一个负全责的商品类别管理人(category manager)和六七个负责各个职能领域的成员组成。由于商品类别管理团队规模小,内部容易交流,各职能间易于协调。

在组成供应链的企业间需要建立双赢型的合作伙伴关系。具体地说，厂家和零售商都需要在各自企业内部建立以商品类别为管理单位的组织。这样双方相同商品类别的管理就可聚集在一起，讨论从材料采购、生产计划到销售状况、消费者动向的有关该商品类别的全盘管理问题。另外，需要在企业间进行信息交换和信息分享。当然，这种合作伙伴关系的建立有赖于企业最高决策层的支持。

5. ECR 的核心要素

ECR 概念的提出者认为 ECR 活动是个过程，这个过程主要由贯穿供应链各方的 4 个核心过程组成，如图 1.18 所示。因此，ECR 主要集中在以下 4 个领域：有效的店铺空间安排（efficient store assortment）、有效的商品补充（efficient replenishment）、有效的促销活动（efficient promotions）和有效的新产品开发与市场投入（efficient new product introductions）。

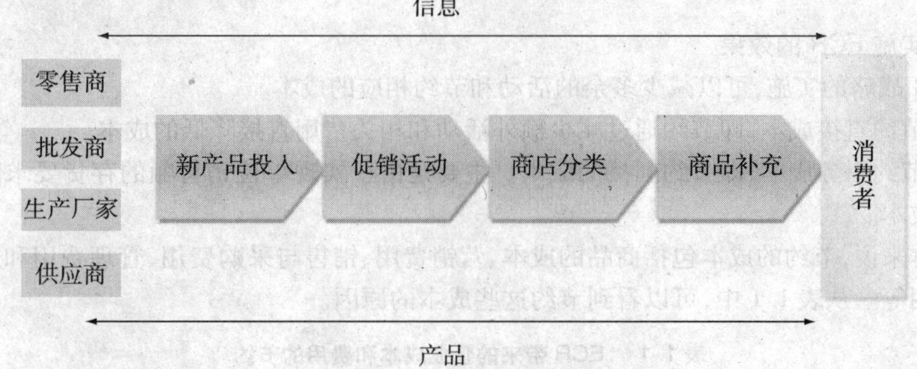

图 1.18　ECR 和供应链过程

（1）有效的店铺空间安排

实施这一战略的目的是通过有效地利用店铺的空间和店内布局，最大限度地提高商品的获利能力。利用计算机化的空间管理系统，零售商可以提高货架的利用率。有效的商品分类要求店铺储存消费者需要的商品，把商品范围限制在高销售率的商品上，从而提高所有商品的销售业绩。

企业应经常监测店内空间分配以确定产品的销售业绩。优秀的零售商至少每月检查一次商品的空间分配情况，甚至每周检查一次。这样能够使产品经理可以对新产品的导入、老产品的撤换、促销措施及季节性商品的摆放制定及时、准确的决策。同时，这种检查有助于企业了解商品的销售趋势，据此可以对商品的空间分配进行适当的调整，从而保证商品的销售，以实现事先确定的投资收益水平。

（2）有效的商品补充

该战略是通过努力降低系统的成本来降低商品的售价。其目的是将正确的产品在正确的时间和正确的地点以正确的数量和最有效的方式送给消费者。有效补货的构成要素主要包括：POS 扫描，店铺商品预测，店铺的电子收货系统，商品的价格和促销数据库，动态的计算机辅助订货系统，集成的采购订单管理，厂商订单履行系统，动态的配送系统，仓库电子收货，直接出货，自动化的会计系统，议付。有效补货即从生产线到收款台，通过 EDI、以需求为导向的自动连续补货和计算机辅助订货等技术手段，使补货的时间和成本最优化，从而降低商品的售价。

(3) 有效的促销活动

有效的促销活动的主要内容是简化贸易关系,将经营重点从采购转移到销售。快速周转消费品行业现在把更多的时间和金钱用于对促销活动的影响进行评价。消费者则可以从这些新型的促销活动所带来的低成本中获利。构成食品行业的促销活动主要有3种:消费者广告、消费者促销和贸易促销。

(4) 有效的新产品开发与市场投入

有效的新产品开发与市场投入包括让消费者和零售商尽早接触到这种产品。首要的策略就是零售商和厂家应为了双方的共同利益而密切合作。这个业务包括把新产品放在一些店铺内进行试销,再按照消费者的类型分析试销的结果,然后根据这个信息决定怎样处理这种新产品。处理办法包括:淘汰该产品,改进该产品,改进营销技术,以及采用不同的分销策略等。

6. 实施ECR的效果

ECR战略的实施,可以减少多余的活动和节约相应的成本。

① 节约直接成本,即节约通过减少额外活动和相关费用直接降低的成本。

② 节约财务成本,即节约间接的成本。主要是由于实现单位销售额的存货要求降低而节约的成本。

具体来说,节约的成本包括商品的成本、营销费用、销售与采购费用、管理费用和店铺的经营费用等。从表1.1中,可以看到节约这些成本的原因。

表1.1　ECR带来的企业成本和费用的节约

费用类型	ECR带来的节约
商品的成本	损耗降低,制造费用降低(包括减少加班时间,更充分利用生产力),包装成本降低(促销包装更少,品种减少),更有效地进行原材料采购
营销费用	贸易促销和消费促销的管理费用降低了,产品导入失败的可能性减少
销售和采购费用	现场和总部的资源费用降低了(包括合同的减少、自动订货和减少降价),简化了管理
后勤费用	更有效地利用了仓库和卡车,仓库的空间要求降低了
管理费用	减少一般的办事员和财务人员
店铺的经营费用	自动订货。单位面积的销售额更高

7. ECR与QR的比较

ECR主要以食品行业为对象,其主要目标是降低供应链各环节的成本,提高效率。而QR主要集中在一般商品和纺织行业,其主要目标是对客户的需求做出快速反应,并快速补货。这是因为食品杂货业与纺织服装行业经营的产品的特点不同:杂货业经营的产品多数是一些功能型产品,每一种产品的寿命相对较长(生鲜食品除外),因此,订购数量过多(或过少)的损失相对较小。纺织服装业经营的产品多属创新型产品,每一种产品的寿命相对较短,因此,订购数量过多(或过少)造成的损失相对较大。另外,它们之间还有以下不同之处。

① 侧重点不同:QR侧重于缩短交货提前期,快速响应客户需求;ECR侧重于减少和消

除供应链的浪费,提高供应链运行有效性。

② 管理方法不同:QR 主要借助信息技术实现快速补货,通过联合产品开发缩短产品上市时间;ECR 除快速有效引入新产品外,还实行有效商品管理、有效促销。

③ 适用的行业不同:QR 适用于单位价值高、季节性强、可替代性差、购买频率低的行业;ECR 适用于产品单位价值低、库存周转率高、毛利少、可替代性强、购买频率高的行业。

④ 改革的重点不同:QR 改革的重点是补货和订货的速度,目的是最大限度地消除缺货,并且只在商品需求时才去采购;ECR 改革的重点是效率和成本。

我的笔记

2.3.3 CPFR

合理使用预测方法,完善预测过程,能够为企业带来优质的物流运作服务,从而为企业带来极大效益。然而即便如此,在企业的运作中仍然可能出现一些计划之外或未经协调的事情,导致供应链中正常、平稳的产品流出现极大的波动。对于单个企业而言,它通常难以有效地协调自身对最终消费者需求的预测同能够刺激需求的市场活动之间的关系,这是产生波动的主要原因。例如,假设在月初制造商预计某个零售商的购买量为 100 000 件,为了尽可能地促进销售,制造商进行了广告宣传并采取促销手段。同时,该零售商估计在促销活动的帮助下,它的销售量能够达到 150 000 件。很明显,如果制造商和零售商能够共同计划促销活动,同时实现信息共享,那么就可以大大提高双方建立成功的合作关系的可能性。

协同计划、预测和补货(Collaborative Planning, Forecasting and Replenishment, CPFR)是消费品行业中的企业为了实现上述协调所采用的方法。CPFR 是在 CFAR(Collaborative Forecast And Replenishment,共同预测和补货)的基础上,进一步推动共同计划的制订,即不仅合作企业实行共同预测和补货,同时将原来属于各企业内部事务的计划工作(如生产计划、库存计划、配送计划、销售规划等)也由供应链各企业共同参与。CPFR 是一种协同式的供应链库存管理技术,它在降低销售商的存货量的同时,也增加了供应商的销售额。它并没有完全取代补货政策,只是在其基础上进行了补充,引入了企业间的合作过程。从本质上说,CPFR 协调了供应链合作伙伴之间为了创造需求及实现需求而引进的活动,实现了需求计划过程的一致性。图 1.19 中显示了基本的 CPFR 关系。通过 EDI 或互联网,CPFR 能够解决企业之间的信息共享问题,如共享促销信息、预测、产品数据、订单信息等。随后,企业共同利用这些信息产生需求,制订补货计划,确定需求并实现生产和需求的匹配。在上述过程中,企业通常需要反复使用共享信息。

进行 CPFR 的第 1 步是共同制订商业计划,客户和供应商需要分享它们各自的策略,进行讨论和协商,制订一份共同计划并最终实现各自的策略。通过共同计划,企业必须明确它们要销售什么产品、如何完成销售及在何时何地如何开展促销活动。同样,企业还需要制订出共同计划的日程表,以便共享有关的产品信息。当零售商和供应商对双方的计划都有所了解后,它们就可以进行销售预测并共享预测信息。CPFR 中还包括了一个循环过程:供应链中的企业要交换各自的预测和补货计划,不断进行修改,直到最终达成一致。接着,企业根据达成一致之后的预测信息开展生产、补货及运输等活动。在理想情况下,合作预测应该被视为合作企业之间必须履行的一种承诺。

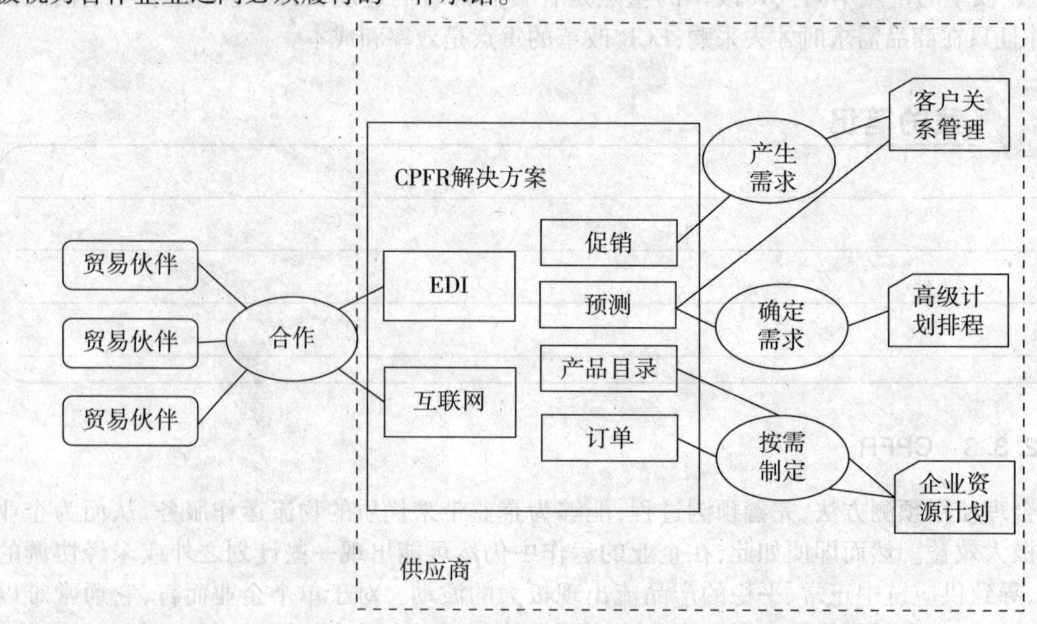

图1.19 CPFR在零售业信息技术领域的应用情况

此外,分销渠道也对实现优质的物流服务有至关重要的影响。在传统模式中,渠道强调的是企业之间的竞争,重视收集信息而不是共享信息,忽略了合作的重要性,因此传统的渠道无法满足 CPFR 对物流运作的需求。战略联盟和合作机制可以帮助供应链中的企业建立长期的合作关系。一旦企业出现问题后(这通常是无法避免的),合作关系就能快速有效地解决。总而言之,这种紧密的合作关系有助于所有渠道成员减少运营成本。

1. CPFR 的指导性原则

① 贸易伙伴框架结构和运作过程以消费者为中心,并且是面向价值链的成功运作。

② 贸易伙伴共同负责开发单一、共享的消费者需求预测系统。这个系统驱动整个价值链计划。

③ 贸易伙伴均承诺共享预测并在消除供应过程约束上共担风险。

2. CPFR 的本质特点

CPFR 是现代企业供应链整合的发展概念,是一种协同式的供应链管理方法。CPFR 的本质特点表现为以下几个方面。

① 协同。CPFR 这种新的合作关系要求双方长期承诺公开沟通、信息共享,从而确立其协同性的经营战略。尽管这种战略的实施必须建立在信任和承诺的基础上,但是这是买卖双方取得长远发展和良好绩效的唯一途径。正是因为如此,协同的第1步就是保密协议的签署、纠纷机制的建立、供应链计分卡的确立及共同激励目标的形成(如不仅包括销售,而且

也同时确立双方赢利率)。应当注意的是,在确立这种协同性目标时,不仅要建立起双方的效益目标,更要确立协同的赢利驱动性目标。只有这样,才能使协同性体现在流程控制和价值创造的基础之上。

② 计划。1995 年沃尔玛与华纳·兰伯特的 CFAR 为消费品行业推动双赢的供应链管理奠定了基础,此后当 VICS(Voluntary Interindustry Commerce Standards,自愿行业间商业标准)委员会定义项目公共标准时,认为需要在已有的结构上增加 P,即合作计划(品类、品牌、分类和关键品种等)及合作财务(销量、订单满足率、定价、库存、安全库存和毛利等)。此外,为了实现共同的目标,还需要双方协同制订促销计划、库存政策变化计划、产品导入和终止计划及仓储分类计划等。

③ 预测。任何一个企业或双方都能做出预测,如供应方可能在供应链层次进行有价值的有关项目、品类的预测,或者零售商能更有效地预测配送中心或存储单位。但是 CPFR 强调买卖双方必须做出最终的协同预测,如季节因素和趋势管理信息等。这种预测无论是对服装或相关品类的供应方还是销售方都是十分重要的。基于这类信息的共同预测能大大减少整个价值链体系的低效率、死库存,更好地促进产品销售,节约使用整个供应链的资源。与此同时,最终实现协同促销计划是实现预测精度提高的关键。CPFR 推动的协同预测还有一个特点是:它不仅关注供应链双方共同做出最终预测,同时也强调双方都应参与预测反馈信息的处理和预测模型的制定和修正,特别是如何处理预测数据的波动等问题。只有把数据集成、预测和处理等各方面都考虑清楚,才有可能真正实现共同的目标,使协同预测落到实处。

④ 补货。销售预测必须利用时间序列预测和需求规划系统转化为订单预测,并且供应方约束条件,如订单处理周期、前置时间、订单最小量、商品单元及零售方长期形成的客户购买习惯等,都需要供应链双方加以协商解决。根据 VICS 的 CPFR 指导原则,协同运输计划也被认为是补货的主要因素。此外,需要将例外状况出现的比率化为存货的百分比、预测精度、安全库存水准、订单实现的比例、前置时间及订单批准的比例,所有这些都需要在双方公认的计分卡基础上定期协同审核。对于潜在的分歧,如基本供应量、过度承诺等,双方应事先及时加以解决。

3. 企业实施 CPFR 存在的问题

尽管 CPFR 能给实施企业带来诸多好处,然而,与贸易伙伴共享信息、技术投资,以及求取投资报酬的关键投入量这三大疑惧,却让多数企业拒潜在商机于门外。只要将这些疑惧与现实做一权衡,CPFR 的效益和风险立见分晓。与贸易伙伴携手推行 CPFR,确实能令企业产生高周转率、库存降低、业绩增长、缺货改善等优势,并扩展产品销售渠道,然而无论这些竞争优势如何显著,许多企业仍踌躇不前,三大疑惧依旧阻碍着潜在合作者,使 CPFR 对企业来说遥不可及。

① 信息泄露。对与盟友共享信息的疑惧,如同对作战计划要绝对保密的观念一样根深蒂固。万一伙伴将价位、策略及战术泄露给竞争者,促销成果必然大打折扣。消费性产品业界对于共享观念尤其谨慎恐惧,而这种恐惧心理也清楚反映出目前的供应链缺乏效率。供应链伙伴之初始资料共享向来备受忽视,反倒以产品类别的销售报表所做的年度预测及产品销售总额,来代替从促销活动得来的精确信息及店铺的实际销售数量。

战胜恐惧,协同商机,换个角度思考,只要破除供应链中的不确定性,策略贸易伙伴都将乐于展现自己诚信与负责的态度。害怕与 CPFR 伙伴共享信息也会轻易助长逃避心理,而蒙蔽了内部问题,阻碍信息的收集与分享。例如,一家公司可能因为内部计划、预测程序及技术过时,而无法分享精确而具时效性的信息。

不愿共享信息的企业将为供应链伙伴所控制,被迫处于必须不断地随着伙伴需求起舞的窘境。相对地,建立在基本的诚信原则、共识及共同目标下的合作关系,能大幅降低资料使用不当或泄露给对手的风险。尚未决定是否推行 CPFR 合作关系的企业应当自问:与贸易伙伴共享信息或落后于对手的结果两者之中何者较不利于己?

② 技术和管理流程的变革。许多企业并不清楚它们需要何种技术性解决方案,也不确定在整体运营流程中下达决策的时机早晚。这两项因素往往使企业在 CPFR 的推动上困难重重。各行各业的零售商既已各自具备发展成熟的平台,想要和这些商家做生意的厂家,还需要在技术面加强什么?然而在面对目前末流技术提供商都自称为业界权威、解决方案攻无不克的宣传下,这个问题更让企业实施 CPFR 的决策者难以下定万中选一的决心。

其实 CPFR 从根本上说是流程问题,而非科技。在企业都还没准备好开始使用 CPFR 相关的科技产品时,就贸然进行投资,这无疑是在烧钱。毕竟,即使新科技也救不了老旧没有效率的流程。将新科技套用在陈旧的组织流程中,只会迅速地出现反效果。

成功的 CPFR 必须从组织中的小齿轮开始,也就是"人"和"流程"的变革。科技不是万灵丹,那些相信科技万能的人,常常是过度投资科技,却忽略组织变革的重要性。结果当然是劳民伤财。

要实施 CPFR 的公司,必须先评估公司内部和公司间的流程,然后根据公司未来展望选择适当科技。实施 CPFR 应该量力而为,并慢慢导入。企业可以考虑使用前导计划来验证 CPFR 的价值,并测试新的流程。科技解决方案的选择则应该符合企业需求,这些需求将在前导计划中逐步定义。经过实施新定义流程所获得的分析能力,将有益于未来选购科技产品。

③ 推动 CPFR 的时机选择。由于害怕大量投资付诸流水,使多数企业看不到 CPFR 的真正价值。实施 CPFR,在没有达到临界数量前,将无法保证企业的投资可以回收,因此领导人看不到将整个企业投入CPFR的必要性。这些企业夹在顶尖业者和小型业者之间,它们担心 CPFR 仅会影响供应链的一小部分,因此认为没有投资价值。

实际上,企业并不需要等达到临界数量才开始行动。即使是和一位合作伙伴的合作流程有所改善,也会对企业的利润盈亏有正面的影响。实际上,一个 CPG(消费性产品,Consumer Packaged Goods)通常仅有 20% 的合作零售商可以提供 80% 的销售量。不需要一开始就对科技进行大额投资。几乎今天所有公司都能受惠于改善的流程。

考虑实施 CPFR 的企业应该开始寻找合作伙伴,并希冀它们能带来利润和规模经济。好的 CPFR 合作伙伴会主动合作,来共同提升劳动表现。有清楚定义的流程,并有专人负责人力资源的投资,在具备一定的条件和影响因素的推动下值得去运行 CPFR 时,企业才会采取有效行动来推动 CPFR 的运行。

事实显示 CPFR 确实有效,因此其规模也日渐扩大。和一位或多位伙伴合作的前导计划,除了能带来迅速的利润回收外,还为未来如何改善流程指出方向。

4. CPFR 的实施效果及发展前景

1995 年,羽翼丰满的沃尔玛开始与宝洁公司、华纳·兰伯特等大供应商协商,要把 CPFR

变成一种用软件固化的业务高效执行系统。SAP、Manugistics 等软件商、咨询公司 Benchmarking Partners 等随即加盟,联合成立了零售供应和需求链工作组(Retail Supply and Demand Chain Working Group),进行 CPFR 研究和探索。其目的是开发一组业务过程,使供应链中的成员利用它能够实现从零售商到制造企业之间的功能合作,显著改善预测准确度,降低成本、库存总量和现货百分比,发挥出供应链的全部效率。

在实施 CPFR 后,供应商的零售商品满足率从 87% 增加到 98%,新增销售收入 800 万美元。

在 CPFR 取得初步成功后,组成了由 30 多个单位参加的 CPFR 理事会,与 VICS 理事会一起致力于 CPFR 的研究、标准制定、软件开发和推广应用工作。

美国商务部资料表明,1997 年美国零售商品供应链中的库存约为 1 万亿美元,CPFR 理事会估计,通过全面成功实施 CPFR 可以减少这些库存中的 15%~25%,即 1 500 亿~2 500 亿美元。

供应链管理的高度运用,使沃尔玛快速成长,即便是在经济不景气时期,仍能立于不败之地。有历史学者认为,自从 19 世纪标准石油公司以来,沃尔玛是影响美国经济最有大的一家企业,它持续维持低价的日用品,对稳定美国通货膨胀起到了一定的积极作用。

沃尔玛的上游有 3 万多家供货商,货品的供应商、卖场与总公司联系复杂的运作,全靠唯一的一套计算机系统。这套系统在设计之初制定了 3 个原则:集中式信息管理,采用市面上的系统平台,业务第一、技术第二。在这 3 个原则下,全球各卖场的系统基本上相同,而且自行开发软件,使系统的成本大幅度下降。沃尔玛有自己的卫星,其计算机系统的庞大,足以与美国五角大楼媲美。而 CPFR 是贯穿其计算机体系的业务模式主线。供货商可以联机实时查看销售情况,为连续补充货品做准备。有 450 家供应商在沃尔玛总部设有办公室,以便于商品的推销。有人估计,5 年内会有 800 家供应商在其总部设立办事处,来服务这家大买主。

沃尔玛年营业额 2 465 亿美元,年利润 80 亿美元。有人质疑,这么大的企业会不会像美国一些企业一样在一夜之间倒闭?虽然没有人保证它不会倒闭,但业界人士认为,即使沃尔玛倒闭,也会有人立即接手,用同样甚至更好的供应链管理恢复企业的运行。

我的笔记

复习思考

一、填空题

1. 供应链管理研究的内容主要涉及 4 个领域:________、________、________、________。

2. 构造高效供应链的支点有:________;________;________;________。
3. QR是________,ECR是指________,CPFR是指________。
4. ECR系统的信息技术主要有________和________。

二、不定项选择题

1. 影响供应链管理成功实施的因素有很多,其中起着重要作用的因素主要有(　　)。
   A. 库存　B. 成本　C. 信息　D. 客户服务和合作关系
2. 供应链管理中涉及的随机性问题主要表现在(　　)。
   A. 供应商可靠性　B. 运输渠道可靠性　C. 需求可靠性
   D. 需求不确定性　E. 价格波动影响　F. 汇率变动影响
   G. 随机固定成本　H. 提前期的确定　I. 客户满意度
3. 供应链结构性问题主要表现在(　　)。
   A. 包括规模经济性　B. 选址决策　C. 生产技术选择
   D. 产品决策　E. 联盟网络等的研究
4. QR成功的条件是(　　)。
   A. 改变传统的经营方式　B. 开发和应用现代信息处理技术
   C. 与供应链各方建立战略伙伴关系　D. 充分的信息共享
   E. 供应方必须缩短生产周期,降低商品库存
5. ECR主要集中在(　　)领域。
   A. 有效的店铺空间安排　B. 有效的商品补充　C. 有效的促销活动
   D. 有效的新产品开发　E. 有效的市场投入
6. ECR的特征主要体现在(　　)。
   A. 管理意识的创新　B. 供应链整体协调　C. 涉及范围广
7. 组成ECR系统的技术要求主要有(　　)。
   A. 信息技术　B. 物流技术　C. 营销技术　D. 组织革新技术
8. CPFR的本质特点表现为(　　)方面。
   A. 协同　B. 规划　C. 预测　D. 补货

三、简答题

1. 谈谈如何构建高效的供应链。
2. 简述实施QR的收益。
3. 什么是交叉配送?
4. 什么是店铺直送?
5. 简述ECR的实施效果。
6. 简述QR与ECR的区别。

四、案例分析

早在20世纪80年代,沃尔玛就采取了一项政策,要求从交易中排除制造商的销售代理,直接向制造商订货,同时将采购价降低2%~6%,大约相当于销售代理的佣金数额。统一

订购的商品送到配送中心后，配送中心根据每个分店的需求对商品就地筛选、重新打包。

这种类似网络零售商“零库存”的做法使沃尔玛每年都可节省数以百万美元计的仓储费用。沃尔玛前任总裁大卫·格拉斯曾说：“配送设施是沃尔玛成功的关键之一，如果说我们有什么比别人干得好的话，那就是配送中心。”

灵活、高效的物流配送系统是沃尔玛达到最大销售量和低成本的存货周转的核心。

沃尔玛第一间配送中心于1970年建立，占地6 000 m^2，负责供货给4个州的32个商场，集中处理公司所销商品的40%。随着公司的不断发展壮大，配送中心的数量也不断增加。沃尔玛配送中心分别服务于美国18个州约2 500个商场，配送中心占地约10万平方米。整个公司销售商品的85%由这些配送中心供应，而其竞争对手只有约50%~65%的商品集中配送。这就是沃尔玛追求的差异。如今，沃尔玛在美国拥有100%的物流系统，配送中心已是其中一小部分，沃尔玛完整的物流系统不仅包括配送中心，还有更为复杂的资料输入采购系统、自动补货系统等。

思考：结合本任务中所提到的相关观点，分析一下沃尔玛的核心竞争力。

项目2

供应链管理工具

任务3 供应链系统

学习任务

通过本任务给出的供应链系统的案例分析，观察案例中企业的系统运作模式，对供应链系统能做出基本的分析与判断，掌握“系统”这一供应链管理的研究工具，理解系统的基本概念，掌握系统的特征及分类，能够正确描绘系统。

知识目标

- 理解系统的基本知识。
- 掌握系统的主要类型。
- 掌握系统的特性。

技能目标

- 能够用系统的观念正确描绘某企业的供应链。
- 能够识别不同类型的系统。
- 能够借助系统这一工具研究具体的供应链。

案例 美国迈阿密的花卉供应链系统

美国迈阿密农场直达(farm direct)花卉公司专门经营新鲜花卉，实际上仅仅经营玫瑰花保鲜物流链配送服务，但是获得了巨大的成功。公司总裁布里恩(Brian)对来访者说：“我们没有任何秘密，我们也不需要有关物流的高谈阔论，我们靠的是实干和为鲜花运输不惜日夜操劳，当然我们同时会不断总结经验教训，向一切竞争对手学习，利用一切现代化手段和电子信息技术，把我们运营的花卉物流系统的所有功能发挥到极限。”

每天晚上，几架空运货机满载着从拉丁美洲新收割的玫瑰花，徐徐降落在迈阿密国际机场。经过简短的手续后，鲜花被装载到专程前来接运的集装箱卡车或者国内航空班机上，直接运送到国内各地的物流链配送服务站、超级市场和大卖场，再通过它们飞速传送到北美大陆各大城市的鲜花商店、小贩、快递公司和消费者手中。鲜花物流系统的操作过程听起来挺不错,但是其中的酸甜苦辣,只有布里恩总裁最清楚。这位经过8年的艰苦准备,终于在1998年1月正式开业的鲜花公司老板一直在抱怨花卉货运代理、承运人和飞机场非常缺乏按时保质保量运输鲜花所必需的物流设备和资源,否则他的新鲜玫瑰交易在北美市场可以搞得更加火红。

1. 不能忽视每一个环节

布里恩遇到的第一个问题就是怎样把不远万里、来自拉丁美洲农场新收割下来的玫瑰花如同刚从自家后花园中采摘一样,迅速地送到北美各大城市的消费者手中。他不止一次发现在这过程中的每一个环节一旦处理不到位,都可能成为玫瑰花保鲜的"杀手"。

南美洲厄瓜多尔中部科托帕希火山地区地势险要,山高林密,但是常年气候温暖,雨水丰富,是盛产玫瑰花和其他珍贵花卉的好地方。布里恩的农场直达花卉公司向北美各大城市配送的玫瑰花就是从坐落在这个山区四周的3家大型农场定点采购的。

为了避免在运输过程中重新包装,所有的玫瑰花在科托帕希农场收割后,立即现场包装,每150株玫瑰花包成1盒,然后装入集装箱,运送到厄瓜多尔首都基多(Quito)的国际机场。根据鲜花种植专家测定,玫瑰花从农场收割后,通常可以在正常情况下保鲜14天。最科学的保鲜办法是将收割下来并准备长途运输的玫瑰花尽快装入纸盒后立即存储在19℃左右的冷藏集装箱内。在农场直达花卉公司的统一安排下,这些集装箱连夜运送到美国迈阿密国际机场。第二天早上,海关当局、检疫所和动植物检验所进行例行检查,然后把鲜花发往北美各大城市的配送站。

按理讲,美国人甚至加拿大人有足够的时间去欣赏来自南美洲厄瓜多尔的美丽的玫瑰花了。但是在物流过程中由于遇到种种事先无法估计的不确定因素,总是会出现事与愿违、令人不愉快的事情。首先是在物流过程中的每一个环节上会出现意外"抛锚"。从科托帕希农场运出的新收割的玫瑰花一经包装,必须在晚上8点之前运到基多飞机场,然后飞机必须连夜起飞,直抵迈阿密。在这过程中可能遇到飞机脱班、晚点、飞机舱容不够及装不下全部鲜花集装箱等情况。好不容易运到迈阿密国际机场,可是在机场仓库耽搁了不少时间,冷藏集装箱的温控设备失灵导致箱内温度升到33℃,严重影响玫瑰花的保鲜质量。等到迈阿密国际机场的美国海关官员打开集装箱检查的时候,玫瑰花几乎全部腐烂了。如果说玫瑰花还有4天可活,那运气算是不错的了。

当航空货机抵达迈阿密国际机场的时候,许多花卉货主又会给新鲜玫瑰花的运输带来麻烦——他们往往忽视这些新采摘的花卉非常娇嫩,必须迅速运到温控仓库里,否则容易发生霉变和腐烂。把鲜花从飞机舱口运送到保温仓库的时间非常关键,但是货主为了节约经费,竟然把鲜花直接装运在敞口的卡车上,完全暴露在空气中。即使进入温控仓库,已经怒放的玫瑰花还是不够安全,必须在规定的时间内配送到南部佛罗里达州,从那里用集装箱卡车或者短程飞机运送到零售商手中。还有一些花卉批发商,竟然把玫瑰花箱子装在客机的底部货舱内,那里的条件最差,飞机在高空飞行的时候,货舱里气温很低,玫瑰花很容易被冻坏。

目前,农场直达花卉公司分别与联邦快递公司和联合包裹服务公司签订了有关提供一体化快递服务合同,通过它们的运输服务把鲜花直接运送到美国各地,从而避免了以往新鲜玫瑰花搭乘民航飞机、聘用卡车公司运送玫瑰花,虽然运费低廉但是事故索赔不断,往往误事严重而又麻烦。一体化快递服务给农场直达花卉公司带来准时、稳定的物流服务,公司的玫瑰花生意好做多了。当然快递服务的成本较高,但是在鲜花传送行业中,迄今没有其他替代办法。过去采用民航、集装箱卡车运送,一旦抛锚或者发生耽搁,运送的鲜花就彻底完蛋。农场直达花卉公司在2001年用联邦快递航班运送花卉,98.4%成功,1.6%失败,这个失败比例虽然不大,却对农场直达和其他花卉公司是一个不小的损害。一纸盒150株玫瑰花,每株采购价格25美分、运输价格20美分,净成本是每纸盒67.5美元。每纸盒玫瑰花批发给花店或者花商是150美元,农场直达花卉公司从中净赚82.5美元,而花店一转手的零售价是650美元,这就是说每损失一纸盒玫瑰花,仅仅花商就要损失500美元;损失100纸盒玫瑰,花商就损失5万美元。

现在,由于花卉运输管理和物流服务稳定可靠,农场直达花卉公司可以向消费者承诺:从他们那里批发销售的新鲜玫瑰花在家里放置至少4天而不败。

2. 全力以赴发展花卉保鲜物流

农场直达花卉公司的花卉交易,尽管只有一种货物,即玫瑰花,但由于是鲜花,最容易变质、枯萎或者腐烂,所以对物流的要求非常苛刻。关键是要把新鲜花卉在运输途中可能遇到的各种障碍和意外风险降到最低。

2001年1月,在农场直达花卉公司的牵头并且加盟下,由赫尔曼国际货运代理公司主持,专门成立了迈阿密赫尔曼保鲜物流公司(HPL),专门从事鲜花的进口运输工作。鲜花交易的地区性非常强,从事鲜花交易的公司非常多,过去它们都是各干各的,它们个个都是花卉专家,都是交易高手,但是个个都无法解决进口鲜花在运输过程中的易腐变质问题。因此,鲜花进口生意竟然变成碰碰运气的生意。美国每年进口数亿美元的鲜花,唯缺专业化保鲜物流服务,结果鲜花屡屡在运输途中出事,损失巨大,因此潜力巨大的保鲜物流不仅能够减少不必要的运输挫折,而且能够为物流公司带来更多的利润。

为了进一步促进"门到门"保鲜运送业务,赫尔曼保鲜物流公司在迈阿密国际机场建立了一座7万平方米的保鲜仓库,在西雅图国际机场另外又成立了专门从事新鲜花卉物流的洲际货运代理公司。开业的第一年,赫尔曼保鲜物流公司的利润达到6千万美元。2002年起,总部仍然设立在美国迈阿密的赫尔曼保鲜物流公司分别在智利、澳大利亚、新西兰、危地马拉、哥斯达黎加、萨尔瓦多、洪都拉斯、秘鲁和伦敦设立了物流办事处,把花卉传送业务一下子扩大到海洋水产品传送。

目前美国进口的花卉中有1/3来自于南美洲,而且几乎全部是专机空运。据美国波音航空公司提供的统计资料,2001年该公司经营的从南美洲到美国的北向航线的50余万吨空运货物中,花卉运量占36%。南美洲花卉生产进一步促进了花卉国际贸易和花卉国际物流业的发展,给货物空运业带来前所未有的兴旺。据波音航空公司透露,花卉运输带来的收益是该公司经营的从南美到美国货物空运航线总收益的1/4。

经过一年多的市场调查,赫尔曼保鲜物流公司发现,无论是花卉种植商还是进口商,大部分只重视低廉运价的传统运输办法搬运鲜花,很少愿意考虑花卉的保鲜和保值问题。花卉的市场价格居高不下的主要原因就在这里。这严重妨碍花卉市场的迅速发展。为了进一步拓展花卉的国际市场,让更多的消费者能买到价廉物美的玫瑰花、紫丁香等花卉,降低运价和成本是关键。目前赫尔曼保鲜物流公司正在采取如下措施。

① 大力发展互联网管理经营,充分利用信息通信技术把拉丁美洲中部国家的花卉农场

迅速带入现代化国际电子信息市场，把花卉农场、承运人、进出口商、仓储、集装箱运输、市场和消费者紧紧地联系在一起，增强相互之间的透明度。例如，世界上某一个国家某一座城镇的某一个消费者需要花卉，只要在互联网上发出订购有关花卉的品种、数量和需要的日期等信息，在规定的时间内就有人把订购的花卉送到该消费者的手中，而赫尔曼保鲜物流公司自己则变成一个中间商，只要守着网站，发出业务指令，安排交通运输，收取利润就可以了。

② 寻找降低运输花卉成本的更好办法。目前正在使用新发明的保温时间可以持续 96 个小时、可以储存在宽体货机底部货舱内的环保式集装箱专门运输玫瑰等名贵花卉。因为货机底部货舱没有保温设备，运价特别低廉。

③ 并不是每一种容易变质的物品都必须像玫瑰花那样空运，但是为了保值，每一种容易变质的货物都必须靠人们花费巨大的精力去呵护。美国芝加哥一所大学的物流专家发明了花卉运输袋，根据他的设计，在运输途中，袋中的花卉一直保持垂直，花卉根茎一直浸泡在袋子底部的营养液体中，袋子上部则能通气散热。这种袋子的设计，一开始只不过是为了运输玫瑰花，现在已经扩大到 60 余种花卉的长途运输。

资料来源：张荣忠．美国迈阿密的花卉物流系统[J]．中国远洋航务公告，2003，(1)：45－47.

我的笔记

知识导读

3.1 系统的基本概念

系统是由一系列彼此相关、相互联系的若干部分为实现某种特定目的而建立起来的一个整体。相互联系的若干部分称为系统的元素，它们是系统内能完成某种功能的单元。

例如，国民经济是由工业、农业、商业、交通运输业和文教卫生事业等部门组成的一个系统。工业企业是由研究、生产、销售和管理等部门组成的一个系统。国民经济系统是由各个企事业单位等子系统构成的，企事业又由生产管理、财务会计、物资供应、产品销售和人事管理等若干个小的子系统组成，财务会计系统又可以由会计核算和财务管理等更小的子系统组成，会计核算还可以细分为财务核算、工资核算、成本核算、材料核算和会计报表子系统。通常一个企业可视为一个经营系统，企业中的车间或职能部门是这一系统的元素。通常一个工厂、商店、机关或团体都可以看作一个系统，一个国家、一个社会也可以看作一个系统。

伴随着商业控制论的出现，正式的系统研究始于 1940 年。系统论从电子计算机的发明中得到了启发并应用于其他领域中。在控制论中，系统是由相互作用产生集体行为的部件组成的。计算机当然是一种系统，但是植物、动物、生态环境、国家、公司，还有供应链也是系统。系统论的重要贡献之一是指出了系统的作用都可以被看作是把输入转化成输出。建造系统时,如供应链系统,它们通常被设计成能够使输出比输入产生更大的、更直接的价值。

在图2.1中展示了管理系统的3个关键流程(理解、预测和控制)之间的关系和它们的工作模式。理解使我们有了必要的洞察力来预测系统怎样应对输入的变化。接下来,预测能使我们通过调整最佳组合来控制系统。最后,把预测和实际的结果相比较会使我们对系统的理解更加深刻,从而使我们能够做出最精确的预测并提升控制的能力。这3个中心流程一起组成了任何成功的管理系统的核心。

在这3个流程中,理解被证明是最重要的,但同时也是最易被忽视的。人们常常把重点放到另外一个方向:控制是关注的焦点,预测只是在需要改善控制的时候才被引用,理解却被当作是偶然产生的副产品而不是这些流程的驱动力。这种对重要性位置的颠倒在短期内可能没有关系,但是在长期的过程中却会弄巧成拙。这就好像在公路上驾驶一辆卡车倒车开往自己要去的地方——必须不停地疯狂调整它的方向以使它能够倒驶到目的地。

系统有5个基本要素:控制、处理、反馈、输入和输出。其关系如图2.2所示。

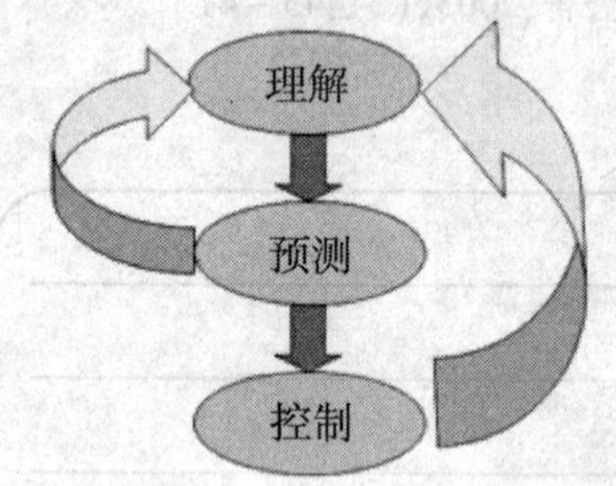

图2.1 管理系统的关键流程

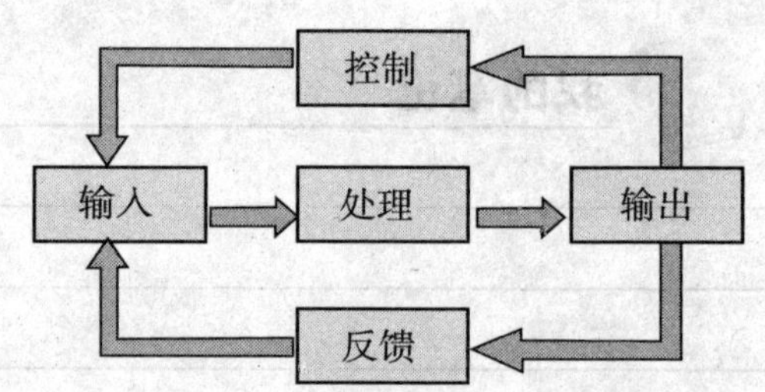

图2.2 系统的基本要素

构成系统的要素要满足以下几个条件:至少有两个或两个以上的要素(或部分);各要素之间互相联系、互相作用,有一定的结构;系统的功能是组成的要素所不具备的。

我的笔记

3.2 系统的分类

从系统的概念可以体会到,系统是相当普遍的。但对过于一般的系统,不大可能做深入研究。对系统进行分类能够附加某些特征以揭示出系统更深刻的内涵。因此,人们也对系统进行分类,以达到对特定类型的系统做深入研究的目的。下面介绍几种常见的系统分类。

1. 自然系统和人工系统

自然系统也叫天然系统，是宇宙巨大系统中亿万年来天然形成的各种自循环系统，诸如天体、地球、海洋、生态、气象和生物等。它也是一个高级、复杂的自平衡系统，如天体的先天运转、季节的周而复始、地球上动植物的生态循环，直至维持人体生命的各种系统都是自动、高速、平衡的。在自然界中，物质流的循环和演变是最重要的，自然环境系统没有尽头，没有终止，只有循环往复，并从一个层次发展到另一个层次。

人工系统也称人造系统或人为系统，是指存在于自然系统中通过人类劳动人为地设计制造出来的系统，如人造卫星系统、宇宙飞船系统、机械设备系统和交通运输系统等。它与自然系统一样具有整体性、目的性、相关性、复杂性、随机性和动态性等一系列系统特征。

自然系统与人工系统之间既有区别又相互渗透和影响。原始人类对自然系统的影响不大，但近年来随着科技发展的加快，人类开始对自然系统产生一定影响。通过人类智慧和高科技工业化的发展，不断对自然资源进行深度开发和利用，一方面给人们创造了高度的物质文明与生活享受，另一方面却带来了环境污染、生态平衡破坏等问题，已直接威胁到人类本身的生存与安全。所以联合国通过巴西会议向全世界发出呼吁，要求各国共同关注环境保护和生态平衡问题，以确保人类社会持续协调地发展。

作为系统工程研究对象的系统，大多是既包括人工系统也包括自然系统的复合系统，如社会经济规划系统、军事作战对抗系统等，其中既涉及地理、气候等自然环境系统，也涉及人工系统，即人们通过规划和对抗模拟等手段，对社会经济和军事系统进行直接干预，以期达到预想的目标。

2. 实体系统与概念系统

实体系统是指以物理状态的存在作为组成要素的系统。这些实体占有一定空间，如自然界的矿物、生物，生产部门的机械设备、原始材料等。与实体系统相对应的是抽象概念系统。它是由概念、原理、假说、方法、计划、制度和程序等非物质实体构成的系统，如管理系统、法制及教育、文化系统等。近年来，概念系统逐渐称为软科学系统，并日益受到重视。以上两类系统在实际中常结合在一起，以实现一定的功能。实体系统是概念系统的基础，而概念系统又往往对实体系统提供指导和服务。例如，为了实现某项工程实体，需提供计划、设计方案和目标分解，对复杂系统还要用数学模型或其他模型进行仿真，以便抽象出系统的主要因素，并进行多个方案分析，最终付诸实施。在这一过程中，计划、设计、仿真和方案分析等都属于概念系统。

3. 封闭系统与开放系统

在热力学之中，封闭系统是指一个只与外界交换能量（做功或热量）而不交换质量的系统。假如一个只拥有一种粒子（原子或分子）的系统进行化学反应时，过程中所有种类的粒子都可以被生成或破坏。但是，封闭系统内的元素原子数目将会守恒。

开放系统是对外界开放的一类系统，具体指与外界环境有物质、能量及信息交换的系统。这种交换可导致系统演化，并形成种种有序结构。许多物理、化学系统，生命系统，地球以及社会、经济系统等均属于这一范畴。它是系统理论研究的主要对象。开放系统是在计算机体系结构、计算机系统、计算机软件和通信系统等领域广泛使用的一种术语。开放系统鼓励开发兼容的厂商产品。客户可以从开放系统中获益，这是因为他们可以在很广范围的、可与系统一起工作的产品中进行选择，更为重要的是，易于和其他厂商的产品互连。一个开放环境提供标准通信设施和协议,或提供一条使用不同协议的途径。计算机给要开放的厂商施加了更多的压力,这是因为他们在销售产品时必须公开承诺这些设备将能和现有的系统一起工作。

简而言之,封闭系统就是在设计时已经知道明确用途和使用情景,所以不提供扩展接口来扩展软件功能。例如,神舟七号的操作系统就是封闭的,不能在上面装个 Office 什么的。开放系统就是像 Windows 那样,提供了可扩展的接口,方便安装软件以增强系统的功能。通常,开放系统在设计时并不知道用户的使用情景,所以要方便扩展。

4. 静态系统与动态系统

静态系统是指其行为、状态与时间无关的系统,而动态系统则是指与时间有关的系统。例如,江河上的一座桥梁可以当作一个静态系统,其特征是要素及关联不随时间变化。从严格的意义上说,实体系统中不存在静态系统,因为任何系统都有生命周期。动态系统的概念强调的是系统行为或结构时间上的变化特征,这一概念主要在于提醒人们在描述系统时对所使用语言的选择。例如,数学上的动态系统理论是为了描述动态系统及揭示动态系统的规律发展起来的语言,系统的动态特征不能忽略时,就不能将其简化为静态系统来描述。

总之,系统按某些特征进行分类,总是希望对具有这些特征的系统的共性认识更深刻。因此,随着系统思想地不断发展会不断产生新的系统类型。

我的笔记

3.3 系统的特性

现代管理最重要的调整是管理组织和管理过程的系统化。不但要求处理好企业、单位内部的关系,而且要求处理好企业、单位同周围环境的关系,即企业、单位与政府、社会之间的各种复杂关系,使一个组织的效率、效果最优化。各个要素构成了管理系统。为了便于联系实际分析系统的特性,这里介绍的关于系统的几个基本特性,可以使读者对系统概念更加清晰,并与日常思维的概念联系起来。系统的特征主要是指在一般意义上的本质特性。

1. 独立性

它是指每个系统作为一个相对独立的个体而存在。对某一系统的研究都设定了一定范围,是一个相对独立的部分。系统边界将空间区分为内部和外部区域,内部属于系统,外部则属于周围环境。

2. 目标性

它是指每个系统都有其特定的目的。系统是为达到某种目标而组织建立起来的。例如,建立工厂是为社会提供某种产品,其一切活动包括子系统的活动必然为了这个目标。这是一个系统首要的和最基本的问题。

3. 联系性

各子系统之间相互联系。例如，企业是由生产管理、财务会计、物资供应、产品销售和人事管理等若干小的子系统组成的。

4. 运动性

运动性是指系统总是随着时间的推移，不断地改变自身的特性以及对环境的适应能力，不断地接受外界的输入，经过加工处理，不断向外界输出，处于不断运动的状态。

5. 整体性

系统由若干相互联系又相互制约的部分组成，每个部分即为一个子系统。这些子系统通过相互连接和配合，构成一个整体，完成整个系统的目标。

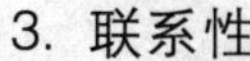

我的笔记

复习思考

一、填空题

1. 系统的特性有独立性、______、______、______和整体性。
2. 系统论的重要贡献之一是指出了系统的作用都可以被看作是______。
3. 管理系统的3个关键流程是______、______、______。
4. 系统的基本要素有控制、______、______、______和输出。

二、不定项选择题

1. 人造卫星系统属于(　　)系统。
   A. 自然　B. 人工　C. 概念　D. 开放
2. 系统具备的特性有(　　)。
   A. 独立性　B. 目标性　C. 联系性　D. 运动性
   E. 整体性

三、简答题

1. 什么是系统？
2. 构成系统的条件有哪些？
3. 分析开放系统和封闭系统的差异。

四、案例分析

从美国迈阿密的花卉供应链系统的案例可以看出,美国迈阿密的花卉供应链系统是由各环节子系统共同作用而完成的,每个环节共同作用构成一个整体,并相互影响,而迈阿密花卉供应链系统的成功在于每个子环节的相互配合,最终使整个花卉供应链系统高效运行,从而使鲜花能够以最快的速度、最新鲜的状态传送到消费者的手中。那么,什么是系统?系统有哪些特点?其构成要素有哪些?怎样实现供应链系统的整体目标及合理化?请运用系统的有关知识进行全面分析。

五、实训

请调查你身边的一个系统的实例,用系统论的思想分析该系统的组成及实现功能。

任务4　供应链模型

学习任务

模型是研究供应链系统最有效的方法之一。本任务重点针对描绘供应链系统的三大模型进行系统性学习,要求学生掌握概念模型的表达方法,能具备最基本的数学思想构建供应链模型,了解仿真模型在供应链中的应用。

知识目标

- 掌握概念模型的主要表述方法。
- 掌握数学模型的特征及其描述方法。
- 了解仿真模型在供应链模型构建中的应用。

技能目标

- 能熟练使用概念模型描绘供应链。
- 能够使用数学模型建立初步的供应链模型。
- 学会供应链仿真模型的使用方法。

案例　蛋糕公司的困惑

无锡某蛋糕公司下属有3家蛋糕加工厂分别为A_1、A_2、A_3,位于无锡主城区的3个点。这3家加工厂每天向分布在无锡的4个地区销售门店B_1、B_2、B_3、B_4配送蛋糕。各加工厂运往各门店的运费费率不同。各加工厂的产能以及各门店的需求量如表2.1所示(表格右边单元格中的数字代表单位运输费率,单位是元/吨,运输量的单位是吨)。

表2.1 供需量及运输价格表

销地 产地	B_1	B_2	B_3	B_4	供应量	B_1	B_2	B_3	B_4
A_1					7	3	11	3	11
A_2					4	1	9	2	8
A_3					9	7	4	10	5
需求量	3	6	5	6	20				

思考

蛋糕公司应该如何统筹安排运输，从而使运输的费用达到最经济？

我的笔记

知识导读

通过“系统”这一工具的学习，我们已经知道即使是最简单的系统也会产生极其复杂的行为，那么我们怎样才能理解像供应链这样复杂的商业系统并有效地管理它呢？答案只有一个，那就是建立模型。唯一可以理解复杂系统的方法是建立简化的模型并运行模型，从而可以知道它们是如何运行的，然后把所了解的资源应用到实际的系统上去。

模型只不过是现实世界系统的一个简化的表现形式而已。这种表现形式可以有多种，包括口头解释、在白板上绘制的图表、数学公式、物理结构以及计算机程序等。所有模型都有一个共同的目的，那就是把现实世界中很难被理解或操作的系统转化成一种容易理解并能安全操作的形式。

建立模型能够帮助我们掌握系统中提到的3种关键的商业流程，即理解、预测和控制。如图2.3所示，现实世界中复杂的供应链可以理解成一个简单的供应链模型。通过对模型的研究，可以进一步预测和控制现实世界中的供应链。建立一个系统的模型，我们需要分析系统以便找出它的关键组成部分，发现这些组件是如何工作的，然后用一种能重复系统基本行为的方法来重新组成系统。这种基本的分析和综合的顺序最能够确保我们理解复杂的系统。这也是大部分重要的科学发现、工程方案和商业变革所采用的方法。

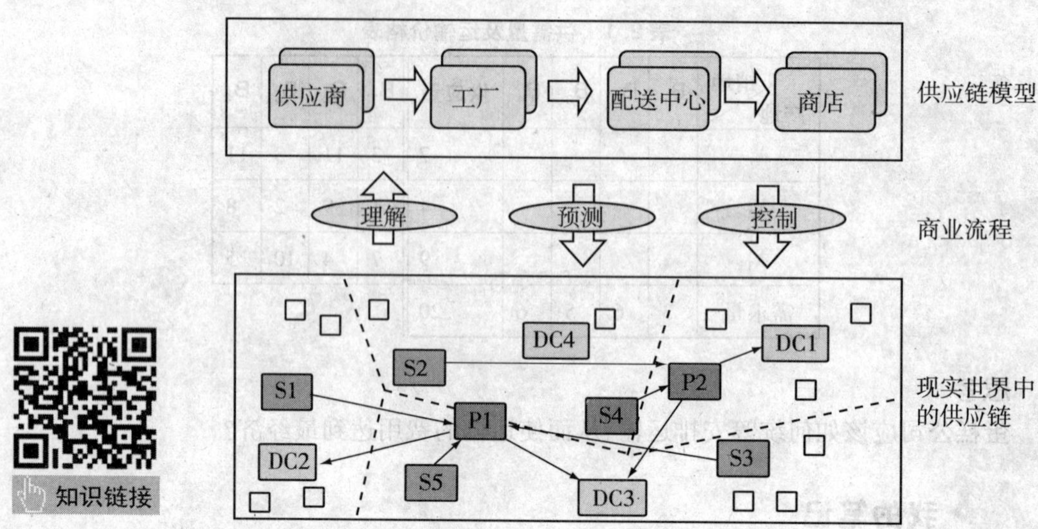

知识链接

图2.3 供应链模型

本任务我们主要学习3种常见的模型(见图2.4)。通过对这些模型的学习,不仅可以理解模型的价值,还可以通过模型去解决实际问题。

	概念模型	数学模型	仿真模型
代表供应链的方式	图表和描述	公式程序	对象交互
发现解决问题的方法	口头推理	解决执行	实验
最佳使用场合	分享理解	最优结果	现实评估

图2.4 模型的种类

4.1 概念模型

概念模型是对真实世界中问题域内的事物的描述,而不是对软件设计的描述。概念的描述包括记号、内涵和外延,其中记号和内涵是最具实际意义的。不同的个人对同一个场景进行研究,可能提炼出来的概念模型都不一样,所以说这是颇受主观认识影响的一个过程。概念模型的质量对整个系统的影响至关紧要。

概念模型到目前为止是3种模型中最简单的。这种模型基本上只是对商业系统进行描述,并通常以图表和解释的某种混合形式来表达。在很大程度上,这种模型的表现形式依赖于建立模型的人的经验。

概念模型可以由个人开发,但是对于像供应链这样的跨越组织界限的系统来说,最好的方法是从有关的部门中选出代表组成一个团队一起来建立模型。有许多专门被设计用来支持团队设计过程的软件工具。最有效的工具往往是技术最简单的工具。

应用

对于任务4的配送案例,我们可以通过建立该问题的概念模型来初步解决该企业的实

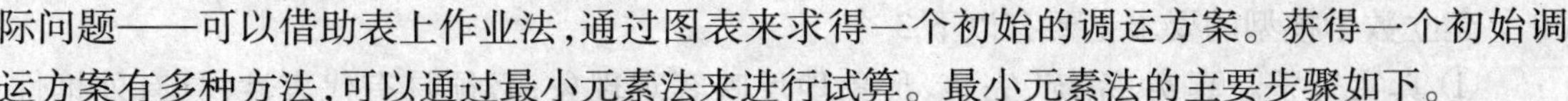

际问题——可以借助表上作业法,通过图表来求得一个初始的调运方案。获得一个初始调运方案有多种方法,可以通过最小元素法来进行试算。最小元素法的主要步骤如下。

1)在表2.1右侧的运价表中找出最小元素,在其对应的左侧空格中安排运输量。运输量取该最小元素对应的产地的供应量与销地的需求量的最小值,然后将对应供应量和需求量分别减去该最小值,并在运价表中划去差为0的供应量或需求量对应的行或列(若供应量和需求量的差均为0,则只能划去其中任意一行或一列,但不能同时划去行和列)。

2)在未划去的运价中,重复步骤1)。

3)未划去运价只剩一个元素对应的左侧空格安排了运输量后,初始调运方案便已编制完毕。

最后求得初始调运方案,如表2.2所示。

表2.2 由概念模型求得的初始调运方案

产地＼销地	B_1	B_2	B_3	B_4	供应量	B_1	B_2	B_3	B_4
A_1			4	3	7	3	11	3	11
A_2	3		1		4	1	9	2	8
A_3		6		3	9	7	4	10	5
需求量	3	6	5	6	20				

这里只是通过最小元素法说明概念模型在解决实际问题中的运用。如果需要求解出最优的调运方案,还需要在初始方案的基础上通过一定的检验和调整,最后才能得出最佳的调运方案。在这里我们不再做优化方案的讨论。

我的笔记

4.2 数学模型

现在数学模型还没有一个统一的、准确的定义。“数学模型是关于部分现实世界和为一种特殊目的而做的一个抽象的、简化的结构。”具体来说,数学模型就是为了某种目的,用字母、数字及其他数学符号建立起来的等式或不等式,以及图表、图像与框图等描述客观事物的特征及其内在联系的数学结构表达式。

数学模型是近些年发展起来的新学科,是数学理论与实际问题相结合的一门科学。它将现实问题归结为相应的数学问题,并在此基础上利用数学的概念、方法和理论进行深入的分析和研究,从而从定性或定量的角度来刻画实际问题,并为解决现实问题提供精确的数据或可靠的指导。

建立数学模型的要求主要有以下3个。

① 真实完整。真实、系统、完整、形象地反映客观现象;必须具有代表性;具有外推性,即能得到原型客体的信息;在模型的研究实验时,能得到关于原型客体的原因;必须反映完成基本任务所达到的各种业绩,而且要与实际情况相符合。

② 简明实用。在建模过程中,要把本质的东西及其关系反映进去,把非本质的、对反映客观真实程度影响不大的东西去掉,使模型在保证一定精确度的条件下,尽可能简单和可操作且数据易于采集。

③ 适应变化。随着有关条件的变化和人们认识的发展,通过相关变量及参数的调整,能很好地适应新情况。

根据研究目的,对所研究的过程和现象(称为现实原型或原型)的主要特征、主要关系,采用形式化的数学语言,概括、近似地表达出来的一种结构,即数学模型。所谓数学化,指的就是构造数学模型。通过研究事物的数学模型来认识事物的方法,称为数学模型方法。

数学模型是数学抽象的、概括的产物,其原型可以是具体对象及其性质、关系,也可以是数学对象及其性质、关系。数学模型有广义和狭义两种解释。广义地说,数学概念、如函数、集合、向量和方程都可称为数学模型;狭义地说,只有反映特定问题和特定的具体事物系统的数学关系结构才可称为数学模型。

数学模型大致可分为两类。一类是描述客体必然现象的确定性模型,其数学工具一般是代数方程、微分方程、积分方程和差分方程等。一类是描述客体或自然现象的随机性模型,其数学模型方法是科学研究创新的重要方法之一。在体育实践中常常提到优秀运动员的数学模型,如经调查统计,现代的世界级短跑运动健将模型为身高1.80 m左右、体重70 kg左右,100 m成绩10 s左右或更好等。

数字模型是用字母、数字和其他数学符号构成的等式或不等式,或用图表、图像、框图、数理逻辑等来描述系统的特征及其内部联系或与外界联系的模型。它是真实系统的一种抽象。数学模型是研究和掌握系统运动规律的有力工具,是分析、设计、预报或预测、控制实际系统的基础。数学模型的种类很多,而且有多种不同的分类方法。

例如,一条船在流速为2 km/h的河里向上游行驶,用了4 h才行驶3 km,请问这条船里有多少名乘客?设计类似练习是为了说明如何产生和应用数学模型。

线性模型是特别简单的一类,容易理解和应用。在数学模型中使用的公式通常都既复杂又难于理解。尤其是在模型使用了一些不规则的联系(如非单一的联系)时。但是基本的模式还是一样的:所有的联系都用等式来表达,任何关于联系的数字都可以合并产生任意大小的模型。

在许多情况下,数学模型不但告诉我们从一套已知的输入中将得到什么样的输出,而且告诉我们为了得到最后的输出,需要什么样的输入。这种功能称为优化,能够帮助我们解决供应链中的很多问题。

数学模型的优点是定量、精确、优化;缺点是线性规划对现实世界的系统需要做一些严格简化的假设,如假设所有的关系都是纯粹的线性关系。

应用

针对任务4案例中提出的调运方案,还可以通过数学模型来提出解决方案。解决经济问题最常用的数学模型是线性规划法——通过设立未知数构建目标函数,利用约束条件构

建线性方程组的方法来求解。

对于任务 4 中的案例，可以假设由产地运往各销地的运输量为 x_{ij}，下标表示第 i 个产地运往第 j 个销地。运费假设为 S，可以获得目标函数为：

$$S_{\min} = 3x_{11} + 11x_{12} + 3x_{13} + 11x_{14} + x_{21} + 9x_{22} + 2x_{23} + 8x_{24} + 7x_{31} + 4x_{32} + 10x_{33} + 5x_{34}$$

由相应的供应量和需求量建立相应的约束函数如下。

供应约束

$$\begin{cases} x_{11} + x_{12} + x_{13} + x_{14} = 7 \\ x_{21} + x_{22} + x_{23} + x_{24} = 4 \\ x_{31} + x_{32} + x_{33} + x_{34} = 9 \end{cases}$$

需求约束

$$\begin{cases} x_{11} + x_{21} + x_{31} = 3 \\ x_{12} + x_{22} + x_{32} = 6 \\ x_{13} + x_{23} + x_{33} = 5 \\ x_{14} + x_{24} + x_{34} = 6 \end{cases}$$

自然约束

$x_{ij} \geqslant 0$

对于该数学模型（见表 2.3）的求解，线性规划有较为成熟的求解方法。这不是讨论的重点，不再做过多的阐述。

表 2.3　数学模型

销地 产地	B_1	B_2	B_3	B_4	供应量	B_1	B_2	B_3	B_4
A_1	x_{11}	x_{12}	x_{13}	x_{14}	7	3	11	3	11
A_2	x_{21}	x_{22}	x_{23}	x_{24}	4	1	9	2	8
A_3	x_{31}	x_{32}	x_{33}	x_{34}	9	7	4	10	5
需求量	3	6	5	6	20				

我的笔记

4.3　仿真模型

数学模型主要是把复杂的关系分解成相对简单的数学形式。对于已知关系并可以以等式来表达的系统,数学模型是最好的方法。但有时候,组件之间的关系并不符合简单的等式,即便符合等式,有时候也无法用某个数学表达式来表示。在这种情况下,仿真模型常常是个更好的选择。

仿真模型是一种特别的系统,有输入、输出和参数。和数学模型相比,它更符合原意。仿真模型是模仿系统组件的行为,而不是把这些行为简化成公式。

建立仿真模型包括为一些软件的对象编程来扮演现实世界中的对象,然后运行系统来观察在实际的商业条件下那些对象之间是如何相互作用的。对象代表客户和供应商、订单和货物、材料和产品、交通工具和集装箱等要素。在程序中,这些对象就像它们在现实世界里的那样相互影响:客户产生订单,然后把订单交给供应链,再用交通工具和集装箱运送产品。在一个好的仿真模型里,这些对象在一个足够详细的水平上被模型化。仿真越详细、越精确,对供应链表现的预测就越精确、越可靠。

简单的仿真模型可以用技术含量低的工具(如索引卡)来建立,人们拿着这个工具来扮演不同的对象。仿真也可以在软件中用传统的编程语言来表达。但是,成本效益最大化的方法是用商业仿真系统。这些系统包括建造模型所用的图形工具、用于在不同情况下测试的自动工具及分析结果用的报告工具。我们可以选择仿真供应链的专门工具,如所有供应链组件的预制对象等。通过这些工具,可以轻松组装强大的仿真系统。

建立了仿真模型后,需要运行它来测试。首先,把系统的对象通过设置反映现实世界中的生产能力、运输次数、材料和劳动力成本、零售价格等的参数来初始化对象,然后就可以启动仿真系统按照现实生活中的顺序来输入数据,包括需求的变化程度、价格的季节变化等。当模型运行时,会产生输出来显示需求满足的速度、每个工厂的库存和运行系统的总成本,还有其他一些衡量供应链表现的测量指标。

从以上描述可以看出,运行仿真模型和运行数学模型很像:设置好参数,进行输入,然后观察输出结果。但是仿真模型要比大多数数学模型更好,因为仿真系统很自然地包含了变化性。这是一个很大的优点,因为销售额、货物运送、价格,还有数不清的供应链的其他方面在现实中的变化很大,而这些变化又对供应链的表现影响很大。要关注变化性是如何影响供应链的管理。

举一个例子来看看供应链的变化性——需求的变化性。假设企业有一个产品,一种特别的沙发,每周卖100个。把这个数值作为模型的一个参数,但是这种简化忽视了一个很重要的情况:在有的星期,企业卖的沙发超过100个;而有的星期,卖的沙发少于100个。在一个给定的星期里,企业必须面对那一周的实际销售量,而不是平均销售量。这就意味着企业需要准备额外的库存来缓冲需求的变化性。那么需要多少库存呢?这取决于企业有多少变化性。如果每周的销量变化很大,需要有能力每周供应150个沙发以避免断货;如果变化性很小,那么只需要125个沙发就够了。在任何一种情况下,手头准备平均100个沙发很有可能会使企业至少一半时间断货。一个仅仅基于平均需求的模型不能产生一个可行的商业结果。

我的笔记

知识扩展

仿真模型

从1993年起，Flexsim软件产品就进入了仿真软件市场并且建立了自己的咨询业务。Flexsim是迄今为止世界上唯一一个在图形建模环境中集成了C ++ IDE和编译器的仿真软件。在这个软件环境，C ++不但能够直接用来定义模型，而且不会在编译中出现任何问题。这样，就不再需要传统的动态链接库和用户定义变量的复杂链接。

Flexsim能应用于建模、仿真以及实现业务流程可视化。

1. 建模

Flexsim带有一个应用广泛的对象库，这些对象代表着一定的活动和排序过程。要想利用模板里的某个对象，只需要用鼠标把该对象从库里拖出来放在模型窗口中即可。每一个对象都有一个坐标(x,y,z)、速度(x,y,z)、旋转以及一个动态行为(时间)等属性。对象可以创建、删除，而且可以彼此嵌套移动，它们都有自己的功能或继承来自其他对象的功能。这些对象的参数可以把任何制造业、物料处理和业务流程的快速、轻易、高效建模的主要特征描述出来。

在一个仓库模型里，Flexsim中的对象参数可以表示几乎所有存在的实物对象。例如，机器、操作员、传送带、叉车、仓库、交通灯、储罐、箱子、货盘和集装箱等都可以用Flexsim中的模型表示，同时数据信息也可以轻松地用Flexsim丰富的模型库表示出来。

Flexsim可以让建模者使模型构造更具有层次结构。在组建客户对象的时候，每一组件都使用了继承的方法，在建模中使用继承结构可以节省开发时间。Flexsim可以使用户充分利用Microsoft Visual C++的层次体系特性。

目前在市场上，还没有其他任何仿真软件能像Flexsim这样有更多的用户化设置。对使用者来说，软件的每一个方面都是开放式的。对象、窗口、图形用户界面、菜单、下拉列表和对象参数等都是非常直观的。可以在对象中根据自己的想法改变已经存在的代码、删除不需要的代码，甚至还可以创建全新的对象。值得一提的是，不论是使用者设置的还是新创建的对象都可以放入库中，而且可以应用在别的模型中。最重要的是，在Flexsim中可以用C++语言创建和修改对象，同时，利用C++可以控制对象的行为活动。Flexsim中的按钮、菜单和图形用户界面等都是由预编译的C++库来控制的。

由于Flexsim中的对象都是开放的，所以这些对象可以在不同的用户、库和模型之间进行交换,同时结合对象的高度可自定义性,可以大大提高建模的速度。当用户自定义的对象加入库中时,就可以非常方便地在别的模型中使用该对象。由此可见,用户化和可移植性扩展了对象和模型的生命周期。

2. 仿真

Flexsim 中有一个效率非常高的仿真引擎。该引擎可同时运行仿真和模型窗口(可视化),关闭模型窗口可以加速仿真的运行速度。同时当仿真运行时,利用该引擎和 Flexscript 语言可以改变模型的部分属性。

Flexsim 还可以用实验的形式来仿真假定的情节,而且它可以自动运行并把结果存在报告、图表中。这样可以非常方便地利用丰富的预定义和自定义的行为指示器,像用途、生产量、研制周期和费用等来分析每一个情节,而且也很容易将结果导入到别的应用程序,如 Microsoft Word 和 Excel 等。利用 ODBC(开放式数据库连接)和 DDEC(动态数据交换连接)可以直接输入仿真数据。

3. 可视化

如果一幅图能够表达上千的文字,那么 Flexsim 的虚拟现实动画以及模型浏览窗口就表达了无限的容量。Flexsim 把所有最新的虚拟现实博弈图形集成在个人计算机上。Flexsim 中有可以直接导入 3DS (3D Studio)、VRML、3D DXF 和 3D STL 等类型文件的选项,而其他仿真软件中没有这项功能。Flexsim 内置了虚拟现实浏览窗口,可以让用户添加光源、雾以及虚拟现实立体技术。用户定义的 Fly-Throughs 可以被定义为艺术模型状态显示出来。AVI 文件可以通过 Flexsim 的 AVI 录制器快速生成。任何模型都能被录制、复制到 CD,以及发送到任何人的实时查看器中。

4. 几种物流仿真软件的比较

在现阶段模拟软件技术都来自美国。一般模拟软件可分成结构性(hierarchical)和分散式(discrete manufacturing)两大类型,而 Flexsim 属于分散型模拟软件。

(1) 模拟技术的使用

模拟技术是建立于实验性的概念上的。当一个机构决定使用一个新的设计或新的概念时,往往由于时间和资金的限制,没有办法承受失败所带来的风险。因此,模拟技术可以帮助我们减少失败的风险。通过计算机虚拟现实的情况,决策者可以知道概念或设计的可行性,从而帮助他们做出明智的决定。

Flexsim 是新一代的模拟软件,它能使决策者轻易地在个人计算机中构建及监控任何工业及企业的分散式流程。通过 Flexsim,决策者能率先找出工业及企业流程的模式,进而成为该领域中的领导者。Flexsim 基础结构的设计不只是要满足使用者现今的需求,其结构的概念更是为了企业的未来而准备的。

(2) Flexsim ED 与其他模拟软件功能的比较

Arena、Promodel、Witness 和 Automod 都是在市场上能经常看到的模拟软件,但是它们的模拟技术都开发自 20 世纪 80 年代中至 90 年代后期,因此都落后了。Arena、Witness、Promodel 都没有三元虚拟的技术,而 Automod 三元虚拟技术只限于线框模型(wireframe),是非实质模拟技术。有的软件只能代表性地而不能实质上地反映实际的情况。Flexsim 却是一个完整的 3D 模拟软件。Flexsim 的虚拟技术比其他软件好,无论在模拟驱动器(engine)、统计数字分析和图形代表上都反映真实的情况。这样在模拟分析上,我们才得到真正的分析

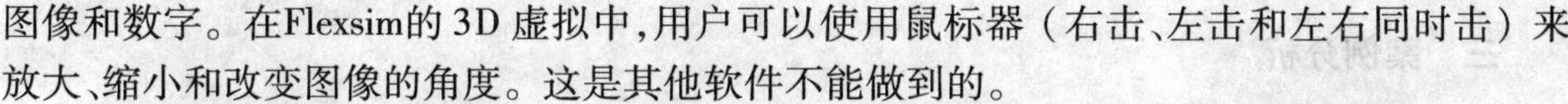

图像和数字。在Flexsim的3D虚拟中,用户可以使用鼠标器(右击、左击和左右同时击)来放大、缩小和改变图像的角度。这是其他软件不能做到的。

Flexsim是面向对象软件。Flexsim的资料、图像和结果都可以与其他个体导向的软件共用,这也是其他软件不能做到的。因此,Flexsim可以从Excel(或任何ODBC数据库)读取资料和输出资料,可以从生产线上读取现时资料来做分析。Flexsim也允许用户建立自己的模拟对象。一些跨国的大公司可以共用这些对象而无须重新建立。

① 模拟方法。Flexsim是把逻辑和资料输入到每一个对象中,而不是输入到产品中。在建立模拟作业时,用户只要把对象拖到所要的位置然后放下,接着把对象连接起来,最后把逻辑和资料输入对象,便完成了整个建立的过程。用户也可以用C++建立自己的逻辑,并输入对象中。

② 速度。模拟的速度是选择模拟软件的重要条件。同一个铁路系统的模拟,Flexsim比Areana快好几倍;同一个半导体的物料管理系统,Flexsim ED比Automod快三四倍。

③ 查询系统(query system)。Flexsim允许用户在虚拟过程中,同时进行任何查询。在其他软件中,用户需要暂停或结束虚拟才可以进行查询。

基于以上种种原因,Flexsim是一个优秀的模拟软件,它结合最先进的科技,满足用户的需要。

我的笔记

复习思考

一、选择题(不定项选择题)

1. 属于概念模型的范畴的有( )。
   A. 图表　B. 口头描述　C. 分享理解　D. 公式　E. 程序
   F. 实验　G. 对象交互　H. 现实评估
2. 属于仿真模型的范畴的有( )。
   A. 图表　B. 口头描述　C. 分享理解　D. 公式　E. 程序
   F. 实验　G. 对象交互　H. 现实评估

二、简答题

1. 什么是模型?构建模型的作用是什么?
2. 建立数学模型的要求有哪些?

三、案例分析

应用你所学的方法,帮助蛋糕公司解决这一难题,即如何统筹安排运输使得运输的费用达到最经济?

无锡某蛋糕公司下属有3家蛋糕加工厂,分别为A_1、A_2、A_3,位于无锡主城区的3个点。这3家加工厂每天向分布在无锡的4个地区销售门店B_1、B_2、B_3、B_4配送蛋糕,各加工厂运往各门店的运费费率不同。各加工厂的产能、各门店的需求量及配送费率如表2.4所示。

表2.4 供需量及配送费率

销地 产地	B_1	B_2	B_3	B_4	供应量	B_1	B_2	B_3	B_4
A_1					9	2	8	3	11
A_2					13	1	5	7	1
A_3					8	7	3	10	6
需求量	6	8	10	6	30				

任务5 供应链软件

学习任务

学习本任务后,应能理解ERP概念,掌握ERP基本流程,对典型ERP系统描述工作流程,熟练掌握供应链模拟软件的操作技能。

知识目标

- 掌握ERP系统的基础知识。
- 掌握ERP在供应链中的主要应用。
- 了解供应链管理系统的基础知识。

技能目标

- 能够掌握基本的ERP操作技能。
- 学会使用ERP帮助企业建立初步的生产计划。
- 熟悉供应链管理系统的初步使用。

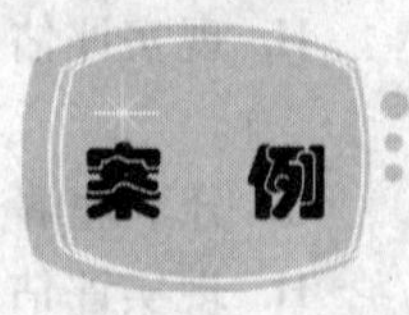

案例 高露洁的mySAP供应链管理系统

高露洁公司(以下简称高露洁)于1999年11月建立了高露洁全球供应链管理系统。高露洁希望充分利用对其核心SAP R/3解决方案的投资,进一步完善全球供应链管理,改善对零售商和客户的服务,减少库存,增加赢利。

作为消费品行业的领袖,总部位于美国纽约的高露洁是一家资产达94亿美元的全球性消费品公司,在美国及全球范围内制造并销售的消费类产品种类繁多,包括牙膏、肥皂、洗涤用品和宠物食品等。该公司的业务遍布两百多个国家,其中70%的销售来自国际市场,80%的雇员位于海外。

高露洁从1995年开始采用SAP提供的企业管理核心解决方案,通过统一财务管理、后勤规划和其他业务环节等支持公司全球的运营。采用SAP的系统也推动了高露洁内部所有产品命名、配方、原材料、生产数据及流程、金融信息等方面的标准化。

这些方面的改进提高了高露洁在全球的运营效率。例如,在经营领域,SAP企业管理解决方案能够巩固生产设施。国际市场上消费品的竞争十分激烈,尽管高露洁在SAP系统的帮助下取得了很大发展,但还有些方面需要完善。通过实施SAP R/3系统,高露洁将产生订单和完成订单的实现率提高到90%,但它仍希望通过突破公司在需求和能力方面的局限将该数字提高。此外,通过SAP R/3系统,高露洁在北美将订单在企业内部循环的时间由9天缩减到5天,但即使这样成本还是很高。

为了解决上述问题聚焦供应链,高露洁在SAP企业管理解决方案的基础上建立了高露洁全球供应链管理系统——mySAP SCM系统。在该系统中,高露洁确定了3个主要的供应链战略。首先是推出VMI(Vendor Managed Inventory,供应商管理库存)项目,大幅削减渠道的库存和循环时间。其次,高露洁实施了一个跨边界资源计划,将地域性模式拓展为全球性模式。这种模式转型可以提高企业的预测能力,减少非盈利股份,凝聚资产,平衡公司的全球业务。最后,高露洁还实施了一个与下游企业的协同计划程序,用来管理供应链中的市场需求和协调各项活动。

在高露洁内部,VMI是一个推动过程,公司将根据VMI提供的每日消费需求与库存信息对各消费者中心进行补充。目前VMI的重点在北美,在那里,VMI管理着来自5个工厂40%的集装箱,包括40个分销中心、12个消费区,囊括了高露洁所有的产品。由于mySAP SCM系统使高露洁能更加准确地契合供给与需求,最终降低了成品库存,提高了在产订单和已完成订单的达成率,缩短了补充循环的时间。

VMI商业程序由mySAP SCM系统供应网络的规划功能支持。每天来自消费分销中心的库存量和需求信息传递到mySAP SCM系统,对需补充的订单数进行统计。mySAP SCM系统能够对企业生产能力信息进行综合分析以确定生产需求和供应不足。随后,补充订单通过EDI传回给消费者进行确认,然后处理客户的要求。VMI调度98%的在产订单和已完成订单,并将补充订单循环时间缩至一天。随着在北美和其他地域VMI的实施,高露洁所获得的上述收益还将成倍增长。

我的笔记

知识导读

50年前,人们用纸和笔这种传统工具加上一点计算的帮助来设计和管理供应链。今天,如果没有广泛的软件支持,运营庞大的供应链简直是不可能的。可以选择的软件众多,但选择了错误的软件会使企业的供应链陷于停顿。在此将从供应链软件的生产系统开始介绍,然后介绍为特定供应链问题设计的特别应用程序,最后介绍互联网改变贸易伙伴双方在供应链中协调需求流、供应流和现金流的方式。

5.1 ERP系统

1. ERP的发展演变过程

1) 20世纪40年代为解决库存控制问题,人们提出了订货点法,当时计算机系统还没有出现。

2) 20世纪60年代的时段式MRP(Material Requirement Planning,物料需求计划)。随着计算机系统的发展,使得短时间内对大量数据的复杂运算成为可能,人们为解决订货点法的缺陷,提出了MRP理论。这个阶段是物料需求计划阶段,或称基本MRP阶段。

3) 20世纪70年代的闭环MRP。随着人们认识的加深及计算机系统的进一步普及,MRP的理论范畴也得到了发展,为解决采购、库存、生产和销售的管理,出现了生产能力需求计划、车间作业计划以及采购作业计划理论。这个阶段是闭环MRP阶段。

在这两个阶段,出现了丰田生产方式(看板管理)、TQC(Total Quality Management,全面质量管理)、JIT(Just In Time,准时制生产)以及数控机床等支持技术。

4) 20世纪80年代的MRPⅡ(Manufacturing Resource Planning,制造资源计划)。随着计算机网络技术的发展,企业内部信息得到充分共享,MRP的各子系统也得到了统一,形成了一个集采购、库存、生产、销售、财务和工程技术等为一体的子系统,出现了MRPⅡ理论。这个阶段是MRPⅡ阶段。这一阶段的代表技术是CIMS(Computer Integrated Manufacturing System,计算机集成制造系统)。

5) 进入20世纪90年代,随着市场竞争的进一步加剧和企业竞争空间与范围的进一步扩大,从80年代MRPⅡ主要面向企业内部资源全面计划管理的思想,逐步发展成为90年代怎样有效利用和管理整体资源的管理思想,ERP(Enterprise Resources Planning,企业资源计划)随之产生。

ERP是由美国加特纳公司在20世纪90年代初期首先提出的,当时的解释是根据计算机技术的发展和供应链管理,推论各类制造业在信息时代管理信息系统的发展趋势和变革。随着人们认识地不断深入,ERP 已经被赋予了更深的内涵,它强调供应链的管理。除了传统 MRPⅡ系统的制造、财务和销售等功能外,ERP 还增加了分销管理、人力资源管理、运输管理、仓库管理、质量管理、设备管理和决策支持等功能;ERP 支持集团化、跨地区及跨国界运行,其主要宗旨就是将企业各方面的资源充分调配和平衡,使企业在激烈的市场竞争中全方位地发挥足够的能力,从而取得更好的经济效益。这一阶段倡导的观念是精益生产、约束理论(Theory of Constraints,TOC)、先进制造技术、敏捷制造以及目前热门的 Internet/intranet 技术。

ERP 的发展演变过程如图 2.5 所示。

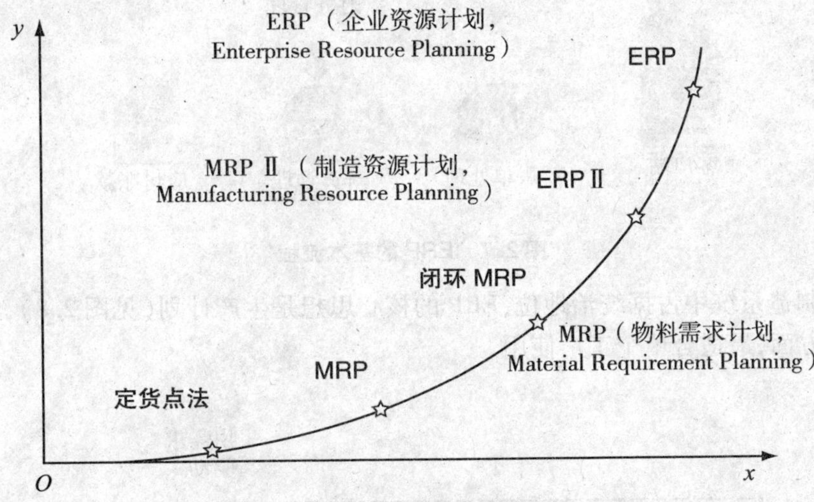

图 2.5 ERP 的发展演变过程

2. ERP 的含义

ERP 是加特纳集团公司提出的一整套企业管理系统体系标准,其实质是在 MRPⅡ基础上进一步发展而成的面向供应链(supply chain)的管理思想;是综合应用了 Client/Server 体系、关系数据库结构、面向对象技术、图形用户界面、第四代语言(Fourth-Generation Language,4GL)和网络通信等信息产业成果,以 ERP 管理思想为灵魂的软件产品;是集企业管理理念、业务流程、基础数据、人力物力、计算机硬件和软件于一体的企业资源管理系统。

ERP 的概念层次如图 2.6 所示。由此可知,对应于管理界、信息界和企业界不同的表述要求,ERP 分别有着它特定的内涵和外延。对于企业来说,要理解 ERP,首先要明确什么是"企业资源"。简单地说,"企业资源"是指支持企业业务运作和战略运作的事物,也就是我们常说的"人""财""物"。据此可以认为,ERP 就是一个有效地组织、计划和实施企业的"人""财""物"管理的系统,它依靠 IT 技术和手段以保证其信息的集成性、实时性和统一性。

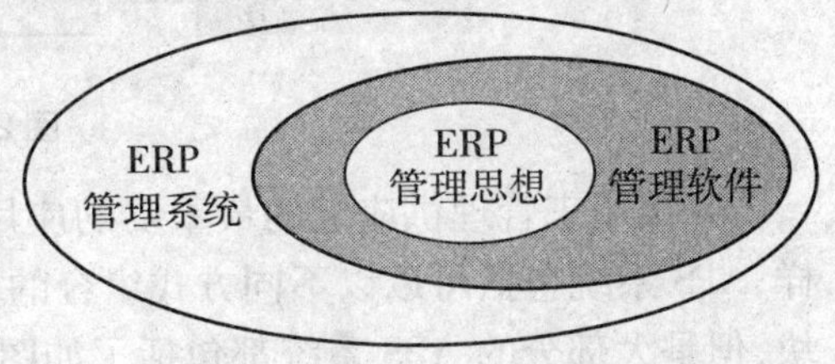

图 2.6 ERP 的概念层次

3. ERP 的基本流程

ERP 的基本流程如图 2.7 所示。

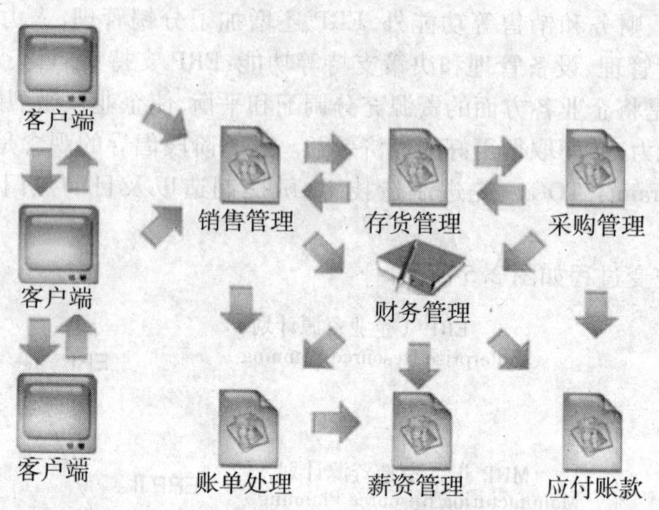

图 2.7 ERP 的基本流程

ERP 在制造系统中占据统治地位,ERP 的核心思想是生产计划(见图 2.8),能够支持供应链的几个方面,最适合单个工厂使用。

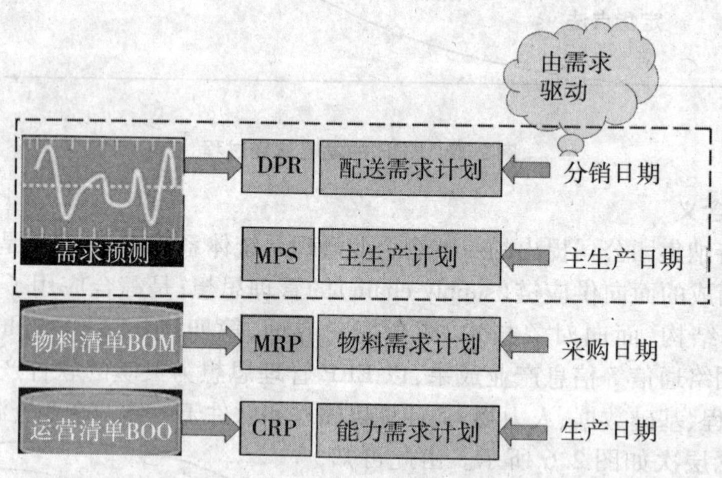

图 2.8 生产计划

直接用来管理供应链的最重要的应用是 APS(高级计划和排程)系统。和 ERP 系统一样,APS 系统包括可以以不同方式组合的很多模块,不是所有的 APS 系统都包含了相同的模块,但是大部分的 APS 系统都包括了如图 2.9 所示的模块。这些模块也在相当程度上代表了 APS 的能力。

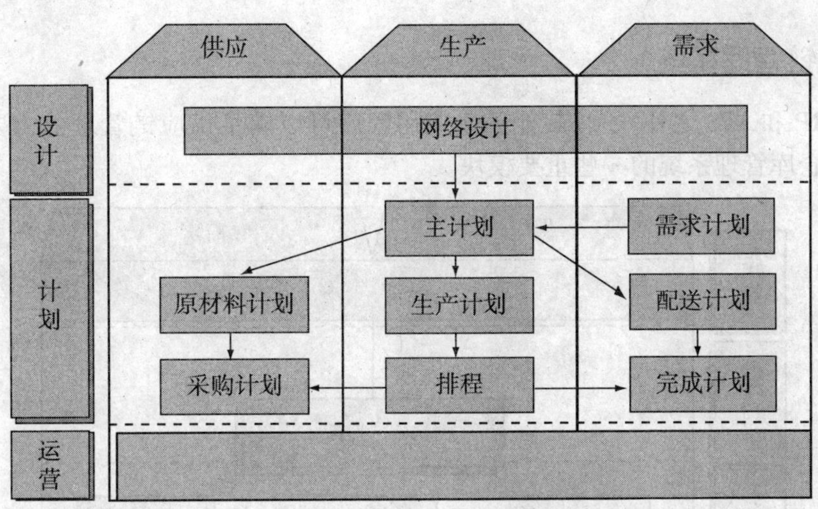

图 2.9　一个 APS 系统的模块

ERP 和 APS 的最重要的区别在于：ERP 支持过程矩阵中的下面两层(计划和运营)，而 APS 则注重于上面两层(设计和计划)。

如图 2.50 所示，首先，需求计划模块预测了每个地区的每个产品的需求。然后，主计划模块把预测和网络设计模块提供的供应链的能力合并，制订出在供应链中移动的总计划。为了制订计划，需要 3 个专门的模块分析主计划对于原材料、生产能力和配送需求的影响。

尽管 APS 系统具有复杂的计划和排程功能，但没有把这些计划变成行动所需要的运营模块。通常解决这个问题的方案是把 APS 系统和现有的 ERP 系统连接起来。最有效的合并这两个应用的方法是使用一个简单的 APS 系统来计划一系列生产设施间的物流，每个流动都由本地的 ERP 系统来管理(见图 2.10)。这种方法充分利用了两个系统的优点，提供了用其他方法不能达到的整合效果。

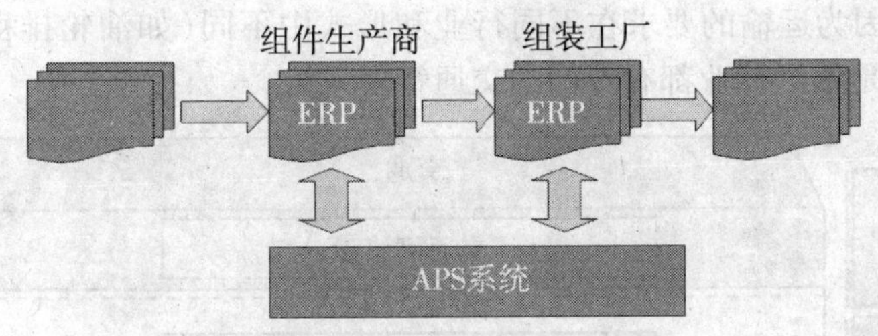

图 2.10　APS 和多个 ERP 系统的连接

我的笔记

5.2 供应链管理系统

除了ERP和APS之外,还有其他一些应用程序可以满足供应链管理的需要。图2.11展示了一个仓库管理系统的一些重要模块。

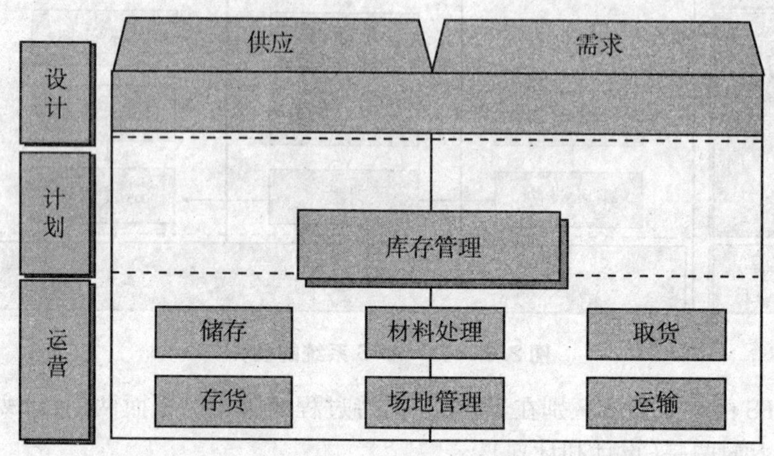

图2.11　仓库管理模块

图2.52所示的这些模块包括计划与运营,仅仅提供足够的计划功能来使设施间的库存流平稳。另外,这里并没有生产模块,因为这并不是仓库的传统功能。供应方面的模块关注于使收货和发货到适当的存货地点的过程自动化,需求方面的模块则关注于组合出库的订单为出货做准备。材料处理模块则填充了这两套模块之间的空白,至于场地管理模块则指引交通工具、集装箱和中途运输的库存趋向临近的仓库。

另外一种重要的供应链管理系统是交通管理系统(见图2.12)。一个完整的交通管理系统包括从交通网络设计工具到用来跟踪出货、司机排程和决定任意两点之间的运货成本的运营应用工具。因为运输的要求在不同行业和形式中不同(如油轮排程和有轨车的排程就大不相同),通常是每个行业都有专门的交通管理系统。

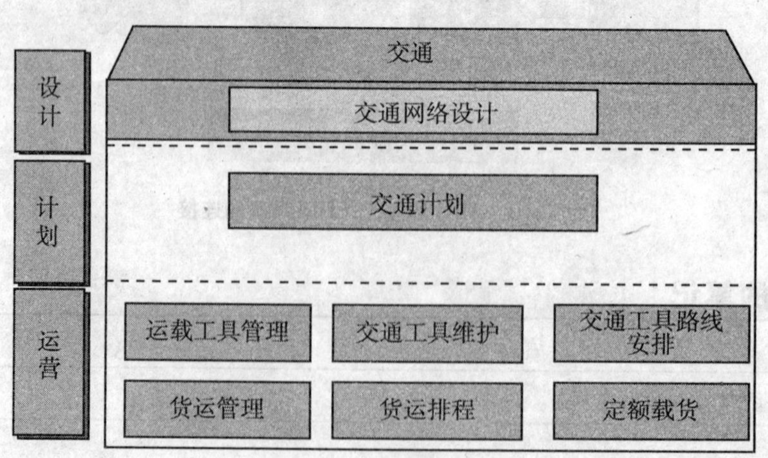

图2.12　交通管理模块

仓库和交通管理系统存在很多年了，最新一代的软件包包括了图 2.13 所示的应用程序。其中 CRM(客户关系管理)被设计用来整合所有联系客户的活动，包括销售、服务和支持。比这更新的是 SRM(供应商关系管理)。CRM 和 SRM 通常局限于和最近的贸易伙伴的联系交流，因此它们只覆盖了供应链中的一个环节。但是，一些更先进的 CRM 软件包包括了支持与客户的客户发展关系的功能。

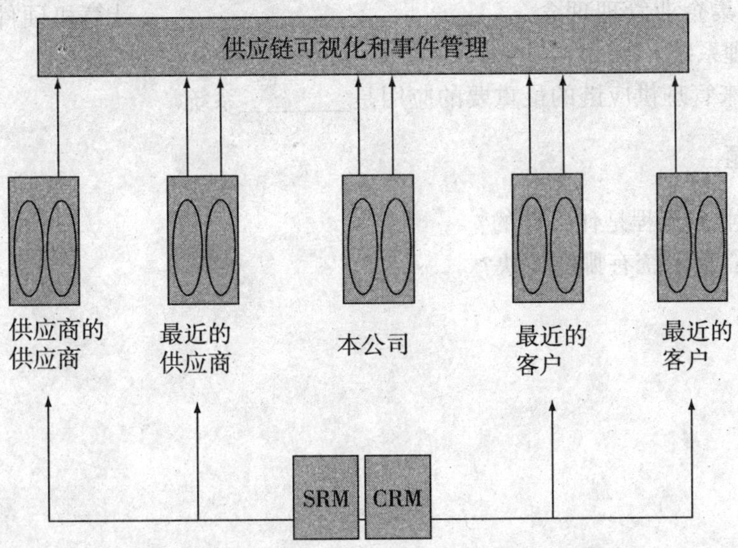

图 2.13 不断出现的供应链应用

在图 2.54 中，这些应用可以跟踪库存在供应链中流动时移动的情况，图形化地显示每个地点预计的和实际的库存水平。相近的一类是供应链事件管理软件，它提供了定义引发特定事件发生的商业原则的功能。这种软件使供应链管理者集中注意力在例外的事件上而不是亲自监测每一项活动。

我的笔记

____

____

____

____

复习思考

一、填空题

1. ERP 的发展经历了订货点法、________、________、________等几个演变过程。

2. ERP 的基本流程包括的层次有：人力资源管理、________、________、管理会计、________。

3. APS系统的模块主要有:网络设计、________、需求计划、原材料计划、生产计划、________、原材料计划、采购计划、________、完成计划。

4. MRPⅡ阶段的代表技术是________。

5. 现阶段ERP倡导的观念是精益生产、________、________、敏捷制造以及现在热门的________技术。

6. ERP是集企业管理理念、________、________、________、计算机硬件和软件于一体的企业资源管理系统。

7. 直接用来管理供应链的最重要的应用是________系统。

二、简答题

1. ERP的业务流程是什么样的?
2. 供应链管理系统有哪些模块?

项目3

需求管理

任务6 满足需求

学习任务

通过相关知识的描述，反复对比研究供应链满足需求即履行订单的过程，观察企业履行订单的运作模式，分析供应链上的企业订单是如何生成的，能分析应该如何处理订单、组装货物、交付订单及如何进行货款回收管理。通过相关的知识导读能明确履行订单的基本操作要求，能理解履行订单的关键特征，把握履行订单的核心环节和基本流程。

知识目标

- 掌握订单的基础知识。
- 掌握订单的处理过程。
- 掌握货物配送的基础知识。
- 掌握订单交付及货款回收的基本知识。

技能目标

- 能够制作一份简单的订单。
- 基本学会订单的处理过程。
- 学会订单处理过程中货物配送和货款回收的基本技能。

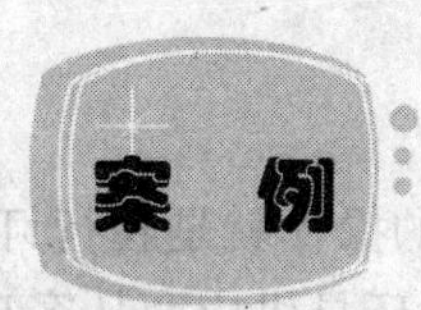

案例 请为下面的公司采购拟定一份订购单。

A 公司（采购公司）拟向 B 公司（供应商）采购一批材料。根据下列描述，请为 A 公司拟定一份采购订单。

采购合同包含的信息如下。

物料名称：电缆线

规　　格：意大利 FE－110P

型　　号:H05RN－F3G　0.75 $mm^2 \times 8$ m

数　　量:10 000 m

含税单价:15.8 元/米

交货地点:A 公司 2 号仓库

交货时间:2010 年 10 月 28 日

关于交货期的说明:供应商必须在交货期之前交货,若有延误,逾一日扣除该批款 1%,品质不良造成的延误与此同。

品质要求如下。

1. 质量要求:供应产品必须符合欧盟 WEEE、ROHS 两大指令。

2. 包装要求:常规包装,避免损坏。

不良物品处理如下。

1. 经检验后的不合格品,得到采购部通知后,应于两日内取回,逾时本公司不负责任。

2. 如急用需选别,所产生费用,依本公司之索赔标准计费。

验收标准:按 A 公司工艺图纸技术标准验收。

结算方式及期限:每月按货款 1/3 结算。

合同纠纷的解决方式:协商解决。

我的笔记

知识导读

6.1　生成订单

供应链中的日常运作最基本的操作就是履行订单,即满足产品(也就是满足需求)的流程。如图 3.1 所示,履行订单的循环是供应商从客户那里拿到订单开始的,结束于供应商收到已交付产品的货款。实际上,履行订单是需求、供应和现金流通过一个单一链状连接而形成的完整的循环。图 3.1 从供应商的角度阐述了满足需求的每一个流程步骤,包括订单处理、货物装配、交货和收款。

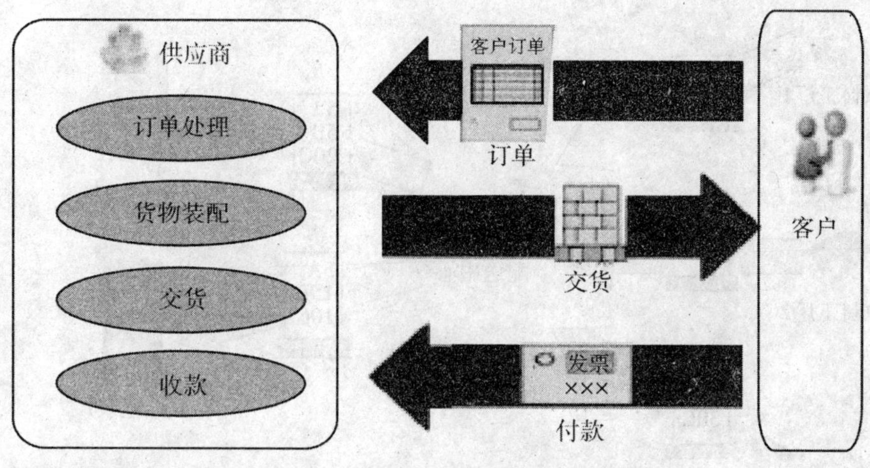

图3.1 履约周期

订单从客户那里传送到供应商的方式在过去的几十年里发生了很多变化，趋势是使用更快的媒介，但是，订单的内容却一直没有改变。本质上，一张订单回答了4个传统的问题：谁是买方和卖方？交易的产品是什么？货送到哪里？什么时候送达？

尽管说来简单，但是所有这些问题的答案也可以很复杂。就拿谁是买方和卖方来说，也许就只有买卖双方——客户和供应商。然而，就像在任务1里所说的，一张订单要牵涉到的3个不同的流程——需求、供应和现金流，通常由买方和卖方组织机构中的不同团队来处理，所以，经常有6个或更多的团队会涉及一笔交易，这其中的每个团队必须被看成是一个不同的操作实体或法律实体。即使对一个相对简单的交易来说，仅仅是区分出不同的团队就已经超出许多订单系统的能力。

一张订单要说清楚买什么，有时候也会变得相当复杂。订单通常开列了一系列不同的产品，但仅仅命名这些产品并不足够。购买现货必须使用唯一的标志符，如货号、条形码或者货品代码。在某些行业里，有些标志符已经被标准化了，但是，仍有许多标志符在每个组织都是完全独立、并不相同的，需要买卖一方或双方在两个不同的标志系统间做转换。订购定制货物的订单必须包括非常具体的规格，如尺寸、成分和原料质量等。规定产品的数量通常是规定数字和单位。当两家公司使用不同的单位来衡量同一货物（如磅和包），或者两家公司使用不同的测量系统（如公制和英制）时，要说清货物的数量也会变得很难。

要说清楚送货的目的地，同样也会很复杂。送货目的地或许是一个，或许是好几个，一张订单中不同的产品可能要送到不同的目的地。这些目的地绝不只是一个地址，每个目的地都有它自己的特性，如收货能力、运作时间等。再者，对一个有着多个工厂的公司而言，物料来自多个供货地点，这些物料在运输途中就有可能需要分开装运或合并装运。在这种情况下，物料就得经过一个中间环节[如交叉转运区（cross dock）或者配送中心]来重组。图3.2阐明了配送中心重组了从3个原料工厂送来的物料，然后把它们分送到两个成品组装厂的过程。

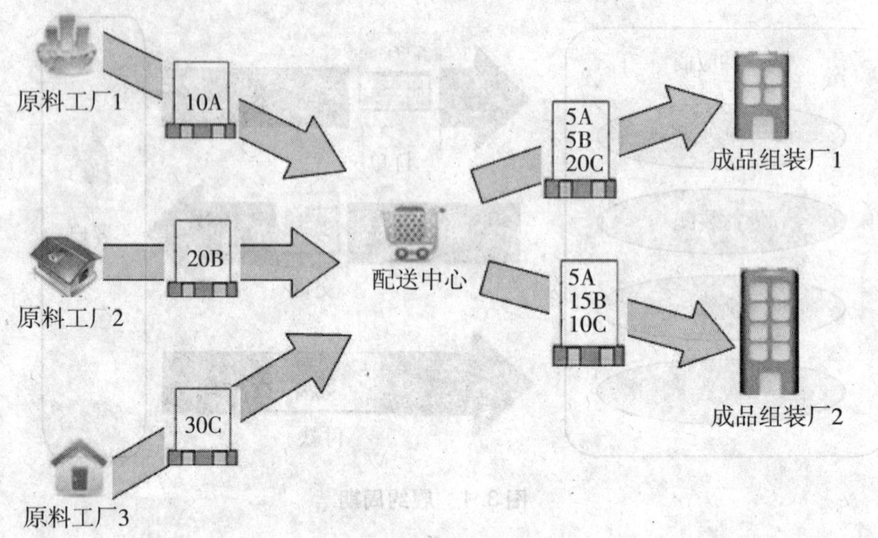

图3.2　合并和分拆物料

即使是何时送达的问题也会很复杂。尽管通常只是指定一个简单的送货日期而已,但实际上送货要根据规定的时间段来送。以前,送货的时间段是含糊的,只是标明了最后可接受的收货日期。然而,根据目前强调减少库存的策略,送货日期常常指明了一个确定的日子,在这个日期之前或之后送货都是不可接受的。在JIT中,送货时间往往更是精确到时间点,供应商也许会因为送货晚到了30分钟而受罚。还有一个问题,订单上所有的货物是否必须在同一天送到?从一个极端来看,客户可以规定供应商按订单完整出货(ship complete),这意味着订单上所有的物品必须在一次送到客户那里,这样就不允许供应商因为某些产品缺货而延期送货。从另一个极端来看,如果一张订单的每个产品都规定有它自己的送货时间,那就会发生一张订单分好多次送货的局面。

在回答了谁是买方和卖方、交易的产品是什么、货送到哪里以及什么时候送达的问题之后,还得回答以下的问题:货物是如何包装的,货物是如何装运的,货物在收货时的状态和质量如何等。最后,尽管有些信息不包括在订单里,但这类信息在维护供应链同步性上变得越来越重要了。例如,现在许多生产企业和供应商分享其生产计划的信息,生产企业让供应商知道它们在生产什么、何时生产,允许供应商在送货晚点之后做出更好的决定来补救生产进度,而不仅仅是要求供应商把原料在某一个指定的时间送到卸货平台。

作为一个单一的文档,合同或订单需要交流的信息明显很多,因此它发展了统一的格式来整合信息。一份合同或订单包括了3个基本部分,即首部、正文和尾部。

1. 首部

首部主要包括以下内容。

- 名称,如原材料采购合同、设备采购合同、加工合同和采购订单等。
- 编号,如2010年第1号或第10001号等。
- 买卖双方的名称。
- 签订日期。
- 签订地点等一般信息。

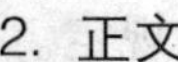

2. 正文

正文包括以下内容。

- 货物名称。货物名称即采购物品的名称。
- 货物的数量。货物的数量是指用一定的度量制度来确定买卖货物的重量、长度、面积和容积等。该条款的主要内容有交货数量、单位和计量方式等。如果货物的数量是以重量计量的,则实际送货数量要在货物送达买方指定地点过磅之后才能确定;国际贸易中货物的重量则以第三方检验机构(如商检机构)出具的重量检验证书的检验结果为准。
- 货物品质规格。货物品质是指货物所具有的内在质量与外观形态的结合,包括各种性能指标和外观造型,具体有规格、型号、等级、花色、商标品牌和产地等。
- 单价和总价。单价和总价分别是指交易物品的每一单位的价格和总金额,有时还包括折扣、税费和运费。
- 包装及运输方法。包装是否规范与物料的品质有密切的关系,并影响到物料的验收作业,因此在采购时应将包装及运输方式列为协议内容之一,并应对使用包装材料的材质(如纸箱纸质等)、衬垫(如发泡胶等)及标志等加以规定。运输工具的选择(如汽车、火车、轮船或飞机等)及运输路线的决定均会影响运费的高低、交货时间的长短等,因而对运输方法应加以明确。
- 付款方法。付款方法在合同或订单中是一个重要内容。当公司资金较为充裕时,可现金购买,从而可在价格、交货期或其他条件上获得补偿;对于资金周转较为困难的企业,可以选择分期付款,通过谈判争取一定的日期,如到货后 30 天付款或者 60 天付款。付款方法还可用来管理供应商:对于优秀供应商,付款期短;反之则长。有些较难采购的物料,初次合作也有预付订金的方式。
- 交货时间。在合同中交货时间是指履行合同标的的时间界限。合同履行期限分为合同的有效期限和合同的履行期限。合同的有效期限是指合同的有效时间的起、止界限,如长期合同、年度合同和季度合同等。合同的履行期限是指实现权利义务的具体时间界限。例如,采购合同的有效期限可能是一年,而履行期限可能按月、按季分期履行。合同中对于履行期限,必须规定得具体、明确。同时,在合同规定的交货期到达时,供货方发送货物后应通知收货人。
- 交货地点。交货地点指交付或提取标的的地方。合同中必须对交货地点做出明确规定。在采购合同中,由供方送货或者采用代办托运的,交货地点为产品发送地;需方自提的,交货地点为产品的提货地。需方若需要变更交货地点或收货人,应于合同约定交货之日前合理的时间通知供方。
- 交货方式。采购合同的交易方式通常有送货方式、自提方式和代运方式。送货方式一般由供方选择,一切风险由供方负责;自提方式由需方按照合同规定的时间、地点自行提货;代运方式是指需方委托供方代办托运,代办托运应明确运输方式、运输工具、运输路线及到达站(港)的准确名称、运杂费的承担者等。
- 交货人姓名和收货人姓名。这是指交货单位名称或交货人姓名和收货单位名称或收货人姓名。
- 货物的验收。货物的验收是指需方在收到货物后按照合同的约定对货物数量进行点验、对货物的质量进行检验,以明确货物的数量、质量是否符合合同的规定。对货物质量和数量的查验方法、验收地点、验收方法和验收标准在合同中均应明确规定。

- 违约责任。违约责任是指对品质标准低、品质欠佳、交货期延误、交货数量不足和服务水准低等如何处理应予以规定。
- 不可抗力的处理。不可抗力是指在合同签订时不能预见、在合同执行中不可预防、不可避免并且不能克服的意外事故,如战争、地震和台风等。当遇到不可抗力事件造成违约时的处理方式应在合同中予以规定。
- 合同的附则及其他条款。合同的附则及其他条款包括合同履行过程中出现争议时是否提交仲裁,合同签订的理由出现变更时合同部分条款变更或解除的方法等。

3. 尾部

合同的尾部包括合同的份数、使用语言及效力、附件、合同生效的日期、双方的签字盖章。通常,合同的条款比较详尽,如包括上面正文中提及的各项条款;订单则是简化的合同(见图3.3),只列明主要的交易条款(如货物名称、数量、货物规格、交货时间和地点、单价及总价等)。对于保持频繁交易的供需双方,形式简化的订单作为双方具体交易时履行义务的依据。关于其他条款,通常另外签订框架式的协议,规定买卖双方品质验收方法、验收标准、付款方法、违约与不可抗力的处理等。

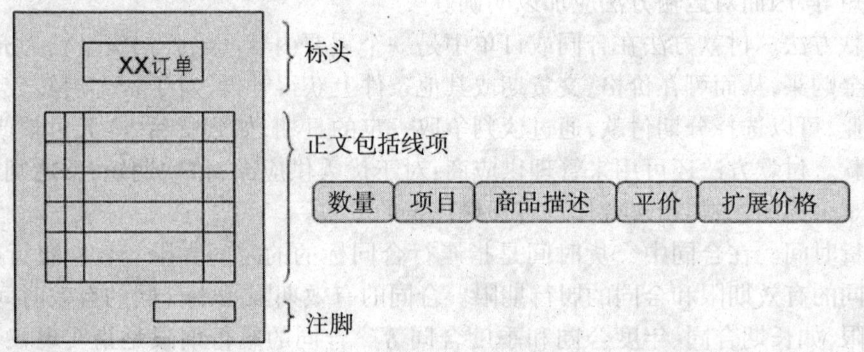

图3.3 订单的结构

尽管如图3.3所示的基本结构对大多数订单来讲足够了,但是,常常还需要附加格式来处理多次送货。最常用的附加格式是如图3.4左侧所示在订单中所订产品的下面增加一项来注明分批送货。在某些行业里,嵌套结构正好倒过来,订购的产品反而注明在送货日期下面,如图3.4右侧所示。这种形式一般称为客户订单时间表(customer schedule),通常用在JIT的情况下,让人们对每次送货的产品一目了然。

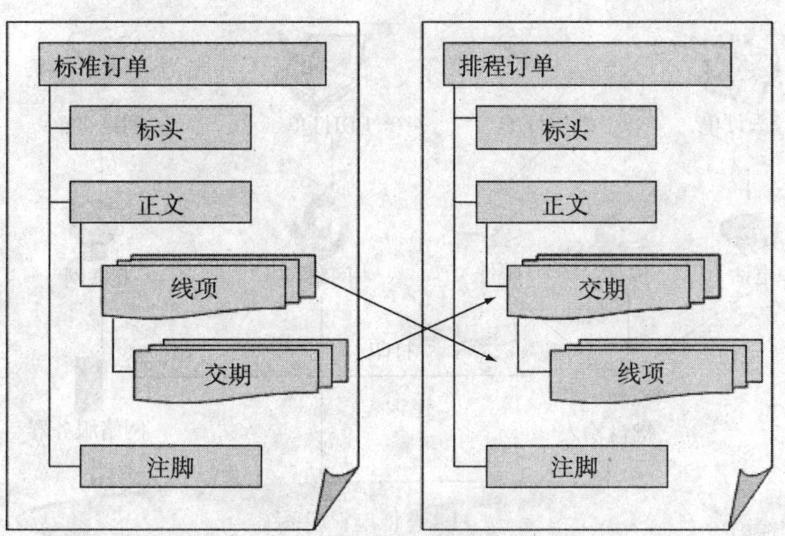

图3.4　订单的3个层次

6.2　处理订单

订单可以通过不同的媒介以不同的形式传送到供应商那里(见图3.5)。过去,订单是通过信件和电话口述来传送的,随着传真机的发明,写在纸上的订单可以通过电话线来传送,这大大加快了订单传送的速度。同样地,随着EDI的发展,公司之间可以通过专用网络在几秒钟的时间内完成订单传送,然而,EDI非常昂贵,只有一些大公司才用得起。现在,互联网技术的发展使得订单传送异常快捷,而且各种规模的公司都用得起了。

由于所有这些技术都在使用,公司必须有能力处理通过多数方式传送的订单。第一个难题就是把所有订单变成统一的形式,这个工作最好由订单管理软件来处理。在使用信件、电话和传真接收订单的情况下,只能由人工把订单输入系统里,如图3.5所示。使用EDI的公司,可以直接把订单接收到它的订单管理系统里面,而不用人工输入订单。由于通过互联网传送的订单形式还没有完全标准化,所以尚不能实现接收完全自动化。很多公司继续通过互联网接受订单,把它们打印出来,然后通过人工再输入到订单管理系统里面。随着XML技术的出现和网络服务的发展,这个问题应该可以得到解决,但这还需一段时间才能实现。

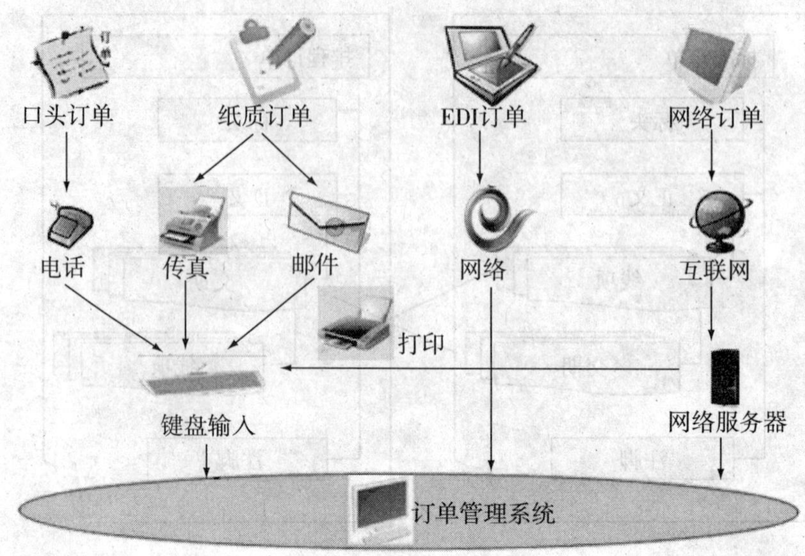

图 3.5　接受订单

一旦订单被输入系统后,供应商便开始了一系列从简单到复杂的活动。图 3.6 表明了处理订单的几个主要步骤,它们被按照最通常的顺序来排列。然而,每个公司在操作上不尽相同,而且可能在同一家公司里处理订单的步骤也会不同。假如一个供应商从一个小客户那里接到一笔金额达 100 万美元的订单,很可能这个供应商会把信用检查这一步骤挪到流程的第一步。

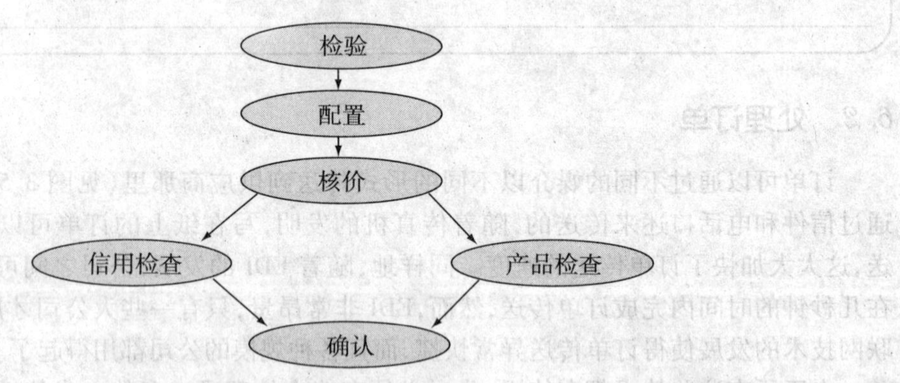

图 3.6　处理订单的主要步骤

1）通常,订单处理的第一步是检验订单的输入内容,以确保订单是合理并且有效的。许多这样的检验是由订单管理系统自动进行的,包括筛选出把数字打成字符或数值超出范围之类的低级错误。系统还能辨识客户是否是已知的客户,并且知道它有无信用来保证订单的执行。大多数订单管理系统能检验每一个被订购的产品是否正确描述了品名和数量,有些系统还可以根据需要对买卖双方使用的不同的产品品名和单位进行转换。一旦这种自动确认步骤完成之后,通常订单会由客户代表来进行合理性检验,看客户订购的产品是否是其通常订购的型号和数量。

2）下一步是配置检验——检验订购的产品是一个产品组合时才需要这个步骤——它

又分成两个检验环节:一个是兼容性检验;一个是完全性检验。顾名思义,兼容性检验保证了零部件能正常配套工作;完全性检验确保客户收到用来组装系统的每一样东西,还确保组装出的系统能满足功能需要。因为配置检验在大多数行业里并不需要,所以订单管理系统只是在目标市场需要时才包括配置检验功能。对于像大型计算机或者通信转换产品那样复杂的产品,供应商常常构建了特制的基于知识的系统,它使用业务规则来进行兼容性检验和完全性检验。

3)核价的过程常常很复杂,包含了一系列复杂的任务。尽管订单管理系统为完成这些任务提供了许多支持,但是完成核价步骤还是要花费相当多的时间和精力,而且在大型的交易中,核价步骤常常是出错和投诉的祸根。核价的主要任务如下。

- 决定正确的单价——如果供应商是根据它的区域、市场和其他因素来制定产品价格,那么选择合适的产品价格会基于许多规则,其中有些规则很可能会自相矛盾。
- 应用合适的折扣——一旦单价定了下来,还会基于公司政策、客户合同、产品促销和其他考虑等的折扣因素而降低。制定折扣本身是一门模糊科学,多种折扣可以一起使用,而且,有些折扣根据不同的规则可以合在一起使用,而有些则不可同时使用。
- 计算实际价格——这个步骤很简单,只要把折扣后的单价乘以订购的数量就行了,但是它通常要用到一个或多个数量折扣对照表,对照表上标明了每一个单品的折扣价,或者标明了购买不同数量的产品的累计数量折扣价。
- 计算额外的费用——计算合适的装运费、税费、关税和其他费用会增加另一层复杂程度,尤其是在国际贸易中。仅仅制定订单的运输方式就需要检验几种不同的运输方式下的成本,然后才能挑选出一个符合关税政策和客户合同的最佳运输方式。额外费用的应用因行业和公司的不同而各异,这让一些使用简单的订单管理系统的公司对计算这种费用感到一筹莫展。

4)订单内容一旦明确了,下一步就要确保客户有足够的信用来履约。在一个完整的信用管理系统里面,每个客户都被授予了一个有最高限额的信用额度,到期应付账款会从最高限额的信用额度中扣除来得出新订单可享有的信用额度(见图3.7)。尽管理论上很简单,但是这种方法需要综合会计系统和订单管理系统来实行,因此还不普遍。现在对客户的信用状况做个标志就已经不错了。在许多信用管理系统里缺乏的一个额外的检验方法是能否使用第三方信用来源。例如,作为信用来源的客户的母公司,从母公司的信用额度里扣除到期应付账款也是可以的。

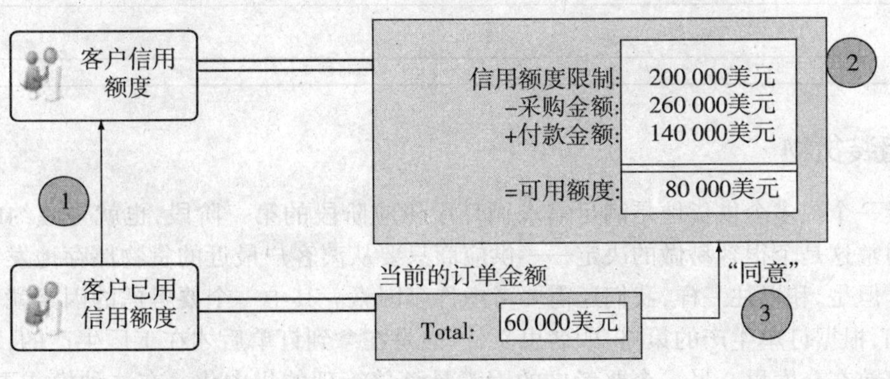

图3.7　检查信用

5)经过上述订单的处理步骤,确认了订单的内容无误、配置合理、价格已核准、客户信用没问题,接下来,作为供方通常要检查确认是否有能力来接这份订单。大多数公司会有这样的习惯,尽管这并不尽然。以做库存的产品为例,在报给客户可供货承诺(Available To Promise,ATP)之前会检查一下当前库存加上出货前计划的库存量。以定制的产品为例,工厂在答复客户之前会检查一下是否有能力承诺(Capable To Promise,CTP)。不管在哪种情况下,供应商都有选择权来保留库存和生产能力,或者仅仅简单地查验一下会不会影响到另一个客户的订单。

目前,检验实时的可供货承诺和有能力承诺最好的工具是APS(高级计划和排程)系统。不同于普通的库存管理系统,APS系统可以根据业务规则对产品做多种供应源分析,并且挑选出最佳供应源。例如,它可以查询几个不同的仓库,看哪一个仓库可在需求日期之前用最低的成本送达产品,或者它可以比较几个不同的工厂和外包生产的方式来决定到底在哪里生产产品。拥有查询实时可供货承诺和有能力承诺的能力不仅可以避免爽约,而且可以让公司在拥有过剩能力时做出更大胆的承诺,在投标中打败缺乏这些信息的竞争对手。

6)订单处理的最后一个步骤是核准订单。根据订单金额的大小,在把订单发给客户核准之前,供应商内部先要走完订单内部核准流程。一旦客户确认了订单,需求阶段就完成了,接下来就要进入订单履行的阶段了。

即使有了一个很好的订单处理系统,要做完前述的事情通常速度很慢、很费人工,而且易于出错。生产公司的一个不断追求的目标就是完全自动化处理订单,减少时间、成本和错误。现在订单可通过标准XML格式经互联网传输,它很快就能完成上述任务,把订单传送到卖方系统上,并且要求服务。例如,传送进来的订单能同时由库存管理系统进行库存可承诺量检验、由会计系统进行信用额度审查、由合同系统进行合同审验,并由定价系统进行合理的单价和量价报价。XML允许任何应用程序直接读取订单,不必由一个单独的订单管理系统来实现上述所有功能。

6.3 组装货物

选择一个或多个供货地是满足需求循环中供应阶段的第一阶段,也就是履约的第一个步骤。通常这是个很容易做的决定——供应商只要从离客户最近的货物储存地发货给客户就行了。但是,和以往一样,我们还需要考虑许多因素。其中一个要考虑的因素就是生产策略。例如,根据订单生产的策略,顾名思义,产品是在拿到订单后才在工厂生产的,所以成品不会一直放在仓库里。另一个要考虑的因素是订单管理的集中化。在这种模式下,公司要求两个或多个操作部门共同完成一张订单。在这种情况下,一张订单可以被派送到几个不同的供货地,每一个供货地独立地装运出它应该完成的货物。如果客户提出要一次性发货,那么这些从不同供货地来的货物就需要合并在一起,一次发货给客户。

准备运送订单之前有一系列复杂的活动要进行。为了讲解得更清楚,接下来,我们把这些活动放在仓库的环境中说明。因为这样会更容易被理解。所有这些活动都由电子化的仓库管理系统来支持。

如图 3.8 所示为典型的仓库布局图。不是所有的仓库都是完全按照这里流行的直线布局而布置的。大多数仓库分成 5 个区域:收货区、散货存放区、理货区、一个或多个组装区、装运区。每个区域的功能是专一的,并且有专门的操作设备来支持此项功能。如果把直线布局的仓库改变一下,变成 U 形布局,就可以使仓库既能收货又能发货了。这种布局的重要性在于能保持区域间的货物高速流动率。一个存储了 50 000 个托盘的仓库,每小时能流动几百个托盘,这非常普遍。

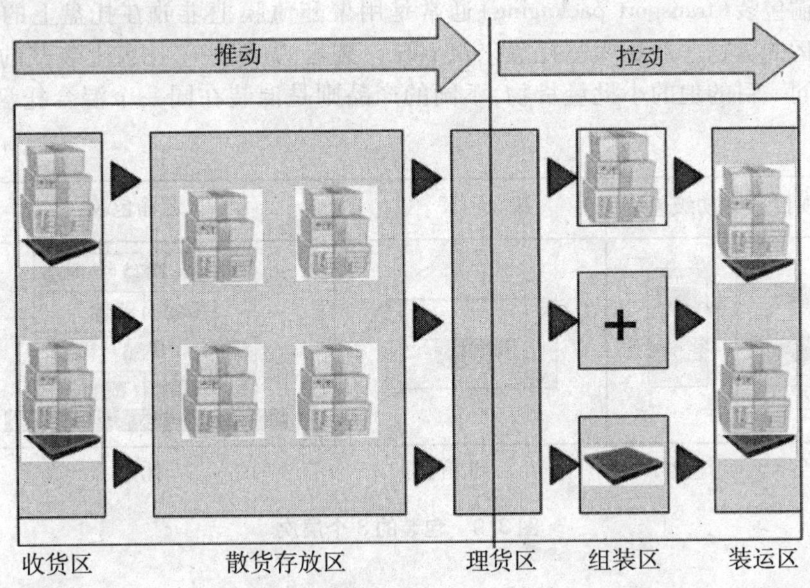

图 3.8　仓库布局

如图 3.8 所示,仓库使用“推动”和“拉动”的策略来控制货物从收货区向发货区流动,收、发货区的分界线就是理货区。货物送达仓库时,大部分货物被卸载后放在散货存放区,但是还有一部分被拆掉包装后放在理货区的盘子里、架子上或者柜子里。这种货物的移动称为“推动”,因为它们是在需求到来之前就排队准备好了。接下来的活动就是“拉动”了,因为它们要等到仓库收到订单才会发生。

当装运订单的时候,仓库管理系统生成一张理货清单,列明订单上每种货物的数量。理货员拿着这张清单按顺序去取货。取货顺序是事先设计好的,保证理货员取完全部货物走的是最短的路径。这是一个非常重要的优化:理货操作要占仓库人力成本的一半,理货员要花费高至 70% 的时间从一个库位走到下一个库位。在这种情况下,理货操作中即使很小的改进也会大幅度降低成本。

遇到体积小、分量轻的货物,理货通常是用手工完成的。对于大件的货物,理货员用手动叉车、机械装载机或者其他设备来整理和移动货物。在有的仓库里,传送系统自动地把货物送到目的地;而在另一些仓库里,理货员只要站着就行了,货物会被卡罗塞尔分发系统(carousel - style dispensing systems)自动送到理货员站立的位置。不管方法如何,结果都是一样的:要取的货物和清单堆放在指定的组装区域。

一旦货物到达组装区域,其他操作工就会进行货物装运出仓前必需的最后工序。通常,这都是些很简单的工作,常常是外观检查和贴标签。但是,像这样在仓库里进行产品的最后组装,正在变得越来越普遍,正是这种操作使得生产厂商更容易让产品满足当地需求。采用这种操作的公司,它的组装区域看上去更像个缩小的工厂,而不是个货物堆放区。

货物组装好了之后,就要打包装运了。根据不同的产品,可以有多至3个包装层次(见图3.9)。初级包装(primary packaging)是指用盒子、罐头、发泡包装或者其他的容器来包装产品。次级包装(secondary packaging)通常是为了易于搬运,用纸箱把一些标准的初级包装装在一起。除了在仓库进行最后的组装,大多数产品是用这两种防护方式来完成装运前的包装的。运输包装(transport packaging)通常是用聚酯薄膜把堆放在托盘上的货物包裹起来。大批装运的货物一般是用整托盘(full pallet)装运的,即一个托盘上装载的是同一种产品。对运到同一目的地的小批量货物,不同的产品则是混装在同一个混合托盘(mixed pallet)上的。

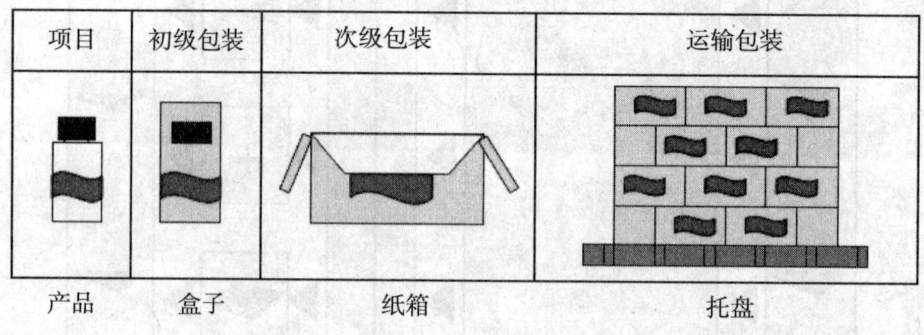

图3.9 包装的3个层次

我的笔记

6.4 交付订单

接下来就是履约的第二个阶段——安排装运了。这要看供应商是外包给承运商来做还是自己来经营运输队了。如果外包给承运商来做,事情就容易多了,订单上的货物装载上运输车辆后,只要等待货物准时送到的确认信息就行了。但是,在供应商自己经营运输队的情况下，就没这么简单了，即使在装载之前就有好多事情要计划安排。这一节描述了供应商如何经营自己的运输队。为了说明得更清楚，我们以公路运输为例。

公路运输最基本的问题是找到从供应商的仓库到目的地的最佳路径。当客户订购的是整车货时，就很简单——通常是找到两点之间最短的路径就行了。在几个大城市之间送货，有时候绕一点路可以减少出车的次数，但是，这样的路径在交通高峰时间段会变得特别慢。对送整车货来说，主要的问题是如何解决送完货之后的车辆空载问题。因为车辆在送完货后空载回仓库是既费油又费时的，所以供应商往往会寻找机会利用回程载货(backhual)，从而提高车辆的使用效率。如果实在没有回程货可搭，运输车辆通常会驶到最近的供应商的配送中心而不是直接回出发地。

当一个订单需要从几个不同的供货地送货时，就会有特殊的问题出现了。最简单的解决办法就是在各个供应地独立装运货物，但是需要人来协调，让它们在同一天送达目的地。可是，这种方法把合并装运的成本转移给了客户，许多客户反对这样的操作。另一种方法是在途合并(merge in transit)，即把多个供货地的货物送到离客户所在地最近的配送中心，然后合并到同一辆车上，再一次性地送到客户那里去。最经济的办法是使用一种叫交叉转运(cross docking)的方法，就是货物无须经过储存过程，被直接从卸货平台转移到送货平台。交叉转运的方法最早是由沃尔玛创立的，它用这种方法非常高效地把货物运送到全国连锁的各个折扣商店。交叉转运通常在如图 3. 10 所示的特殊场地中操作。

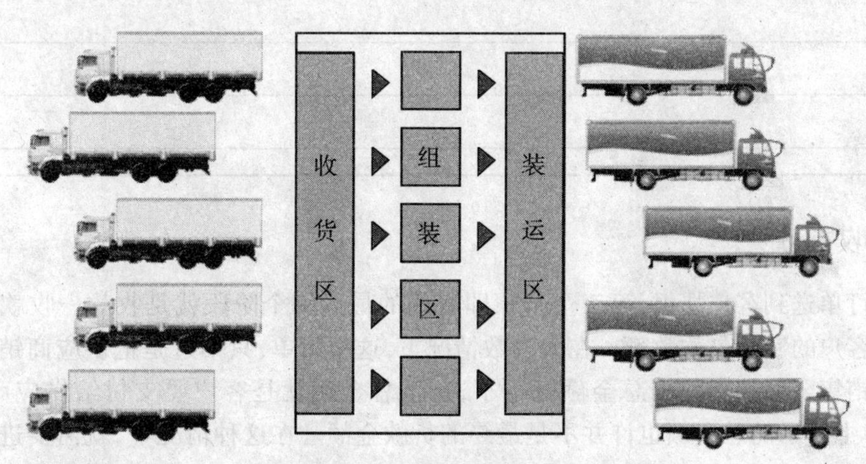

图 3. 10　一个交叉转运的设施

订单交付中最大的一个挑战是跟踪订单送货过程。供应商常常会事先发放装运通知给客户，让客户知道订单何时会被送出，但是，即使可能的话，想要了解订单在运输途中的状况将变得很困难。联邦快递公司在由它承运的包裹上都贴上了条形码，并且每次在包裹从一个地点送达另一个地点时进行扫描。今天，任何人通过跟踪码和互联网都可以在全世界任何地方了解到联邦快递公司包裹的具体位置。最近，全球定位系统和无线射频扫描技术可以实现对车辆和集装箱甚至小包裹位置的连续跟踪。这些技术还可以被用来侦测车辆抛锚位置和变更行程的车辆位置，从而避免交通拥堵或者实现同步送货。

一个跟踪系统的高效体现在它是否可以实现每次装运信息的自动输入。这不仅能省时，而且能大大降低错误率。图 3. 11 显示了美国国防部的一份用不同技术采集数据的出错率研究报告,包括手写、键盘输入、光学特征辨识、条形码和无线射频扫描。所示比率为每300万个数据输入所发生的平均错误个数。这张表清楚地告诉我们,使用条形码和无线射频扫描技术是跟踪装运信息的最佳选择。

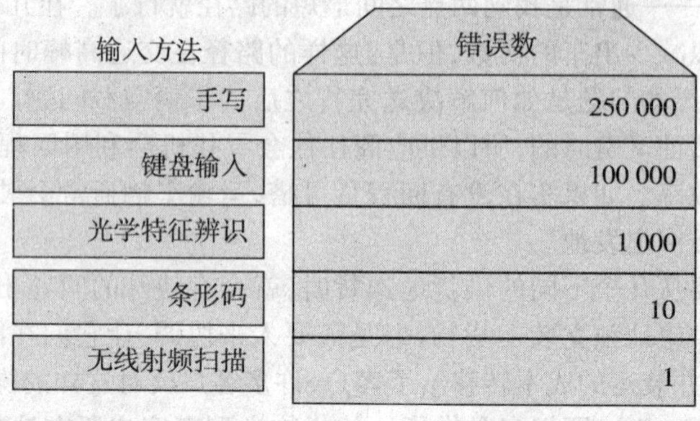

图3.11　采集数据的出错率

我的笔记

6.5　回收货款

一旦订单送到客户那里,第三个步骤即履约的最后一个阶段就是收款。收款的第一步是要搞清客户的实际欠款数额。在大多数情况下,这很简单,只不过是把供应商销售订单中每一行的销售金额相加得出总金额就行了,这个总金额就是客户要支付给供应商的货款。然而,订单上显示的总金额也许并不是最终的货款金额。在这种情况下,就需要进一步的计算来确定。例如,许多散货是以重量或者体积来销售的,送货的数量直到货物送到客户那里经过称量才能最后确定下来。一旦货款金额确定下来了,供应商就会开出一张发票给客户。发票号码是和客户的采购订单号码、供应商的销售单号码对应的。如果多个订单在相对很短的时间间隔里送到同一个客户那里,那以通常这几张订单的总金额会合并开在同一张发票上,以减少工作人员的案头工作。大多数发票仍是通过邮寄方式给客户的,但是用于传输电子订单的互联网技术也可以用来传输发票,所以,发票在今后几年中会被更快地送达到客户手里。

在理想的情况下,至少从供应商的角度出发,所有发票金额应该被快速、准确地支付完毕。但是,在实际情况下,客户总是尽可能地拖延时间来支付发票金额,因为这样可以临时性地占用供应商的资金来做生意。为了激励客户立即付款,通常会对及时付款的客户给予一定的折扣奖励。

在大多数情况下,要拿到货款只需要一张发票和一点儿耐心。如果客户没有在商定的时间段内付款,那么下一步就是在月度催款报表上写上应收余额,并且列清过期账款余额寄给客户。如果客户没反应,就得友好地打一个或多个电话去催款了。如果还不行,供应商就要停止授予客户信用额度,直到欠款还清为止。从供应链角度来讲,和既定客户做生意,很少因为付款问题而停止发货,但是一旦发生这种情况,下一步就是采取法律行为或者找一家代收欠款的公司来追偿。

相比履约的前两个阶段中的紧急状态,付款阶段是相当宽松的。图3.12列举了一个典型的付款周期来说明这一点。在这个例子里,一个供应商平均用3天时间来处理一张订单,然后用一周的时间来送货。这个供应商用来履约所花费的平均时间,称为履约提前期,即10天。之后,会计部门用5天时间来打发票,再假设应收账款的平均回款时间为45天,那么,对这个公司来说,它要用到完成订单的60天周期中的整整50天来收款。

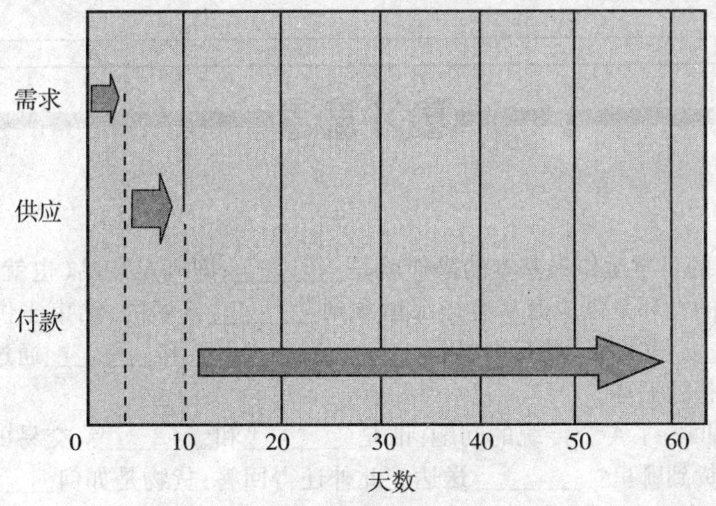

图3.12 履约周期的时间

过去,履约循环中的回收货款部分并不被当作供应链管理中的一个重要环节。收款任务只不过是授权给会计部门来执行,会计部门根据本部门制定的政策和流程来收款。然而,现金流并不只是三大流中的最后一个环节,它其实是激发其他两大流的重要一环。许多供应商开始怀疑压缩履约提前期而没有加速现金流是否是一个正确的做法。

利润来源于各种资源的有效利用,现金是最根本的资源,因为它是获得其他资源最根本的手段。占用业务资金会产生机会成本,因为这些资金原本可以用来做其他的事情。在目前状况下,应收账款要用4~6个星期才能回笼,这对一家公司来说影响是很大的。让我们来感受一下这种影响。假设一家供应商有6亿美元的销售额,它的机会成本是14%。在应收账款回笼周期是45天的情况下,这家公司实际上赊给它的客户销售额中的7 500万美元来购买自己的货物,而它自己一年中资金的机会成本是1 050万美元。根据这家公司的利润率,它可能正用高达20%的利润融资给客户购买自己的货物。计算过程如下(考虑到假期,一年以360天计)。

赊账金额 = 年销售额 ÷ 360天 × 账期天数 = 60 000 ÷ 360 × 45 ≈ 7 500(万美元)

机会成本 = 赊账金额 × 机会成本 = 7 500 × 14% = 1 050(万美元)

当然,供应商可以轻易地解决这个问题,因为它们可以从自己的供应商身上再赚回来。这就是游戏规则,是另外一种零和游戏——在供应链中有那么多的现金活动充斥其中,交易双方如果放慢速度的话,那么从上到下谁都不会有净收益。事实上,这种游戏正滑向双输(lose - lose)的境地,因为放货和收款过程中没有任何一种活动会对最终产品产生价值。从整体视角上来看供应链,那是实足地浪费金钱。

我的笔记

复习思考

一、填空题

1. 供应链中的日常运作最基本的操作就是________,即满足产品(也就是________)的流程。履行订单的循环是供应商从客户那里拿到________开始的,结束于供应商收到已交付产品的________。实际上,履行订单是________、________和________通过一个单一链状连接而形成的完整的循环。

2. 一张订单回答了4个传统的问题:谁是________和________?交易的________是什么?________送货到哪里?________送达?此外还得回答:货物是如何________的,货物是如何________的,货物在收货时的________和________如何等。最后,尽管有些信息不包括在订单里,但这类信息在维护供应链________上变得越来越重要了。

3. 购买现货必须使用唯一的________,如________、________和________。

4. 订购定制货物的订单必须包括非常具体的________,如尺寸、成分和原料质量等。

5. 规定产品的数量通常是规定________和________。当两家公司使用不同的________来衡量同一货物(如磅和包),或者两家公司使用不同的________(如公制和英制)时,要说清货物的数量也会变得很难。

6. 这些目的地绝不仅仅是一个________,每个目的地都有它自己的特性,如________、________等。再者,对一个有着多个工厂的公司而言,物料来自多个供货地点,这些物料在运输途中就有可能需要________或________。在这种情况下,物料就得经过一个中间环节,如________或________来重组。

7. 以前,送货的时间段是________的,只是标明了最后可接受的收货日期。然而,根据目前强调________的策略,送货日期常常指明了一个________的日子,在这个日期之前或之后送货都是________的。

8. 一份合同或订单包括了3个基本部分,即________、正文和________。正文部分包括货物名称、货物的数量、________、单价和总价、________、付款方法、________、交货地点、

________、违约责任、不可抗力的处理以及合同的附则及其他条款。

9. 订单处理的第一步是________的输入内容，以确保订单是合理并且有效的；当产品以组合的形式售出时需要做________；下一步是________；接着要对客户实施________；作为供方通常要检查确认是否有能力来接这份订单，也就是________；最后一个步骤是________。

10. 选择一个或多个________是满足需求循环中供应阶段的第一段，也就是履约的第一个步骤；第二个步骤是安排________；一旦订单送到客户那里，那么第三个步骤即履约的最后一个阶段就是________。

11. 订单交付中最大的一个挑战是________过程。

12. 使用________和________技术是跟踪装运信息的最佳选择。

13. 在供应链的三大流中________是激发其他两大流的重要一环。

二、不定项选择题

1. 一张订单要牵涉的3个不同的流程——需求、供应和现金流，通常由买方和卖方组织机构中的(　　)团队来处理。

A. 一个　B. 两个　C. 相同　D. 不同

2. 在JIT中，送货时间往往更(　　)。

A. 精确　B. 不确定　C. 模糊　D. 不清楚

3. 通常，合同的条款比较(　　)，订单则是(　　)的合同。

A. 简化　复杂　B. 简化　详尽　C. 详尽　简化　D. 详尽　单一

4. 订单是通过(　　)来传送的。

A. 传真机　B. 信件　C. 电话口述　D. EDI
E. 互联网

5. 使用(　　)的公司，可以直接把订单接收到它的订单管理系统里面，而不用人工输入订单。

A. 传真机　B. 信件　C. 电话口述　D. EDI
E. 互联网

6. 当产品以组合的形式销售时，需要进行配置检验，它包括的环节有(　　)。

A. 完全性检验　B. 重复性检验　C. 兼并性检验　D. 兼容性检验

7. 核定价格的主要任务是(　　)。

A. 计算额外的费用　B. 决定正确的单价　C. 计算盈利率
D. 应用合适的折扣　E. 计算实际价格

8. 在一个完整的信用管理系统里面，每个客户都被授予了一个有(　　)限额的信用额度，到期应付账款会从最高限额的信用额度中(　　)来得出新订单可享有的信用额度。

A. 最低　增加　B. 最低　扣除　C. 最高　增加　D. 最高　扣除

9. 拥有查询(　　)的能力不仅可以避免爽约，而且可让你在拥有过剩能力时做出更大胆的承诺，在投标中打败缺乏这些信息的竞争对手。

A. 准确供应　B. 实时可供货承诺　C. 有能力承诺　D. 快速配送

10. 选择一个或多个供货地需要考虑的因素有(　　)。
A. 生产策略　B. 库存策略　C. 订单管理的集中化　D. 配送策略
11. 大多数仓库划分成(　　)区域。
A. 装运区　B. 理货区　C. 收货区　D. 组装区
E. 散货存放区
12. 仓库使用(　　)的策略来控制货物从收货区向发货区流动,收、发货区的分界线就是理货区。
A. 拉动　B. 自动　C. 推动　D. 被动
13. 车辆在送完货后,如果没有回程货可搭,通常会开到最近的(　　)。
A. 出发地　B. 配送中心　C. 客户　D. 目的地
14. 当一个订单需要从几个不同的供货地送货时,客户接受的解决办法有(　　)。
A. 在途合并　B. 交叉转运
C. 独立装运　D. 独立装运,同一天送达

三、简答题

1. 订单是怎样生成的? 为什么订单的生成看似简单,实际却很复杂?
2. 处理订单的主要步骤有哪些? 需要注意哪些问题?
3. 订单是怎样履行的? 请谈谈你对订单履行的认识。
4. 货物的包装方式有几种? 怎样选用不同的包装方式?
5. 请举例说明供货地点的选择要考虑哪些因素。
6. 请谈谈你对仓库控制货物移动的两种策略的认识。
7. 理货操作是怎样进行的? 在理货时要注意什么?
8. 什么是在途合并? 什么是交叉转运? 谈谈你对它们的认识。
9. 为什么付款阶段相对于履约的前两个阶段是很宽松的? 请谈谈你对这一现象的看法。怎么催款?

四、实训

调查一家你比较熟悉的企业,分析一下该企业履行订单的情况。可以以协作小组的形式分组完成该实训项目。

任务7 预测需求

学习任务

通过相关知识的描述,结合本任务的案例分析,反复对比研究供应链需求预测的案例,观察案例中企业预测的模式,分析案例中企业供应链预测的基本方法,基本能说出预测技术在企业供应链管理中所能起到的成效。通过相关的知识导读能明确需求预测的内涵和外延,能理解定性预测和定量预测的关键特征,把握供应链需求预测的核心环节和基本流程。

知识目标

- 掌握预测的基本知识。
- 掌握定性预测的基本方法。
- 掌握定量预测的基本技术,特别是掌握移动平均法和指数平滑法。
- 掌握供应链中的整合预测技术。

技能目标

- 能够对于给定的案例选择一种合适的预测方法加以预测。
- 能够熟练使用移动平均法和指数平滑法进行基本的预测。
- 把握供应链中的整合预测技术。

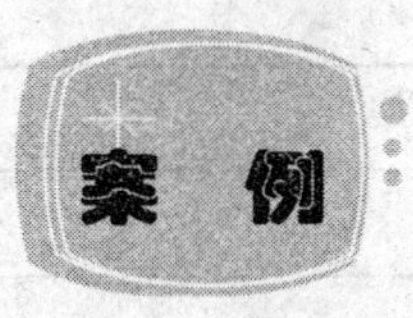

案例1 需求预测

在日本、印度和巴西等国,当小轿车价格与人均国民收入之比达到2:3时,小轿车开始进入私人家庭消费;当达到1:4时,小轿车需求进入迅速发展阶段,开始出现普及性消费。2000年上海人均国民收入已达1万美元,然而私家车消费并没有出现普及性消费。从这个现象我们可以了解,定性预测方法可以帮助专家对小轿车消费有一个界定,但由于国情的不同,同样的标准在我国就具有不确定性。

我国银行个人消费信贷自20世纪90年代开展以来,由于种种原因发展缓慢,但随着经济的发展和借鉴国外的经验,在北京、上海和深圳等大城市得到了发展。在运行过程中,银行发现在3个领域内最易推广,即住房、汽车和教育。这个结论和国外个人消费信贷发展过程相似,从而也指导了在我国其他城市推出个人消费信贷的重点。

因此,在使用外国成熟的市场预测方法进行市场预测时,要注意我国的国情。

我的笔记

案例2　彩色电视机市场需求预测

彩色电视机与黑白电视机的功能是相似的,因此可以根据黑白电视机市场的发展过程类推出彩电的市场需求变化趋势。电视机与家电产品的发展过程遵循一个萌芽—成长—成熟—衰退的生命周期演变过程,不同阶段其市场需求特征是不同的。据调查,黑白电视机产品在5%以下家庭使用时,尚处萌芽期;在15%以下家庭使用时,属成长期;有30%家庭使用时,就进入成熟期;有70%家庭使用时,就属衰退期。所以,通过对黑白电视机发展过程进行分析,掌握黑白电视机各个阶段的市场需求特征及发生转折的时机,就可以对彩电市场需求进行估计。

资料来源:胡玉立.市场预测与管理决策[M].北京:中国人民大学出版社,1997.

知识导读

7.1　预测的概念

对供应链的管理需要对货物的生产和流动进行未来多个月的计划。这是一个困难的过程,但是更困难的地方在于不可能事先知道客户需要购买多少产品,因此所有的计划都是在猜测的基础上进行的。对供应链进行计划的第一步是利用需求预测的各种技术使猜测尽可能准确。对于那些销售历史比较长而且销售量比较稳定的产品,可以像本任务本节所描述的那样用标准的模型来确认其发展的趋势并利用这种趋势来预测它未来的需求。还可以利用本任务7.4节的工具把类似的产品集合在一起从而提高需求预测的准确性。但是,如果试图预测某一种创新产品的销售额,而这种产品并没有销售量的历史记录,在这种情况下,可以利用本任务7.2节中提到的一整套不同的工具来进行预测。不管怎样得到预测的结果，最好的办法是和那些跨越供应链各个层面的生意伙伴们一起紧密合作来提高预测的质量。本任务的最后部分会谈到这个问题。

如果产品有销售历史，那么其销售历史是预测未来销售最好的指导。如果使用时间序列分析（time-series analysis），就可以用标准的公式来分析销售历史，找出重复出现的模式，并使用这些模式来预计未来的销售量。让我们参见图3.13的上半部分来看怎样分析。

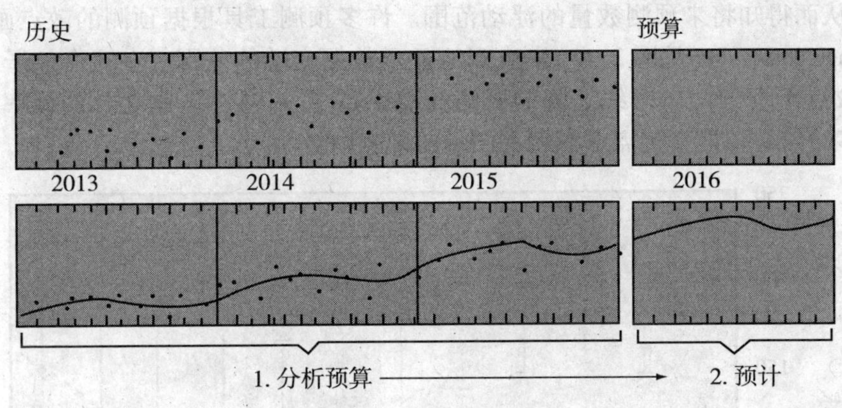

图3.13 时间序列分析

这幅图将某种产品过去3年的月销售额用散点的方式标注在图上。可以很明显地看出销售额的模式：总的来说，每年的销售额都在增长，但是在当年里的销售额总体而言是比较平稳的，每个月之间的差异很稳定。图的下半部分确认了这一点而且显示变差是每年以一种系统的方式出现，春季的销售额明显较高。这幅图可以非常清晰地帮助我们预计下一年每个月的销售额。

时间序列分析根据要求既可以简单也可以复杂。对于销售曲线平坦的产品来说，预测值可能就是上月的销售量。对于随时间显示出一定趋势的产品来说，用移动平均法（moving average）来预测下月销售量可能就足够了。但如果一个产品的销售历史如图3.13所示展现出较复杂的模式，或者想更进一步预测未来几个月的销售量，那么就要利用整个模型。如图3.14所示，整个模型可以按照销售历史的情况分解成4个截然不同的类型：水平型、趋势型、季节型和不规则型。

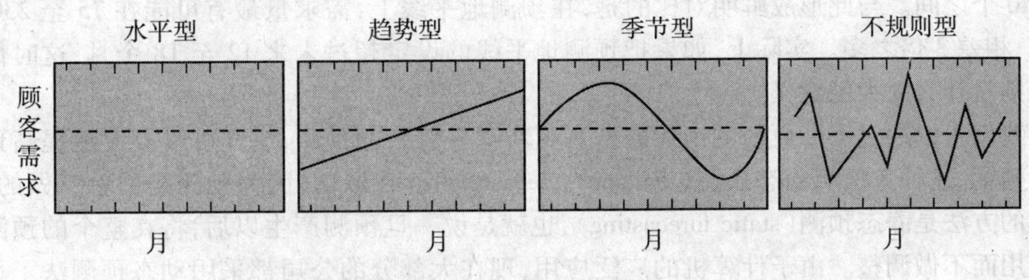

图3.14 需求的类型

① 水平型反映平均销售额的数字。所有其他部分都可以认为在平均数的基础上变化。

② 趋势型是反映销售额增长或减少趋势的一条直线。

③ 季节型是一条可以反映出每年销售额随季节变化的曲线。

④ 不规则型代表所有的变差，和原因无关，也不随时间的变化显示特别的模式。

前3个类型属于系统型。之所以这么说,是因为它们都随着时间表现出持续性的变化从而可以进行预测。每一个类型在时间序列分析的模型中都由一个参数来代表。在利用时间序列分析时,模型首先通过不断地调整这3个参数使它们尽可能地符合历史销售量的数据,然后预计将来的销售量。

根据定义,我们无法预测不规则型。但是模型可以估计这个类型的随意程度并对未来做出预计,从而得知将来预测数量的浮动范围。许多预测工具根据预测的散点画出置信区间(confidence interval)(见图3.15)来直观地显示数据变动的范围。在这个例子中,真实需求量落在散点上下的两条短线之间的区间的概率是90%,落在区间之外的概率只有10%。因此有足够的信心相信真实需求量就在图示的区间内。

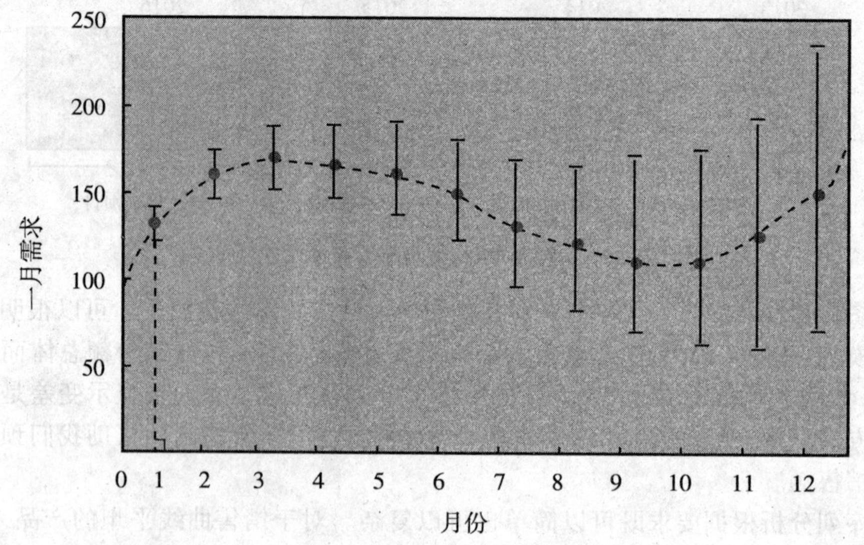

图3.15 带置信区间的需求预测

需求预测的最远的时间段叫作预测地平线(forecast horizon)。如果时间序列模型有效,则可以随意设置无论多么遥远的将来。但是,在图3.15中,预测的精度将随着将来的遥远程度而急剧地下降。假如预计下个月产品需求的数量是130个,实际需求最有可能在120至140个之间。与此形成鲜明对比的是,在预测地平线上,需求量最有可能在75至230个之间,相差3倍之多。实际上,如果把预测地平线的设定超过未来12至18个月,这时候的预测则没什么太大的意义。

我们可以通过不断更新的销售数据来更新对其将来的预测,这样可以极大地提高预测的精确度,这种方法叫动态预测(dynamic forecasting)。在以前,因为预测是用手工做的,最常用的方法是静态预测(static forecasting),也就是说一旦预测产生以后,将在整个的预测期内使用而不做调整。由于计算机的广泛应用,现在大部分的公司都采用动态预测法了。设想图3.15的例子,我们不断地把每个月放到最左边,那么后几个月的置信区间随着预测时间不再遥远会急剧缩小。

在商业上做预测的好处是可以在一定程度上消除对于将来需求量可预见的变化性,从而使生产计划更精确。让我们举一个例子来说明这一点。假设有两家公司试图预测同样的需求(见图3.16)。我们通过分布曲线的展开范围得知需求量的变化性很大。但是大部分的变化性都是如图3.15所示由销售的增长和季节的变化引起的。可是公司A没有使用预测的工具，所以它必须在整年度内随时准备应对可能发生的大批量的需求。这是一个昂贵的方案，它不仅大大增加了安全库存而且不得不预留更多的生产能力。公司B用了预测的技术来消除可预见的变化性，这样使每个月的预测需求量和实际需求量相差很小。这样安全库存大量减少，生产能力也得到充分利用。从而公司B和公司A相比，财务上处于明显的优势。

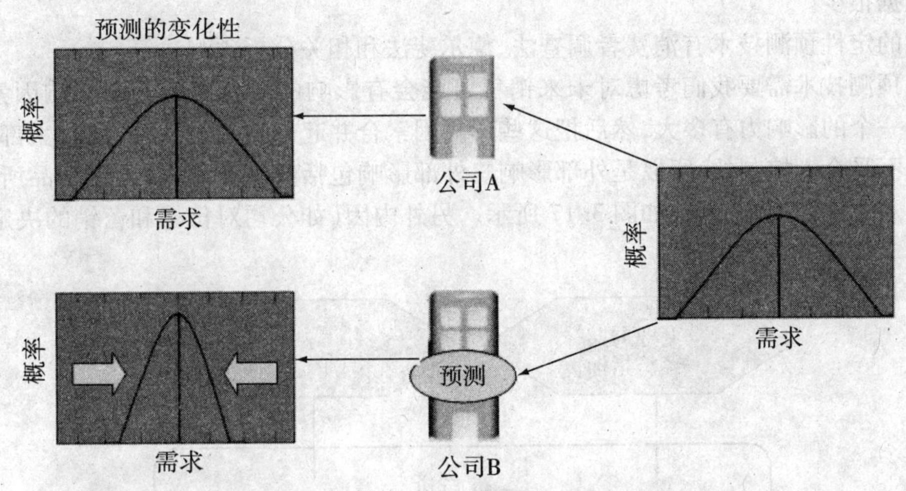

图3.16 在变化性中消除不确定性

我的笔记

7.2 定性预测技术

预测不准确并不意味着不能采取某些手段来提高预测的准确性，定性和定量的预测技术都可以通过从贸易伙伴那里获取更多的信息来提高预测的准确性。接下来的部分将分别谈到这两种预测技术。

如果是新产品的预测，因为它没有销售历史，所以我们只能采用其他的方法。如果新产品和现有的产品类似，那么通过总体预测并取百分比的方法也许能做出准确的预测。如果不行，就要用其他的方法。因此，如果产品容易受到市场变化的影响（客户期望值的增加或新的竞争者的出现），很有必要采用适当的预测方法从而增加预测的准确性。

这时，需要用到传统的因果关系推理。这种方法与其说是门科学倒不如说是门艺术，而且这种方法也没有很强的理论依据。因此下面讨论的方法将是定性预测技术，也称主观技术(subjective techniques)或者判断技术(judgmental techniques)。

1. 定性预测技术的含义

定性预测技术就是利用直观材料,依靠个人或群体的经验和判断分析能力,对未来事件发展的性质以及可能的发展进程进行预测分析的技术。

定性预测技术基本上是主观的。在缺少历史数据或专家关于市场见解的情况下进行预测时,这种方法必不可少。起初对互联网的需求预测通常采用定性法,因为互联网可供预测的历史数据很少。

常用的定性预测技术有消费者调查法、德尔斐法和相关分析预测法等。

定性预测技术需要我们考虑对未来销售可能会有影响的所有商业上的影响因素,并预测它们每一个的影响力有多大,然后把这些影响因素合并起来得出结论。不过,大部分的影响因素是不受个人控制的,所以是外部影响。外部影响包括经济环境、被预测产品所属的市场状况以及对应客户的需求,如图3.17所示。另外内因(如公司对价格和营销的决定)也起相当作用。

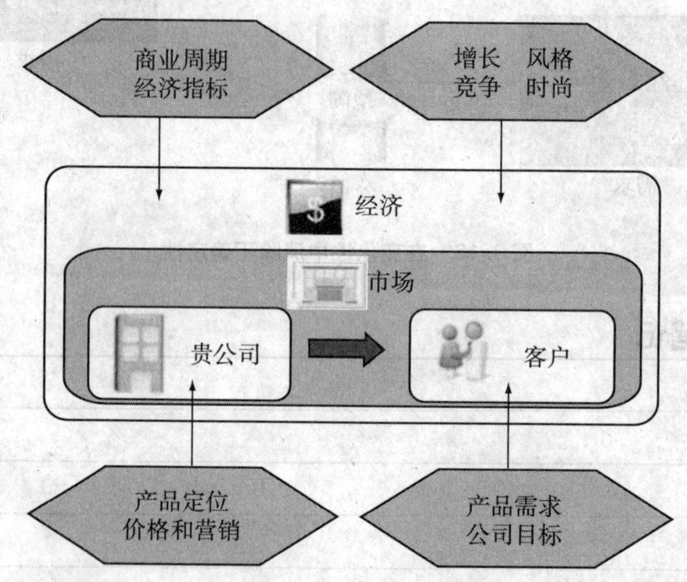

图3.17 预测因素一览

经济环境的影响对销售来说就像个乘数:健康并且成长的经济会对产品的销售量产生积极的影响,而疲软的经济则会令产品的销售额减少。经济对产品销售的影响很直接,因此在预测中把它考虑进去很容易。通常,我们用一个或多个经济指标的当前值来调整销售额的预测。

在预测中纳入市场因素比较难,这是因为市场的因素以复杂的方式互相影响着。这些因素包括市场规模大小的变化、竞争对手行动的影响及不断改变的消费者风格和时尚。对市场规模和市场占有率变化最好的预测方法是用统计学中的趋势分析法,然后用结果来调整销售预测。至于竞争对手的行动几乎是无法预测的,因此,一个公司最多只能利用不同的"假设分析(what-if)"来分析竞争对手采取的各种行动所带来的后果,以及分析销售量在多大程度上受不同竞争手段的影响。而对于消费者风格和时尚的判断,就完全要凭感觉了。

对于成熟产品,客户通常知道他们想要的而且如果被询问的话会告诉我们。对于新出现的产品,客户可能还不能系统地告诉我们他们的需求,在这种状况下,最好我们能集中在客户的目标上看一看哪些产品对他们来说最有吸引力。这时没有任何方法比得上通过问卷调查、访问和小组访谈更能了解客户的需求了。

2. 消费者调查法

消费者调查法就是针对消费者设计一份调查问卷,就一些主要问题了解消费者未来的购买习惯、对新产品的设想和对现有产品的看法。这个调查可以通过电话、信件、互联网或者当面交流来完成。收集上来的数据通过统计工具进行分析和判断,就形成一套有指导意义的结果。

对于没有销售历史记录的新产品,可采用调查消费者意见的方法研究市场潜力、调查总的形势以及现有的类似经验,然后把这些因素同经过取舍的经验、观察力和判断力结合起来。内部意见可以从销售人员和经理处获得。对于专用性较强的物资,使用单位不多,可以通过对主要用户的调查,就能大体掌握这种物资的需求量及其变动趋势。例如,世界第九大制药公司惠氏制药,就是应用这种技术来预测新产品的。

这种方法面临的难题是如何从广大的人群中选取有代表性的调查对象,并达到某一可接受的反馈速度。

在需求预测中最大的挑战是预测一种创新的产品。如图3.18所示,创新的产品要经历以下几个周期:首先,刚开始时客户要决定是否接受产品,所以销售量增加十分缓慢;然后随着客户对产品接受程度的增加,销售量开始迅猛增长;最后产品在市场上站稳脚跟后,销量开始稳定或者甚至开始下降了。在对创新产品销量的预测中,最难的是预测产品需要多长时间进入成长期,需要多久销售量才会迅猛增加,最后能达到多大的销量。预测这些数字的风险很大。如果过于乐观地估计产品的受欢迎程度,就会被闲置的生产能力和卖不掉的产品困住;反之,将会面对愤怒的客户,而且需要花大量成本来加速生产,同时把机会让给了竞争对手,让它们得到了更多的市场占有率。

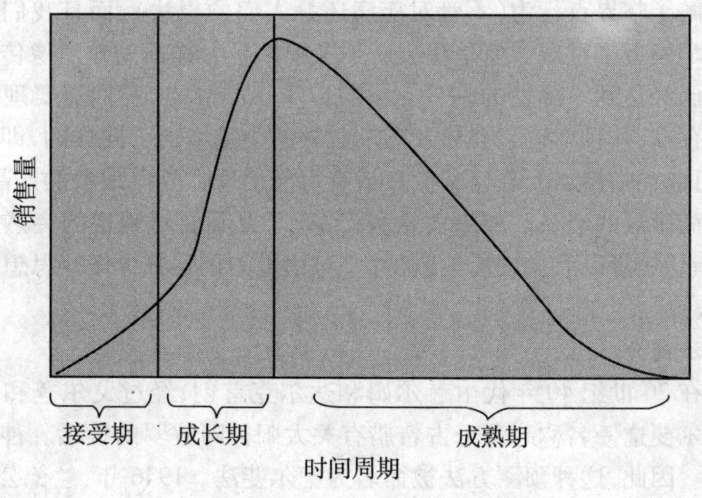

图3.18 创新产品的生命周期

对创新产品销售的预测如此之难的一个原因是因为销售行为随着时间的推移会变得很复杂。在相互的联系中,分成从有规律的线性关系到最没规律的多值联系。多值联系揭示的现象叫临界点(tipping point)(见图3.19)。临界点最早在传染病学中被提出,现在发现也适用于其他具有"传染性"的系统,包括大城市里的犯罪率、股市的走势和客户购买习惯等。

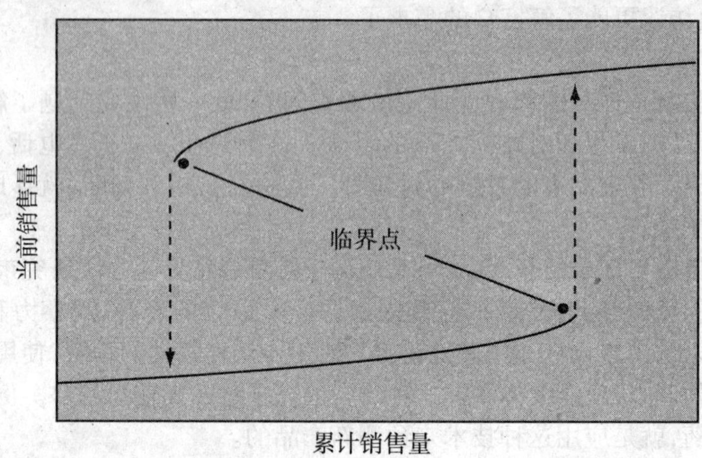

图3.19 临界点

临界点行为从人们互相交流"细菌"开始,这些"细菌"可以是真正字面意义上的致人疾病的细菌,也可以是一个跟犯罪、经济或期望产品有关的想法。当被"感染"的人数达到一定程度,也就是临界点时,常常会以传染病暴发的模式蔓延起来。图3.18就通过一种新产品(如网络手表)销量的变化展示了这个原理。一开始销售量很小,然后随着越来越多的人开始戴这种手表,销售开始逐渐增加。当戴这种手表的人数达到一定程度,其他人被"感染"(他们渴望拥有这种手表)的可能性突然迅猛增加,销售量曲线立即变化成了上面的那根曲线。更奇怪的是,即使这种手表过时了,销售量也会一直遵循上面这个曲线直到差不多没有人再戴这种手表为止,始终不会回到原来的曲线。

现在我们理解了临界点行为(不管对疾病还是人们的想法),而且我们还可以用一种简单的可交流的数学模型来重现。但是我们所不了解的是怎样预先知道像传染病或极具强感染力的想法是否已经达到了爆发的临界点。所以关于临界点,我们需要理解的最重要的一点是临界点的确存在,并且知道它会导致需求意外的迅猛增加。同样的,即使产品受欢迎很长时间了,需求可能在临界点上迅速减少。最有可能出现临界点现象的产品是创新产品,特别是那些很受时尚影响的产品。如果卖这种产品,千万不要对销售的突然迅猛增加而感到惊讶;反之也别指望销量以后会慢慢地减少,要对销量的迅猛减少做好思想准备。

3. 德尔斐法

(1) 德尔斐法简介

德尔斐法是在20世纪40年代由赫尔姆和达尔克首创,经过戈尔登和兰德公司进一步发展而成的。德尔斐这一名称起源于古希腊有关太阳神阿波罗的神话。神话中阿波罗具有预见未来的能力。因此,这种预测方法被命名为德尔斐法。1946年,兰德公司首次用这种方法进行预测,后来该方法被迅速广泛采用。

德尔斐法依据系统的程序,采用匿名发表意见的方式,即专家之间不得互相讨论,不发生横向联系,只能与调查人员发生关系,通过多轮次调查专家对问卷所提问题的看法,经过反复征询、归纳、修改,最后汇总成专家基本一致的看法,将其作为预测的结果。这种方法具有广泛的代表性,较为可靠。

(2) 德尔斐法的典型特征

① 吸收专家参与预测,充分利用专家的经验和学识。

② 采用匿名或背靠背的方式,能使每一位专家独立自由地做出自己的判断。

③ 预测过程经过几轮反馈,专家的意见逐渐趋同。

德尔斐法的这些特点使它成为一种最为有效的判断预测法。

(3) 德尔斐法的优缺点

德尔斐法同常见的召集专家开会、通过集体讨论、得出一致预测意见的专家会议法既有联系又有区别。德尔斐法能发挥专家会议法的如下优点。

① 能充分发挥各位专家的作用,集思广益,准确性高。

② 能把各位专家意见的分歧点表达出来,取各家之长、避各家之短。

同时,德尔斐法又能避免专家会议法的如下缺点。

① 权威人士的意见影响他人的意见。

② 有些专家碍于情面,不愿意发表与其他人不同的意见。

③ 出于自尊心而不愿意修改自己原来不全面的意见。

德尔斐法的主要缺点是过程比较复杂,花费时间较长。

(4) 德尔斐法的具体实施步骤

1) 组成专家小组。按照课题所需要的知识范围确定专家。专家人数的多少,可根据预测课题的大小和涉及面的宽窄而定,一般不超过20人。

2) 向所有专家提出所要预测的问题及有关要求,并附上有关这个问题的所有背景材料,同时请专家提出还需要什么材料。然后,由专家做书面答复——各个专家根据他们所收到的材料提出自己的预测意见,并说明自己是怎样利用这些材料并提出预测值的。

3) 将各位专家第一次的判断意见汇总,列成图表,进行对比,再分发给各位专家,让专家比较自己同他人的不同意见,修改自己的意见和判断。也可以把各位专家的意见加以整理,或请身份更高的其他专家加以评论,然后把这些意见分送给各位专家,以便他们参考后修改自己的意见。

4) 将所有专家的修改意见收集起来,汇总后再次分发给各位专家,以便做第二次修改。逐轮收集意见并为专家反馈信息是德尔斐法的主要环节。收集意见和信息反馈一般要经过三四轮。在向专家进行反馈的时候,只给出各种意见但并不说明发表各种意见的专家的具体姓名。这一过程重复进行,直到每一个专家不再改变自己的意见为止。

5) 对专家的意见进行综合处理。

德尔斐法实施的注意事项如下。

① 由于专家组成员之间存在身份和地位上的差别以及其他社会原因,有可能使其中一些人因不愿批评或否定其他人的观点而放弃自己的合理主张。要防止这类问题的出现,必须避免专家们面对面的集体讨论,而是由专家单独提出意见。

② 对专家的挑选应基于其对企业内外部情况的了解程度。专家可以是第一线的管理人员,也可以是企业高层管理人员和外请专家。例如,在估计未来企业对劳动力需求时,企业可以挑选人事、计划、市场、生产及销售部门的经理作为专家。

其他注意事项如下。

① 为专家提供充分的信息,使其有足够的根据做出判断。例如,为专家提供所收集的有关企业人员安排及经营趋势的历史资料和统计分析结果等。

② 所提出的问题应是专家能够回答的问题。

③ 允许专家粗略地估计数字,不要求精确,但可以要求专家说明预计数字的准确程度。

④ 尽可能将过程简化,不问与预测无关的问题。

⑤ 保证所有专家能够从同一角度去理解员工分类和其他有关定义。

⑥ 向专家讲明预测对企业和下属单位的意义,以争取他们对德尔斐法的支持。

4. 相关分析预测法

相关分析预测法就是通过相互联系、相互影响着的一些事物来预测指定预测对象的发展。在物流过程中,许多物资的供需之间存在着相关性,如汽车的配套件需求量与汽车的供给量相关,物资的供应与物资生产企业的生产能力及运输能力相关等。因此,要根据相关事物的状况来预测物资流通的状况。

定性预测技术基于评估和判断,多用于数据有限、不可获得或者不直接相关的情况。这种技术的成本低,预测的有效性取决于预测者的经验和技巧以及相关信息的数量。定性预测技术经常用于对未来形势的估计上,特别是当现有数据不太有用或者推出新产品没有可供参考的现有数据时。

我的笔记

7.3 定量预测技术

定量预测方法又称数学分析法,是利用比较完备的历史资料,运用数学模型和计量方法来预测未来的市场需求,然后根据企业内部和外部的变化情况加以分析,以取得所需要的预测值的方法。定量预测技术有两大类:一类是时间序列法,一类是回归预测法。

以下主要以时间序列法为例加以说明。

1. 移动平均法

(1) 移动平均法简介

移动平均法是用一组最近的实际数据值来预测未来一期或几期内公司产品的需求量、公司产能等的一种常用方法。移动平均法适用于即期预测。当产品需求既不快速增长也不快速下降,且不存在季节性因素时,移动平均法能有效地消除预测中的随机波动,是非常有用的。

移动平均法是一种简单平滑预测技术。它的基本思想是:根据时间序列资料逐项推移,依次计算包含一定项数的序时平均值,以反映长期趋势的方法。因此,当时间序列的数值由于受周期变动和随机波动的影响,起伏较大,不易显示出事件的发展趋势时,使用移动平均法可以消除这些因素的影响，显示出事件的发展方向与趋势（即趋势线），然后依趋势线分析预测序列的长期趋势。

(2) 移动平均法的优缺点

使用移动平均法进行预测，能平滑掉需求的突然波动对预测结果的影响。但移动平均法运用时也存在着如下问题。

① 加大移动平均法的期数（即加大 n 值）会使平滑波动效果更好，但会使预测值对数据实际变动更不敏感。

② 移动平均值并不能总是很好地反映出趋势。由于是平均值，预测值总是停留在过去的水平上而无法预计会导致将来更高或更低的波动。

③ 移动平均法要有大量的过去数据的记录。

(3) 二次移动平均法简介

二次移动平均法是对一次移动平均数再进行第二次移动平均，即以一次移动平均值和二次移动平均值为基础建立预测模型，计算预测值的方法。

如上所述，运用一次移动平均法求得的移动平均值存在滞后偏差。特别是在时间序列数据呈现线性趋势时，移动平均值总是落后于观察值数据的变化。二次移动平均法正是要纠正这一滞后偏差，建立预测目标的线性时间关系数学模型，求得预测值。二次移动平均预测法解决了预测值滞后于实际观察值的矛盾，适用于有明显趋势变动的市场现象时间序列的预测，同时它还保留了一次移动平均法的优点。二次移动平均法适用于时间序列呈现线性趋势变化的预测。

二次移动平均值的公式如式(3-1)、式(3-2)所示。

$$M_t^{(1)}=\frac{Y_t+Y_{t-1}+\cdots Y_{t-n+1}}{n} \qquad \text{式}(3-1)$$

$$M_t^{(2)}=\frac{M_t^{(1)}+M_{t+1}^{(1)}+\cdots M_{t-n+1}^{(2)}}{n} \qquad \text{式}(3-2)$$

式中，Y_t 表示时间序列中期观察值；$M_t^{(1)}$ 表示第 t 期的一次移动平均值；$M_t^{(2)}$ 表示第 t 期的二次移动平均值；n 为计算移动平均值的跨越期。

二次移动平均预测法的预测模型如式(3-3)所示。

$$Y_{t+T}=a_t+b_tT \qquad \text{式}(3-3)$$

式中，

$$a_t=2M_t^{(1)}-M_t^{(2)} \qquad \text{式}(3-4)$$

$$b_t=\frac{2}{n-1}(M_t^{(1)}-M_t^{(2)}) \qquad \text{式}(3-5)$$

T 指由 t 期向后推移的期望。

式中的 $M_t^{(1)}$ 是指计算得出的一次移动平均数序列中的最后一个一次移动平均数；式中 $M_t^{(2)}$ 是指计算得出的二次移动平均数序列中的最后一个二次移动平均数。

例3-1 某企业2016年1至6月的实际销售额如表3.1所示，运用二次移动平均法预测7至10月的销售额(3个月移动一次)。

表3.1 某企业1至6月的实际销售额 万元

月 份	1	2	3	4	5	6
销售额	100	110	120	120	125	130

解 根据一次移动平均和二次移动平均的计算公式,计算得出3个月移动一次($n=3$)的一次移动平均值和二次移动平均值,如表3.2所示。

表3.2 3个月移动一次的一次移动平均值和二次移动平均值 万元

月 份	1	2	3	4	5	6
销售额	100	110	120	120	125	130
$M_t^{(1)}$			110	120	122	125
$M_t^{(2)}$					117	122

以第6期的观察值作为基准,由式(3-4)和式(3-5)求得:

$a_t=2\times125-122=128$;$b_t=3$

可以由式(3-3)求得7月份的预测值为:$Y_7=Y_{6+1}=128+3\times1=131$

相应地8月份的预测值为:$Y_8+Y_{6+2}=128+3\times2=134$

9月份的预测值为:$Y_9+Y_{6+3}=128+3\times3=137$

10月份的预测值为:$Y_{10}=Y_{6+4}=128+3\times4=140$

2. 指数平滑法

(1) 指数平滑法简介

指数平滑法是布朗所提出的。布朗认为:时间序列的态势具有稳定性或规则性,所以时间序列可被合理地顺势推延;最近的过去态势在某种程度上会持续到最近的未来,所以将较大的权数放在最近的资料。

指数平滑法是生产预测中常用的一种方法,也用于中短期经济发展趋势预测。所有预测方法中,指数平滑法是用得最多的一种。简单的全期平均法是对时间数列的过去数据一个不漏地全部加以同等利用;移动平均法则不考虑较远期的数据,并在加权移动平均法中给予近期资料更大的权重;而指数平滑法则兼容了全期平均法和移动平均法所长,不舍弃过去的数据,但是仅给予逐渐减弱的影响程度,即随着数据的远离,赋予逐渐收敛为0的权数。

也就是说,指数平滑法是在移动平均法基础上发展起来的一种时间序列分析预测法。它通过计算指数平滑值,配合一定的时间序列预测模型对现象的未来进行预测。其原理是任一期的指数平滑值都是本期实际观察值与前一期指数平滑值的加权平均。

(2) 指数平滑的预测公式

根据平滑次数不同,指数平滑法分为一次指数平滑法、二次指数平滑法和三次指数平滑法等。

一次指数平滑法的计算公式如式(3-6)所示。

$$S_t^{(1)}=\alpha Y_t+(1-\alpha)S_{t-1}^{(1)} \quad 式(3-6)$$

其中线性二次指数平滑法的计算公式如式(3-7)所示。

$$S_t^{(2)}=\alpha S_t^{(1)}+(1-\alpha)S_{t-1}^{(2)} \quad 式(3-7)$$

式中，$S_t^{(2)}$、$S_{t-1}^{(2)}$分别为 t 期和 $t-1$ 期的二次指数平滑值；α 为平滑系数；Y_t 为第 t 期的观测值。

在 $S_t^{(1)}$ 和 $S_t^{(2)}$ 已知的条件下，二次指数平滑法的预测模型如式(3－8)至式(3－11)所示。

$$Y_{t+T}=\alpha_t+b_tT \qquad \text{式}(3-8)$$

$$S_t^{(2)}=\alpha S_t^{(1)}+(1-\alpha)S_{t-1}^{(2)} \qquad \text{式}(3-9)$$

$$a_t=2S_t^{(1)}-S_t^{(2)} \qquad \text{式}(3-10)$$

$$b_t=\frac{\alpha}{1-\alpha}(S_t^{(1)}-S_t^{(2)}) \qquad \text{式}(3-11)$$

式中，T 是由 t 期向后推移的期望。

例3－2 某企业2016年1至6月的实际销售额如表3.3所示，运用二次移动平均法预测7至10月的销售额（α 取0.3）。

表3.3 某企业1至6月的实际销售额 万元

月 份	1	2	3	4	5	6
销售额	100	110	120	120	125	130

解 根据一次指数平滑值和二次指数平滑值的计算公式，在平滑系数 $\alpha=0.3$ 的时候，得出相应的一次和二次指数平滑值如表3.4所示（说明：首期的一次和二次指数平滑值与预测值相同）。

表3.4 一次和二次平滑值 万元

月 份	1	2	3	4	5	6
销售额	100	110	120	120	125	130
$S_t^{(1)}$	100	103	108	112	116	120
$S_t^{(2)}$	100	101	103	106	109	113

以6月份为基准月份，由式(3－10)以及式(3－11)求得：

$a_t=2\times120-113=127$

$b_t=\frac{0.3}{1-0.3}(120-113)=3$

根据式(3－8)求得2010年以下月份的预测值。

7月的预测值为：$Y_7=127+3\times1=130$

8月的预测值为：$Y_8=127+3\times2=133$

9月的预测值为：$Y_9=127+3\times3=136$

10月的预测值为：$Y_{10}=127+3\times4=139$

我的笔记

7.4　整合预测方法

前面我们解释了怎样对单个产品进行需求预测,但在实践中我们只是在很特殊的情形下才对单个产品进行预测,如当公司决定是否引进一种新产品或进入一个新的市场时。绝大部分的情形下,我们需要对成千上万个产品的需求进行预测,如果按照前面的方法,成本会非常高昂,根本不可行。在这种情况下,需要采用标准的程序把类似的产品编在一组中,这种方法叫作合并(aggregation)。看上去它会使预测的质量下降,因为它忽略了相似产品之间存在的种种不同。但事实恰恰与此相反,因为总体预测(aggregate forecast)是建立在大量样本的客户行为上的,所以反而更可靠。

为什么样本的数量对结果产生了影响?当用少量样本对整个对象群体进行预测,会有抽样误差(样本正好不代表整个对象群体)。统计学最基本的原理之一就是抽样偏差的可能性随着样本数量的增加而减少。举个例子来说,如果样本是10 000个选民,根据这个样本对选举结果的预测当然比只根据10个选民的样本预测的结果要准确得多。同样,如果产品目录中有10 000种产品,每年的销售量是200 000个,平均下来每种产品的年销售量只有20个,在这种情况下,不可能对每种产品做出可靠的预测。但如果把这些产品分成100类,每类的年销售量为2 000个,这样就有足够的数据可以支持比较可靠的预测了。

合并需求除了可以根据产品,还可以根据客户种类、地理位置分布等其他因素来进行预测。然而事实上预测是基于每个时间段的销售量进行的,这就意味着随着时间的推移,销售记录将自动地被合并。这样说来,对于预测时间段的选择有了新的重要意义。当预测是基于大量的数据时,预测可以精确到星期乃至每天。而当预测是基于很少的数据时,就只能精确到月甚至是季度。现在已经有标准的公式可以决定在一定数量的样本下,怎样的时间段是最合适的。

在把相似产品合并成组时,最重要的事情是考虑总的销售额。很久以来我们认识到在大部分的公司里,少量产品占据了主要的销售额。这种现象我们通俗地称为"80:20法则",意思是80%的销售额来自20%的产品。更正式的工具叫作帕累托分析(Pareto Analysis)。它把分析对象分成3类,A类产品占80%,B类15%,C类5%。除了反映经典的"80:20法则",从帕累托分析也可以看出占一个公司数量一半的产品的销售额通常要占到公司总销售额的95%左右(见图3.20)。为什么会有这个比例其实并没有特别的理由,也可能一些公司的情况会完全不同。但是对许多行业的大部分公司来说,它们的情况和图3.20有着惊人的相似之处。因此,在对本公司的销售额进行帕累托分析之前先不要假设本公司是个例外。

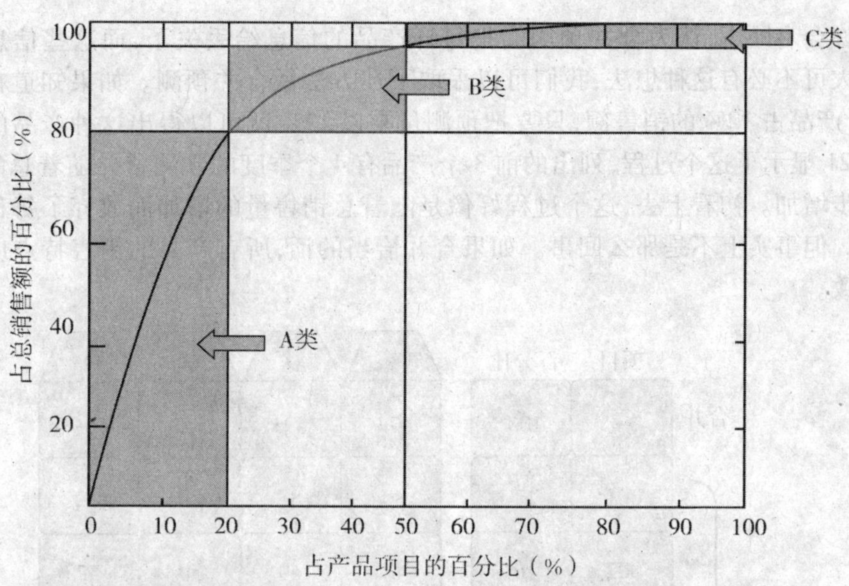

图 3.20 对需求的帕累托分析

因为少量的产品占据了销售额的大部分，所以应该把更多的精力放在预测 A 类产品上，对它们单独预测，或者把相似的产品分组进行预测。对这些产品需求的准确预测对公司的成功十分重要。因此类销售额是如此之高，获得足够的数据不应该是个问题，所以对 A 类产品的预测并不困难。相反，对于那些数量占了一个公司 50%，但销售额仅占 5% 的产品而言，它们对销售的贡献是微不足道的，而数据也十分分散，应该把它们归入较大的组来进行预测。

当把产品合并成组时，如同时间序列分析一样，一定要小心不要把有不同销售特点的产品混在一起。例如，不要把季节性和非季节性的产品合并在一起，这样季节变化对季节性产品的影响就不明显了。同样的道理，也不能在季节性产品中，把不同季节高峰的产品合并在一起。如果把防风大衣和游泳衣放在一起，那么季节性的因素就会被抵消了。

许多工厂采用分组技术把使用同样关键组件和采用相同生产方法的同类产品归为一组。通常同类产品在生产过程的最后部分或在最后组装时才有区别。对于这些工厂来说，把预测的分组和生产的分组联系在一起会很有好处。因为这样的话，预测的结果会自动显示产品所需要的所有材料。相类似产品只是在最后的工序使用的组件不同，在预测十分准确的情况下，也许我们可能使这些不同的组件直到需要使用的时候才运达，这种技巧叫作延期。

对客户的合并通常是根据客户所在的地区或客户的种类。因为同一个地区的客户有相似的特点，把它们的需求合并起来可以看出客户群会有同样的季节性，对风格和时尚也有同样的偏好。此外，因为这些客户在同一个地区，对配送计划来说，也是一个良好的开端。除了对客户所在地区进行分组外，我们还可以根据需求量的大小、客户需要服务的程度、订单的频率和购买习惯对客户进行分类。在这里我们还可以利用帕累托分析，通常这个分析会告诉我们 80% 的销售额仅来自 20% 的客户，另外一半的客户只占 5% 的销售额。对产品来说，可以对每个 A 类客户的销售采用单独的预测，而放心地把所有 C 类客户合并在一起进行预测，这样并不会牺牲太多预测的准确度。

你也许会有顾虑，认为合并预测会把每样产品的信息给丢失了，而这些信息可能很重要。其实大可不必有这种想法，我们可以采取下述方法做合并预测。如果知道在合并的预测中，一个产品占12%的销售额，只要把预测量乘以12%就可以得出这种产品的预测销售量。图3.21显示了这个过程，列出的前3个产品有4个季度的预测量并随着总的销售量的增加而同步增加。初看上去，这个过程好像是随着总销售量的增加而放弃了每种产品预测的精确度。但事实上不是那么回事。如果合并恰当的话，所有产品的销售特点应该和整个组保持一致。

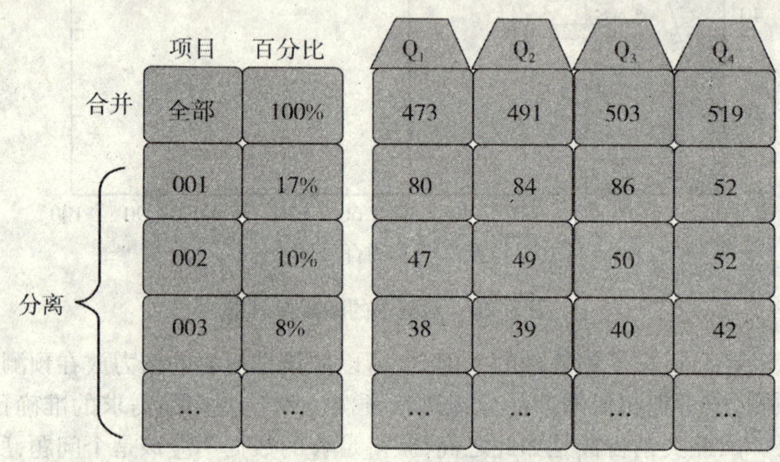

图3.21 分解合并的预测

一种提高需求预测可靠性的好方法是让几个不同的分析师独立地做出预测，然后把他们的预测结果综合起来，也就是在前面提到的德尔斐法。随之而来的问题是找出如何用一种有意义的方法来整合预测。可以简单地把结果平均一下，但这样会很危险。仅把具有不同季节性产品的预测合并起来会把季节性的影响给抵消了；仅把不同预测分析师的预测结果合并起来会掩盖他们每个人明显的预测模式的特点。更好的方法是尽量理解每一个预测背后的逻辑关系，然后把这些逻辑关系整合而不是简单地把数字合并起来。

在同一个部门里就预测达成共识有难度，如果是不同的部门那就更难了。许多部门（包括市场、销售、生产、分配、财务和人事部门）都对预测需求有影响。不幸的是，这些部门对需求有着不同的观点，预测的方法也不同，还有不同的利益考虑。德尔斐法可以适用，但是很少有公司这样做。它们只是让每个部门自己预测和计划，这样一定会使部门间产生矛盾从而给整个公司带来混乱。

如果对大多数公司来说把不同部门的预测整合起来已经是如此困难，那就一点儿也不奇怪只有极少的公司会继续下一步，即把供应链中其他公司的预测也整合起来。这是供应链管理中最严重的问题之一。这个问题既影响供应链的效率，也影响供应链的绩效。原因是供应链中的每个供应商都需要预测它最近客户的需求，也就是说，到最后每个公司都需要预测其他公司的需求（见图3.22），这样的话，每个公司都在对同一个需求做自己的预测，导致很多无用功。更糟的是，环环相扣的预测会使错误增加、影响扩大。

如果想要更好地解决问题，我们必须反思一下需求最后来自何方。当我们把供应链看成一个整体时，其实只有一个真正的需求即产品的最终用户。其他所有的需求包括原材料、部件和在制品等最终取决于客户的购买。为了反映这一点，我们把客户需求叫作独立需求（independent demand），而其他在供应链中处于客户上游环节的供应商的购买行为从某种程度上来说依赖于客户的要求，所以这些购买需求叫作依赖需求（dependent demand）。我们现在认为只有对独立需求的预测才是真正的预测，其他的预测不过是衍生物而已。

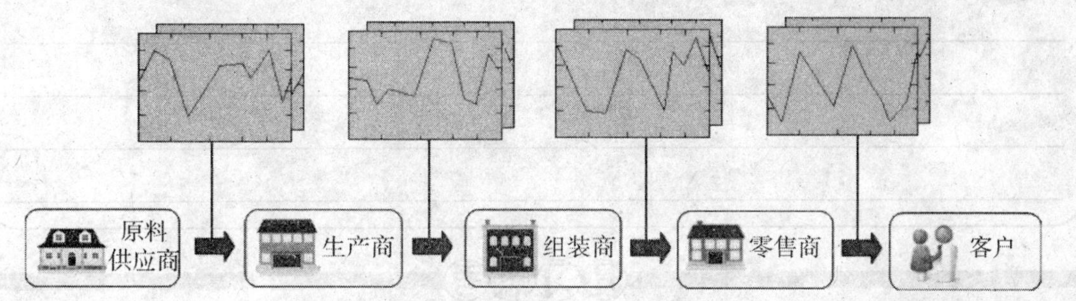

图3.22　环环相扣的预测

如果让每一家公司都专注于对独立需求的预测并不能消除重复预测的现象。要点在于：通常生产商和零售商都分别对客户需求做出预测，而且它们都认为自己对客户的购买习惯更了解，从而预测更准确。可是最好的方法应该是供应链的伙伴们一起合作，充分沟通它们对客户购买行为的不同理解以分享各自的预测，并共同得到最为可靠的结果（见图3.23）。最好的方法是应用德尔斐法以使共同预测的结果真正反映所有参与其中的公司所做出的成果。

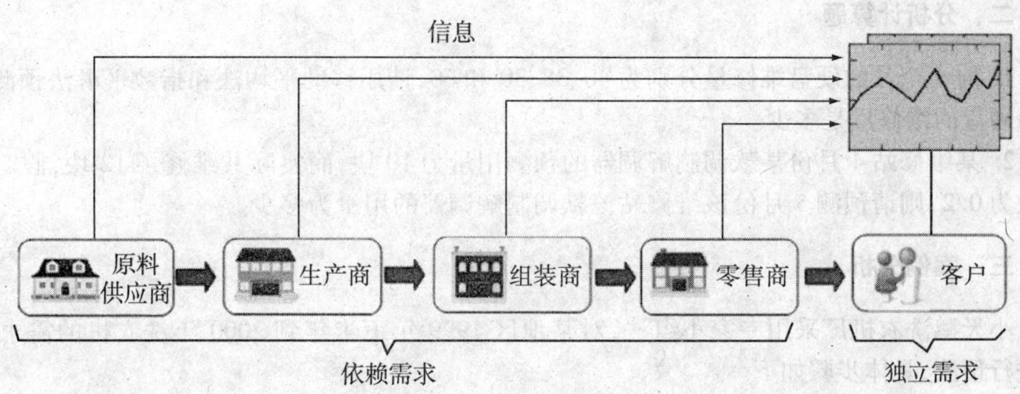

图3.23　合作预测

合作预测可以很好地解决在本节开始时所提出的问题。首先，避免了重复劳动，通常可以省下80%甚至更多的无用功。其次，在供应链中的错误不会放大，从而扭曲真实的需求。最大的好处在于，由于共同分享对客户行为的了解，从而使预测的精确度提高了。生产商可以看出配送商和零售商不知道的销售模式；反之，客户行为的有些方面只有接近他们的配送商和零售商才最了解。当供应链中的伙伴们把他们所了解的客户行为合并在一起，从而提升对独立需求的了解，他们就能更好地预测客户的需求，使供应链保持运作。

毋庸置疑，在合作预测面前有很多障碍。销售预测作为公司的高度机密，数据的共享需要某种程度的信任和坦诚，而这与传统的客户和供应商那种不和谐的关系并不合拍。但是整合供应链所带来的竞争性优势使一切产生了重大的变化,长期以来对共同合作的障碍正随着JIT、快速反应和持续供应等措施的实行而消亡。合作预测的时代已经到来。

我的笔记

复习思考

一、不定项选择题

属于从属需求预测的有(　　)。

A. 对于网球的需求预测

B. 对于鞋带的需求预测

C. 对于胡萝卜的需求预测

D. 对于促销用上网卡的需求预测

二、分析计算题

1. 前4个月的硬盘维修量分别为40、38、30和60,请用移动平均法和指数平滑法预测5月份硬盘的维修量是多少。

2. 某维修站4月份某款调制解调器的预测用量为10块,而实际共维修了12块,假定α系数为0.2,则请预测5月份该维修站该款调制解调器的用量为多少。

三、案例分析

小天鹅洗衣机厂采用专家小组法,对某地区1999年下半年到2000年洗衣机的需求情况进行预测,具体步骤如下。

1)确定征询对象。预测小组选了17位在家电行业工作、熟悉各类洗衣机销售,并有预测性和分析能力的销售人员和统计人员,该地区各市的家电协会的行业负责人、洗衣机厂的营销经理、各市的销售主管、有影响力的代理商及销售额较高的大商场人员。比例为:行业协会人员、厂销售人员和销售商各1/3。

2)给专家发送意见征询函。函中要求专家了解征询目的和要求,即在10天之内对本地区1999年下半年和2000年该厂洗衣机的销售量进行预测,并要有较详细的依据、意见和建议,并附有为专家提供参考的资料。

例如,该厂洗衣机在该地区前5年的销售,该地区各种品牌洗衣机的销售总量、1999年上半年的销售量、不同家庭对不同类型洗衣机选择的情况分析等。

3)汇总征询意见。回收第一轮征询函后,进行汇总,预测1999年下半年该地区该厂品牌洗衣机销售量最低 2 万台，最高 3 万台，平均为 2.5 万台，2000 年销售量最低 3.7 万台，最高 5.4 万台，平均为 4.5 万台，同时专家们提出了许多对洗衣机市场的分析及如何促进洗衣机销售的意见等。

4）反馈汇总意见。将征询意见汇总整理归纳后，得出以下 4 条意见。

① 20 世纪 80 年代末 90 年代初的老洗衣机都将淘汰，新一轮的洗衣机更新换代将在 1999 年下半年开始，到 2000 年下半年完成。

② 人们对洗衣机的要求趋向于功能新颖、节水型。

③ 不同家庭对洗衣机容量的大小有不同要求，不同季节也有不同要求的组合。

④ 由于目前各家庭收入预期有所降低，估计到 2000 年下半年，销售量将受到影响，需加大促销力度。

5）将这些看法分别寄给专家们进行第二轮征询。为了使专家们了解该厂今年在洗衣机类型上的创新情况和经营决策部门对销售部门实行新的激励机制，厂里又补送了两份资料，第一份是该厂今年推出的吸收国家最新技术的节能节水型洗衣机的产品类型介绍；第二份是该厂为激励销售部门人员的积极性，对销售有功人员可以奖励 10 万元以上的奖励措施，请专家们再次进行预测。函件收回后进行汇总，预计 1999 年下半年可达 3.5 万台，2000 年可达 6.8 万台，均高于第一次平均预测水平。同时，对厂里采取的积极进取的措施表示赞同，并就改革营销体制、完善激励机制等方面又提出了一些意见。

按照专家们的预测，1999 年下半年，该厂在该地区的洗衣机销售量达 3.8 万台，误差为 8.5%；2000 年为 7 万台，误差为 3.2%。

资料来源：无锡小天鹅股份公司 1997 年市场调查报告 .

思考

德尔斐法小组预测的缺点产生的原因是什么？

任务8 掌控需求

学习任务

通过相关知识的描述,结合本任务的案例分析,反复对比研究供应链上的企业掌控需求的案例,观察案例中企业管理需求预测的模式,分析案例中的企业掌控需求的基本方法,能基本说出掌控需求在企业供应链管理中所能起到的成效。通过相关的知识导读能明确客户分析的内涵和外延,能理解客户分析的关键特征,把握客户分析的核心环节和基本流程。

知识目标

- 掌握分析客户的一般知识。
- 掌握分析产品的一般知识。
- 掌握需求的掌控技术知识。

技能目标

- 能够用相应的方法对目标客户进行有效的分析。
- 能够熟练应用一定的方法对企业的产品或服务进行分析。
- 熟练把握掌控客户需求的一般方法。

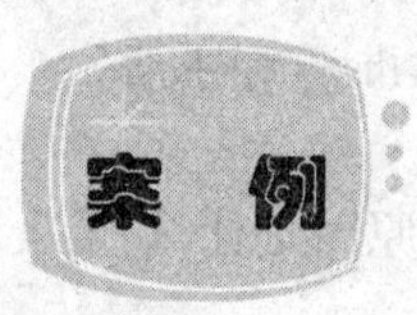

案例 宝洁"牛鞭效应"的医治

宝洁公司(P&G)在研究"尿不湿"的市场需求时发现,该产品的零售数量相当稳定,波动性并不大。但在考察分销中心向它订货的情况时,却发现波动性明显增大,分销中心称它们是根据汇总销售商订货的需求量订货的。宝洁公司进一步研究后发现,零售商往往根据对历史销量及现实销售情况的预测,确定一个较客观的订货量,但为了保证这个订货量是及时可得的,能够适应客户需求增量的变化,它们通常会将预测订货量增大一些向批发商订货。批发商出于同样的考虑,也会在汇总零售商订货量的基础上再加一定增量向销售中心订货。这样,虽然客户需求量并没有大的波动,但经过零售商和批发商的订货后,订货量就一级级地放大了。

在供应链的运作过程中,许多制造企业经常会发现这种商品的客户需求较稳定,变化不大,但是上游供应商往往比下游供应商维持更高的库存水平。这种越往供应链上游走,需求波动程度越大的现象,正是供应链中的"牛鞭效应"。

1. 避免多头需求预测

在通常情况下,供应链中的每一成员通过它们的计划传递其预测信息。当然,来自下游成员的需求输入，是由他的下游成员需求预测而产生的。对供应链中消费数据的重复过程的补救措施，是在下游到上游的可能状况中确定统一需求参数——一种有效方式是上游和下游实施信息共享，上游应力图获得下游运动过程的需求信息。

例如，在美国计算机业中，制造商需要来自分销商中心仓库存货的销售数据，尽管这些数据并非完全等于销售点(POS)数据，但制造商以这些数据作为与分销商保持联系的重要措施。这种措施可缩小供应链中上、下游在需求预测方面的差异。

2. 加强库存管理

避免人为地处理供应链上的有关数据，是使上游企业获得其下游企业真实需求信息的有效办法。IBM、惠普和苹果等公司在合作协议中，明确要求分销商将零售商中央仓库里产品的出库情况反馈回去，虽然这些数据没有零售商销售点的数据那么全面，但这仍然比把货物发送出去以后就失去对货物的信息要好得多。

使用 EDI 等现代信息技术对销售情况进行适时跟踪，也是解决牛鞭效应的重要方法，如戴尔通过 Internet/intranet、电话、传真等组成了一个高效信息网络，当订单产生时即可传至戴尔信息中心，由信息中心将订单分解为子任务，并通过 Internet 和企业间信息网分派给各区域中心，各区域中心按戴尔电子订单进行组装，并按时间表在约定的时间准时供货，从而使订货、制造、供应"一站式"完成，有效地防止了"牛鞭效应"的产生。

3. 消除不合理的短缺博弈现象

当供应商面临短缺时，他不是根据订单来分配产品，而是按照比例定量分配订货。例如，美国通用公司在短缺供应时长期使用这一分配方法。当消费者毫无制造商供应信息时，短缺中的"博弈"现象达到最高峰。充分享有生产能力及存货信息能帮助缓解消费者的不安，最终减少博弈中的需求。但是，当出现真正短缺时，享有生产能力信息又显得不足，制造商就可预先与消费者签订销售旺季的订单，这样它们就能调节生产能力，更好地安排生产时间。此外，由于制造商赋予零售商慷慨的退货政策扩大了博弈现象，在毫无惩罚的条件下，零售商将继续扩大它们的需求及取消订单，因此有必要实施更严厉的取消订单的政策措施，这对缓解牛鞭效应也是有益的。

4. 提前回款期限

提前回款期限，根据回款比例安排物流配送，是消除订货量虚高的一个好办法。因为这种方法只是将初期预订数作为一种参考，具体的供应与回款挂钩，从而保证了订购和配送的双回路管理。提前回款期的具体方法是将会计核算期分为若干期间，在每个期间(假如说一个月分为 3 个期间或者 4 个期间，每个期间 10 天或者 7 天)末就应当回款一次，对于在期间末之前积极回款者给予价格优惠等。

5. 实施渠道联合

在供应链中，除了信息共享外，还必须加强上游和下游之间在定价、运输、库存计划及所有权的有机整合，建立优先合作机制，如建立统一控制的库存系统。

综上所述，在供应链中的牛鞭效应是由"合理的决策"而引起的。人们能通过完全理解它产生的原因而采取措施来缓解它。当然，要想进一步消除它的影响，还必须不断进行管理创新。

我的笔记

知识导读

8.1 分析客户

在项目5中我们将学习供应链的设计。设计供应链的第一步是理解所服务的供应链的需求模式。这种模式既是由不同客户的需求交织而成的,也是由生产能力的约束所造成的(见本任务8.2节的内容)。尽管需求通常是给定的,在本任务8.3节中将介绍几种可以用来提升需求形成的技术,它们能帮助我们解决需求和供应链匹配的问题。其中的一些技术看上去减少了需求,而实际上却增加了需求。本任务最后将分析需求放大的现象。大部分的需求放大是由于供应链管理中的标准做法所引起的,而这些标准做法可以很容易地被修改,从而使需求流稳定下来。

当代的软件使供应链的设计比以前方便多了。以前计划员要辛苦地计算距离、成本、时间、订单的大小还有其他数字,现在软件会根据需求和供应的地理位置自动分析并帮助他们自动获得这些数字。有了这些强大的新工具,供应链经理可以把他们的注意力集中在分析需求、确定目标和识别约束这样更高层次的任务上了。

首先,要对需求进行地理位置的分析。简单的做法是把客户所在的地点标在地图上,复杂的做法则是把客户信息与根据收入和其他标准分段的人口密度结合起来。如果只有几十个客户而且它们都是大公司,可以直接分析每个客户所在的地区。如果客户有数千家之多,就需要把它们分成不同的服务区域并根据不同地区进行数据分析。有多种技术可以根据地区划分客户,最简单的方法是根据邮编。通常凭经验,我们把客户分到150~200个地区,每个地区都有一个中央服务点。这样对计划来说,就比较容易管理,而且在估计运输费用时的误差率也不会超过1%。

除了分析客户所购买产品的数量和种类外,研究他们购买的模式也很重要。如图3.24所示,分析应集中在5个主要方面:客户每个月所购买产品的总量、订单的频率、每个订单批量的大小、每个订单产品的种类以及让客户满意所需要的客户服务水平(CSL)。举两个极端的例子,对JIT的客户来说,它们可能需要每天运输小批量特别组合的产品,而且对订单履行率和交期要求很高;在另一个极端,批发商可能订单量很少,但每次都订购大量的货,每个订单的产品组合也不同,对交期的要求却没有那么严格。这两种客户对供应链的要求完全不同。JIT的客户需要有强有力的配送中心靠近它们的工厂来提供最好的服务,而批发商可能只需要中央通用配送中心的服务。

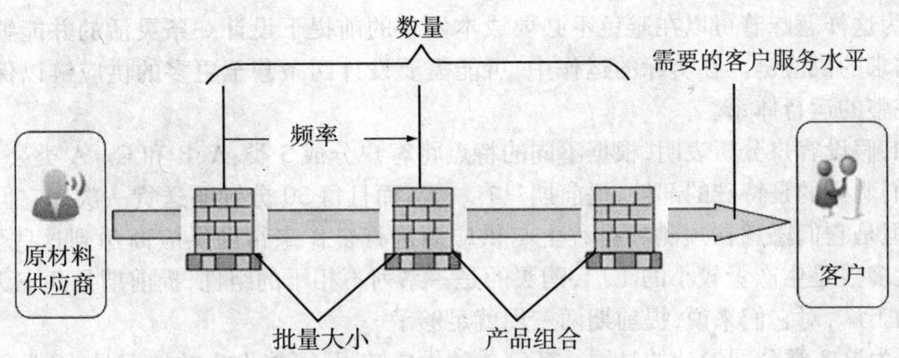

图 3.24 客户购买模式

分析每个客户对客户服务水平的要求,就能找到供应链中大量节省成本的机会。有些公司提供了很高的客户服务水平并以此为荣,它们把这个标准运用到所有的客户。但是维持高水平的客户服务水平的成本很高昂,对客户提供超出它们要求的服务水平意味着巨大的浪费。更经济的方法是根据不同客户的需求提供不同的客户服务水平,从而消除对要求低的客户提供过高的服务所造成的浪费,同时也避免对要求高的客户提供低水准的服务(见图 3.25)。

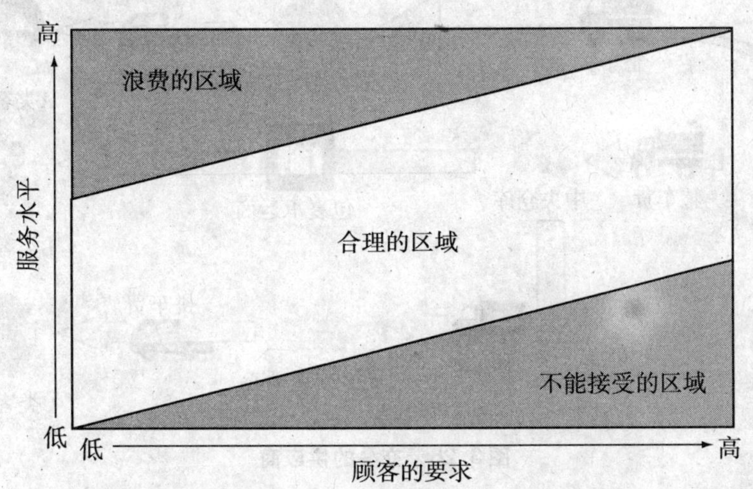

图 3.25 设置客户服务的水平

在分析了客户的购买模式以后,接下来就要寻找客户怎样购买和客户所在区域的相关关系了。例如,根据每个地区客户的数量来定义该地区的客户服务水平通常只适用于客户是最终消费者的情形。在任务 7 里,我们知道公司客户销售量的分布遵循帕累托定律——20% 的客户贡献了 80% 的销售额,底部的 50% 的客户只贡献了 5% 的销售额。如果你的客户也像这样,根据地理位置的分析对最大的客户进行区分就可能对你很有帮助。例如,如果最大的客户都位于或靠近大城市,那就意味着公司 90% 的需求集中在少数几个地方。如果这些客户也正好需要很高的客户服务水平,那么就很容易知道地区的配送中心应该放在哪里了。

在分析客户的购买习惯时,要记住所需要的是总的模式而不是细节。客户群的特点可能类似,根据该区域的需求简单细分就会得到需要的所有信息。如果这样,所要做的就简单多了,因为这样意味着可以在避免不必要成本发生的前提下设计一条灵活的并能够满足不同层次需求的供应链。在实际的运作中,可能需要设计两条甚至更多的供应链以保证工厂有一套完整的运行体系。

例如,假设客户分析表明,根据不同的特点将客户分成3类:A、B和C。A类公司是JIT工厂,它们购买的是特殊的部件,提前期只有一天,而且每30分钟要送货一次。它们的要求很严格,但是它们愿意在预测和排程上与供应商进行合作来帮助供应商达到这些要求。B类公司大多数是生产量较小的工厂,购买的是一系列不相干的组件,提前期是两三天。C类公司是加工厂,对它们来说,提前期两三周就足够了。

如果为这3类公司设计的是同一条简单的供应链,最可能发生的情况是,经常需要为A类客户加急交货以使这些货物比其他的大量货物流动得更快。结果表明在供应链的成本结构中在C类客户上花费的成本过高。但是如果按图3.26所示,设立专门的设施和步骤,就可以以合理的成本使每个客户都很满意。在这个特别的设计中,A类客户由靠近它们的一些小仓库来提供服务,按精确的时间运送并带有可以反复使用的装有特殊组件的容器以加快整个流程;B类客户由专门的包裹承运商,如联合包裹或联邦快递从中央仓库运送货物;C类客户则由传统的地区配送中心网络来运送货物。

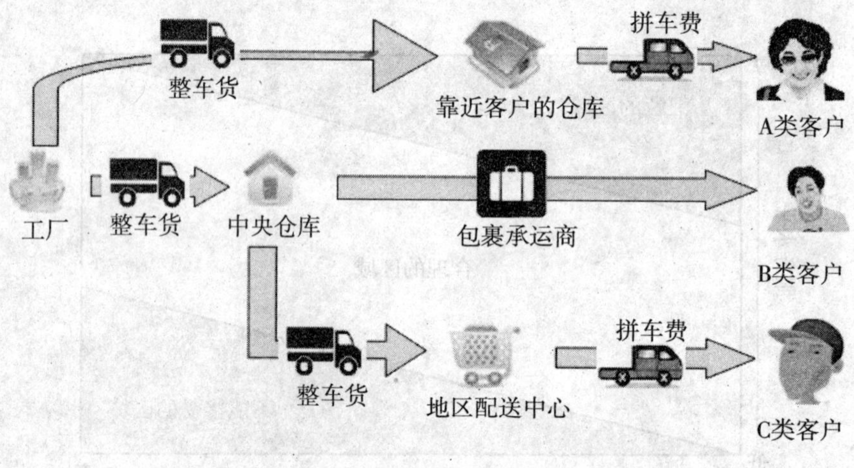

图3.26 交叠的供应商

我的笔记

8.2 分析产品(服务)

除了客户对产品和交期有要求外,产品的特质也对产品的包装、运输和存储条件提出了约束。如图 3.27 所示,所有这些要求可以分成 3 个方面,即形式、密度和风险。

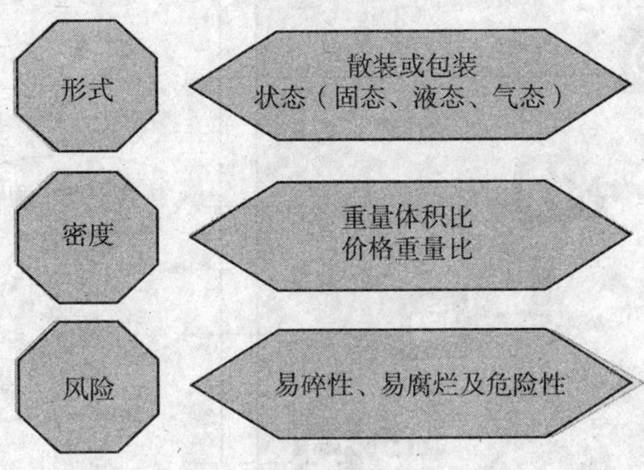

图 3.27 内在的产品特点

对于产品形式来说,我们主要关注的是产品是散装还是经过包装的。运输散装货物比包装的货物要便宜多了。例如,从夏威夷运送散装食糖到某地的每吨运费是 77 美分,而用包装袋的则是每吨 20 美元。当原材料用散装的方式运输时,因为液体、固体和气体的运输方式差别很大,所以原材料的状态是一个重要的考虑因素。例如,有些液体和气体可以通过管道运输,这样运输的成本非常低。对于经过包装的货物,该货物的状态也是一个重要的考虑因素,因为液体和气体通常需要像槽装、桶装、瓶装或罐装等比较昂贵的包装形式。此外,经济和环境的因素可能要求这些货物的包装可以回收以便反复使用。

在供应链设计中,以重量体积比表示的密度也是一个重要的考虑因素。低密度的货物的运输成本更昂贵。因为与高密度的货物相比,这类货物占据的体积比相同重量的高密度货物要大得多,很快就把所有的空间都占满了。对于组装起来后密度很低的产品(如灯具和割草机),我们可以通过把产品拆成组件运输的方法来有效地提高密度。另一个和密度十分相关的指标是产品的价格重量比。随着该比例的提高,相应的运输成本就会降低,那么节省成本就有了更多的选择。当碳以煤的形式存在时,通常使用缓慢的方式而且运输的终点不会很远;但当碳以钻石的形式存在时,就要用飞机送往世界各地。

很多产品的质量和风险相关,这就需要特别的操作、包装、运输和存储。易碎的物品需要额外的包装来防止在运输和存储过程中破碎。易腐烂的产品容易变质,它们的运输和存储周期就要有约束,有些还需要冷冻来保持其新鲜度。危险品如炸药和易燃气体是风险最大的,它们通常要按照政府法规规定的特别方法处理。所有这些风险提高了运输成本。高风险的产品通常和其他产品分开运输以独自承担增加的运输成本。

除了货物的这些特点之外,供应链的设计还需要考虑到这些产品是标准的还是定制的。定制的程度可以从标准、现货到只为一个客户定制的产品(见图 3.28)。

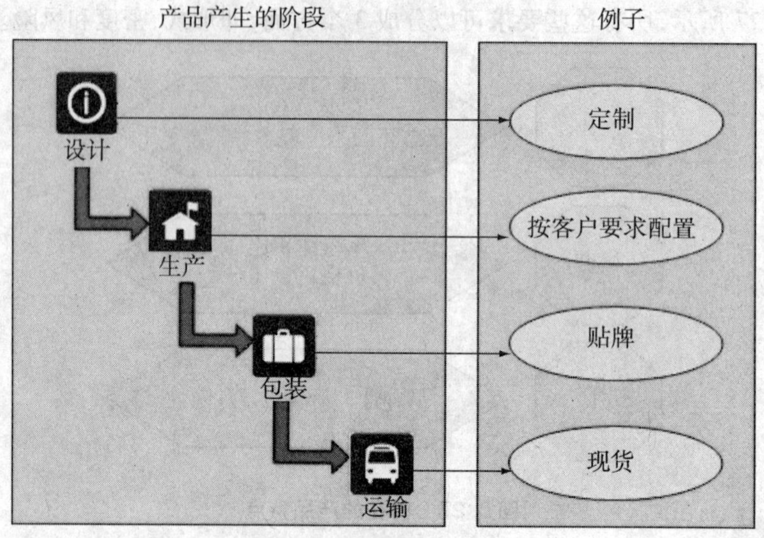

图 3.28　定制要求

总的说来,提高客户定制的程度会把推—拉的边界延长。标准产品使这个边界靠近客户旁边,这样的话,产品可以根据库存生产,然后根据客户的需求向供应链下方推动。另一种极端是,如果原材料的选择依赖于设计的话,完全定制产品的推—拉边界就移向供应商一端,把这个边界向上推,减少了库存,那是因为产品是被最近的需求拉动,而不是根据预测向供应链下方推动,但是这也增加了订单完成过程的复杂性,而且需要供应链上下方具有更大的灵活性。

另一个重要的考虑因素是随着时间的推移该产品需求的变化性。有稳定、可预测需求的产品其实最容易对付,因为它们的要求是已知的,这样供应链就可以围绕这些要求进行设计。对于需求变化很大但还是可以预测的产品,供应链上的压力虽然大了很多,但还是可以管理的。例如,季节性的产品在旺季到来之前,给供应链的压力很大。可能的话,可以通过事先预备库存使整年的生产平稳。但是这样做就要占用额外的存放空间来储存不断增加的库存,这使问题推向了供应链的下方。

对付季节性所带来的变化的更好方法是:使不同的季节性产品相互抵消季节性的影响,使供应链的压力在整年里尽量平均。在服装业上,这样的事情常常发生。夏季和冬季服装的季节性在整年里相互抵消。还有一些产品也是互相抵消的,只是看上去不那么明显。经典的例子是一个工厂轮流生产扫雪机和割草机,充分利用它们有些组件和生产过程有着同样的特点来使每半年的转换成本最小化。

最难对付的产品是那些需求变化性很大而且无法稳定预测的产品。这在创新的产品中最常见。因为创新的产品只有很短的销售历史甚至没有销售历史,而且它们的销售是由潮流和时尚带动的。如任务7所描述的,这种产品周期的特点是:从很低的需求和缓慢的增长开始,经历一段快速成长期达到高峰,然后慢慢衰退。如图3.29所示,这种产品需求的不确定性在同一时间段内系统地改变着:刚进入市场的产品的不确定性非常高,只有当整个市场开始接受产品和增长率下降时,不确定性才开始下降。因此产品仅在销售高峰时,我们才可以得到合理的预测结果。

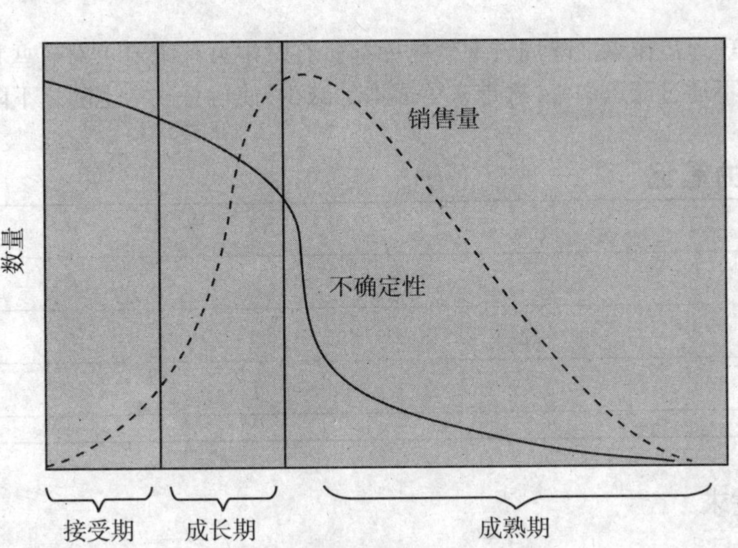

图 3.29 产品周期中需求的不确定性

由于新产品需求的高度不确定性，我们很难知道应该生产多少以及应该投入多少产能和库存能力。直到产品到达销售高峰并开始展示稳定的模式之前，供应链需要保持高水平的安全库存以避免销售量超出预计值。此外，我们还需要保持多余的产能以便在产品销售量增长的情况下迅速增加生产。许多公司通过一种热销产品意识到它们的梦想可能会实现，但是由于供应链疲于应付爆炸性增长的需求、随之而来持续的缺货、成本的急剧上升和质量问题，梦想很快破灭了。但是另一个方向的错误也会带来同样毁灭性的问题，包括多余的库存、停工待产的工厂和大量的退货。如何解决新产品的问题是供应链中最困难的问题之一。

在供应链设计中，产品所涉及的约束和客户是一样的，我们也要考虑有多少种产品可以单独计划。总的来说，如果要对付几百种不同的产品，就要对它们分组集合以便于管理。例如，一群出售 20 000 种产品的连锁折扣店可能需要把这些产品分成 100 组，每组 200 种产品。和客户不同的是（客户通常根据地区来分组），产品是根据需求模式来分组的，这和总体预测排程所采用的分组模式是一样的（见任务 7）。

对有些公司来说，产品分组所依据的需求模式和供应链设计中传统的产品分组模式是一致的，但这并不是一个定论。产品组通常会根据生产或消耗的相似性而不是需求模式的相似性来决定，而且其产品组合常常涉及不同的供应链要求。例如，市场部选择产品组合的方法会鼓励促进同一组合下其他产品的销售。例如，把相互配对的产品组合在一起：鞋子和钱包、钻头和钻机等。通常，这些产品的供应链不同，在设计供应链时我们不会把它们组合在一起。

为了设计供应链，在决定怎样组合产品时，很重要的一点是我们必须时时考虑到产品的销售量。帕累托分析告诉我们，公司 20% 的产品占 80% 的销售量，那我们应该在设计供应链时就把这点考虑进去。例如，在单独处理销售量大的产品运输时，通过满载以取得规模效益。也可以把另外 80% 的产品放在中央仓库里，使它们绕开地区配送中心。这样可以使需要追踪的和在地区配送中心排队的库存单元数量减少到原来的 1/5。还可以通过地区配送中心进行更合理地运作来消除周转率低的库存。有时中央系统要求对有些订单采用更快的运货方式——不通过配送中心,这带来了成本的减少,使得总成本也随之下降。

我的笔记

8.3 掌控需求

到这里我们对于需求的讨论只是在某种程度上被动的反应而已,只是强调理解需求本质的重要性并运用其设计供应链。但是我们可以用更积极的态度来对待需求,从而积极地形成需求使它符合公司的要求,而不仅是在约束的条件下被动的反应。可以用市场的技术来增加需求,但这不是形成需求的唯一方法,可能也不是最好的方法。一些更有效提高需求的方法,短期内可能会降低需求。

确认服务的对象(即客户)是合适的,这一点对提升需求的形成最重要。不管怎样设计供应链,都无法满足所有客户的需要。如果公司的主要目标是节省时间和成本,那么对于那些不可预知的订单,要满足客户并快速交货和完美地履行订单就变得非常困难。如果这样尝试,在加速大多数这种订单的过程中,不但亏钱而且扰乱了供应链中其他的供应流。与之相类似,如果选择了基于提供灵活的服务和定制产品的供应链战略,则没有必要试图服务那些持续购买标准产品的客户,因为你永远无法和低价的生产商竞争并赚钱。

对销售额的盲目追求常常蒙蔽了我们,使我们看不到服务有些客户所带来的危害。事实上,许多公司甚至不知道哪些客户是产生利润的。如果对自己的客户使用利润而不是销售额作为测量指标来进行帕累托分析,会不会很惊讶地发现有20%的客户贡献了80%的利润?更让人吃惊的是情况可能比这更严重:和销售额的提升不同的是,利润可能会变成负数,使得公司提供服务所支出的成本与由此获得的利润回报更加不对称。有一个公司发现它的20%的客户占有不仅是80%而是225%的利润,接下来的60%的客户基本无盈亏,余下的20%的客户事实上减少了125%的利润。对于这家公司来说,如果它能通过供应链的设计把这些不能带来利润的客户转到其他的供应商那里,即使没有提升供应链的绩效,也可以对整个利润做出巨大的贡献。

听上去把客户赶走像异端邪说,但是如果它能带来利润的迅猛增长,那就可能是个合理的选择。当然,不可能直接打电话给客户告诉他们不想再和他们做生意了,可以建立市场机制达到同样甚至更好的效果。如果能找出是什么导致公司在一些客户那里亏钱,可以尝试某种方式,改变成本或者改变价格使这些客户给公司带来利润。有时,对供方的表现提出最高要求的公司却也是那些要求供方降价最凶的公司。解决客户这种惩罚性行为的方法是建立一个依据服务水平而定的多层次的价格体系,从而拒绝给提供优质服务的产品降价。这样做可以给客户完全自由的选择——他们可以给公司带来利润,也可以去找公司的竞争对手。

在客户中消除利润漏洞仅仅解决了一半的问题,另一半是在将来避免与这些无法带来利润的客户做生意。最简单的方法是确保市场销售信息吸引到合适的客户,这也意味着要十分清楚地展示出本公司与众不同的能力。如果只是遵循传统的那种做法,答应客户一切事情——最好的产品、最快的服务和最低的价格,那么客户会期望公司不管花多少代价都遵循承诺,这样的要求也就不奇怪了。如果公司坦诚地告诉他们自己的优势,他们就会基于正确的原因来选择供方,这样对供需双方都有好处。

有选择性地筛选客户这个想法对有些经理来说太激进了,但是这并不比如何选择供应商更激进。在供应链中保持持久合作的关键是协调每个人的激励。如果提供给客户的需要和期望与供应链的能力不相符合,则协调激励会变得异常困难。不幸的是,卖产品给任何有需求的客户这种做法已经根深蒂固了。因此需要在公司内部小心地协调激励来改变这种行为。把销售佣金建立在利润而不是销售额上,可能会是个良好的开端。另一个主意是基于质量而不是数量来奖励市场部门,然后使客户的要求和公司的能力相协调。

为正确的客户服务对形成需求来说十分重要,对公司所卖的产品有所选择也十分重要。以前,因为交付货物是层次较低的功能,新产品的决定没有考虑供应链的约束。在新的基于供应链的竞争中,销售不符合供应链的产品就很难自圆其说。这并不仅仅是不能有效地、成本效益最大化地移动产品的问题,更大的问题是这些产品使整条供应链的表现不可能达到最佳。如果只为了生产少量的低利润的产品,而在所有的工厂维护着特殊的设备,那么就应该考虑淘汰这些产品。如果公司的目标是为了和其他供应链竞争成本,则可能需要重新考虑公司的创新产品,因为它们需要多余的安全库存和产能。

如同放弃那些不能给公司带来利润的客户一样,放弃那些不适合供应链的产品也只是解决了问题的一半;另一半在于怎样确保所有的新产品都与供应链匹配。如果公司的目标是使供应链更加灵活、对变化的需求反应更快,那么必须充分利用公司能满足不同需求的能力优势,并推出那些其他供应链不能使之成本效益最大化的创新产品。更好的做法是,从供应链角度出发考虑形成新产品的设计,使得创新不但融入产品本身而且融入把产品推向市场的方式。供应的设计和延期的方法将有助于企业实现上述目标。

我们现在着重强调的关于提高供应链效率的做法掩饰了一个事实,即要赢得供应链,最大的机会还是在于创新。如图3.30所示,目前提高供应链的资金投入更主要是用于生产操作自动化,这是相对来说最稳妥的投资并且很容易估算它的投资回报率。其实只有很少的现金投入在供应链设计的层面,然而这里恰恰是供应链创新的最大机会所在。具有讽刺意味的是创新提供了远远多得多的回报。如果想要提高市场占有率几个百分点,一定要从成本中省几个百分点。但如果想在市场中占统治地位,需要做的是提升效率并使竞争对手无法模仿。

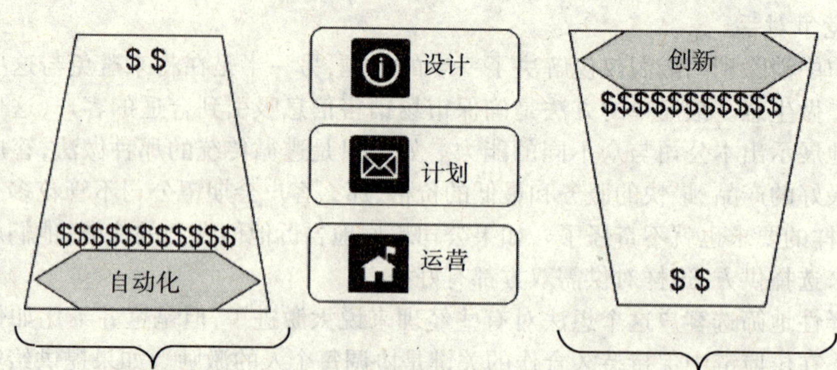

图 3.30　具有讽刺意义的投资回报

除了把重点放在适合供应链的客户和产品上以外,也可以通过稳定需求的方法来形成需求。如项目 1 所述,变化性,尤其是在供应链流动时放大的变化性是供应链中最花费成本的问题之一。任何稳定需求流动的努力都将提升公司的表现,并使公司在处理高度变化性的供应链时具有明显优势。

引起供应链可变性的最大的根源是一种叫作需求聚合(demand lumping)的现象。这种现象是稳定的需求流被随意地分成一块块,从而看上去突然剧烈变化。图 3.31 中,一个零售商每天以固定的数量出售产品,一般等到库存量达到一个特定的再订购点时开始补货。当它补货时,订购数量一般会受到整数包装的影响,即根据每个包装的最大数量增加一些订量以充分利用包装,避免浪费;它还会增加一些数量达到一个批发商的最低数量折扣点。批发商也是如此,它的订货周期会更长,买的数量会更大以取得尽量多的折扣。等到最后批发商订货时,要的数量是如此之大以至于制造商的成品库存不够,需要再增加生产。

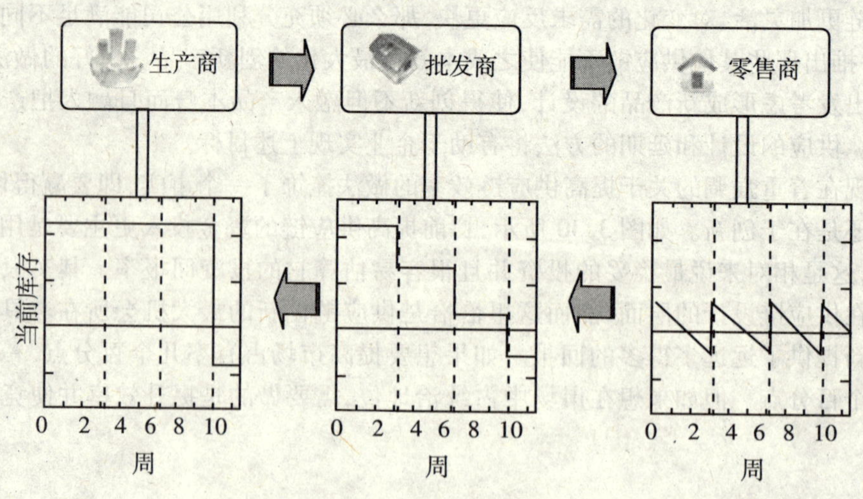

图 3.31　稳定需求

这个例子说明,需求信号在两个方面扭曲了需求。首先,它把时间扔开了,在移向供应链上方时延期了需求的信号。如果制造商们看到的只是这种需求信号,它们根本不知道其实要到 9 周以后才开始销售它们制造的产品。其次,需求的信号被放大了。当制造商们最后收到需求信息时，数量是如此之大以至于它们要增加产能来应付。如果产品持续地以这样的速度销售，供应链会渐渐地稳定下来。但是即使是最小的销售量的变化也会在供应链中继续被放大，产生臭名昭著的“牛鞭效应”，这将给上方的供应商带来灾难性的后果(见项目1)。

这个例子说明，需求聚合是数量折扣、经济补货政策、大批量包装和小批量生产的副产品。这些商业做法都没错，它们是为了利用规模经济的好处而发展起来的。事实是这些做法也给供应链带来了很大的破坏。能看到这种两面性是十分重要的。规模经济看上去总是和供应链中需求的平缓流动相矛盾的。

引起需求聚合的原因也有一些和规模经济无关。其中一个原因是提前采购(forward buying)，意思是客户在它们实际需要前就买进材料来获得较好的价格。这些较好的价格可能是因为市场价格的自然浮动引起的，但通常是由于供应商的促销引起。另外一个“罪人”是储藏采购，意思是客户为了防止当前或预期的短缺而购买超出自己实际需要的材料。储藏采购对需求的影响非常大，因为其中隐含着一个正反馈循环：储藏购买会使市场上的材料短缺，从而又加剧了储藏购买，循环往复。在有些情况下，如电子工业的芯片短缺，这种自我放大的需求会把较小范围内的短缺扩展到全世界。

这是不是意味着你必须放弃所有已建立的商业习惯来稳定需求呢？答案是否定的。但是你必须对这些商业习惯进行修改使之减少对需求聚合的鼓励。例如，你可以把价格折扣基于总的订购量而不是每张订单的量。这同样可以鼓励客户大量购买，但却消除了客户扩大每张订单订量的动机。可能的结果是你会得到大量的小订单，这将导致你在处理订单时减少规模经济。然而，这个问题可以通过业界的一些程序使你的订单管理更趋于合理化而得到解决。

这里还有两个例子告诉你怎样通过修改常用的做法来减少需求聚合的问题。例如，你应该把促销的价格基于客户销售给它们的客户的数量，而不是基于客户采购的数量。基于对终端用户的销量(sell-through)的做法可以减少提前采购，并帮助确保你的促销活动实际上把产品移向供应链下方，而不是把产品推到另一个环节。与之相类似，你也可以通过销售额——采购分配量(turn-and-earn)系统来减少储藏采购，在这个系统中客户只能根据它们销售额的比例来购买稀缺的材料，这能阻止客户和系统“博弈”，防止客户增加订单量以提高它们购买的比例。

最有效的方法之一是利用促销来稳定需求而不是提高需求。图3.32中客户需求预测显示有6周的时间需求严重下降。生产部门通常通过调整生产或维持生产建立库存来应对这个问题。这两种选择都有相应的成本和好处，但还有第3种方法：在需求下降期间进行促销，促使需求上升到稳定生产的程度。即使这部分增加的需求是因为提前购买引起的也没问题。因为此时提前购买起到了稳定需求而不是扭曲需求的作用。

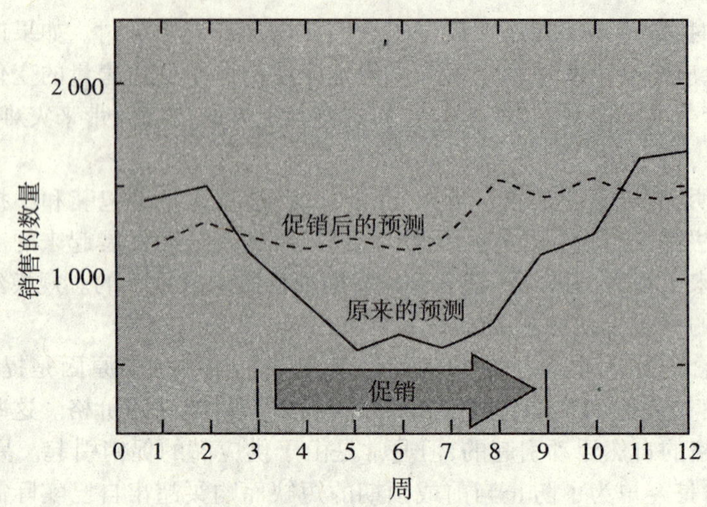

图3.32 用促销来平稳需求

在基于供应链的竞争中,如果能够掌控需求而不仅仅是管理需求,那就拥有了一个强有力的武器,但这不是容易掌控的武器。除了需要了解客户并且明白产品怎样可以满足它们的要求,还要乐意进行艰难地抉择哪些客户和产品适合自己所设计的供应链,并且改良那些已深深扎根在公司文化中的一些商业习惯。然而这种武器无法轻易掌控,所带来的变化也不会一下子全部出现。如果能够用更积极的态度看待需求而不是从传统的角度看待它,就能明白其实可以驾驭需求,使之适合自己的供应链的竞争优势,仅仅这些简单的改变,就已经比大多数经理领先一步了。

我的笔记

复习思考

一、填空题

1. 根据地区划分客户,最简单的方法是根据________。
2. 除了分析客户所购买产品的数量和种类外,研究它们________也很重要。
3. 分析每个客户对客户服务水平的要求,就能找到供应链中节省大量________的机会。
4. 如果想提供出色的服务,可以把客户服务水平维持在________区域的上方,如果想在产品的价格上有竞争力的话,则只要让服务在________的服务区域就可以节省成本了。
5. 根据地理位置的分析可以对________的客户进行分区。
6. 运输________货物比________的货物要便宜多了。

7. ________和________的因素可能要求液体和气体的包装可以回收以便反复使用。

8. 低密度货物的运输成本更________。

9. 标准产品使推—拉边界靠近________旁边，完全定制产品的推—拉边界就移向________一端。

10. 对付季节性所带来的变化的更好的方法是：使________产品相互抵消季节性的影响。

11. 为了设计供应链，在决定怎样组合产品时，很重要的一点是：我们必须时时考虑到产品的________。

12. 供应链创新的最大机会在于________。

13. 引起供应链可变性的最大的根源是一种叫作________的现象。

14. 确认服务的对象（即客户）是________的，这一点对提升需求的形成最重要。不管怎样设计供应链，都________满足所有客户的需要。

15. 对供方的表现提出________要求的公司却也是那些要求供方________最凶的公司。解决客户这种惩罚性行为的方法是建立一个依据________而定的________的价格体系，从而拒绝给提供优质服务的产品降价。

二、不定项选择题

1. 研究客户购买的模式主要考虑（　　）几个方面因素。

A. 订单的频率　B. 订单批量大小　C. 订单产品的种类
D. 客户服务水平　E. 客户每月购买产品的总量

2. JIT 的客户需要有（　　）的配送中心靠近它们的工厂来提供最好的服务，而批发商可能只需要（　　）配送中心的服务。

A. 中央通用，强有力　B. 中央通用，中央通用
C. 强有力，强有力　D. 强有力，中央通用

3. 更经济的方法是根据不同客户的需求提供不同的客户服务水平，从而消除对要求（　　）的客户提供过（　　）的服务所造成的浪费，同时也避免对要求（　　）的客户提供（　　）水准的服务。

A. 高　高　低　低　B. 低　低　高　高　C. 低　高　低　高
D. 高　低　高　低　E. 低　高　高　低　F. 高　低　低　高

4. 在分析客户的购买习惯时，要记住所需要的是（　　）而不是（　　）。

A. 细节　总体　B. 细节　总的模式
C. 总的模式　细节　D. 总体　细节

5. 产品的特质也对产品的（　　）条件提出了约束。

A. 存储　B. 运输　C. 交期　D. 包装

6. 产品的特质可以分成（　　）几个方面。

A. 包装　B. 风险　C. 形式　D. 密度

7. 有（　　）需求的产品其实最容易对付，这样供应链就可以围绕这些需求进行设计。

A. 可变　B. 可预计　C. 波动　D. 稳定

8. 如果原材料的选择依赖于设计的话,(　　　　)了订单完成过程的复杂性,而且需要供应链上下方具有更多的(　　　　)。

A. 减少　灵活性　B. 增加　灵活性　C. 保持　库存　D. 减少　库存

9. 最难对付的产品是那些(　　　　)的产品。

A. 可变　B. 波动　C. 需求变化性很大　D. 无法稳定预测

10. 创新产品在销售(　　　　)时,可以得到合理的预测结果。

A. 高峰　B. 低谷　C. 导入期　D. 衰退期

11. 如果选择了基于提供(　　　　)的供应链战略,则没有必要试图服务那些持续购买标准产品的客户。

A. 定制产品　B. 贴牌　C. 现货　D. 灵活的服务

12. 有选择性地筛选客户需要在公司内部进行协调激励,可以对市场部门采取(　　　　)方法。

A. 基于数量的奖励　B. 基于利润的销售佣金

C. 基于质量的奖励　D. 基于销售额的销售佣金

13. 形成需求的方法是(　　　　)。

A. 稳定需求　B. 专注适合供应链的产品

C. 扩大需求　D. 专注适合供应链的客户

14. 需求聚合是(　　　　)的副产品。

A. 小批量生产　B. 提前采购　C. 数量折扣　D. 大批量包装

三、简答题

1. 对客户的分析应从哪些方面着手?客户分析有何意义?
2. 怎样根据客户的购买习惯设计供应链?这样做的好处是什么?
3. 为什么要对客户进行筛选?怎样筛选?
4. 什么是供应链创新?谈谈你对供应链创新的认识。
5. 什么是需求聚合?有哪些因素会产生需求聚合?解决的方法是什么?
6. 谈谈你对客户服务水平的设置和供应链成本之间的关系。

四、实训

调查一个你比较熟悉的企业,分析一下该企业的产品(服务)需求模式与供应链的匹配情况。可以以协作小组的形式分组完成该实训项目。

任务9 采 购

学习任务

通过相关知识的描述，结合本任务的案例分析，反复研究供应链上采购的案例，观察案例中企业采购的运作模式，基本能说出采购在企业中所能起到的成效。通过相关的知识导读能明确采购的内涵和外延，能理解采购的关键特征，把握采购的核心环节和基本流程。

知识目标

- 理解采购的基本概念。
- 熟悉采购的作用和原则。
- 掌握采购的方式。
- 熟练掌握 JIT 采购方式。
- 掌握采购的一般流程。
- 掌握采购组织结构的设计方法。
- 理解采购部门的职责。

技能目标

- 能够正确描述某企业的采购流程。
- 能够识别几种主要的采购方式。
- 能够熟练掌握采购的业务技能。
- 能够在一定程度上设计有效的采购组织结构。
- 能够正确说出采购部门的主要职责。

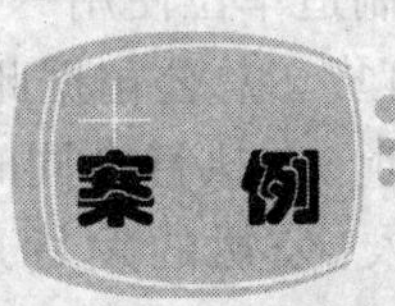

案例1 本田公司的采购

有资料显示，20 世纪 80 年代，日本汽车工业因为大力改善采购工作，平均每一辆汽车成本节省了近 600 美元。这在极大增加了日本汽车公司利润的同时，也极大增强了日本汽车在国际市场的竞争力。

日本本田汽车公司的采购管理工作很具有代表性。本田公司每辆车 80% 的成本都用于从外部供应商购买零部件，即每年在供应商处的购买额达 60 亿美元，也就是说，公司 13 000 名员工所生产的零部件只占每辆车成本的 20%。它认为：供应商的状况如何对本田公司的赢利至关重要，好的供应商最终会带来低成本、高质量的产品和服务，因此必须与供应商建立长期合作伙伴关系。

本田公司实施采购管理的一项重要举措是“最佳伙伴”项目。首先，本田公司与供应商的关系是一种“永久关系”。一旦与某家供应商签约,就希望这种关系能够保持25~50年。其次,本田公司摈弃传统的拼命压价的采购方式,转而采用一种新的方式,它的信条是“我如何利用供应商的技能来增强自己在最终市场的竞争力”。

在充分了解供应商制造零部件的成本(包括所有业务支出和利润)的基础上,本田公司的采购人员为所购货物制定出成本表单,然后根据这些表单定出“目标价格”并告诉供应商。如果有供应商收到目标价格后,对本田公司的采购人员说:“你们真是疯了”,本田公司马上就会派出工程师到供应商的公司去,检查供应商的生产流程,找出导致供应商价格过高的原因。本田公司不仅在采购价格方面节省不少,并且通过同供应商的长期合作,本田公司也极大缩减了新产品的开发成本和时间。各供应商为本田公司提供了许多关于如何改进质量、更有效利用零部件的建议,本田公司对所有建议进行分析和测试,然后采纳最好的建议。

我的笔记

案例2 惠普公司的采购流程

惠普公司在采购方面一贯是放权给下面,50多个制造单位在采购上完全自主,因为他们最清楚自己需要什么。这种安排具有较强的灵活性,对于市场变化有较快的反应速度。但是对总公司来说,这种安排可能损失采购时的数量折扣优惠。现在,运用信息技术,惠普公司重建了采购流程——总公司与各制造单位使用一个共同的、标准的采购系统,各部门仍然可以自主订货,但必须使用该系统订货。总公司据此掌握了全公司的需求状况,并派出采购人员与供应商进行谈判,签订总合同。在执行合同时,各单位根据数据库,向供应商发出各自的订单。这一流程重建结果惊人:公司的发货及时率提高了150%,交货期缩短了50%,潜在客户丢失率降低了75%,并且由于折扣,采购成本大为降低。

案例3 美国福特公司的采购流程

美国福特公司原有的采购流程,可以说相当传统。采购部将订单一式三份分送给财务部、供应商和仓库。供应商将货品送到仓库,同时将发票送给财务部;仓库验收后填写验收单并送到财务部;财务部将所持的验收单、订单和发票等3种文件相互查验,如果都相符,就如数付款给供应商。其过程如图3.33所示。

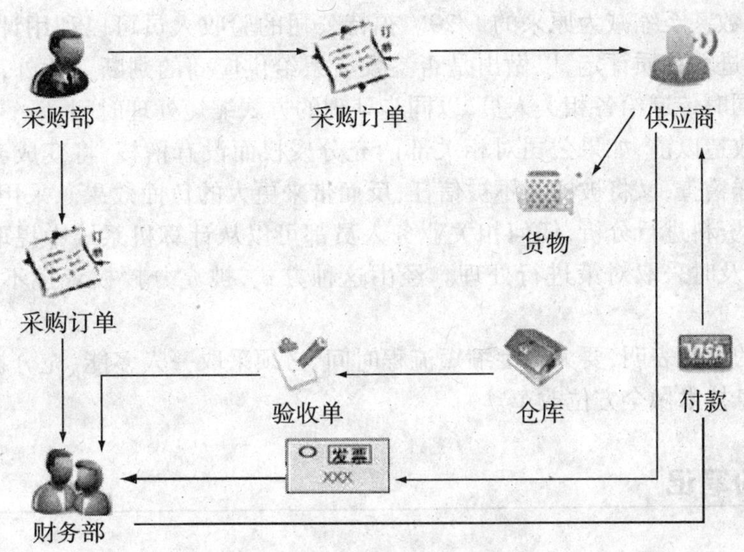

图 3.33 改造前的采购流程

经重新审视并应用计算机网络,福特公司有了全新的采购作业流程。采购部将订单输入中央数据库,如果是固定供应商,EOS(电子订购系统)将自动向供应商下达订单。如果不是固定供应商,则通过传真和信函通知供应商。供应商交货给仓库后,仓库从中央数据库中调出订单资料,验收所交的物品。如果相符,就将验收合格的资料输入中央数据库,经过一段时间,中央数据库自动签发支票给供应商;如验收不符,也需要将验收结果输入中央数据库。如此,采购部和财务部都可以从中央数据库中,随时查询和了解采购状况,如图 3.34 所示。

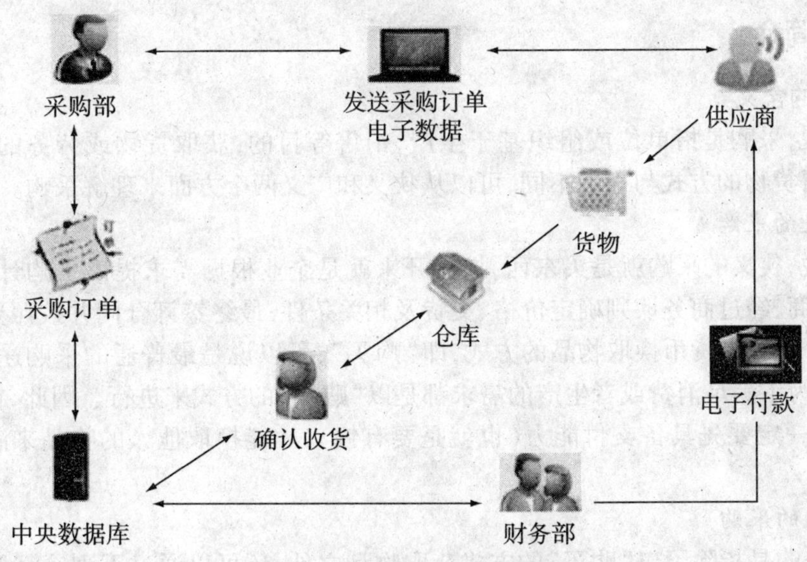

图 3.34 改造后的采购流程

因为采用了计算机网络,废除了发票,而且核发支票等改为由验收单位负责,所以财务部几乎在整个采购作业中不需要投入大量人力,仅定期做订单、验收等与财务有关的稽核工作。财务部在改善前职员人数超过 500 人,改善后仅需要 125 人,这个效应也延伸到其他部门,有的部门人数甚至缩减为原来的1/20。福特公司的验收人员可以利用计算机取代财务人员,对供应商进行品质评定,以做出是否签发支票给供应商的判断。此外,借助计算机系统可以将信息同时传递给各相关人员,以同步处理的方式缩短处理时间。

采购流程改造以前,如果公司对相关部门充分授权而没有稽核,将变成弃权或滥权,但是若派人来抽样稽查,又将被视为不被信任,反而带来更大的负面效果。采用计算机信息技术,及时对统计资料进行分析,任何相关业务人员都可以从计算机系统中提取信息、分析结果等资料,从而及时采取对策进行处理。经由这种方式,被充分授权者也不敢再任意滥用权力。

上述企业的经验表明,要大幅度缩短流程时间,必须采取一人多能、充分授权的措施,并应用计算机信息技术做全方位改革。

知识导读

9.1 采购简介

1. 采购的含义

一般地说,采购是指单位或组织基于生产、销售等目的,获取货物或劳务的交易行为。根据人们取得货物的方式与途径不同,可以从狭义和广义两个方面来理解采购。

(1) 狭义的采购

简单地说,狭义的采购就是买东西,扩展开来就是企业根据需求提出采购计划、审核计划、选好供应商、经过商务谈判确定价格、交货及相关条件,最终签订合同并按照要求收货付款的全过程。这种以货币换取物品的方式,即“购买”,可以说是最普通的采购途径;无论个人还是企业,为了满足消费或者生产的需求都是以“购买”的方式来进行。因此,在狭义的采购之下,买方一定要先具备支付能力(也就是要有钱),才能换取他人的物品来满足自己的需求。

(2) 广义的采购

广义的采购是指除了以“购买”的方式获取物品之外,还可以通过下列途径取得物品的使用权,以达到满足需求的目的。广义的采购除了“购买”以外还包括以下几种途径。

- 租赁,即一方以支付租金的方式取得他人物品的使用权。
- 借贷,即一方以无须支付任何代价的方式取得他人的物品的使用权;使用完毕,仅返还原物品。这种无偿向他人借用的方式,通常是基于借贷双方的情谊与密切关系,

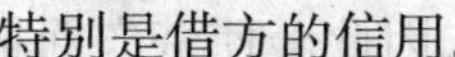

特别是借方的信用。

- 交换,就是用以物易物的方式取得物品的所有权及使用权,但是并没有直接支付物品的全部价款。换言之,当双方交换价值相等时,不需要以金钱补偿对方;当交换价值不等时,仅由一方补贴差额给对方。

可见购买与采购是有区别的,采购是比购买的含义更广泛、更复杂的概念。

综上所述,广义的采购就是单位为了满足某种特定的需求,以购买、租赁、借贷和交换等各种不同的途径,取得货物及劳务的使用权或所有权的活动过程。

在本书中,我们所讲的采购特指企业在日常经营活动中以购买方式为主的货物采购活动。

2. 采购的作用

在现代企业的经营中,采购已显得越来越重要。一般情况下,企业产品的成本中外购部分占了比较大的比例(60%~70%)。这意味着,在获得物料方面所做的成本节约对利润产生的影响要大于公司其他成本,如在销售领域内相同数量的节约给利润带来的影响。因此,外购件与原材料的采购成功与否在一定程度上直接影响着企业的竞争力,采购往往是竞争优势的来源之一。

随着全球市场一体化和信息时代的到来,专业生产能够发挥更大的作用,导致企业采购的比重大大增加,也使采购的作用提升到一个新的高度。现在,我们从采购在成本控制、供应、项目执行、产品质量中所处的地位来阐述其在企业经营管理中的作用。

(1) 采购在成本控制中的作用

由于信息发达与世界经济高度自由化的结果,过去企业借助技术领先、市场垄断等所塑造的超额制造或销售利润正快速消失,加上保护消费者权益的呼声日益高涨,偏高的产品售价将在保护弱者的呼声下逐步退让,消费市场由卖方市场变成买方市场,导致企业必须通过降低采购成本等方式以达到提升利润的目的,无法再以提高售价的方式提升利润了。

例如,某企业的总销售额为1亿元,利润为500万元,采购成本6 000万元,工资为1 000万元,管理费用2 500万元。表3.5列出了为使利润翻番,每个项目应变化的幅度。可以看出,除了价格和采购外,其余各项都必须经历大幅度变动才能使利润增加一倍。对于价格一项,市场上的激烈竞争将使价格的上涨很难实现。在成本方面,我们虽然无法控制购入材料或物品成本的主要部分,但是往往可以通过一些简单的手段来大幅度降低成本,如让两个供应商对同一材料或物品报价、与供应商紧密协作来控制成本、利用供应商的数量折扣或者仔细选择货源、运输路线和运输方式等。

表3.5 影响利润的因素比较表

百万元

	现状	销售额+17%	价格+5%	工资-50%	管理费用-20%	采购成本 -8%
销售额	100	117	105	100	100	100
采购成本	60	70	60	60	60	55
工资	10	12	10	5	10	10
管理费用	25	25	25	25	20	25
利润	5	10	10	10	10	10

采购成本的降低除了提高利润外,还会降低企业资产的基数,因此会使资产回报率增长的幅度大于采购成本下降的幅度。

例如,某公司的年销售额为1 000万美元,总成本为950万美元。公司拥有500万美元的资产,其中200万美元为库存。采购成本占销售额的50%。我们使用标准资产回报率模型,可绘出图3.35。如果采购成本下降5%,通过杠杆作用,一方面,可以使利润增长50%;另一方面,可以使库存价值降为原来的95%,减少了公司资产的基数,使资产周转速度从原来的2.00提高到2.04,资产回报率从原来的10%增长到15.3%,提高了53%。

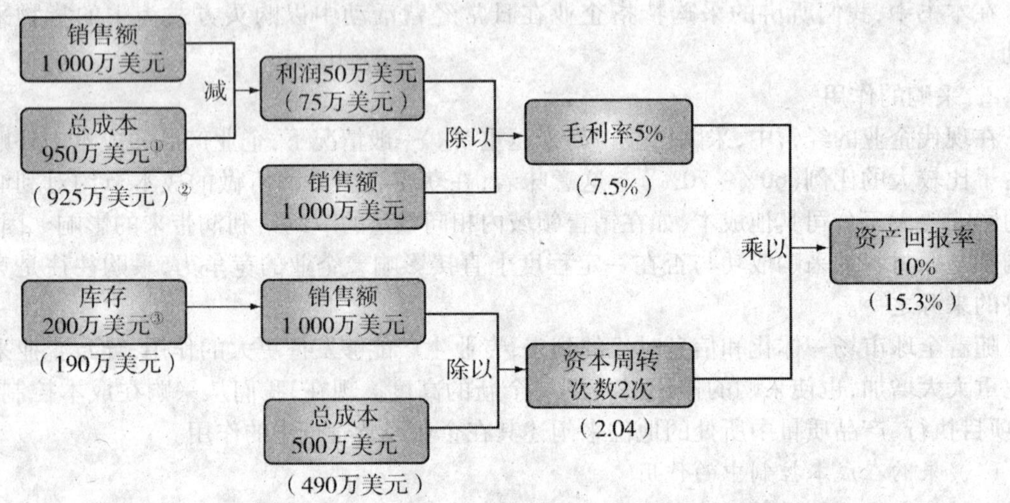

图3.35 采购成本下降5%前后的资产回报率

注:
① 采购成本占销售额的50%时。
② 括号中为采购成本下降5%时的数字。
③ 库存占总资产的40%。

此外,采购中每1元钱的节省都会转化成1元钱的利润,而在其他条件不变的前提下,若企业的利润率为5%,企业想依靠增加销售获取同样的利润,则需要多销售20元的产品。从实际情况来看,从采购角度降低1元成本远比从销售上多卖20元的产品要容易得多,付出的代价也要低得多。因此,我们要下大力气来降低采购成本以获得更大的利润和更高的资产回报率。

(2) 采购在供应中的作用

随着经济的发展,客户的需求也越来越高,迫使企业必须按库存进行生产,但是库存的增加会使企业的费用也相应地增加;同时,激烈的市场竞争要求企业按生产订单进行生产。这就产生了一对矛盾。为了解决这对矛盾,企业只有将供应商纳入自身的生产经营过程中,将供应商的活动看作是自身供应链的一个有机组成,才能加快物料及信息在整个供应链中的流动——这样既可以减少整个供应链的物料及资金负担(降低成本、加快资金周转等),又可以及时将原材料、半成品转化成最终产品以满足客户的需要。在整个供应链管理中,"即时生产"是缩短生产周期、降低成本和库存,同时又能以最快的速度交货满足客户需求的有效做法,而供应商的"即时供应"则是开展"即时生产"的主要内容。

(3) 采购在企业经营中的作用

随着现代经济的发展,许多大企业都将供应商看作自身企业产品开发与生产的延伸,从而与供应商建立合作伙伴关系。在自己不用直接进行投资的前提下,充分利用供应商的能力为自己开发生产产品。这样一方面可以节省资金、降低投资风险,另一方面又可以利用供应商的专业技术优势和现有的规模生产能力以最快的速度形成生产能力、扩大产品生产规模。现在很多企业对供应商的利用范围逐渐扩大,从原来的局限于原材料和零部件扩展到半成品甚至是成品。因此,采购对于一个企业来讲不仅是买东西,而且是企业经营的核心环节,对企业的产品开发、质量保证、整体供应链以及经营管理都起着极为重要的作用。我们要从传统的采购误区中走出来,正确地认识采购的地位。这既是现代企业在全球化、信息化市场经济激烈竞争中赖以生存的一个基本保障,也是现代企业发展壮大的必然要求。

3. 采购原则

采购的基本原则就是:在确保合适的质量下,能够以合适的价格,在合适的时期从合适的供应商那里采购到合适数量的物资和服务(见图3.36)。

图3.36 采购的原则

(1) 合适的供应商

选择合适的供应商是采购的首要原则。对于采购方来讲,供应商是否合适,会直接影响采购方的利益,如数量、质量是否有保证,价格是否降到最低,能否按时交货等。供应商的选择,主要应考察供应商的整体实力、生产供应能力和信誉等,以便建立双方相互信任、长期合作的关系,实现采购与供应的“双赢”策略。

(2) 合适的质量

采购的目的,是为了满足生产需要。因而,为了保证企业产品的质量,首先应保证所采购的材料质量能够满足企业生产的质量标准。保证质量应“适当”,一方面如果产品质量过高,会加大采购成本,同时也造成功能过剩,如目前在电视、手机和计算机等产品中,就存在功能多余等问题;另一方面如果所采购原材料质量太差,就不能满足企业生产对原材料品质的要求,影响到最终产品质量,甚至会危及人民生命财产安全,如水泥、钢材质量的不合格,则可能造成的楼房建筑、桥梁等是“豆腐渣”工程。

(3) 合适的时间

采购要严格选择合适的采购时间,一方面要保证供应不间断,库存合理;另一方面又不能过早采购而出现积压,占用过多的仓库面积,加大库存成本。

(4) 合适的数量

采购数量决策也是一项重要的原则,即要科学地确定采购数量。在采购中要防止超量采购和少量采购。如果采购量过大,易出现积压现象;如果采购量过小,可能导致供应中断、采购次数增多及采购成本增大。因此,采购数量一定要合适。

(5) 合适的价格

采购价格的高低是影响采购成本的主要因素,因此采购中应该做到以"合适的价格"完成采购。采购价格应做到"公平合理"。如果采购价格过高,则会加大采购方的生产成本,产品将失去竞争力;如果采购价过低,则供应商利润空间小,或无利可图,将会影响供应商供货积极性,甚至出现以次充好、降低产品质量以维护供应的现象。

我的笔记

9.2 采购方式

所谓的采购方式,是指企业在采购中运用的方法和形式的总称。

目前,我国大多数企业物料采购为分散自由式采购,这种传统的采购方式的优点是能迅速、快捷地为生产配置资源,但实际运行中也存在不少问题:传统的采购主要通过费时费力的手工订货操作,从而导致了低效的货物选择过程、冗长的采购周期、昂贵的存货成本和采购成本,缺乏规模效益和整体优势;分散采购行为缺乏必要的约束机制,采购决策不规范,不公开,缺乏必要的透明度,内部监督不到位。不规范采购极易产生以牺牲企业利益来换取个人利益的权钱交易、人情交易,这必然导致采购资金受损,企业失去市场。因此企业有必要探索新的、更有效率的采购方式。

采购方式可以按照采购所处的行业环境、采购对象、采购定价方式、采购地域和采购手段先进与否做进一步划分。

1. 按行业的生产环境划分

处在不同行业的企业其生产环境不同,不同的环境下采购方式也各不相同。例如,高新技术企业经常采购新专利或新技术。贸易行业企业的采购也有自身的特点,其采购一般不是作为最终用户来进行,而是以中间商的身份来采购。其采购目的是赚取差价,所以供应商的选择非常重要,可以通过比较价格、质量,最终选择一家供应商。

按行业的生产环境的不同,可以将采购划分为按库存生产采购、按订单生产采购和按订单设计生产采购等方式。

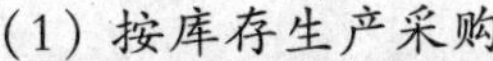

(1) 按库存生产采购

如果行业具有专业化、规模化的特点，通常实行按库存生产，即采取流水线作业生产标准化的产品，产品按一定的库存计划生产完成后存放在仓库里。因而物料采购具有成批采购、标准化程度高的特点，对采购人员的商务谈判能力要求较高，技术能力不做过高要求。

(2) 按订单生产采购

按订单生产采购是企业根据客户的订单将原材料或零部件、半成品立即进行加工、组装和包装。生产组织要求灵活、迅速，生产设备要求按机群或工艺布局安排。针对原材料、零部件等不同的物料采取不同的采购和供应商管理方式，采购要求比较高。

(3) 按订单设计生产采购

按订单设计的生产采购，其生产方式是生产企业首先接到订单，然后根据订单对产品进行设计、制造。这种操作比较适合单件、小批量或工程项目。企业一般是接到订单后再去采购原材料或零部件。这种采购对采购人员的技术要求比较高。

不同生产环境下生产及采购的特点如表3.6所示。

表3.6 不同生产环境对应的生产及采购特点

生产环境	按库存生产	按订单生产	按订单设计生产
作业方式	流水线	机群式或按工艺特点	现场作业
生产特点	产品导向	工艺导向	项目或设计导向
产品特点	数量大、标准化程度高	品种多、质量要求高	单件小批量
竞争优势	低成本、及时交货	高质量、按时交货	专有技术及制造安装
采购特点	成批、标准化采购	分类采购与管理	技术性采购

2. 按采购对象划分

按采购对象可以将采购划分为有形采购和无形采购两种。

(1) 有形采购

有形采购主要采购有形物品，如原料、辅料、机具及设备、事务用品等。工业、建筑业等行业有形采购的比重较大。

(2) 无形采购

无形采购主要是咨询服务采购和技术采购，或是采购设备附带的服务。采购输出的结果是无形的，如一个软件、一项服务、一项技术、保险及工程发包等。服务行业、高新技术产业和咨询公司等面临较多的无形采购。

3. 按采购价格确定的方式划分

按采购价格确定的方式划分，常见的采购方式有招标采购、比价采购和议价采购3种。

(1) 招标采购

所谓招标采购，是指将物料采购的所有条件(如物料名称、规格、品质要求、数量、交货期、付款条件、处罚规则、投标押金和投标资格等)详细列明，刊登公告，投标厂商按公告的条件，在规定时间内，交纳投标押金，参加投标。概括地说，招标采购就是通过招标方式寻找最好的供应商进行采购的采购方法。

招标采购可以分成两种方式:公开招标和邀请招标。

(2) 比价采购

比价是指在买方市场条件下,选定两家以上供应商,由供应商公开报价,最后选择报价最低的为企业供应商的一种采购方式。实质上,这是一种有限条件下的招标采购,故又称限定厂家公开招标。

这种采购方式主要适用于企业对采购物品的供应来源相当清楚、对物品的品质要求远胜于价格因素,或者对于紧急需要或机密性物品的采购。

比价采购的优点是:节省采购时间及费用;公开性和透明度较高,可以减少弊端,防止采购"黑洞";采购过程有规范的制度。

比价采购的缺点是:在供应商有限的情况下,可能造成供应商合谋,各供应商之间可能事先分配或轮流供应,从而不能做到真正竞价或合理报价,特别是在供应商规模不一、竞争能力有一定差异的情况下,小供应商可能被大供应商操纵;可能造成抢标;可能使供应品种规格出现差异,进而影响生产效率的提高,并加大消耗。

(3) 议价采购

议价采购是指买卖双方直接讨价还价实现交易的一种采购行为。议价采购一般不进行公开竞标,仅向规定的供应商直接采购。

议价采购的适用条件:需要量大、质量稳定、定期供应的大宗物资的采购。

4. 按采购的地域划分

按采购的地域,可将采购划分为国内采购和国外采购两种。

(1) 国内采购

国内采购是指企业以本币向国内供应商采购所需物资的一种行为。国内采购主要指在国内市场采购,并不是指采购的物资都一定是国内生产的,也可以向国外供应商设在国内的代理商采购所需的物资,只是以本币支付货款,不需要以外汇结算。国内采购又分为本地市场采购和外地市场采购两种。通常情况下,采购人员首先应考虑在本地市场采购,这样可以节省采购成本、减少运输、节约时间,同时保障供应。在本地市场不能满足需要时,再考虑从外地市场采购。

(2) 国外采购

国外采购又称为全球采购、国际采购,是指国内采购企业直接向国外供应商采购所需物资,并以外汇结算的一种行为。

传统的采购方式主要是国内采购,虽然它具有便捷性、经济性和安全性等特点,但是,毕竟由于采购范围有限,采购质量受到影响和制约,很难形成最佳采购。

随着经济全球化步伐的加快,全球采购环境得以大幅度改善,尤其是统一的国际质量标准的建立,低成本的数据传输和管理,高效而又经济的沟通成本等,使得全球采购的企业能获得更多的利益——不仅从质量和价格上,还能从快捷、连续的交货和完善的服务上获益。正是在上述背景下,近年来国际采购发展迅速,尤其是跨国公司,其采购视野是全球化的,着眼于全球资源筹措的最佳化是这些公司在采购中重点考虑的问题之一。

5. 按采购手段划分

按采购手段的不同可以将采购方式划分为传统采购和现代采购两种。

传统采购是企业一种常规的业务活动过程,即根据企业生产需要,首先由各需要部门在月末、季末或年末编制需要采购物资的申请计划,然后由采购部门汇总成企业物资计划采购表,报经主管领导审批后,组织具体实施。最后,所需物资采购回来后验收入库、组织供应,以满足企业生产需要。传统采购存在市场信息不灵、库存量大、资金占用多和库存风险大等问题,可能经常出现供不应求,影响企业生产经营活动正常进行,或者造成库存积压和成本居高不下,影响企业的经济效益。

现代采购是指运用现代科学技术和方法进行采购的方式,其通过计算机网络实现信息收集、供应商选择、采购、运输、库存,最大限度地满足生产需要,降低采购成本,实现采购目标。

现代采购方式包括准时制采购、电子采购两类。

(1) 准时制采购

准时制采购,是把准时制生产的管理思想运用到采购中来,形成的一种先进的采购方式。它的基本思想是:把合适数量、合适质量的物品,在合适的时间供应到合适的地点,完美地满足用户的需要。

准时制采购也和准时制生产一样,不但能够完美地满足用户的需要,而且可以最大限度地消除库存、消除浪费。要进行准时制生产必须有准时制的供应,因此,准时制采购是准时制生产管理模式的必然要求,它和传统的采购方法在许多方面都具有不同的特点(见表3.7)。

表3.7　准时制采购与传统采购的区别

比较项目	准时制采购	传统采购
对供应商的选择方式	较少的供应商,甚至只有一个,长期合作,降低成本,提高质量	多头采购,供应商数目较多,价格竞争,短期合作
对交货及时性的要求	要求按时交货	没有明确要求
对信息交流的要求	相关信息高度共享,保证信息的准确和实时性	视信息共享为“泄密”而加以控制和保密
采购驱动因素分析	订单拉动,同步化、即时化	生产推动,补充库存
制定采购批量策略	小批量采购,减少生产批量,缩短生产周期	强调“批量经济”“数量折扣”以降低采购成本

(2) 电子采购

电子采购是指基于(至少部分基于)互联网技术的采购方式。电子采购是企业实现电子商务的一个重要环节,已成为B2B市场中增长最快的一部分。

当今世界,网络、通信和信息技术快速发展,Internet在全球迅速普及,使得现代商业具有不断增长的供货能力、不断增长的客户需求和不断增长的全球竞争三大特征——这对企业传统购销活动带来重大冲击和挑战,进而引发企业购销方式的剧烈变革,电子采购这一新的采购方式应运而生。

在国外,电子采购已经引起了企业界的足够重视,实施电子采购成为建立企业竞争优势所不可或缺的手段。电子采购的发展对全球经济的影响力巨大。

根据美国《采购》杂志2009年的统计,在美国,电子采购可节省采购成本最低为2%,最高达25%,平均在10%左右。

我的笔记

9.3 采购流程简介

1. 采购流程

采购作业流程会因采购的来源、采购的方式以及采购的对象等不同在作业环节上存在一定的差异。例如,国内采购与国际采购在流程上有许多明显的不同。但是,尽管它们在作业细节上有若干差异,但对于基本的作业流程,每个企业都大同小异。而且随着环境的变化,企业应对其采购流程进行相应的重组并加以改善。

现代管理要求按照一定的程序,有条不紊地开展生产经营业务,采购作为企业的一项基本活动和重要职能,同样必须按照一定的程序进行。典型的企业采购业务通常包括如图3.37所示的基本流程。

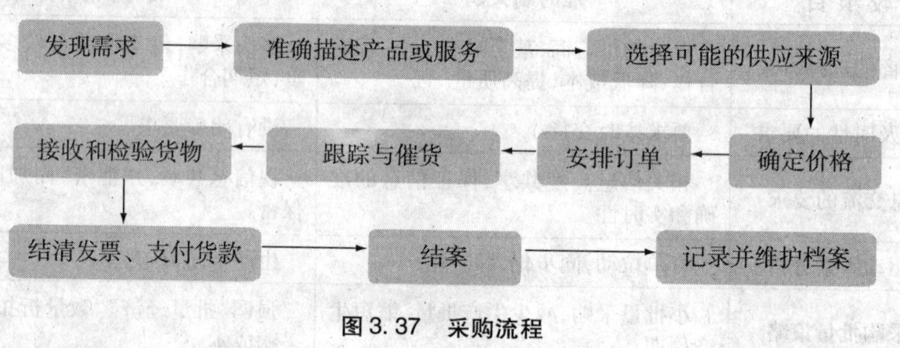

图3.37 采购流程

(1) 发现需求

任何采购都起源于企业中某个部门的确切需求。负责具体业务活动的人应该清楚地知道本部门独特的需求——需要什么、需要多少、何时需要。这样,仓储部门就会收到这个部门发出的物料需求单。有时,这类需求也可以由其他部门的富余物料来加以满足。但是或迟或早必然要进行新的物料采购。采购申请可以来自于生产或使用部门,可以来自销售或广告部门,也可以来自实验室。

采购部门还应协助使用部门预测物料需求以避免太多的紧急订单。由于了解价格趋势和总的市场情况,有时为了避免供应中断或价格上涨,采购部门必然会发出一些期货订单。

(2) 准确描述产品或服务

发现需求后,对需求的细节如品质、包装、售后服务、运输及检验方式等,均应加以准确描述,以便使来源选择以及价格谈判等作业流程能顺利地进行。

(3) 选择可能的供应来源

供应商的选择是采购职能中的重要一环,它涉及高质量供应来源的确定。企业可以根

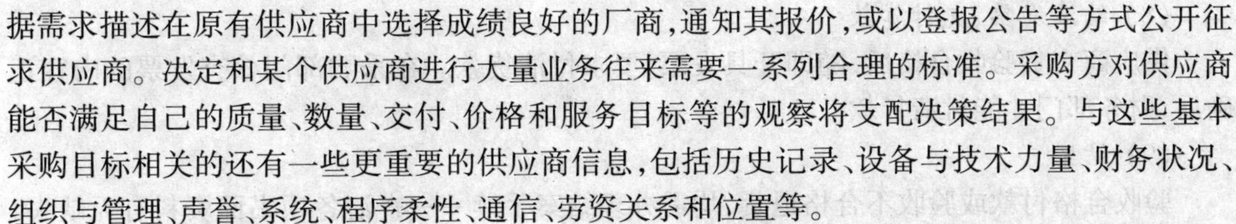

据需求描述在原有供应商中选择成绩良好的厂商,通知其报价,或以登报公告等方式公开征求供应商。决定和某个供应商进行大量业务往来需要一系列合理的标准。采购方对供应商能否满足自己的质量、数量、交付、价格和服务目标等的观察将支配决策结果。与这些基本采购目标相关的还有一些更重要的供应商信息,包括历史记录、设备与技术力量、财务状况、组织与管理、声誉、系统、程序柔性、通信、劳资关系和位置等。

(4) 确定价格

确定所需支付的价格是采购过程中的一项重要决策,是否具备得到"好价格"的能力有时是衡量一个优秀采购者的首要标准。采购者必须很好地掌握各种定价的方法,了解各种方法的适用时机,并能够利用技巧来取得满意的支付价格。

(5) 安排订单

价格谈妥后,应办理订货手续。订单和合约,均属于具有法律效力的书面文件,对买卖双方的要求、权利和义务必须予以说明。任何实用的采购订单所必备的要素有:序列编号、发单日期、接受订单的供应商的名称和地址、所需物品的数量和描述、发货日期、运输要求、价格、支付条款,以及对订单有约束的各种条件。订单只有在供应商接受以后才能构成一项合同。

(6) 跟踪与催货

签了订单后,为了使供应商按期、按质、按量交货,应依据订单规定,督促厂商按规定交运,并予以严格检验入库,在一些企业中,甚至设有全职的跟踪催货人员。

跟踪是对订单所做的例行跟进,以便确保供应商能够履行其货物发运的承诺。如果产生了问题(如质量方面的问题),采购方就可对此尽早了解,以便采取相应的行动。

跟踪通常需要经常询问供应商的进度,有时甚至有必要到供应商那里走访一下。不过,这一措施一般仅用于关键的、大额的或提前期较长的采购事项。通常,为了及时获得信息或知道结果,跟踪是通过电话进行的,不过,一些企业也会使用一些简单的表格,查询有关发运日期和某些生产计划完成的百分比。

催货是对供应商施加压力,使其履行最初所做出的发运承诺,提前发运货物或是加快已延误订单的发运。如果供应商不能履行合约,采购方会威胁取消订单或是以后可能的交易。催货不应是经常性的行为,一般仅适用于少数的采购订单,因为供应商的能力采购方已做过全面分析,能够被选中的供应商一般是能遵守合约的。而且一家企业对其物料需求已做了充分的计划工作,如果不是特殊情况,它就不必要求供应商将货物的发运日期提前。当然,在货物匮乏的时候,催货确实有重要意义。

(7) 接收和检验货物

货物的正确接收有重要意义,大部分有经验的企业采用将所有货物的接收活动集中于一个部门的方法,通常是由仓储部门接收货物。接收部门要将与接收手续有关的文件进行登记并送交有关人员。

货物接收的基本目的是确保以前发出的订单所采购的货物已经实际到达并检查是否完好无损,是否符合数量。这样才能将货物送往应该到达的下一个目的地以进行检验、储存或使用。

凡厂家所交货物与订单不符而验收不合格者,应依据订单规定退货,并立即办理重购。

(8) 结清发票、支付货款

供应商交货验收合格后,随即开具发票,要求付清货款。在采购部门核查发票的内容正确后,财务部门才能付清货款。

(9) 结案

验收合格付款或验收不合格退货,均需办理结案手续——查清各项书面资料有无缺失,绩效好坏等,签报高级管理部门或权责部门核阅批示。

(10) 记录并维护档案

经过以上所有的步骤之后,对于一次完整的采购活动而言,剩下的就是更新采购部门的记录。凡经结案批示后的采购案件,均应列入档案、登记编号分类,予以保管,以备参阅或事后发生问题时查考。档案应具有一定保管期限的规定。例如,采购订单一般要保存7年,比作为备忘录的采购申请单的保存期限长。

2. 采购流程设计的注意事项

企业规模越大,采购金额越高,管理者对程序的设计越为重视。以下阐述一般采购作业流程设计时应注意的事项。

(1) 控制关键点

企业应建立以采购申请、经济合同、结算凭证和入库单据为载体的控制系统,使各项在处理的采购作业在各阶段均能被追踪管制。例如,在国外采购时,从询价、报价、申请进口许可证、开信用证、装船、报关和提货等均有管制要领或办理时限。

(2) 注意划分权责或任务

① 货物的采购人同时不能从事货物的验收工作。

② 货物审批人和付款执行人不能同时办理寻求供应商和索价业务。

③ 货物的采购、储存和使用人不能从事账目的记录工作。

④ 货物审核人应同付款人职务分离。

⑤ 接受各种劳务的部门或主管这些业务的人应适当同账务记录人分离。

⑥ 记录应付账款的人不能同时从事付款任务。

(3) 注意流程的先后顺序及时效控制

应当注意作业流程的流畅性与一致性,并考虑作业流程所需时限。例如,避免同一主管对同一采购案件做多次签核;避免同一采购案件在不同部门有不同的作业方式;避免同一采购案件会签部门过多,影响作业实效。

(4) 价值与程序繁简相适应

程序繁简或被重视的程度应与所处理业务或采购项目的重要性或价值大小相适应。凡涉及数量比较大、价值比较高或者易发生舞弊的作业,应有比较严密的处理监督;反之,则可略微予以放宽,以提高工作效率。

(5) 避免作业过程发生混乱

要注意变化性或弹性范围,以及偶发事件的应对。例如,在遇到“紧急采购”及“外部授权”时,应有权宜的办法或流程来特别处理。

(6) 流程设计应适应现实环境

应当注意流程的及时改进,早期设计的处理流程,经过若干时间段后,应加以审视,不断加以改进,以适应组织变更或作业上的实际需要。

(7) 配合作业方式的改善

例如,当手工作业方式变为计算机作业方式时,流程就需要做相当程度的调整或重新设计。

我的笔记

9.4 采购的组织结构和设计

1. 企业采购的组织结构

(1) 采购组织的含义

采购组织是指为了完成企业的采购任务,保证生产经营活动顺利进行,由采购人员按照一定的规则组建的采购团队。

在市场经济条件下,市场需求的不确定性和多变性导致现代企业的采购工作非常复杂,特别是一些大中型企业,采购的货物品种繁多、数量大,采购工作往往不是由一个人来完成,而是由多人组成的采购队伍来进行的。无论生产企业还是商贸流通企业,要使采购工作高效而顺利地开展,保证货物供应不间断,企业经营业务正常运转,都需要建立一支高效的采购团队。

(2) 采购组织的功能

① 凝聚功能:通过采购组织能明确采购目标及任务,并建立良好的人际关系与群体意识,通过采购组织中的领导起到导向作用。

② 协调功能:一是组织内部的纵向、横向关系的协调,使之密切协作,和谐一致;二是组织与环境关系的协调——采购组织能够依据采购环境的变化,调整采购策略,以提高对市场环境变化的适应能力和应变能力。

③ 制约功能:采购组织是由一定的采购人员构成的,每一成员承担一定的职能,有相应的权利、义务和责任,通过这种权利、义务和责任组成的结构系统,对组织的每一成员的行为都有制约作用。

④ 激励功能:这是指在一个有效的采购组织中,应该创造一种良好的环境,充分激励每一个采购人员的积极性、创造性和主动性。

2. 采购组织在企业中的隶属关系

(1) 采购组织隶属于生产部副总经理

采购组织隶属于生产部副总经理,其主要职责是协助生产工作顺利进行。因此,采购工作的重点将是提供足够数量的物料以满足生产上的需要,至于议价的功能则退居次要地位。图3.38显示了生产管制、仓储等职能另归其他与采购部门平行的单位管辖,并未归入采购的职务中。总之,将采购隶属于生产部,比较适合“生产导向”型的企业,其采购功能比较单纯,而且物料价格也比较稳定。

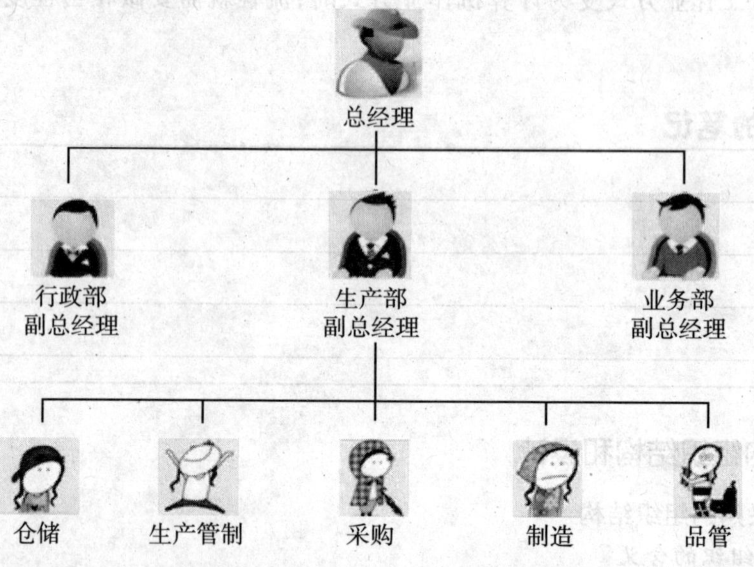

图 3.38　采购组织隶属于生产部副总经理

(2) 采购组织隶属于行政部副总经理

如图 3.39 所示,采购组织隶属于行政部副总经理,采购部门的主要功能是获得较佳的价格与付款方式,以达到财务上的目标。有时采购部门为了取得较好的交易条件,难免延误生产部门用料的时机,或购入品质不尽理想的物料。不过采购部门独立于生产部门之外,比较能发挥单位之间制衡的作用,发挥议价功能。因此,对于生产规模庞大、物料种类繁多、价格经常需要调整、采购工作必须兼顾企业整体产销利益的均衡时,将采购部门隶属于行政部门比较合适。

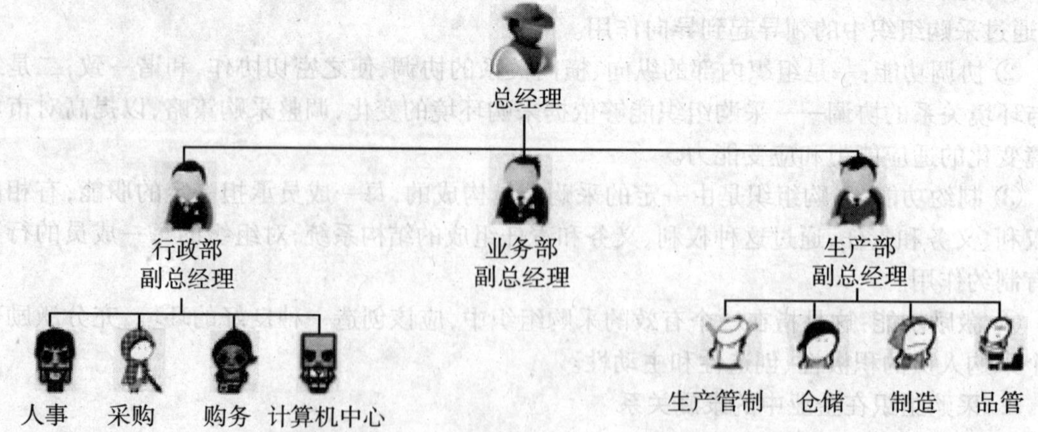

图 3.39　采购组织隶属于行政部副总经理

(3) 采购组织直接隶属于总经理

如图 3.40 所示,采购组织直接隶属于总经理督导,提升了采购的地位与执行能力。此时,采购部门的主要功能在于降低成本,使得采购部门成为企业创造利润的另一种来源。这

种类型的采购部门,比较适合生产规模不大,但物料或货物在制造成本或销货成本中所占的比率比较高的企业。采购部门隶属于高级管理层,使它俨然已扮演直线功能而非参谋功能的角色。

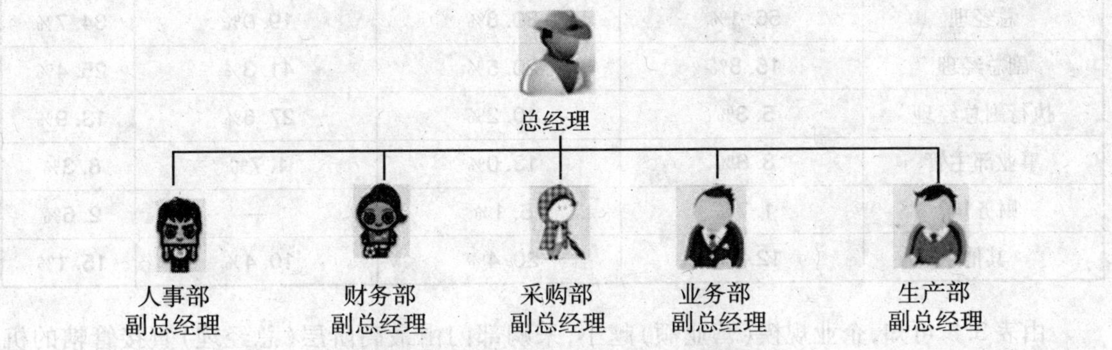

图3.40 采购组织直接隶属于总经理

(4) 采购组织隶属于资财部

如图3.41所示,采购组织隶属于资财部(或物料管理部),由副总经理负责,其主要的功能在于配合生产管制与储运单位,达成物料的整体补给作业,无法凸显采购的角色与职责,甚至可能降为附属地位。因此,隶属于资财部的采购部门,比较适合物料需求管制不易,需要采购部门经常与其他相关单位沟通、协调的企业。

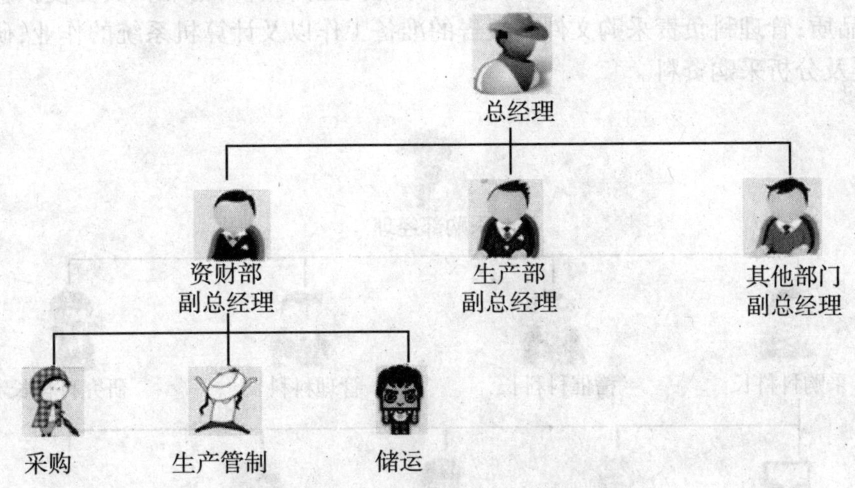

图3.41 采购组织隶属于资财部

由上可知,采购部门可能隶属于不同的部门或管理阶层。根据1982年保罗·费瑞尔对350家美国企业所做的调查报告,采购部门直接归属总经理管辖的占34.7%,归属副总经理管辖的占25.4%,归属执行副总经理管辖的占13.9%,归属事业部主管的占8.3%,归属财务主管的占2.6%,其他占15.1%,如表3.8所示。

表3.8 采购部门的直属主管

	营业额			
	500万美元以下	500万~5 000万美元	5 000万美元以上	合计
总经理	56.1%	30.8%	19.0%	34.7%
副总经理	15.8%	20.5%	41.3%	25.4%
执行副总经理	5.3%	10.2%	27.6%	13.9%
事业部主管	8.8%	13.0%	1.7%	8.3%
财务长	1.7%	5.1%	—	2.6%
其他	12.3%	20.4%	10.4%	15.1%

由表3.8可知,企业规模(营业额)越小,采购部门由最高阶层(总经理)直接管辖的机会越大;反之,企业的规模越大,则交由副总经理管辖的机会越大。

3. 采购部门的组建

(1) 采购部门的建立方式

采购部门的建立亦称为采购内部组织的部门化,也就是将采购部门应负责的各项功能整合起来,并以分工方式建立不同的部门来加以执行。一般来讲,规模较大的采购组织是按照其执行的专业功能来建立部门的。

如图3.42所示,采购科执行购买的功能,并与供应商议价;稽催科负责使供应商如期交货并确保品质;管理科负责采购文件和报告的准备工作以及计算机系统的作业;研究科负责收集、分类及分析采购资料。

图3.42 按专业功能建立采购部门

不过,在一般的中小型规模的采购组织中,通常缺乏稽查、管理和研究的功能,或因这 3 种功能并不明显而没有分别设置部门,至多将其部分功能合并为管理科或并入采购科中。因此,对采购部门的建立,我们以执行购买功能的采购组织来说明。

① 按物品类别划分。按物品的类别,可以将采购部门划分为不同的采购小组,每一小组承担某一物品采购的计划制订、询价、招标、比价、签订合同和货款结算等一系列采购业务。这种采购部门的建立方式,可使采购人员对其经办的项目非常专业,比较能够发挥"熟能生巧"以及"触类旁通"的效果,也是最常用的采购部门建立方式,适合于采购物品品种繁杂的企业采用,具体形式如图 3.43 所示。

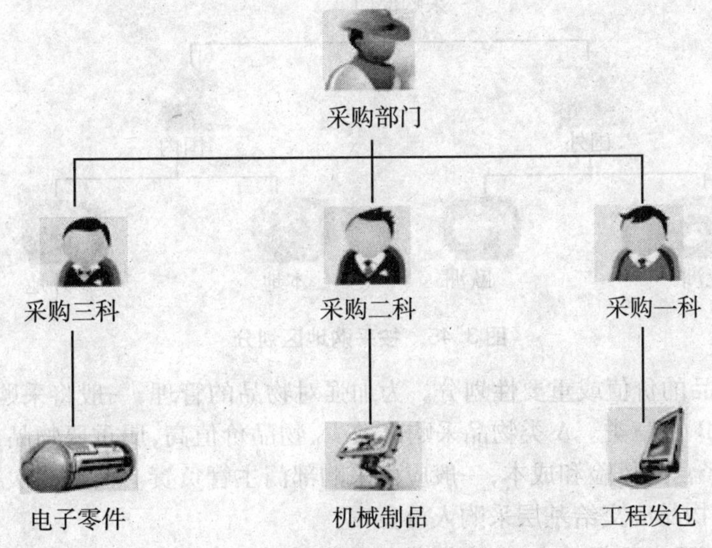

图 3.43 按物品类别划分

② 按业务过程划分。按照采购业务过程,可以将采购计划的制订、询价、比价、签订合同、催货、提货和货款结算等工作交给不同人员办理。这种组织形式要求部门内各成员密切配合,适合采购量大、采购物品品种较少、作业过程复杂,交货期长以及采购人员众多的企业采用,具体形式如图 3.44 所示。

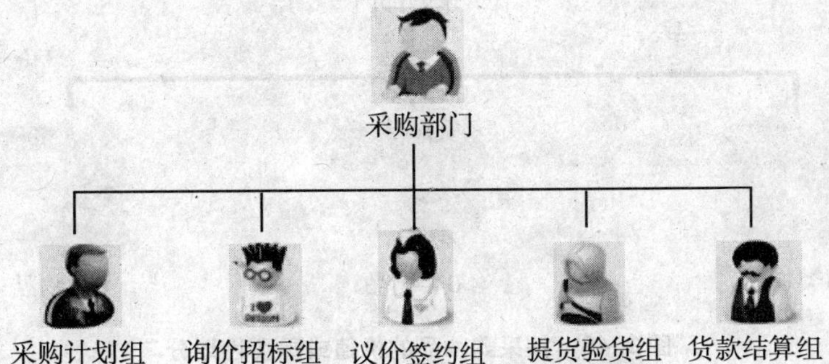

图 3.44 按业务过程划分

③ 按采购地区划分。如果企业采购的货源来自不同的地区,则可以按照采购地区的不同,分别设立部门。这种分工方式,主要是基于国内、国外采购的手续及交易对象有显著的差异,因而对于采购人员的工作条件亦有不同的要求。

由于国内、国外采购作业方式的不同,分别设立采购部门有利于管理。同时上级主管部门必须就所购买的物品比较国内、国外采购的优劣,判定采购事务应交给哪个部门承办才能事半功倍,具体形式如图 3.45 所示。

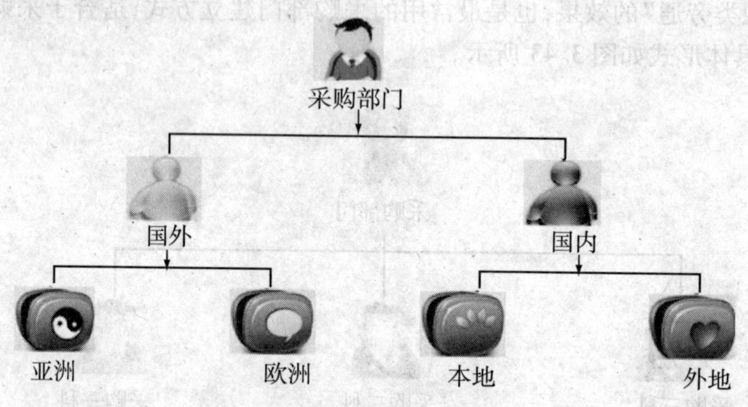

图 3.45　按采购地区划分

④ 按采购物品的价值或重要性划分。为加强对物品的管理,一般将采购的对象按其价值和品种分为 A、B、C 三类。A 类物品采购次数少、物品价值高,属重要物品,其采购质量将直接影响到企业经营的风险和成本,一般应由采购部门主管负责。而采购次数繁多,但价值不高的 B 类、C 类物品应交给基层采购人员负责。

按照物品价值建立部门的方式,主要是保障主管对重大的采购项目能够集中精力加以处理,达到降低成本以及确保来源的目的。此外,可以让主管有更多的时间,对采购部门的人员与工作绩效加以管理(见图 3.46)。

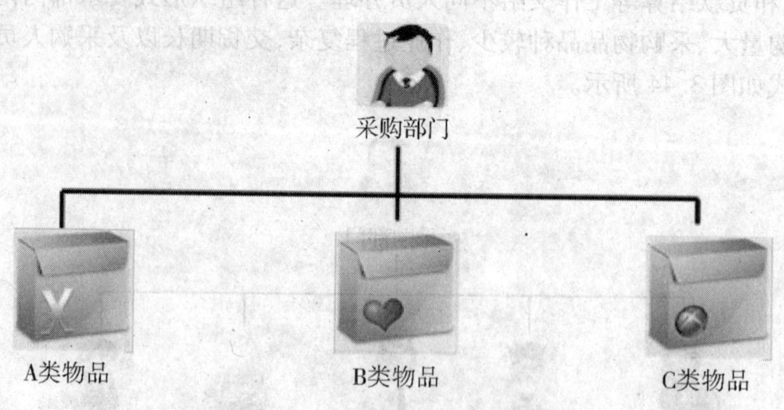

图 3.46　按采购物品的价值或重要性划分

(2) 采购部门设立方式优劣比较

① 分段作业的组织形式。以上是采购部门内部组织的方式，第2种以采购过程为基础，即属于分段作业的组织方式，每个采购人员只承担一个采购事务的部分过程，并承担局部责任。

分段作业组织方式的优点是：每位采购人员只负责采购过程中的一部分，分工更细，便于熟能生巧，提高工作效率，减少失误；一项采购任务由几个人共同完成，起到互相监督、互相牵制的作用，使采购工作更合理，使采购的价格、质量等有保证；采购过程每一阶段均由专业人员负责，可以大大提升采购作业的品质。

分段作业组织方式的缺点是：采购过程由不同人员分段处理，收发转接手续较多，延误时效；各自为政，无人负责，且采购过程中接手人员太多，徒增联系上的困难；采购人员的工作满足感比较低，因其对任何采购案件均无完整的决定权。

② 一贯作业的组织方式。在以上采购部门内部组织的方式中，第①、③、④种分别以物品、地区和价值为基础来组建部门，采购人员负责一个采购事务的全过程及有关作业，包括开发来源、询价和付款等功能，并承担一切成败责任，这就是一贯作业的组织方式。

一贯作业组织方式的优点是：一位采购人员可以综合管理全部采购过程，权责明确，以防出现扯皮现象；符合规模经济的原则；采购人员容易与供应商建立良好的合作关系，便于今后开展工作；由于对供应商有取舍的权力，可增强及时交货及改善品质的管理效能。

一贯作业组织方式的缺点是：一位采购人员负责全部过程的各项作业，工作相当繁复，且无法专、精；全部采购过程由一人承担，若没有良好的监督系统，会使采购人员权力过大，在与供应商的合作中，其可能与供应商相互利用，从而损害企业的利益，如一些素质不高的采购人员会为私利收取供应商的贿赂，从供应商那里拿取回扣，采购一些质量差、价格高的物品或过多地采购物品，从而加大库存，给企业带来损失；采购人员常因某一采购案件的羁绊，而无法处理其他的采购案件，使得采购完成效率偏低。

9.5 采购策略

有效的采购策略有助于企业开展供应链运作活动。买卖双方建立一种比传统模式下更为紧密的合作关系，是实施采购策略的前提条件。具体而言，采购策略可分为3种：批量合并、供应商运作一体化和价值管理。供应链伙伴间的紧密合作是制定各种采购策略的基础，而这些策略之间相互联系则代表了采购策略发展的不同阶段。

1. 批量合并

企业要想开展有效的采购策略，需要采取的措施之一就是减少供应商的数量，从而实现批量合并。20世纪80年代初期，对于大多数企业而言，每一种所需的原材料几乎都对应着一大批供应商。事实上，在此之前，有关采购的文献常常强调多渠道供应的重要性，认为多渠道供应构成了企业的最佳采购策略。这种方法的确具有许多优点：首先，大量潜在的供应商会不断针对企业的业务进行投标，这样可以确保企业尽可能降低采购价格；其次，保持与多个供应商之间的关系，能够在一定程度上降低买方对某一特定供应商的依赖程度。这也降低了当特定供应商遇到诸如罢工、火灾、内部质量等问题时，由于供应中断给买方带来的风险。

减少供应商的数目，实现批量合并，采购活动就能够在买方的业务中发挥杠杆作用。最起码,这会增加企业与供应商进行谈判时手中的筹码。更重要的是,批量合并减少了供应商的数量,给通过筛选的供应商带来了不少好处;同时,通过与较少的供应商不断发展合作关系,买方也会获得大量收益。例如,从单一供应商处进行大批量采购,最明显的好处就是供应商可以将固定成本分摊到更大的采购量中,从而获得极大的规模经济效应。除此之外,如果供应商能够获得较大的订单,那么它就有可能为了提高客户服务水平而进行投资,以便扩大生产能力或改善运作流程。如果买方不断更换供应商,那么任何供应商都不会愿意进行这样的投资。

显而易见,单一渠道采购会增加企业的风险。正是出于这种考虑,企业在减少供应商数量时,必须对供应商进行严格的筛选、选择和认证。在许多情况下,采购人员要与企业其他部门的人员密切合作,以确定最优供应商或合格的供应商。必须注意的一点是,批量合并并不意味着任何一种采购物品都只有唯一的供应来源,它只是将企业的供应商数量控制在一个相对较小、相对稳定的范围内,而不像传统的采购模式那样使用大量的供应商。企业在进行单一渠道采购时,一定要准备必要的应急方案,以降低突发的供应中断给企业带来的风险,这一点非常重要。

批量合并可以给企业带来相当可观的成本节约。一家咨询公司指出,使用批量合并后,企业在采购价格和其他成本因素方面的节约金额相当于采购总额的5%~15%。假设制造企业通常将收入的55%用于采购,而批量合并可以将成本降低10%,那么当企业的年收入为1亿美元时,批量合并最少可以为企业节约550万美元。

2. 供应商运作一体化

在完成了供应商的批量合并后,采购策略下一步就是整合买卖双方的运作过程和运作活动,从而显著地提高运作水平。进行这种整合时,企业通常从供应商中选择合作伙伴,形成联盟或伙伴关系,在努力降低总成本的同时不断提高运作一体化。

实现整合的方式多种多样。例如,买方允许卖方进入自己的销售和订单信息系统,提前向卖方发出有关预售产品和预期采购计划的通知。在获得了这些信息后,卖方可以更有效地安排生产,适时满足供应需求,并且降低成本。卖方之所以能够降低成本,是因为它从买方获得了明确的需求信息,减少了成本效益极低的运作,如预测或加急运输等。

买卖双方通过共同努力,确定为保证供应所必须遵循的运作程序,并对这些运作程序进行重新设计,可以进一步实现运作的一体化。例如,建立电子数据交换可以有效地缩短订货时间,减少错误,这就是运作整合所带来的好处。更为复杂的整合方法则涉及减少买卖双方都有的冗余运作活动等。例如,在某些复杂的情况下,买方对供应商有很强的依赖性,同时对供应商的运作能力比较信任,因此它可以取消一些常见的活动,如买方对交付产品进行的清点和检查等活动。许多企业将精力集中在物流运作上,推出了持续补货计划及供应商管理库存模式,从而实现了运作的一体化。这种运作的一体化有助于大幅度降低所有权总成本。

在运作一体化中,企业有时候将精力放在双向学习上,以实现降低总成本的目的。例如,丰田美国公司曾经协助其供应商,帮助它们提高质量管理的能力。本田公司将自己的员工派到供应商的工厂中,帮助供应商找出提高产品质量的方法。最终,供应商大幅度地降低返工成本,同时也为本田公司提供了更高质量的物料,因此,本田公司也从这项活动中获得了极大的收益。

运作一体化的主要目标就是减少浪费、降低成本、建立使买卖双方实现双赢的关系。只有将各个企业的创新能力综合起来才能形成协同优势,任何企业都无法通过独立运营实现这种优势。据估计,与供应商进行一体化运作带来的成本节约比批量合并带来的节约要多5%~25%。

3. 价值管理

企业与供应商进行一体化运作为价值管理奠定了基础。价值管理是一种更为深入的供应商整合运作,它不仅关注买卖双方的运作流程,还将目光聚集在如何建立更加广泛和持久的合作关系上。价值工程有助于降低价值管理的复杂性。由于供应商在早期就参与到了产品设计之中,因此,企业在从事某些采购活动时就能与供应商相互配合,进一步降低所有权总成本。

价值工程是指企业在产品设计初期就对原材料和零部件的需求情况进行仔细审查,以确保在产品设计时能够实现质量与总成本最小化之间的均衡。图3.47显示了供应商早期参与对企业减少成本所具有的重要影响。企业的新产品开发从构思开始,经历了许多阶段,最终实现了商业化。在此过程中,企业逐步降低了对产品进行设计和修改的灵活性。在产品开发初期,相对而言,企业对产品设计进行更改还是比较容易的。然而,一旦开发出原型产品之后,企业再想更改产品设计就变得相当困难了,更改设计的费用也会变得更加高昂。因此,越早让供应商参与产品设计,企业就越能够利用供应商的知识和能力提高协作设计的效益。

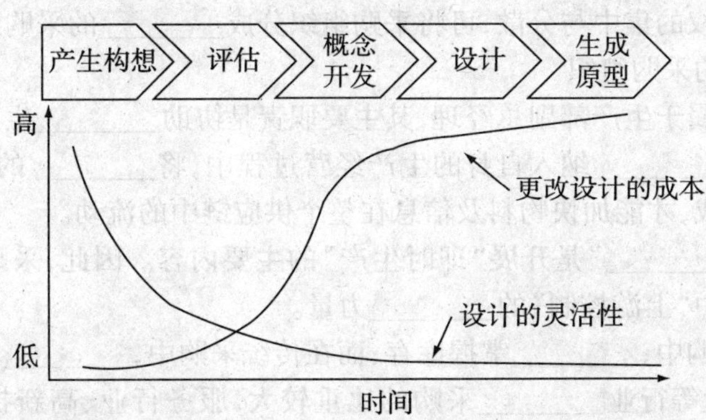

图3.47 更改设计的灵活性和成本

下面通过一个汽车制造商的案例来说明供应商早期参与的好处。假设在开发一种新车型时需要一种新型的前保险杠,保险杠托架的装配设计工作由设计工程师们完成。在设计过程中,配件供应商派来了一位工程师(尽管新产品距离实际投产还有好几年时间,但是企业早已确定了使用该配件供应商),他询问设计工程师托架的安装位置是否可以移动半英寸。设计工程师经过考虑之后,认为这样做对最终产品不会产生什么影响。设计工程师随后问他为什么会提出这一问题。那位工程师说,移动托架的安装位置确定后,供应商就可以利用原来的工具和模具进行生产,而如果采用原来的设计方案,供应商就需要投入大量资金购买新工具,这一更改大约可以降低生产托架所需成本的25%~30%。

很明显,价值管理超出了企业采购活动的范畴,它要求内部和外部的多个参与者进行密切协作。也就是说,采购团队、工程团队、生产团队、市场营销团队、物流团队及关键供应商的工作人员必须共同努力,降低总成本,提高运作绩效,更好地满足客户需求。

我的笔记

____

____

____

____

复习思考

一、填空题

1. 广义的采购就是单位为了满足某种特定的需求,以________、________等各种不同的途径,取得货物及劳务的使用权或所有权的活动过程。

2. 采购的基本原则就是:在确保________下,能够以________,在________从那里采购到________的物资和服务。

3. 采购方式按行业的生产环境的不同,可以划分为________、________和________等方式。

4. 根据采购职权的集中与分散,可将采购组织分成________的采购组织、________的采购组织和________的采购组织。

5. 采购组织隶属于生产部副总经理,其主要职责是协助________生产工作顺利进行。

6. 企业只有将________纳入自身的生产经营过程中,将________的活动看作是自身供应链的一个有机组成,才能加快物料及信息在整个供应链中的流动。

7. 供应商的“________”是开展“即时生产”的主要内容。因此,采购从供应角度来说,是整体供应链管理中“上游控制”的________力量。

8. 在供应链采购中,________掌握库存;而在传统采购中,________掌握库存。

9. 工业、建筑业等行业________采购的比重较大,服务行业、高新技术产业、咨询公司等面临较多的________采购。

10. 大量实践证明,________是一种属于成熟、规范、科学的特殊的交易方式,已成为我国________、有章可循的采购方式,在世界上已是通用的采购方式之一。

11. 招标采购的特点是:________,质量可靠,________,过程________。

12. ________的适用条件:需要量大、质量稳定、定期供应的大宗物资的采购。

13. ________的优点是:节省采购时间及费用;公开性和透明度较高,可以减少弊端,防止采购“黑洞”;采购过程有规范的制度。

14. 国内采购只是以________支付货款,不需要以________结算。

15. 准时制采购能大幅度减少________、提高采购物资的________、降低原材料的________。

二、不定项选择题

1. 根据采购对象划分,采购方式可以划分为(　　　　)。
   A. 库存生产采购　B. 无形采购
   C. 有形采购　D. 招标采购
2. 按照采购价格确定的方式,可以将采购方式划分为(　　　　)。
   A. 订单生产方式　B. 电子采购　C. 议价采购
   D. 比价采购　E. 招标采购
3. 按照采购业务过程,将采购计划的制订、(　　　　)、货款结算等工作交给不同人员办理。这种组织形式要求部门内各成员密切配合,适合采购量大、采购物品品种较少、作业过程复杂,交货期长以及采购人员众多的企业采用。
   A. 询价　B. 比价　C. 签订合同　D. 催货　E. 提货
4. 采购的技术手段、管理的内容与方式等随着时代的发展而发生着深刻的变化。这些影响因素中主要有(　　　)的发展给采购带来的变化。
   A. 变化中的生产和管理的理念　B. 全球化
   C. 随机性　D. 信息技术
5. 议价采购的适用条件:(　　　　)的大宗物资的采购。
   A. 需要量大　B. 定期供应　C. 短期供应　D. 质量稳定
6. 企业应建立以(　　　　)为载体的控制系统,使各项在处理的采购作业在各阶段均能被追踪管制。
   A. 装箱单　B. 入库单据　C. 采购申请　D. 结算凭证
   E. 经济合同
7. 在企业成本控制中,最容易达到同样的利润目标的手段是(　　　)。
   A. 提高销售量　B. 提高产品价格　C. 降低劳务费和工资
   D. 削减管理费用　E. 降低采购成本
8. 采购功能发展的策略阶段包括(　　　　)。
   A. 综合阶段　B. 支撑阶段　C. 主动阶段
   D. 独立阶段　E. 被动阶段
9. 企业采购决策主要包括(　　　　)。
   A. 供应商选择　B. 交货期与运输方式　C. 价格与货款结算
   D. 数量与质量　E. 自制或采购(外包)
10. 一个完整的招标采购过程,基本上可以分为7个阶段,包括(　　　　)。
    A. 签订合同　B. 招标、投标　C. 开标　D. 评标、定标　E. 宣传
11. 按采购价格确定的方式划分,常见的采购方式有(　　　　)。
    A. 议价采购　B. 招标采购　C. 采购平台　D. 比价采购
12. 典型的企业采购业务通常包括(　　　　)等步骤。
    A. 安排订单　B. 准确描述产品或服务　C. 追踪与催货
    D. 发现需求　E. 实现需求　F. 结清发票

13. 采购组织的功能有(　　　　)。
    A. 激励功能　　B. 制约功能　　C. 协调功能　　D. 凝聚功能
14. 采购在企业组织里所处的管理阶层主要受到(　　　　)因素的影响。
    A. 获取难易　　B. 采购金额　　C. 企业目标对采购的影响
    D. 对人员素质的要求　　E. 采购的物品及劳务的性质
15. 采购部门设立方式一般分为(　　　　)。
    A. 分段作业的组织形式　　B. 分组作业的组织形式
    C. 一贯作业的组织方式　　D. 连动作业的组织方式

三、简答题

1. 什么是采购？请谈谈你对采购的认识。
2. 采购的基本原则有哪些？你怎么看待这些原则。
3. 采购方式有哪些？
4. 什么是招标采购？为什么说招标采购是当今最佳的采购方式？
5. 什么是准时制采购？它有什么特点？请谈谈你对它的理解。
6. 采购的基本流程是什么？请谈谈你对采购流程设计的认识。
7. 什么是采购组织设计？设计采购组织时要考虑哪些影响因素？
8. 从采购部门在企业组织结构图中的位置我们能得到什么信息？有哪些因素会影响采购在企业组织里的位置？
9. 怎样组建采购部门？请比较采购部门设立方式的优劣。

四、实训

调查一家你比较熟悉的企业,以协作小组的形式分组完成以下实训项目。
1. 分析该企业采购业务流程的情况。
2. 通过调研为该企业设计采购的组织结构。

项目4

供应管理

任务10 补货策略

学习任务

通过相关知识的描述，结合本任务的案例分析，分析案例中企业补货策略的类别，能分析不同的补货策略给企业带来的影响，基本能说出维持安全库存在企业中所能起到的成效。通过相关的知识导读能明确补货的内涵和外延，能理解确定补货量的一般方法，掌握维持安全库存的技术和方法。

知识目标

- 掌握补货信号的基础知识。
- 掌握确定补货量的一般方法。
- 掌握确定安全库存的知识和一般技术。

技能目标

- 能够熟练判断补货的信号。
- 能够熟练使用一种决定补货量的方法。
- 在一定程度上学会维持安全库存的技术和方法。

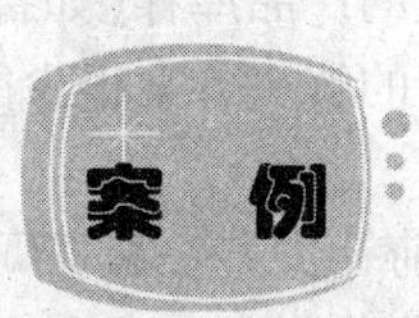

案例 Fragrant的补货策略

Fragrant是一家经营高级香水的专卖店，经营的主导产品都是世界知名品牌，如雅诗兰黛、香奈儿和迪奥等。其大部分产品都是法国巴黎生产的。由于是直接从法国进货，运输成本很高，所以Fragrant的老板在订货时，每次的批量是360瓶。

假设Fragrant公司某产品平均每周的销量为60瓶，产品的订货周期(从订单发出到收到产品的时间)为3周，在市场需求稳定的情况下，当存货降低到180瓶时，公司老板发出采购订单。这种订货策略确保在存货销售完时，订购的产品刚好到达。

案例的假设是市场需求是稳定的，但实际上产品的市场需求不可能是完全准确无误的。

在实际的操作中,当存货水平降到200瓶时,Fragrant公司老板就会向供货商发出采购订单,在每周平均需求60瓶不变的情况下,在新订产品到货时,产品的库存维持在20瓶左右。

思考

1. 什么是安全库存?安全库存的数量是多少?
2. 当新产品刚推出市场时,和成熟的产品比较,其安全库存的水平如何?
3. 从自己所在部门的角度思考,如何防止缺货?
4. 在需求不确定的情况下,安全库存如何确定?
5. 在供应不确定的情况下,安全库存如何确定?

知识导读

10.1 补货信号

工厂每满足一张订单的需求,它的成品库存就会相应减少,补充库存是迟早的事。这个明显的道理背后隐藏着以下三大问题。

① 何时应当补充库存?

② 每次补货需要补多少?

③ 仓库里到底需要维持多少库存才是合适的?

这3个问题的答案构成了所谓的补货策略。本任务将依次详细阐述这3个问题,首先回答的是何时应当补充库存。

决定什么时候下订单补充库存有以下几个方法。

方法一是一直等到当前库存消耗殆尽才补充库存。这种做法通常是忘记补货的结果,然而,它的确是针对补货提前期小于实际需求时间的产品,制定的最好的补货政策(replenishment policy)。如果一家供应商能在一星期的时间里备好货,而它的客户所需求的交货时间是10天以后,那么,这家供应商完全可以采用零库存的方法来运作业务。只有当有其他利益驱动的时候,供应商才会维持一定的产品库存(如备货有助于减少运作成本)。

这看起来很有吸引力,不过零库存的解决方案很少能实现,因为客户要求的交货时间往往比补货提前期短。

方法二是在监测库存的基础上提前补货。一家工厂必须在需求到来之前备好足够的库存,从而满足需求。要做到这一点,必须监测库存水平,在库存没用完之前就下补货订单,从而避免在新的货送到之前库存已经用完的缺货局面。这种监测可以有两种形式来实现,即定期监测(periodic review)和连续监测(continuous review)。

运用定期监测的补货政策,库存量是相隔固定的时间定期检查的,一旦检查出库存量低于事先设定好的ROP(ReOrder Point,再订货点),就要下补货订单了。运用连续监测的补货政策,库存量是随时检查的,一旦检查出库存量低于再订货点,马上就要下补货订单。

在这两种补货政策下,库存水平随着时间的推移呈现出锯齿形的波动,即库存水平随着消耗不断降低,然后在补充的货物到达时猛然上升。在连续监测的补货政策下,如图4.1所示,一旦库存水平降低到再订货点,就得下新的订单补充库存。在补货提前期,库存量持续减少，为了降低库存短缺（stock out）的风险（缺货会导致销售额的减少），再订货点的库存水平必须设得足够高。在定期监测的补货政策下，它的补货模式和连续监测的补货模式非常相似，只是它在相隔一段时间后，在下一次库存盘点时才会根据再订货点决定是否需要补货，而不是即时监测库存水平即时补货。由于需要多等一段时间才能补货，在这段时间里，仓库里的库存将持续减少，所以定期监测补货政策的再订货点要设得更高。

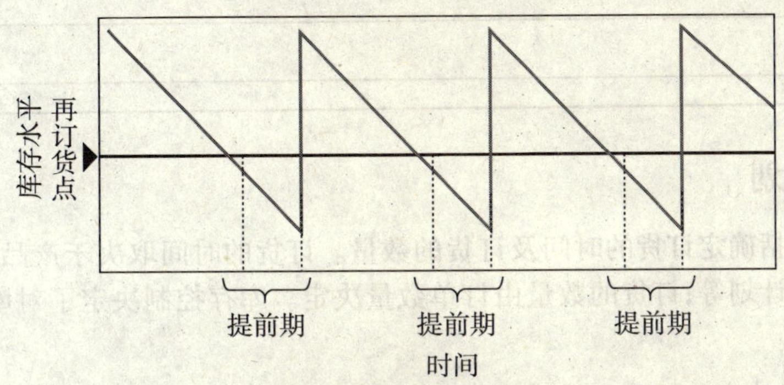

图4.1　连续监测库存

尽管连续监测的补货政策比起定期监测的补货政策要有效得多，但是它的代价也高得多，因为它需要在任何时点都有精确的库存量数据。一直以来，由于定期监测的补货政策无须增加成本，所以人们更喜欢使用。但是，也有办法在不需耗费随时盘点库存的成本情况下取得连续监测补货的优势。一个简单的例子就是工厂里用来维持工作站零件供应的"两箱"法（也称为周转箱补货系统）。在这种机制下，当操作工从一个装满零件的周转箱里取零件时，另一个周转箱正在从其他工作站补充零件。当任何一个周转箱里的零件被用完时，就会被送去重新装满，从而形成循环补货。这是一个简单、聪明的监测库存量的方法，不通过盘点，而且这种方法可以延伸到供应商处。在汽车工业里，一些特制的、可反复使用的周转箱被送到供应商，用来补充组装工作站的零部件供应。除了在供应商处建立精确的零部件供应流，这些周转箱还通过给组装工人提供标准状态的零部件来推动组装的速度，同时还降低了运输过程中使用临时材料而造成的浪费。

随着计算机管理库存控制系统的应用，盘点库存的工作变得非常容易，连续监测的补货政策也就自然而然地成了主流。然而，为了保证控制系统能正常工作，每次库存量减少的信息都必须传递给系统。

在零售商店里，这种工作通常由电子销售时点系统来处理，而且会同时通知出纳系统。在工厂里，这种工作是通过在零件上贴上条形码或者在货架上的计数器上打孔计数来实现的。这些技术并不会完全减少人工盘点的工作，因为库存数量往往会由于偷窃或者破损而减少。但是，人工盘点仅仅被用来核实和调整计算机盘点的结果，这就完全使自动补货流程能够得以执行。

从定期监测转换到连续监测的补货政策成为了一个很好的例子，向人们展示了库存信息如何取代库存本身，从而节省了大量的费用。在这种情况下，信息不单单是一个简单的代表当前库存量的数字，它的价值实际上要高得多。有人做过比较，从定期监测转换到连续监测的补货政策曾经把库存水平从1 570个单位减少到906个单位。在库存成本日益高涨的今天，与其持有大量库存，不如持有表示库存水平的数字更合算。

我的笔记

10.2 补货计划

补货计划包括确定订货的时间及订货的数量。订货的时间取决于产品需求的平均值、需求变化及补货计划等;订货的数量由订单数量决定。库存控制决定了对库存状态进行监控的步骤和方法。

1. 何时订货

如前所述,再订货点决定了补货的起始时间。再订货点可以用单位产品或供应天数来表示。在能够确定产品需求和运作周期的前提下,讨论再订货点的确定方法。

基本的再订货点公式如下。

$$R = D \times T$$

式中,R——再订货点的数量;D——平均的日需求量;T——平均运作周期的天数。

为了进一步说明如何利用上述公式进行计算,假定需求量为20单位/天,运作周期是10天。那么,

$R = D \times T$

$= 20 \times 10$

$= 200$(个单位)

再订货点也可以用供应天数来表示。对于上述例子来说,再订货点为10天。

使用再订货点的公式进行计算,就意味着补货运作是按照计划进行的。如果产品的需求和运作周期中有一个或多个因素无法确定,那么企业就需要用安全库存来消除这些不确定因素的影响。此时,再订货点公式就变为:

$$R = D \times T + SS$$

式中,R——再订货点的数量;D——平均的日需求量;T——平均运作周期的天数;SS——安全库存的数量。

2. 订货数量为多少

每一次补货需要订购多少数量?该数量取决于单个订单的成本和保持库存的成本。订单成本(order cost)是订单处理和收货这些活动的基本费用,与订单本身涉及的数量无关。存货持有成本(carrying/holding cost)是库存在最终使用前的储存成本,包括储存和搬运的成本、库存占用资金的机会成本、库存报废和变质所造成的价值损失,还有为避免火灾和盗窃风险的保险费用。

批量的大小有助于实现库存维持成本与订货成本之间的平衡。要理解它们之间的关系,关键要牢记一点,即平均库存等于订货量的一半。因此,订货量越大,平均库存也就越

多，因此每年的库存维持成本也就相应越高。然而，订货量越大，每个计划时期内需要订货的次数就会越少，总的订货成本就会随之越低。在销售数量一定的条件下，批量方程可以精确地计算出总成本最低时的订货量为多少，这里的总成本指的是年库存维持成本与订货成本的综合。图4.2直观地说明了它们之间的关系，图中订货成本和库存维持成本之和的最低点代表了最低的总成本。简单来说，其目标是要确定总成本最小时的订货量为多少。

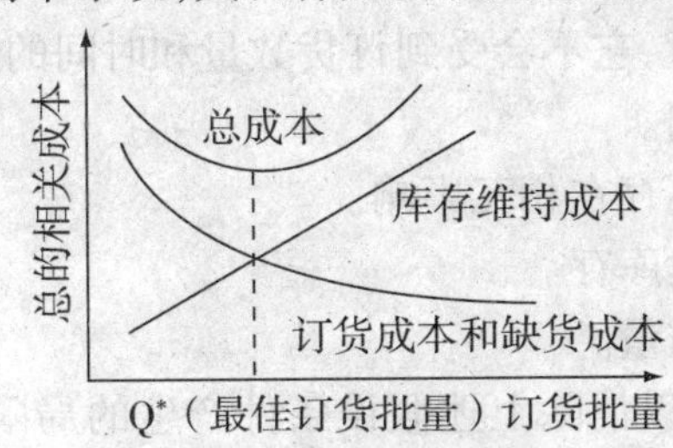

图4.2　最佳订货批量

EOQ是一种补货方法，它能够使库存维持成本与订货成本之和达到最低。在确定这一数量时，首先要假定一年内需求和费用的水平是基本稳定的。由于EOQ是在单个产品的基础上计算出来的，所以这个基本公式并没有考虑到多种产品联合订货的影响。

计算EOQ最有效的方法是数学方法，如根据表4.1所示信息求出最佳的经济订货批量。

表4.1　确定EOQ的相关因素

年需求量	2 400个单位
单位产品的成本	5美元
库存维持成本的百分比	20%/年
订货成本	19美元/次

计算EOQ的标准公式如下。

$$EOQ=\sqrt{\frac{2C_0D}{C_1U}}$$

式中，EOQ——经济订货批量；C_0——每次的订货成本；C_1——年库存维持成本；D——年销售数量或销售单位；U——产品的单位成本。

将表4.1中的数据代入，可以得到：

$$EOQ=\sqrt{\frac{2C_0D}{C_1U}}=\sqrt{\frac{2\times19\times2\,400}{0.2\times5}}=\sqrt{91\,200}\approx302\approx300$$

由此可得，总的订货成本为152美元（即2 400/300×19），库存维持成本为150美元[即300/2×(5×0.2)]。因此，如果允许每次以100个单位产品的倍数来订货，那么年订货费用和库存维持成本就近似相等。

根据上述计算结果，如果以最为经济的方式来订货，那么每次订货的数量应该是300个单位，而不是100个、200个或600个。因此，当订货量为300时，一年订货8次，平均库存为150个单位。从图4.2中可以看出订货量为300时对总成本的影响。EOQ为300意味着企业需要以基本库存的形式增加系统中的库存量，使平均库存从100个单位增加到150个单位。

虽然EOQ模型确定了最为经济的订货量,但是它的假设条件却并不非常严格。简单的EOQ基本假设条件如下。

① 所有需求都能够得到满足。

② 需求率是一个连续已知的常量。

③ 补给运作周期是一个已知的常量。

④ 产品价格是确定的常量,它不会受到订货数量和时间的影响。

⑤ 计划周期不受任何限制。

⑥ 各项产品的库存之间不存在相互影响。

⑦ 不考虑中转库存和在途库存。

⑧ 没有限制可用资金的数量。

对EOQ模型进行扩展,可以消除上述假设条件产生的局限。EOQ的主要作用在于,它清楚地指出了企业在库存管理费用和订货成本之间作出权衡所具有的重要意义。

在制订库存计划时,了解库存运作周期、库存成本和EOQ公式之间的关系是非常有必要的。首先,EOQ恰好是年订货成本与库存维持成本相等时的订货量;其次,平均基本库存量等于订货数量的一半。此外,在其他条件相同的情况下,单位库存的价值与订货的频率成正比,即单位产品的价值越高,订货频率也就越高。

尽管EOQ模型使用起来简单直接,但是在实际应用中还需要考虑其他因素的影响。为了充分利用特殊订货情况下的各种优势,有时候需要针对某些影响因素,对EOQ模型进行必要的挑战。最常见的3种影响因素分别是大宗运输费率、订货量折扣以及EOQ模型的其他调整。

我的笔记

10.3 维持安全库存

在前两部分内容中,我们谈到了何时补充库存和单张订单的购买数量的问题。本节内容将谈到第3个问题——仓库存里到底需要维持多少库存存才是合适的。根据EOQ模型计算出来的数量提供了这个数字的下限:手头上必须常常有足够的库存来满足补货提前期内的需求。但是这些计算基于需求和供应的平均值,现实中会有各种各样的状况产生,如销售数量每天都不相同,运输会延期,收到的材料可能不能用等。不管哪种状况,一旦发生,都会引起断货,使客户的订单不能完成。EOQ模型并没有为错误留出缓冲空间。

解决这个问题的标准答案是保持多余的库存(即安全库存)来避免由于需求超出预期或供应商延期交货等各种因素引起的断货。安全库存的角色可以在图4.3中直观地看出。这幅图在图4.1的基础上加上了需求和供应的变化性,从而更实际地提供解决方法。在展示的例子中,安全库存正在第一个周期中被用来满足更高水平的需求(我们可以通过更陡峭的直线来观察到)。在第 3 个周期中安全库存则用来弥补由于交货延期带来的供应不足(这可以从补货提前期的延长上看出来)。

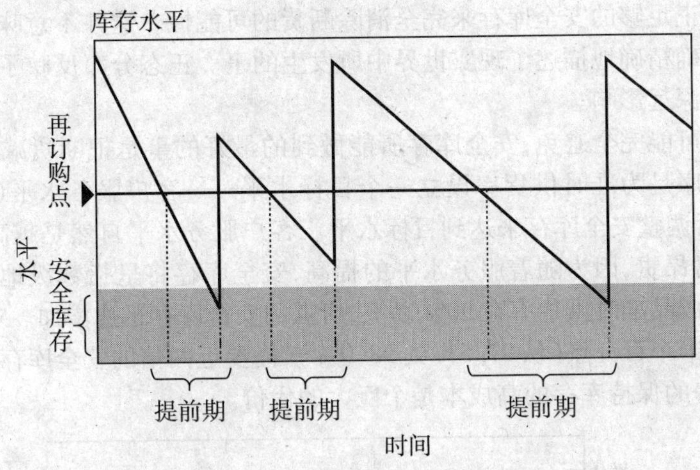

图 4.3 加上安全库存的连续监测

简短地说,一家公司需要保持足够的库存来支持其正常生产,这种库存叫作循环存货(cycle stock)。另外加上足够的安全库存来覆盖供应和需求的变化。使用 EOQ 模型使周期库存在从 0 到 EOQ 的值之间变化,平均下来相当于 EOQ 值的一半。这样并没有回答出需要多少安全库存来避免断货。答案很不幸的是“比你可能承担的还要多”。经理人通常不欢迎这样的回答,因此探究这个结论背后的原因是很重要的。原因被证明是供应链两个核心问题之一的变化性。

在大多数的情况下,变化性遵循正态分布。正态分布用重复的图案来描述数值偏离平均值的概率。正态分布由两个参数来描述——平均数和标准偏差。有了这两个参数,正态分布可预测每个可能的数值所出现的次数。例如,图 4.4 展示了一种平均每周需求 100 个、标准偏差为 10 的产品,其每个需求数值的可能性。只要一看曲线,就很清楚需求很少会少于每周 70 个或大于 130 个。

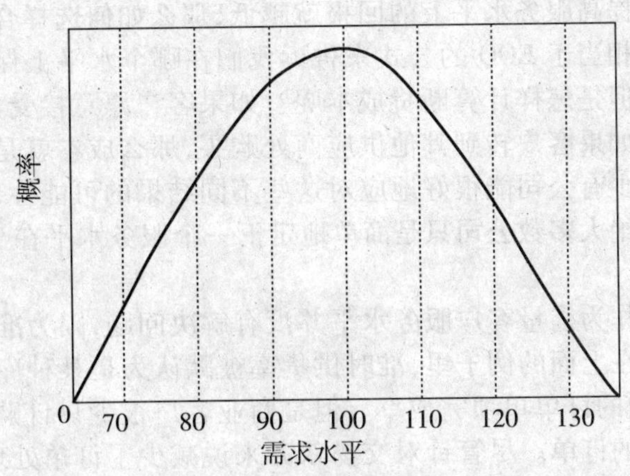

图 4.4 需求的正态分布

这个结论的问题在"很少"这个字眼上,正态分布的不幸之处在于曲线的尾巴不会真正为零。不管数值离平均数多远,总有可能性会发生。在图4.4中需求达每周140个的概率很小,只相当于1%的一部分而已,但不为0。不管是150个还是200个,概率都不是0。这意味着不会有真正足够的安全库存来完全消除断货的可能性。这并不意味着正态分布模型不对——模型的确精确地描述了现实世界中所发生的事。正态分布反映了在整个供应链中计划和变化性的深远影响。

由于断货不可能完全避免,安全库存所能做到的最好的事是把断货减少到可以接受的程度。标准的程序是为准时供货率设立一个目标水平——客户服务水平(Customer Service Level,CSL),然后调整安全库存来达到目标水平。客户服务水平自然是越高越好,但是设置得太高,成本非常昂贵,因为随着服务水平的提高,安全库存将呈指数级地增加。图4.5显示了要达到客户成品准时供货率在90%以上,所需的安全库存迅速增加。对这种产品来说,提高准时供货率半个百分点(从97.5%到98.0%),需要近两倍的安全库存。对于如此小的提升来说,所花费的保持库存的高成本是个巨大的代价。

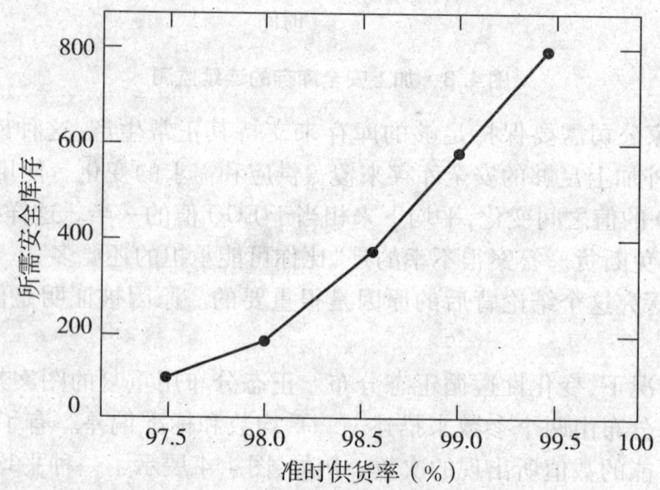

图4.5 所需要的安全库存水平

增加库存越多在提高服务水平上的回报就越低,那么如何选择合适的库存水平呢?完美的做法是拥有一个相当于EOQ的公式来告诉我们在哪个水平上保持额外库存的成本正好抵消断货的成本。但是怎样计算断货成本呢?如果客户愿意接受欠交订单,那么成本就是欠交订单的费用。如果客户转到其他供应商处购买,那么成本就是损失的对于该客户所有未来的销售额。很少有公司能很好地应对这些不同结果的可能性,更不要说精确估计未来销售额的损失了。绝大多数公司只是简单地定下一个服务水平在90%以上的目标,然后相应调整安全库存。

使用准时供货率作为衡量客户服务水平并没有解决问题,因为准时供货率可以通过不止一种方式来衡量。在上面的例子里,准时供货率被默认为是某种库存产品满足订单需求的能力,就是通常所说的订单单项完成率。但是商业客户很少只订购一种产品——他们通常会下涉及许多产品的订单。尽管针对交易双方来说减少了订单处理的成本,但是对于供应商来说,完成订单变得困难了,这是因为完成整张订单的概率(即订单履行率)大致相当于所有订单项目的履行率相乘的结果。图4.6用图形的方式展示了订单履行率随着订单的产品数字增加而降低。即使每个产品的履行率达到 95%,但订单涉及仅仅 10 个产品,订单履行率就会下降到 60%。如果涉及 20 个产品,就只有几乎不到 1/3 的订单能一次完全整单出运。

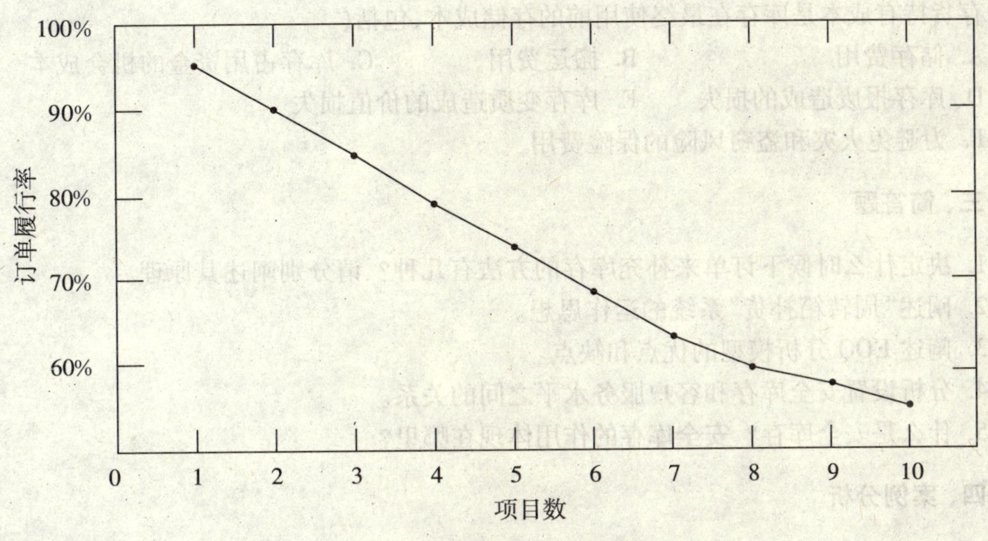

图 4.6 预测订单履行率

上述现象可以这样解释:当客户要求一次整单出货,供应商必须维持高得多的库存。例如,为了使 10 个产品的订单履行率达到 90%,就需要供应商的订单单项完成率达到 99%,因而就需要许多安全库存。这部分安全库存完全是为了应对客户需求的变化。但是这里有一个恶性循环:对于客户来说,没有完整地一次性收到所订购货物(这也是客户努力控制的一种变数),于是他们不断地坚持要完整地发货。这就是为什么供应链变化性的问题这么麻烦的原因:试图在供应链的一个环节上减少变化性可能只会把问题推向上游或下游,并在这个过程中被放大。解决这个问题的真正方案是让交易双方共同努力,使整个供应链中的变化性减少,而不只是通过一个点上的解决方案(如增加安全库存)来对付问题。

我的笔记

复习思考

一、填空题

1. 补货策略需要解决的 3 个问题:________、________和________。
2. 为避免缺货的发生,监测库存的方法有两种常见的方法,即 ________和________。

3. 每次订货的数量取决于________和________。

二、不定项选择题

存货持有成本是库存在最终使用前的存储成本,包括(　　　)。

A. 储存费用　　B. 搬运费用　　C. 库存占用资金的机会成本

D. 库存报废造成的损失　　E. 库存变质造成的价值损失

F. 为避免火灾和盗窃风险的保险费用

三、简答题

1. 决定什么时候下订单来补充库存的方法有几种?请分别阐述其原理。
2. 阐述"周转箱补货"系统的运作思想。
3. 阐述 EOQ 分析模型的优点和缺点。
4. 分析设置安全库存和客户服务水平之间的关系。
5. 什么是安全库存?安全库存的作用体现在哪里?

四、案例分析

请分析本任务中的案例"Fragrant 的补货策略",回答案例中的思考题。

任务 *11*　生产计划

学习任务

生产计划是供应链中供应流的重要组成部分。通过本任务知识导读部分内容的学习,掌握生产计划编制的一般方法,重点学会物料需求计划以及能力需求计划的编制,熟悉当前精益生产的相关知识,能利用所学的方法解决企业实际生产计划的编制。

知识目标

- 掌握关于生产的一般分类。
- 掌握生产计划编制的一般方法。
- 掌握编制物料需求计划的方法。
- 熟悉能力需求计划的编制方法。
- 了解精益生产的相关知识。

技能目标

- 能够准确判断制造型企业的生产类别。
- 能够熟练进行 MRP 的编制。

案例　为无锡某自行车生产企业编制物料需求计划

无锡某自行车生产企业编制的自行车 BOM 结构如图 4.7 所示，自行车的主生产计划如表 4.2 所示，其中车把的独立需求计划如表 4.3 所示，车架的独立需求计划如表 4.4 所示，MRP 所需要的自行车库存信息如表 4.5 所示。

思考

如何根据 MRP 算法原理编制自行车各组件的 MRP 计划？

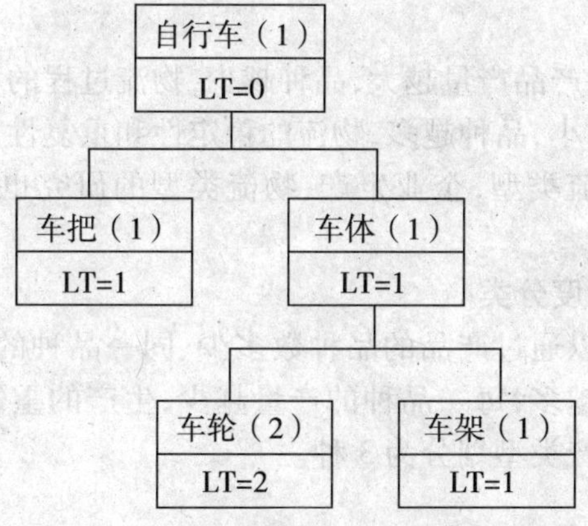

图 4.7　自行车 BOM 结构

表 4.2　自行车主生产计划

周期	1	2	3	4	5	6	7	8
自行车	20	20	15	15	15	10	20	30

表 4.3　车把的独立需求计划

周期	1	2	3	4	5	6	7	8
车把	10	10	10	10	10	10	10	10

表 4.4　车架的独立需求计划

周期	1	2	3	4	5	6	7	8
车架	12	12	14	15	15	16	12	18

表4.5 自行车库存信息表

项目	计划接收量/计划周期								现有库存	已分配量	提前期	固定批量
	1	2	3	4	5	6	7	8				
车把				40					65		1	40
车体			30						30		1	30
车轮					30				90		2	45
车架						50			35		1	35

知识导读

11.1 生产类型

一般而言,企业生产的产品产量越大,品种越少,物流过程的稳定性和重复性就越大;反之,企业生产的产品产量越小,品种越多,物流的稳定性和重复性就越小。所以,企业的生产类型决定了与之匹配的物流类型,企业生产、物流类型的研究也就是生产类型划分问题的研究。

1. 按生产专业化的程度分类

生产的专业化程度可以通过产品的品种数多少、同一品种的产量大小和生产的重复程度来衡量。产品的品种数越多,每一品种的产量越少,生产的重复性越低,则生产的专业化程度越低。据此可以把生产类型划分为3种。

(1) 大量生产

大量生产品种单一,产量大,生产的重复程度高。

(2) 单件生产

单件生产与大量生产相对应,是另一个极端。单件生产品种繁多,但每种仅生产单位产量,生产重复程度低。

(3) 成批生产

成批生产介于大量生产与单件生产之间,即品种不单一、每种都有一定的批量,生产有一定的重复性。由于成批生产的范围很广,通常又可划分为大批生产、中批生产、小批生产。具体的划分标准如表4.6所示。

表4.6 划分生产类型参考数据

生产类型	工序数	工序大量系数
大量生产	1—2	0.5以上
大批生产	2—10	0.1~0.5
中批生产	10—20	0.05~0.1
小批生产	20—40	0.025~0.05
单件生产	40以上	0.025以下

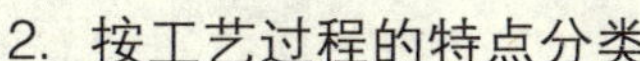

2. 按工艺过程的特点分类

按照物料在生产工艺过程中的流动特点,生产可以划分为连续型、离散型两种类型。

(1) 连续型生产(流程式生产)

连续型生产是指物料均匀、连续地按一定工艺顺序运动,在运动中不断改变形态和性能,最后形成产品。生产出的产品和使用的设备、工艺流程都是固定且标准化的,工序之间几乎没有在制品储存。例如,化工、炼油、冶金和造纸等的生产就属于此种类型。连续型生产,设施地理位置集中,生产过程自动化程度高,有条件采用自动化装置实现对生产过程的实时监控,管理的重点是保证物料的连续供应和各个生产环节的正常运行。

(2) 离散型生产(加工装配式生产)

离散型生产是指物料离散地运动,最后形成产品。表现为产品由许多零部件构成,各个零件的加工过程彼此独立;制成的零件通过各个部件和总装最后成为产品;各个生产环节之间要求有一定的在制品储备。例如,汽车、计算机、电子设备、机床、服装等的生产即属此种类型。由于零件种类繁多,加工工艺多样化等导致管理较为复杂,其重点是保证物料的及时供应,尽量减少在制品库存,减少工序之间不必要的等待时间,缩短生产周期。

生产类型按照工艺过程的特点并非严格地分为以上两种类型,有些产品的生产过程兼具两种生产类型的特点,如典型的钢铁生产就属于半连续半离散型,有人称之为混合型企业。

3. 按物料流经的区域分类

生产物流从范围上来看,是发生在企业内部、伴随企业生产过程的物流活动。从原材料投入生产,到产成品入库为止,整个过程按照物料流经的区域,可以把生产物流分为工厂间物流和工序间物流。

(1) 工厂间物流

对于大型企业来讲,发生在各专业厂间的运输物流就是生产过程中的工厂之间物流。

(2) 工序间物流

工序间物流也称车间物流,指生产过程中车间内部和车间、仓库之间各工序、工位上的物流。其内容包括:仓库向车间运送原材料、零部件的搬运活动;接受原材料、零部件的储存活动;加工过程中的在制品储存活动;各种物料在车间、工序之间的搬运活动;成品出厂前的储存活动。

工序间物流是生产物流的主要形式,对生产物流管理的研究重点是针对工序间物流进行的。

4. 不同生产类型的物流管理特征

从物流的角度看,企业的生产过程实际上是物料输入—转化—输出的物料流程系统。因此,生产类型有差异,其物流就表现出不同的特征。通常,根据物流联系性特征从低到高,产品需求特征从品种多、产量少到品种少、产量多而把生产过程划分成5种类型,依次是项目型、单件小批量型、多品种小批量型、单一品种大批量型和多品种大批量型。

(1) 项目型

项目是一种一次性的工作,必须在明确规定的时间内,由为此专门组织起来的人员完成。项目可以是建造一幢大楼、一座工厂或一座大水坝,也可以是解决某个研究课题,完成某个管理咨询项目。项目型生产物流的特征主要表现在以下几个方面。

① 物料采购量大,供应商多变,外部物流较难控制。

② 生产过程中原材料、在制品占用的物流量大。

③ 物流在加工场地的方向不确定、加工路线变化极大,工序之间的物流联系不规律。

④ 物料需求与具体产品存在一一对应的相关需求。

(2) 单件小批量型

单件小批量型生产品种繁多,每一品种生产的数量甚少,生产的重复程度低,如汽车模具、电站锅炉等。在这种类型的生产过程中,生产组织只能进行粗略分工,专业化程度不高;使用通用设备,效率低;计划工作复杂,例外管理较多;产品的设计工作量比较大。较为典型的是服装的定制生产。

单件小批量生产可以很好地适应市场的变化,但是生产的低效率是其根本缺陷。单件小批量型生产物流的特征如下。

① 生产重复程度低,物料需求与具体产品的制造存在一一对应的相关需求。

② 生产的重复程度低导致产品设计及工艺设计重复程度低,物料的消耗定额不容易准确制定,只能粗略制定物料的消耗定额。

③ 由于生产品种繁多,物料需求种类变化大,不易与供应商建立长期稳定的合作关系,质量与交货期不易保证,采购物流较难控制。

(3) 多品种小批量型

多品种小批量型生产产品品种不单一,每种都有一定的批量,生产有一定的重复性。例如,日本丰田汽车公司在20世纪70年代所采用的生产模式即为此类型。品种的多样化可以较好地适应市场变化,但是小批量生产又直接导致了生产效率的降低。品种的多样化来自于市场的需求,企业只能适应,这样多品种小批量生产的特征表现为如何提高其生产效率。具体而言,产品设计实现系列化,零部件制造实现标准化、通用化;运用柔性制造系统、推行成组技术来提升生产系统的柔性,提高应对外界压力的能力。

从多品种小批量型生产过程的特点可以发现,其生产物流系统所追求的目标也应该是满足多样化生产条件下的较高生产效率的要求。多样化生产使得采购物流、生产物流和销售物流的协调组织较为复杂,应当追求物流费用的降低以缓解生产多样化带来的高成本。具体而言,其生产物流特征表现为以下几点。

① 物料被加工的重复度介于单件生产和大量生产之间,一般采用混流生产。

② 使用MRP实现物料相关需求的计划,以JIT实现客户个性化特征对生产过程中物料、零部件、成品的拉动需求。

③ 由于产品设计和工艺设计采用并行工程处理,物料的消耗定额容易准确制定,从而产品成本容易降低。

④ 由于生产品种的多样性,对制造过程中物料的供应商有较强的选择要求,从而外部物流的协调较难控制。

(4) 单一品种大批量型

单一品种大批量型生产品种单一,产量大,生产重复程度高。美国福特汽车公司曾长达19年始终坚持生产T型车和一个车型,是该种生产类型的典型代表。单一品种大批量生产由于品种单一、产量很大,可以采用专用设备、流水线和自动生产线等方式来组织生产,同时实现生产的高效率和低成本。

单一品种大批量生产容易实现高效率、低成本与高质量,其致命的弱点是难以适应市场的变化。

(5) 多品种大批量型

多品种大批量型生产也叫大批量定制生产,是以大批量生产的效率向客户提供多种定制产品的一种生产模式,它把大批量与定制这两个看似矛盾的方面有机地综合在一起,实现了客户的个性化和大批量生产的有机结合。

它的基本思想是:通过产品结构和制造过程的重组,运用现代信息技术、新材料技术和柔性制造等一系列高新技术,把产品的定制生产问题全部或部分转化为批量生产,以大规模生产的成本和速度,为若干单个客户或小批量多品种定制任意数量的产品。对客户而言,所得到的产品是定制的、个性化的;对厂家而言产品的生产采用大批量生产的方式,从而既满足了客户个性化需求又兼顾了企业的效率。

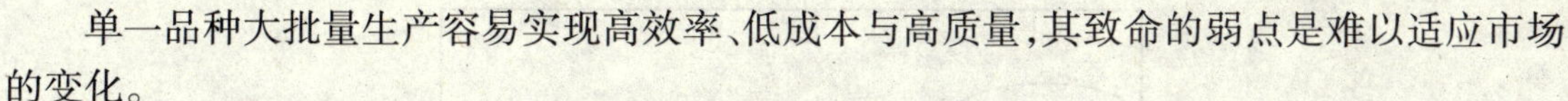

我的笔记

11.2 生产计划编制

有了需求预测,接下来就需要找到使成本效益最大化的方法来满足预期的需求。本部分内容将讲述怎样使用ERP(企业资源计划)、APS(高级计划排程系统)和仿真系统来计划生产和安排供应链中货物的流动。尽管大多数公司倾向于依赖单一的系统,可是最有效的方法是把ERP、APS和仿真系统结合起来并针对不同的问题选用最好的一种系统来解决。和供应链中的其他领域一样,最大的挑战在于把不同公司的计划整合起来以得到供应链的整体解决方案。需要说明的是,生产计划编制也叫作供应排程。

1. 用ERP进行计划

供应链计划开始于下面的概念模式。

① 决定我们需要生产什么产品。

② 决定每个步骤所需要的时间。

③ 安排计划每一个步骤,使每一步都在恰当的时间完成。

从广义上说,满足需求包括3个关键的过程:购买材料,生产产品,然后配送给客户(见图4.8)。为便于读者理解,图中把3个过程当作是严格按照顺序执行的。实际上,每个过程之间有一定程度的重叠。例如,我们通常会在第一批材料到达时立即安排生产,而这时采购的流程并没有结束。同样我们通常会在第一批产品生产出来后就开始配送,而不会等到所有的产品生产出来后才配送。

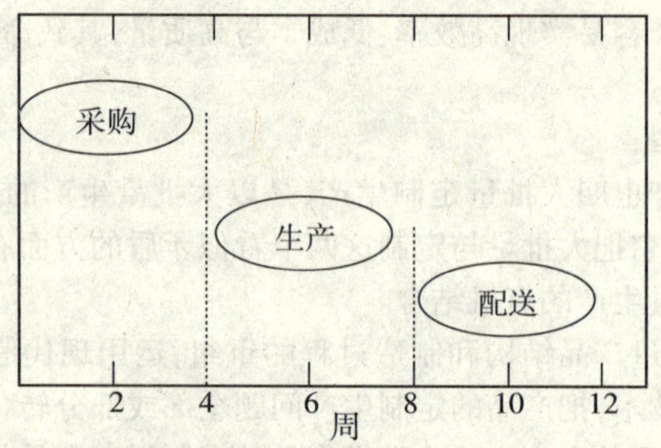

图 4.8 关键过程排程

根据软件的不同,供应排程实际使用的方法和目标差别很大。本部分按顺序解释怎样用 ERP、APS 和仿真系统来组织生产。需要注意的是,这些系统是相互补充的系统,而并非像其他书中所描述的是解决问题的可选方案。每一种系统都有自己的优缺点,最好的方法是把两种或更多的系统结合起来以使计划更完善。

供应排程有两大类方法,分别叫作前导式排程和后导式排程。

前导式排程(forward scheduling)以计划中开始日期为起点,然后按过程的顺序推导,在前一个过程完成后,对下面的过程进行排程,如图 4.9(a)所示。这种方法最适用于开始的日期事先已经确定的情况。而最后完成的日期取决于排程的结果。如果倒过来,即需要根据项目的完成日期来计算开始日期的话,后导式排程(back scheduling)使计划完工的日期和要求完成的日期一致,然后倒序确定每道工序的日期,如图 4.9(b)所示。

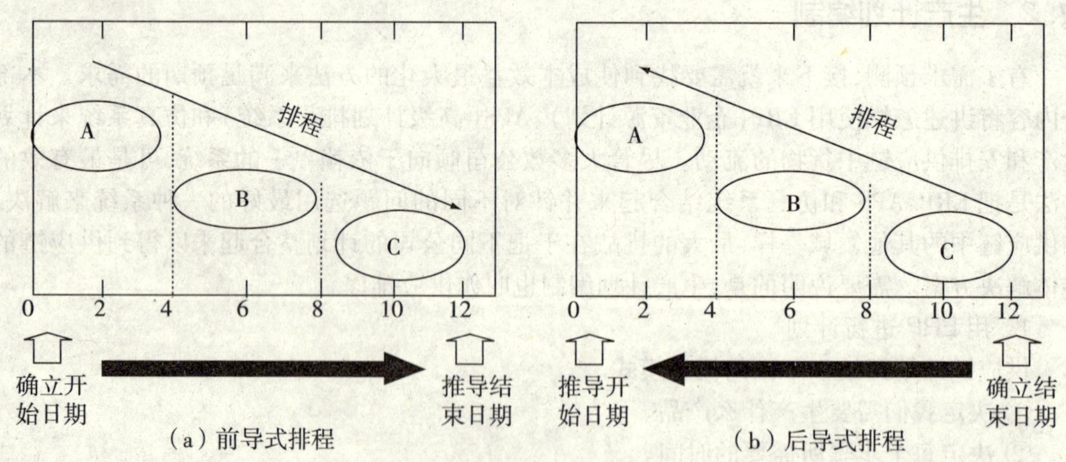

图 4.9 前导式排程和后导式排程

现在企业生产的基石——ERP 系统,就是使用了后导式排程的原则。如图 4.11 所示,ERP 的第一步是把需求预测的结果输入配送需求计划(Distribution Requirement Planning,DRP)模块,即从客户要求的交货期倒推出产品何时需要出运。DRP 把需要出运的日期输入主生产计划(Master Production Scheduling,MPS)模块,MPS 决定每个批号的产品何时开始生产以赶上交货期。接下来 MPS 把生产日期输入物料需求计划(Material Requirement Planning, MRP),这个模块会决定何时需要订购原材料。

后导式排程中的最后一个模块是能力需求计划(Capacity Requirement Planning,CRP),它决定将来何时需要必要的人力和设备来完成工作。

由于通常情况下每种产品由许多原材料制成,所以这些模块的实际运作比较复杂。更复杂的是,材料生产成产品的过程通常不只是简单的一个生产过程,而是一系列的生产过程,这些生产过程还可能相互混合。为了使问题简单化,我们用两份文件来描述产品,这些文件以电子版的形式存储在ERP中,供计划模块调用。这两份文件是物料清单(Bill Of Mateials,BOM)和运营清单(Bill Of Operations,BOO)。物料清单是一张产品所需所有物料的清单,这些物料按照不同的生产工序而分类。与之相类似,运营清单是一张描述产品组件的生产过程的清单。如图4.10所示,MRP模块利用BOM来决定生产所需的材料数量和何时需要;CRP模块利用BOO来决定生产产品所需的人力和设备。

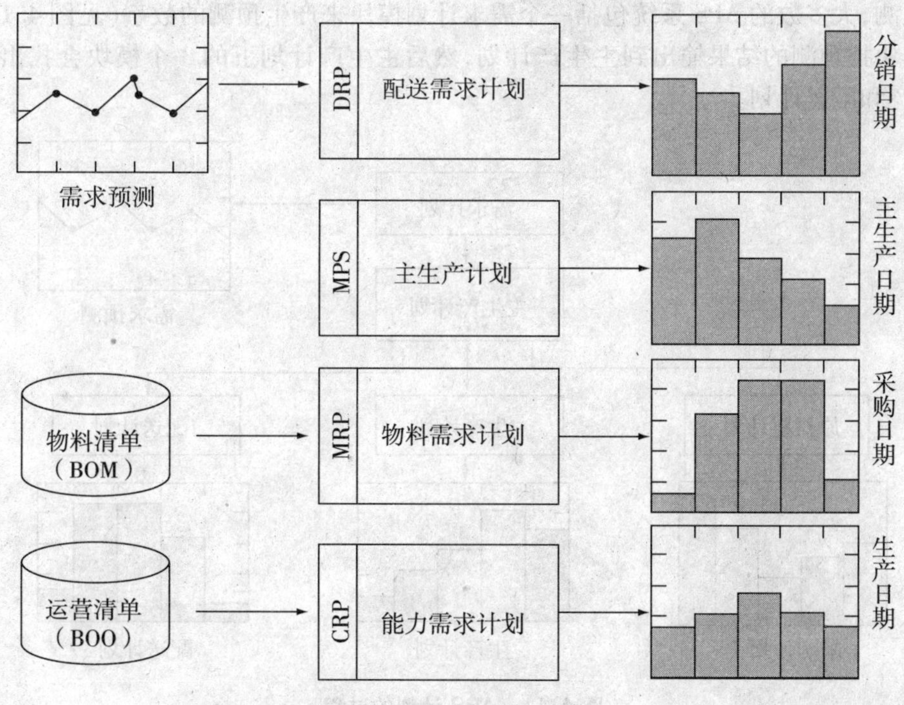

图4.10 ERP排程过程

在生产计划中,前两个模块(DRP和MPS)是由需求来驱动的。也就是说,一旦产品最后的完成日期确定后,这两个模块开始反向运作来计算何时开始采购原材料和生产,而不考虑开始的时间是否可行。可是当计划进行到MRP和CRP模块,我们要开始考虑采购和生产的限制了,MRP和CRP模块会帮我们发现那些在需要的时间并不能得到的资源。如果这样的话,计划员就需要寻找原因以及提出解决方案。例如,可以要求采购的原材料交期提前,也可以在一个或多个工厂增加生产班次,或者外包生产。如果计划员们不能把影响计划完成的限制消除的话,他们需要通过延期一些产品的交货来放宽原来的要求,然后重新运行系统。

刚才的描述只触及了现代ERP系统的表面。ERP系统在帮助企业供应排程上所做的工作无论在量上还是在复杂程度上都令人震惊。如果没有这些强大的系统的帮助,许多现代化生产是不可能实现的。

但是ERP有些不足之处影响了计划的质量,特别是ERP系统完全依赖于后导式排程这一点。这意味着系统排出的所有日期都是最晚的日期。考虑到最终产品的存货成本很高，所以这是一种计划生产最好的方法。但是有时候早点生产会节约成本。因为ERP系统不能对早些生产的结果进行测量，所以就会错过这些机会。

还有，ERP系统假设人们已经知道要生产什么产品。这个假设当然很合理。但是这就意味着在需求超过供应能力时，ERP系统就无法帮助人们决定如何优先安排生产，如何在得知本地需求和销售价格的情况下找到使每个工厂成本效益最大化的产品组合。幸运的是，新一代的APS可以做这些事，甚至还可以做更多的事，它已经成为ERP系统强有力的补充。

2. 用APS系统来优化

APS系统和ERP系统一样有独立的计划、采购、生产和配送系统，但在这些模块之间怎样相互作用来产生主生产计划这点上，APS系统和ERP系统并不相同。APS系统不需要输入需求预测，大多数的APS系统包括一个需求计划模块来产生预测的数字(见图4.11)。需求计划模块把预测的结果输出到主生产计划，然后主生产计划下的3个模块会找出最好的采购、生产和配送计划。

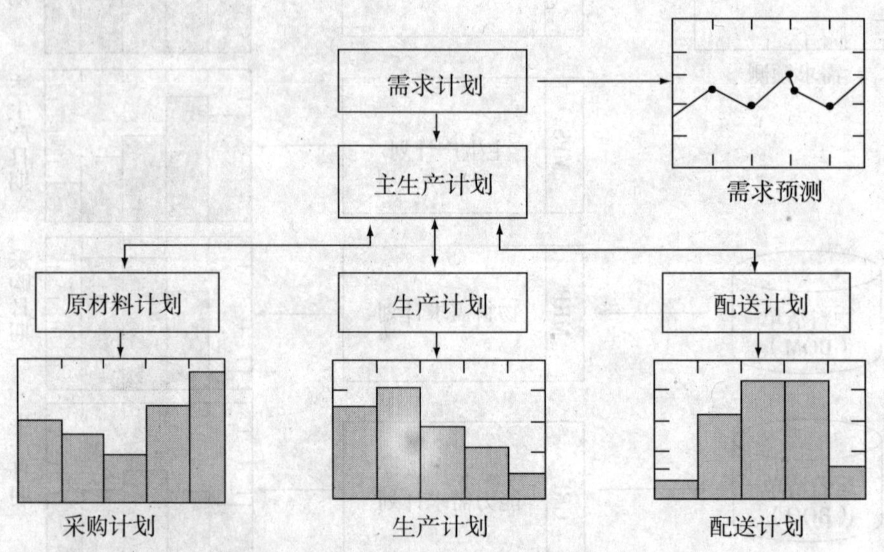

图4.11　APS计划的过程

这3个计划模块一起工作，把试验出来的可行的计划反馈到主生产计划。主生产计划把这些反馈整合起来，减少可行的计划的数目，然后再要求3个模块修正计划。这个过程持续进行，直到最后主生产计划识别出能满足预计需求的而且是成本效益最大化的方案为止。当计划员批准了最后确定的主生产计划时，采购、生产和配送模块会把计划再反馈给另一套模块从而产生更详细的采购、生产和配送的计划。

APS计划模型的强大之处在于变化可以从两个方向来传播。和ERP一样，主生产计划的改变会传递到下一级模块，造成相应计划的改变。但和ERP不同的是，下一级模块中计划的改变也会上传到主生产计划，使之产生相应的改变。这种双向的信息流动可以节省大量的精力和猜测。例如，采购经理可以修改采购计划，然后可看到改变对主生产计划的影响。这远比不断地试运行不同的主生产计划来得到所对应的采购计划的变化有效得多。这种能力还意味着APS可以用来探索不同的“假设分析(what-if)”在各种条件下，产生的不同的情景，从而可以发现如原材料短缺、罢工以及其他扰乱生产的情景下所造成的可能的后果。

APS 系统能够找到成本效益最大化的生产计划的原因是因为它利用了数学模型来计算出最佳方案。因为这些模型能应对成千上万的参数,APS 系统可以把生产上成千上万的限制考虑进去。这些限制包括原材料的成本和可供度,设备以及劳动力等重要资源。例如,我们可以为工厂的生产设定这样的限制——97% 的客户订单必须按时出货并且不可以有工人加班。然后可以让系统来帮我们找到满足条件的最省钱的方案。APS 系统还可以根据计划员提出的商业标准来做出无数的决定。

APS 系统的另一个特点是它们能聪明地应对材料短缺、生产能力不足或不同配送方式,并做出反应来保证已确定的需求。APS 系统可以根据订单的大小、订单的利润率、客户的重要性和延期交货的惩罚等来区分订单的优先次序。APS 系统也可以找出任何工厂的最高利润率的产品组合来决定何时外包生产和配送,并做出其他超出工厂基本排程以外的决定。

为得到 APS 系统的诸多优点,我们不用放弃现有的 ERP 系统。这两个系统经常相互补充,特别是在同一供应链的不同工厂的计划中使用。为了得到最佳的效果,我们可以使用 APS 系统来找出所计划的供应链的最佳方案,然后把这个方案传递给供应链中每家工厂的 ERP 系统。这种技术让 APS 系统用商业逻辑来选择 ERP 系统最佳的运行日期(产品交付日期),然后让 ERP 系统根据这个日期来运行相应的计划。当每个工厂的 ERP 系统产生了它们各自的计划时,ERP 系统的生产运营模块就可以很好地支持工厂每天的运作了。

为了整合 APS 系统和 ERP 系统,需要在它们之间设立数据连接(见图 4. 12)。第一,APS 系统的原材料计划和生产计划模块必须用到 ERP 系统的原材料清单和操作清单,这样可以辨认所有组件的材料和生产任务;第二,APS 系统的主生产计划需要一个途径把完成日期输入到 MPS(主生产计划)模块,使 MPS 下的计划有一个目标完成日期;第三,ERP 系统下的订单管理系统应该可以使用 APS 系统下的可供货(ATP)服务。

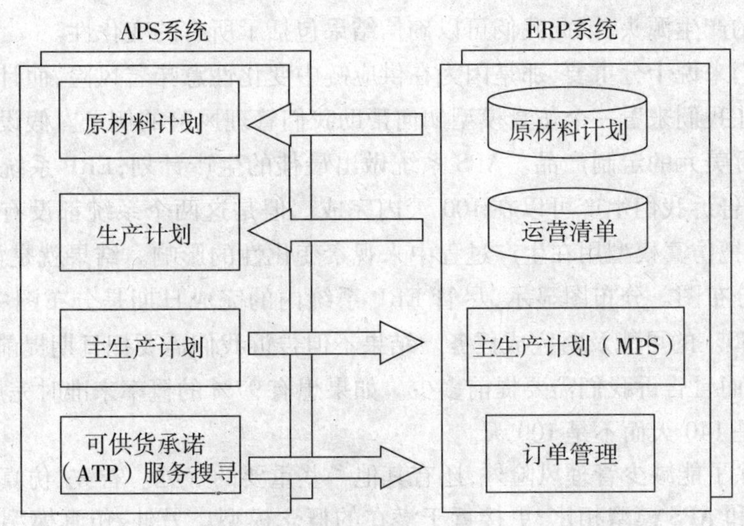

图 4. 12　APS 和 ERP 系统的数据互通互用

以前因为系统的封闭性,建立这些数据连接是一个很困难的任务。但是,最近对系统的开放化及数据格式的标准化的努力使这些整合大大简单化了。最新的发展趋势是把 APS 系统的功能整合进 ERP 系统的标准软件包,这种趋势将最终使它们之间的数据互连自动化。

3. 用仿真模型来验证

尽管 APS 系统比 ERP 系统使用了供应链中更复杂的模型,APS 系统还是受到一些重要的限制。APS 系统产生最佳方案的能力主要建立在线性规划和相应的数学技术上。线性规划要求模型中所有的关系是线性的,当线性规划延伸到混合规划时,我们允许关系成为非线性的(如阶梯形的关系)。

这个限制并不意味着 APS 系统的计算结果不可信赖,只是告诉我们在看结果时要提醒自己 APS 系统有局限性。事实上,APS 系统所做的是利用最接近的线性关系来预计曲线关系。如果在计划中的区域的数字都接近直线,把关系估计成线性对结果的影响很小。对非线性的关系来说,我们可以把它分成简单的一段段的线性关系。这样,非线性的关系就不能阻止我们——它只是让使用模型的人了解到这些关系的局限性并正确地使用。

APS 另外一个假设是线性规划和与它类似的规划的参数是确信并固定的。对于到处充满不确定因素的供应链来说,这是个不切实际的假设。但是有时这个假设的不成立并不一定使最优化的结果不可信——它只是对于结果起着提醒的作用。如果有某种理由相信一个和几个重要的参数随着时间而改变,或者有足够的随机差异使结果不可靠,那么就应该使用不同的参数值多运行几次来决定参数变化的影响从而修正结果。这个过程需要多次运行模型,所以过程会很慢,但它的确提供了对偏离假设结果的保护。

简单地说,尽管 APS 系统比 ERP 优越,然而它在许多重要方面还是有局限性。幸运的是,仿真模型没有这些局限性,它可以表达最复杂的非线性关系,也能适应参数值任何程度的变化。例如,仿真模型可以显示价格、需求、供应及其他重要参数随时间变化(包括随机变化)带来的影响。因为这些仿真模型通过运行一系列蒙特卡罗替代法把变化性包含了进去,所以它们可以产生预计数值的分布,而不仅仅是一个简单的数字。实际上,仿真模型考虑到所有的变化性的产生源头,因此我们可以确信结果包括了所有的变化性。

分布对我们来说十分重要,那是因为在供应链中变化性意味着风险,而计划的目标是为了降低风险。让我们来看一个仿真模型如何帮助我们管理风险的例子。假设公司正在竞价一个生产数百万美元的定制产品。APS 系统做出最佳的生产计划,ERP 系统也做出了一份详细的日程表,告诉我们生产可以在 100 天内完成。但是这两个系统都没有把变化性考虑进去,因此我们把仿真模型用在生产过程中来观察变化性的影响。结果就是如图 4.13 所示的完成日期的分布图。分布图显示,尽管 ERP 系统内的完成日期是分布图中概率最大的,但是公司只有 50% 的可能及时完成任务。结果不但告诉我们需要把日期提前来降低错过最后期限的风险,而且告诉我们需要提前多少。如果想有 97% 的概率来准时完成工作,需要承诺的完成日期是 140 天而不是 100 天。

仿真模型除了能减少管理风险外,还有其他一些重要的好处。首先,仿真模型与使用抽象模型的 ERP 和 APS 模型相比,更接近于潜在的概念模型。另外,仿真模型包括了图形显示工具。这些工具可以在设计执行的时候把概念模型用图形显示在计算机屏幕上。对经理来说,这意味着可以直观地看到自己的商业模式。可以看见工厂的布局图,看到原材料如何流动,查看到库存堆积和瓶颈;还可以在计算机屏幕上探索不同的方法来提高效率。这些优点使仿真模型成为非常优秀的工具,它可以帮助我们了解供应链如何运作;用不同设置来进行不同假设下的试验,观察相应的结果;检验那些指导履约、补货和其他运作的商业政策的效果。

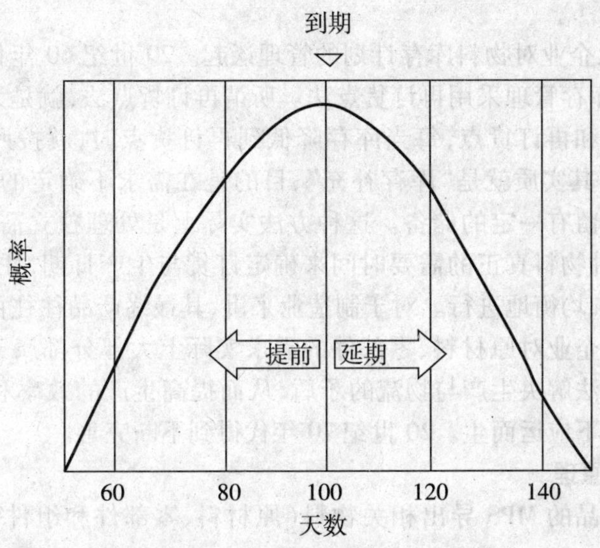

图 4.13 完成日期的不确定性

即使有上述这么多好处,仿真模型也并不能取代 APS 系统或 ERP 系统。尽管仿真模型使用了技术手段来提升供应链的效率,但是却没有 APS 系统那种寻找最佳方案的能力,也没有 ERP 系统那种产生详细排程的能力,也不能像 ERP 系统那样支持日常的运营。和本书里提到的其他模型的情况类似,我们需要找到不同的最佳组合,共同使用它们,而不是找出一种最佳的工具来使用。

供应计划最有效的策略之一是 APS 系统、ERP 系统和仿真系统全部使用,如图 4.14 所示。采用这种策略的话,计划员先用 APS 系统寻找最佳方案,之后使用仿真模型对付变化性、非线性关系,还有那些 APS 系统无法应付的情况的影响。然后把调整过的主计划传递到 ERP 系统的相关支持模块上,ERP 系统会做出详细的排程和运营计划。对于排程来说,这不是最快或最经济的方法,但是考虑到供应链的失败对运营资产和公司价值的巨大影响,在这种策略上投入成本是值得的。

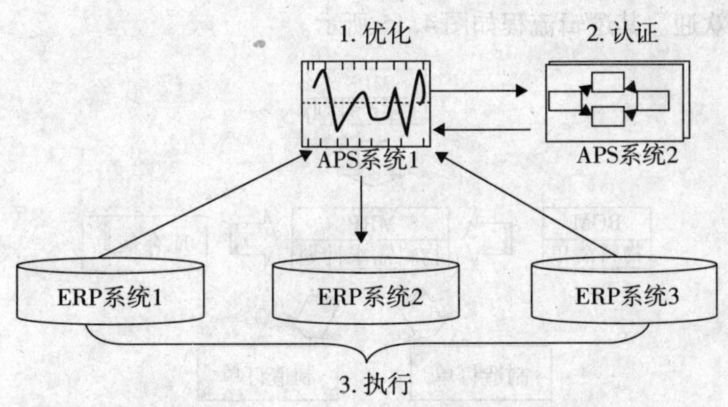

图 4.14 仿真系统和 APS 系统、ERP 系统一起工作

11.3 MRP

1. MRP 的产生

MRP 的产生需从企业对物料库存计划的管理谈起。20 世纪 60 年代中期以前的很长时间里,企业对物料的库存管理采用再订货点法。所谓再订货点法,就是人们所熟悉的采用统计方法确定订货批量和再订货点,每当库存降低到再订货点时,就按照既定的批量再订购(生产)一批的方法。其实质就是“库存补充”,目的是在需求不确定的情况下,为了保证供应而将所有的库存都留有一定的储备。这种方法实际上是处理独立需求库存的一种方法,显然,它没有按照各种物料真正的需要时间来确定订货与生产日期,往往造成库存积压,使得生产物流无法连续、均衡地进行。对于制造业来讲,其最终产品往往由多种零部件和材料制造而成,这样看来,企业对原材料、零部件的需求实际上大部分都属于相关需求。这就从客观上要求有新的方法解决生产与物流的矛盾,从而提高生产的效率和效益。MRP 的生产管理模式在这种背景下应运而生。20 世纪 70 年代得到不断完善。

2. MRP 的基本原理

其一是从最终产品的 MPS 导出相关物料(原材料、零部件和组件等)的需求量和需求时间。

其二是根据物料的需求时间和加工(订货)周期来确定其开始加工(订货)的时间。

例如,对于一个外购件来说,如第 5 周最终产品的装配要用到它,其订货周期为两周,则最晚在第 3 周开始订货;对于一个自加工件来说,如第 5 周需用于装配,而其本身的生产周期为 1 周,则最晚应在第 4 周开始加工。

从以上两条原理可以看出,MRP 系统控制生产物流的方法:根据产品结构的层次从属关系,从最终产品的生产计划倒排相关物料的生产(订货)计划。最终可以解决如下 4 个问题。

① 要生产什么?(根据主生产计划)

② 要用到什么?(根据物料清单)

③ 已经有了什么?(根据库存记录)

④ 还缺什么?何时生产或订购?(根据 MRP 运算的结果)

这 4 个问题是任何类型的工业企业都面临的基本问题。因此,MRP 产生以后,很快就受到了广大企业的欢迎。其逻辑流程如图 4.15 所示。

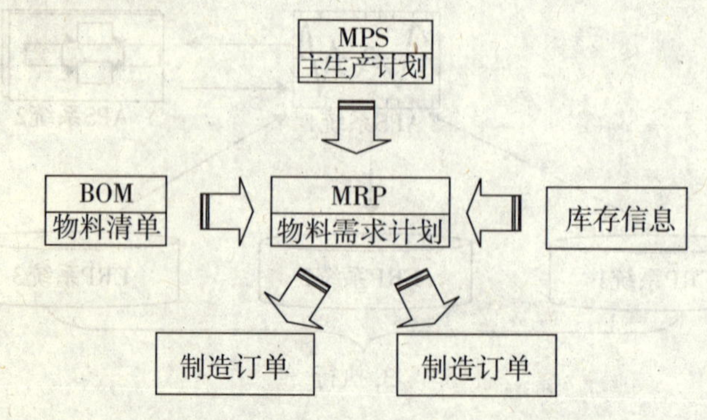

图 4.15 MPS 与 MRP 的关系

从图4.16中可以看出,MRP和其他管理信息系统一样,都要经过输入、转化和输出3个过程。

(1) MRP的输入

MRP系统的输入信息来自3个方面——MPS、BOM和库存记录。

根据MPS导出相关物料的需求计划。MPS是MRP系统的主要输入信息,因为MRP系统要根据MPS中的项目逐层分解,得出各种零部件和原材料的需求量。而其他的信息(如BOM),只是为MRP分解MPS提供参考信息。

BOM包含着产品结构信息,是计算机可以识别的产品结构数据文件。据此可以明确一个最终产品是由哪些零部件、原材料所构成的,这些零部件在时间、数量上的相互关系是什么,可作为需求分解的依据。这样的产品结构文件,列出了产品的所有构成项目,同时指出了项目之间的结构关系,即从最终产品到零部件,直到原材料的层次和隶属关系。

库存记录显示现在库存中有哪些物料,有多少,已经准备再进多少,从而在制订新的加工、采购计划时减掉相应的数量。随着物品库存量的变化,库存记录要实时更新,是一种动态信息。

(2) MRP的转化

MRP的转化需要解决如下问题:需要什么,需要多少,何时需要。换言之,就是解决各种物品需求的"期"和"量"的问题。

(3) MRP的输出

MRP的输出信息包括采购计划和加工计划。如果所需物品是外购件,则形成相应的采购计划;如果是自制件,则形成相应的加工计划。

3. MRP的运算流程

① 计算总需求量。如果是产品,则总需求取决于MPS;如果是零部件,则由其上层元件的计划发出订货量决定。

② 计算现有数。现有数为相应时间的当前库存量。

③ 计算净需求量。净需求量是考虑现有数、预计到货量后物料在某时期的实际需求量。其计算公式如下:

$$净需求量=总需求量-预计到货量-现有数$$

如果考虑安全库存,则上面等式的右边还要加上一个安全库存量;如果上式计算结果为负数,则净需求量取零。

④ 计划发出订货量。计划发出订货量实际上是要说明订单的发出时间或开始生产时间。之所以称为计划发出订货量,是因为在库存记录中是通过将该订单的量记入相应的时间栏内来说明的。

例4-1 已知某种产品的BOM如图4.16所示,BOM文件表如表4.7所示,该产品的MPS与库存状态文件分别如表4.8和表4.9所示。

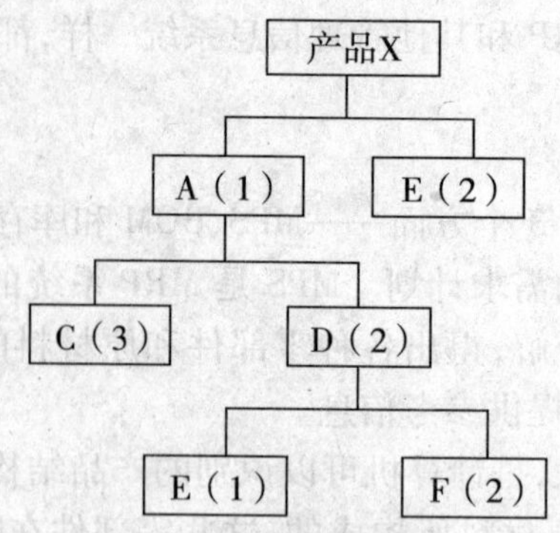

图4.16 产品BOM

表4.7 BOM文件表

物料名称	物料编码	层次	结构数量	单位	备注
X	100000	0	1	台	
A	110000	1	1	件	
C	111000	2	3	件	
D	112000	2	2	件	
E	112100	3	1	件	
F	112200	3	2	件	

表4.8 主生产计划

周次	1	2	3	4	5	6	7	8	9
需求									150

表4.9 库存状态文件

物料编码	物料名称	现有库存	提前期
100000	X	10	1
110000	A	50	3
111000	C	0	2
112000	D	100	2
112100	E	0	1
112200	F	10	2

MRP的计算过程如表4.10所示。

表4.10 MRP计算过程

物料	项目＼周次	1	2	3	4	5	6	7	8	9
X	总需求									150
	预计到货									
	现有数	10	10	10	10	10	10	10	10	0
	净需求									
	计划发出订货									140
A	总需求								140	
	预计到货								140	
	现有数	50	50	50	50	50	50	50	0	
	净需求								90	
	计划发出订货					90				
C	总需求					270				
	预计到货									
	现有数	0	0	0	0	0				
	净需求					270				
	计划发出订货			270						
D	总需求					180				
	预计到货									
	现有数	100	100	100	100	0				
	净需求					80				
	计划发出订货			80						
F	总需求			80						
	预计到货									
	现有数	0	0	0	0	0	0	0	0	0
	净需求			80						280
	计划发出订货		80						280	
F	总需求			160						
	预计到货									
	现有数	10	10	0						
	净需求			150						
	计划发出订货		150							

从表4.10可以看出,为了按计划生产X产品,需要在第5周订购(加工)90件零件A;在第3周订购(加工)270件零件C,80件零件D;在第2周订购(加工)80件零件E;在第1周订购(加工)150件零件F。

我的笔记

11.4 CRP

1. CRP的概念

CRP(Capacity Requirement Planning,能力需求计划)是对各生产阶段、各工作中心(工序)所需的各种资源进行精确计算,得出人力负荷、设备负荷等资源负荷情况,并做好生产能力与生产负荷的平衡工作,制订出能力需求计划。

2. CRP的分类

广义的CRP分为RCCP(粗能力计划,又被称为产能负荷分析)和CRP(细能力计划,又被称为能力计划)。

(1) RCCP

RCCP是指在闭环MRP设定完毕MPS后,通过对关键工作中心生产能力和计划生产量的对比,判断MPS是否可行。

(2) CRP

CRP是指在闭环MRP通过MRP运算得出对各种物料的需求量后,计算各时段分配给工作中心的工作量,判断是否超出该工作中心的最大工作能力,并做出调整。

CRP在ERP中的位置如图4.17所示,RCCP与CRP的区别如表4.11所示。

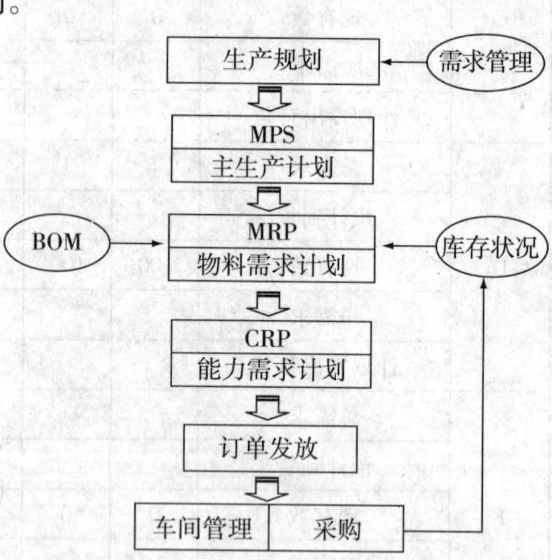

图4.17 CRP在ERP中的位置

表4.11 RCCP与CRP的区别

对比项目	区别	
	RCCP	CRP
计划阶段	MRP制订阶段	MRP与SPC制订阶段
能力计划对象	关键工作中心	MRP物料涉及的所有工作中心
负荷计算对象	最终产品和独立需求物料	相关需求物料
计划的订单类型	计划及确认的订单(不含已下达的计划订单)	所有订单(含已下达的计划订单)
使用的工作日历	工厂工作日历或工作中心日历	工作中心日历
计划提前期考虑	以计划周期为最小单位	物料的开始与完工时间,精确到天或小时

3. 关于工作中心的能力数据

建立工作中心能力数据通常包括选择计量单位、计算定额能力和计算实际能力3个步骤。

(1) 选择计量单位

通常用于表示工作中心能力的单位有标准小时(时间)、千克或吨(质量)、米(长度)和件数(数量)。

(2) 计算定额能力

定额能力是在正常的生产条件下工作中心的计划能力。计算定额能力所需的主要信息有每班可用操作人员数、可用的机器数、单机的额定工时、每天排产的小时数、每天开动班次和每周的工作天数等。

基于上述信息,工作中心的定额能力可用下式表示:

工作中心的定额能力=可用机器数或人数×每班工时×每天的开班数×每周的工作天数×利用率×效率

其中利用率、效率的计算公式如下:

工作中心的利用率=实际直接工作工时数÷计划工作工时数

工作中心的效率=完成的标准定额工时数÷实际直接工作工时数

例4-2 某企业某工作中心由6名工人操作6台机床,每班8小时,每天1班,每星期5天,利用率为90%,效率为95%,求该中心的定额能力。

解

定额能力=6×8×1×5×0.9×0.95=205.20(定额工时)

(3) 计算实际能力

实际能力也称历史能力,是通过记录某工作中心在某一生产周期内的产出而决定的,工作中心的实际能力可用下述公式表述:

工作中心实际能力=工作中心在周期内的定额工时/周期数

例4-3 某工作中心WC-1的星期一至星期五的实际能力为180、210、205、190和170定额工时,求该中心的实际能力。

解

该工作中心的实际能力=(180+210+205+190+170)/5=191(工时)

4. CRP 的编制步骤

(1) CRP 的计算模型

考虑 CRP 的计算方法时，需要把 MRP 的物料需求量转换为负荷小时，即把物料需求转换为对能力的需求。不但要考虑MRP的计划订单，还要结合工作中心和生产日历，同时还得考虑工作中心的停工及维修情况，最后确定各工作中心在各时间段的可用能力，CRP 计算的模型如图 4.18 所示。

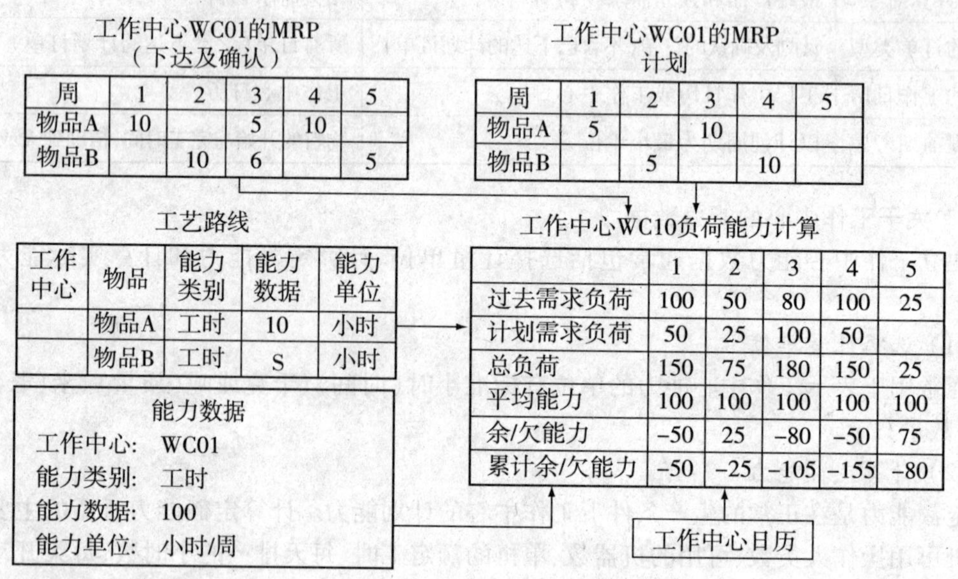

图 4.18 CRP 计算模型

(2) CRP 编制步骤

通常，编制 CRP 的方式有无限能力负荷计算和有限能力负荷计算两种。无限能力负荷计算是指在不限制能力负荷情况下进行能力计算，即从订单交货期开始，采用倒排的方式根据各自的工艺路线中的工作中心安排及工时定额进行计算。不过，这种计算只是暂时不考虑生产能力的限制，在实际执行计划过程中不管由于什么原因，如果企业不能按时完成订单，就必须采用顺排生产计划、加班、外协加工或替代工序等方式来保证交货期。这时，有限能力负荷计算方式就派上了用场。有限能力负荷计算就是假定工作中心的能力是不变的，把拖期订单的当期日期剩下的工序作为首序，向前顺排，对后续工序在能力允许下采取连续顺排，不断地实现计划，以挽回订单交货期。

一般来说，编制 CRP 应遵照如下思路：首先，将 MRP 的各时间段内需要加工的所有制造件通过工艺路线文件进行编制，得到所需要的各工作中心的负荷；然后，再同各工作中心的额定能力进行比较，提出按时间段划分的各工作中心的负荷报告；最后，由企业根据报告提供的负荷情况及订单的优先级因素加以调整和平衡。

1) 收集数据。

CRP 计算的数据量相当大。通常，CRP 在具体计算时，可根据 MRP 下达的计划订单中的数量及需求时间段，乘上各自的工艺路线中的定额工时时间，转换为需求资源清单，加上车间中尚未完成的订单中的工作中心工时，成为总需求资源。再根据现有的实际能力建立

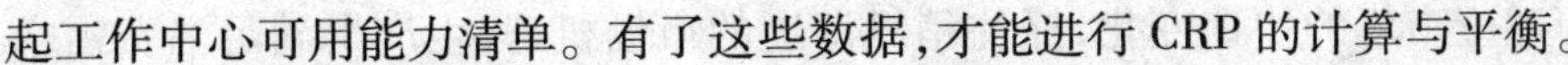

起工作中心可用能力清单。有了这些数据,才能进行CRP的计算与平衡。

2）计算与分析负荷。

将所有的任务单分派到有关的工作中心上,并从任务单的工艺路线记录中计算出每个有关工作中心的负荷。然后,分析每个工作的负荷情况,确认导致各种具体问题的原因所在,以便正确地解决问题。

3）能力/负荷调整。

解决负荷过小或超负荷能力问题的方法有3种,即调整能力、调整负荷,以及同时调整能力和负荷。

4）确认CRP。

在经过分析和调整后,将已修改的数据重新输入到相关的文件记录中,通过多次调整,在能力和负荷达到平衡时,确认CRP,正式下达任务单。

CRP编制示意如图4.19所示。

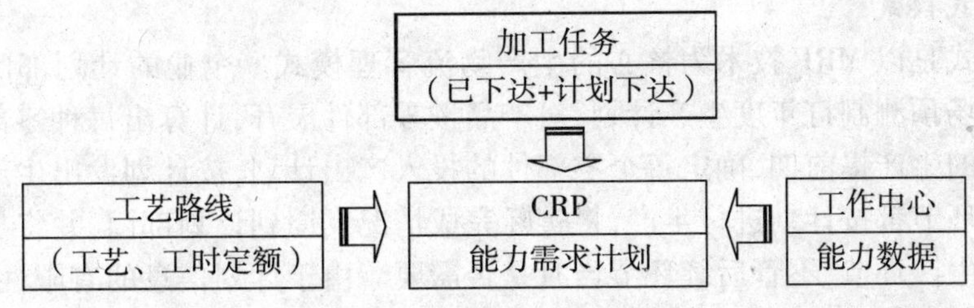

图4.19 CRP编制示意

我的笔记

11.5 精益生产

1. 什么是精益生产

多品种小批量生产模式也称为精益生产(Lean Production, LP)。20世纪70年代,日本丰田汽车公司提出了准时制生产,后来美国在全面研究以准时制生产为代表的日本式生产方式在发达国家以及发展中国家应用情况的基础上,于20世纪90年代形成了较为完整的生产经营管理理论,即“精益生产”理论。

随着社会的发展,企业面临的市场环境发生了很大变化,曾经支持传统大批量生产方式的几个市场要素也发生了根本改变。如前所述,以福特制为代表的大批量生产方式的最大特点在于以单一品种的规模生产来降低成本,这与当时的美国经济环境是相吻合的。但20世纪后半期,市场需求进入多样化的新阶段。生产能力与市场需求是否适应成为制约制造业发展的因素,如何适应市场的快速变化,抓住稍纵即逝的市场机遇,生产出满足消费需求的个性化产品,成为制造企业所要解决的主要矛盾。

再者,传统大批量生产方式的核心思想在于提高生产效率,因而围绕着制造过程形成了配置企业内部资源和社会资源的刚性系统。这种系统很难重新配置,不能适应变化迅速的市场环境,不能实现制造资源的动态优化组合,成为阻碍产品快速创新的主要矛盾,从而迫切地要求进行生产方式的转换。

在这种情况下,日本丰田汽车公司在考察、分析美国汽车制造业的生产模式后认为,丰田公司不能完全照搬美国的汽车生产方式,而应考虑采取一种更能灵活适应市场需求、尽快提高产品竞争力的生产方式。准时制生产就是顺应这样的时代要求,作为一种在多品种小批量混合生产条件下高质量、低消耗进行生产的方式,在实践中摸索、创造出来的。

2. 精益生产的模式

多品种小批量生产模式下的生产物流管理有两种模式,即推进式和拉动式。

(1) 推进式模式

推进式模式是以 MRP 技术为核心的生产物流管理模式。企业的计划部门根据企业的经营方针和市场预测制订年度生产计划,对产品按零部件展开,计算出每种零部件的需要量和各生产阶段的生产提前期,确定每个零部件的投入产出计划,按计划发出生产和订货的指令。每一生产环节都按计划进行生产,将实际完成情况反馈到计划部门,并将加工完的零部件送到下游的生产环节,不管后续环节当时是否需要。由于计划信息的有限性与不准确性,计划不可能做到很精确。因此,推进式模式管理生产物流实际上做不到按需生产,在这种模式下,物流和信息流是完全分离的,其工作原理如图 4.20 所示。图中,“⋯→”表示信息流,“→”表示物流,WC 表示工作中心。

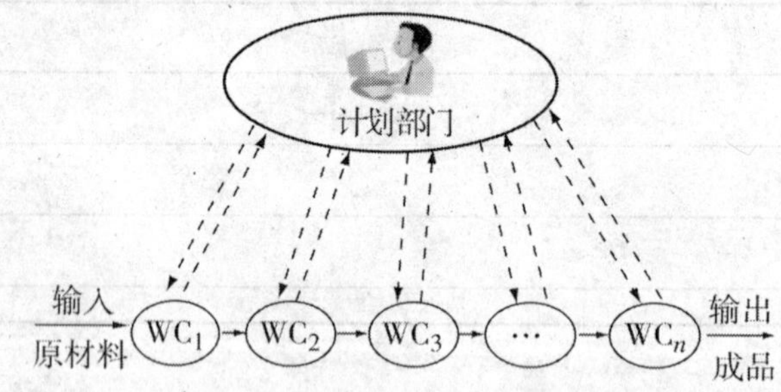

图 4.20 推进模式下信息与物料流向

推进式模式生产物流管理的特点如下。

① 在管理手段上,大量运用计算机管理。

② 在生产物流的组织上,以物料为中心,强调严格执行计划,维持一定的在制品库存。

③ 在生产物流计划编制和控制上,围绕物料转化组织制造资源。执行中以计算机编制的物料需求计划、生产作业计划为中心,控制上以保证按计划的要求按时完成任务为目的。为了防止计划与实际的差异所带来的库存短缺现象,编制 MRP,往往采用较大的安全库存和固定的生产提前期方法,不可避免地会产生在制品库存,即该模式承认库存的作用。

(2) 拉动式模式

拉动式模式由客户订单来触发产品需求,该需求将需要的生产物料在整个生产系统中牵引而过。由客户订单信息牵动产品装配,再由产品装配拉动零件加工。每道工序、每个车间都按照当时的需要向前一道工序、上游车间提出要求,发出工作指令,上游工序、车间完全按这些指令进行生产。换句话说,真正的生产计划指令由其后面的工序在需要的时候下达。在拉动模式下,物流和信息流是结合在一起的,其工作原理如图4.21所示。图中"⇠"表示信息流,"→"表示物流,WC表示工作中心。

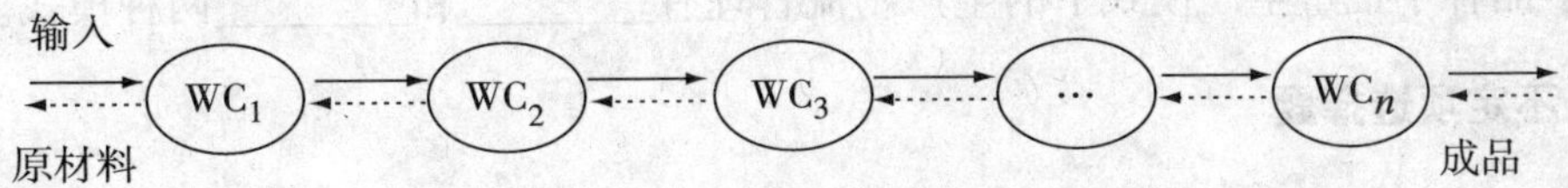

图4.21 拉动模式下信息与物料流向

采用拉动式模式进行生产物流的管理,可以真正做到按需生产。如果每道工序都按其下一工序的要求,在适当的时间,按需要的品种与数量进行生产,就不会发生不需要的零部件被生产出来的情况。可以说,对物流平衡的无限追求是拉动模式的真正核心所在。

在拉动模式下,生产物流管理的特点如下。

① 以最终用户的需求为生产起点,拉动生产系统各生产环节对生产物料的需求。

② 强调物流平衡,追求零库存,要求上一道工序加工完的零件立即可以进入下一道工序。生产中的节拍可由人工干预、控制,但重在保证生产中的物流平衡(对于每一道工序来说,即为保证对后道工序的准时化)。

③ 在生产的组织上,计算机与看板管理相结合。由看板传递后道工序对前道工序的需求信息(看板的形式不限,关键在于能够传递信息)。

④ 将生产中的一切库存视为"浪费",出发点是整个生产系统,而不是简单地将"风险"看作外界的必然条件,并认为库存掩盖了生产系统中的缺陷。它一方面强调供应对生产的保证,另一方面强调对零库存的要求,从而不断暴露生产中基本环节的矛盾并加以改进,不断降低库存以消灭库存产生的"浪费"。基于此,精益生产提出了"消灭一切浪费"的口号。

我的笔记

复习思考

一、填空题

1. 按照物料在生产工艺过程中的流动特点,生产物流可以划分为________和________两种类型。

2. 按物料流经的区域划分,可以把生产物流分为________和________。

3. 满足需求包括3个关键的过程,分别是________、________和________。
4. 供应排程有两大类方法,分别叫作________和________。
5. 广义的能力需求计划分为________和________。
6. 建立工作中心能力数据通常包括________、________和________等3个步骤。
7. 多品种小批量生产模式也叫________。
8. 多品种小批量生产模式下的生产物流管理有________和________两种模式。

二、不定项选择题

1. 企业生产物流具备的特征有(　　)。
   A. 连续性　B. 平行性　C. 比例性　D. 均衡性　E. 准时性
2. 按生产专业化的程度,可以把生产类型划分为(　　)。
   A. 大量生产　B. 单件生产　C. 成批生产　D. 中批生产　E. 小批生产
3. 项目型生产物流特征主要有(　　)。
   A. 物料采购量大,供应商多变,外部物流较难控制
   B. 生产过程原材料、在制品占用的物流量大
   C. 物流在加工场地的方向不确定、加工路线变化极大,工序之间的物流联系不规律
   D. 物料需求与具体产品存在一一对应的相关需求
4. 单件小批量型生产物流的主要特征有(　　)。
   A. 生产重复程度低,物料需求与具体产品的制造存在一一对应的相关需求
   B. 生产的重复程度低导致产品设计及工艺设计重复程度低,物料的消耗定额不容易准确制定,只能粗略制定物料的消耗定额
   C. 由于生产品种繁多,物料需求种类变化大,不易与供应商建立长期稳定的合作关系,质量与交货期不易保证,采购物流较难控制
   D. 物料需求与具体产品存在一一对应的相关需求
5. 多品种小批量型生产物流的特征主要有(　　)。
   A. 物料被加工的重复度介于单件生产和大批量生产之间,一般采用混流生产
   B. 使用MRP实现物料相关需求的计划,以JIT实现客户个性化特征对生产过程中物料、零部件、成品的拉动需求
   C. 由于产品设计和工艺设计采用并行工程处理,物料的消耗定额容易准确制定,从而产品成本容易降低
   D. 由于生产品种的多样性,对制造过程中物料的供应商有较强的选择要求,从而外部物流的协调较难控制
6. 企业资源计划是指(　　)。
   A. ERP　B. MRP　C. MRPⅡ　D. DRP　E. APS
   F. CRP　G. RCCP
7. 配送需求计划是指(　　)。
   A. ERP　B. MRP　C. MRPⅡ　D. DRP　E. APS
   F. CRP　G. RCCP

8. 能力需求计划是指(　　　　)。

A. ERP　　B. MRP　　C. MRPⅡ　　D. DRP　　E. APS

F. CRP　　G. RCCP

9. MRP 系统的输入有(　　　　)。

A. 主生产计划(MPS)　　B. 物料清单(BOM)　　C. 库存信息

D. 采购计划　　E. 生产计划

10. CRP 可以解决(　　　　)问题。

A. 各个物料经过哪些工作中心加工

B. 各工作中心的可用能力和负荷是多少

C. 工作中心的各个时段的可用能力和负荷是多少

D. 工作中心的额定工作能力是多少

三、简答题

1. 简述单一品种大批量型生产过程的特点。
2. 简述多品种大批量型生产过程的特点。
3. 简述 MRP 的基本原理。
4. 简述 CRP 的编制步骤。
5. 比较分析推进式和拉动式两种模式的区别。

任务 12 配　　送

学习任务

配送是供应链系统中的核心环节。本任务要求学生在深入学习知识导读的基础上,深刻理解配送的方法及配送系统的分析与设计,具备一定的分析问题和解决问题的能力,能应用所学的知识进行初步的案例分析。

知识目标

- 掌握选择配送模式的一般方法。
- 掌握配送的业务流程。
- 熟悉配送系统的分析及设计方法。

技能目标

- 能够准确地选择一种恰当的配送模式。
- 能够熟练地掌握配送的一般业务流程。
- 能够在一定程度上分析并设计企业的物流配送系统。

案 例

案例 电子配送商 Avnet 的配送中心解决方案

无论对哪一家配送商来说,细小电子元件的配送都是一项十分头疼的工作,但是 Avnet 却对细小元件的处理驾轻就熟。

Avnet 是全球最大的电子器件配送商,年营业收入达 130 亿美元。Avnet 设在美国亚利桑那州 Chandler 的配送中心 1986 年投入使用,营业面积超过 40 万平方英尺(约 3.7 万平方米),是其最大的配送中心。Chandler 配送中心主要处理半导体和电阻等电子元器件,每天处理 SKU(存货单位)超过 84 000 个。

几年来 Avnet 不断改善作业流程,在库房里配备水平旋转货架、静态货架等输送和存储细小元件的设备。最近一年来 Avnet 又配备了新型传送机、分拣机,安装实施了 WMS 和无纸化作业的控制软件。

在这些方面的共同作用下,Avnet 大多数订单拣选当天完成,配送作业精度提高到 99.9% 以上。Chandler 配送中心的货物吞吐量翻了一番。存货管理和可视度大大改善,在削减劳动力成本的同时,为客户提供了更多的增值服务。

"配送中心不是普通的库房,而是为客户提供物流和解决方案的场所。"运营部高级总裁吉姆·史密斯说,"作业流程改善后,我们的效率提高了,作业时间减少了,操作人员从 480 名压缩到 300 名。同时服务质量和作业精度达到了无与伦比的高度。"

1. 高精度的入库作业

货物从配送中心的 7 个进货月台办理入库。其中,70% 的入库货物是单个的货箱,剩下的是托盘货物。

办理托盘货物入库的时候,卸托盘机把整装托盘取下,送上叉车,输送到窄巷道货架区储存。这大多是体积大、流量大的商品。配送中心地面上有内置的电路引导叉车办理入库。存储完成后,托盘和储位上的条形码一道扫描确认。

单个纸箱货物全部在 36 个接货站处理。尽管 55% 的供货商在纸箱上粘贴有条形码,但是接货站的工作人员为了统一标准保证配送作业的平衡进行,还是把事先印制完成的条形码标签粘贴在每个收到的纸箱上。办理入库的时候,对条形码进行扫描,提示 WMS 货物收到。对军用货物,扫描后还可以得到收据开具日期、采购号和批号等其他信息。

"起初设计系统的时候,是将货箱 SKU 的电子器件直接送上传送机。"物料搬运工程主管 Jim Calabrese 说,"但是电子器件有自己的特殊性,得防止传送和作业过程中的损坏,现在我们把 100% 的器件旋转到减震容器里。"

货物装进减震容器前,容器上的标签将被扫描,使容器与分配的货物相匹配。当货物体积过大,无法整体放进减震容器时,就把货物拆散,把内层货箱逐一添加条形码标签,再放入减震容器,扫描确认。

货物取出后的空纸箱就被放上废弃物传送机,由传送机把它们传送到挤压机那里进行压缩处理。

然后 WMS 给旋转在减震容器里的货物分配储位。入库货物通常有 3 个目标存放地点：窄巷道货架存放区、水平旋转货架和储料箱货架。当收到的货物进入减震容器后，它们就被负责接货的工作人员放上传送系统。有两个滑块状高速分拣机帮助把货物引导到既定的存放区。WMS 也预留一些随机储位。但是为了方便拣货作业，通常把相近产品存放在一起。

货架存放区存放小于整装托盘的大体积货箱。当货箱被旋转进窄巷道存放区的货架时，扫描确认。大多数入库作业要借助于订单拣选车和液压拖板车完成。每个储位可以放多个 SKU。

旋转货架存放周转率高、体积较小的货物。配送中心有 64 个旋转货架组成的积层式货架，上端的旋转货架储藏周转率相对较低的货物。货物到达这个存放位置需要借助传送机和堆高机。另外，还有 8 个旋转货架单独存放军用物资。

货物到达旋转货架的时候，作业工人对减震容器进行扫描，确认身份。在 WMS 的指引下，旋转货架旋转至安排存放的位置。周转速度高的货物放在齐腰高的贵重货物存放区。

不适合在窄巷道货架存放区和旋转货架存放的货物在储料箱货架存放，根据周转速度划分为 A、B、C、D 四个等级。A 类货物流动性最强，在最便于存取的地方存放，D 流动性最差，通常存放在积层式货架的第二层，拣选员造访的次数不是很多。

Calabrese 说："这样，在不影响拣选区域作业效率的前提下，获得了更大的存储体积。"

2. 细小元件拣选

大约有 40% 的订单在上午收到，上午是 Avnet 一天中最忙的时间。截止到下午 5:00 前提交的订单都要在当天装运。大型倒计时钟悬挂在出货分拣机上端的装运转向器上，显示出到每个承运商的发货时刻剩余的时间。倒计时钟催促工人们在限定的时间里完成工作任务。

拣选作业在所有拣选区域进行，通常很少有客户订购整托盘的货物。在为数不多的情况下，当客户订购的货物达到整托盘时，卸托盘机在内置的射频（RF）终端的指引下取下整托盘，叉车再把托盘转运至出货月台，在那里进行弹性包扎后，装上拖车。

单个纸箱可以从窄巷道存放区存放的托盘和货架上拣取。订单拣选机上的无线终端提示需要拣取的项目。拣货既可以整箱拣取，也可以拆箱拣取。拆箱拣取的时候，货箱被打开，从里面拣选出需要的货物，装入拣选箱。订单拣选机内置打印机，能够给货箱打印条码标签，当旋转订单拣选机时，扫描确认。

WMS 同时控制旋转货架上的拣选作业，空减震容器被旋转在作业区域，经扫描确认，旋转货架就把需要的货件所在的储位翻转过来。作业工人们拣选出所需的项目，必要的时候对其打包。满足客户需要的多个货件可以被拣选到同一个减震容器，随后将其分拆成各个订单。

储料箱货架的拣选运用便携车。借助手持射频设备完成拣选工作。拣选出来的货物经添加标签和扫描后，旋转进减震容器。

完成特定区域的拣货作业时，包括旋转货架、料件箱货架和预存货架，减震容器归集所有拣选出的货物，进入传送系统。从那些装有无须进行增值服务的货物的减震容器上取下，扫描确认，进行检验。包装过程中产生包装清单，完成包装后，装进货箱用于装运。货箱通常有 3 种规格，完成装箱工作后传送到工作站，那里有操作人员添加防护性纸衬板，并照看货箱通过封箱机和自动化标签机,然后传送到装运分拣机。

3. 增值服务

许多产品还需要增值服务,如添加一些特殊加工作业。

在批量拣货时集合在一起的订单货物这个时候需要分拆开来。平均每个减震容器存放1至5件货物,满足1至5个客户的需要。同时,因为不同的SKU在配送中心不同的存储货架存放,拣选出来的货物在完成订单交付,需要把器件从各个货架分区拣选出来。在这种情况下,混在一起的减震容器被输送到编组区。对单个的减震窗口逐一扫描确认,确认身份,完成装箱后,旋转进订单拣选机,直到射频终端告诉操作员所有的订单货物已经集合完毕。然后货箱被发送到包装区。

另一种增值活动发生在合并货物区。许多客户每天都下单购货,但是他们希望集中收货。Avnet在配送中心专门划分出合并区域,用来暂时存放合并货物、直到办妥装运。和编组区一样,合并货物在减震容器存放。除了和客户约定时间提前装运外,大多数合并货物每个周末发货一次。

Avnet出售的许多电子芯片都需要专门的焊接程序。含有这些产品的减震容器被转向到焊接中心。根据客户的要求,由精密仪器进行焊接作业。焊接完成的货物被回转到传送机,装运发货。

Avnet应客户之邀,还提供专门包装服务。这项增值服务需要添加泡沫衬板、特殊标签和专门检验。含有这些订单的减震容器被传送到配备相关机器的包装站,完成这项增值服务工作。所有的增值服务都完成后,在包装站进行装箱,再完成同样的后续作业。

包装完成的货箱经过合并,测重后出具装运单,经过扫描确认,进入发货分拣机。滑块状分拣机有8个转向器,根据既定的运输线路把货箱转运至出货月台。其中两个月台配备有延长的传送机,协助装运。

在传送机的末端有包裹运送商负责装运工作。UPS和FedEx在出货现场专门设有工作人员,货箱从预先分配给他们的滑槽输出,他们点验和扫描确认后发货装运。

“借助于新系统,我们把装运时间缩短了四个半小时。”史密斯说,“这的确是很大的市场竞争优势。”

我的笔记

知识导读

12.1　配送模式

在不同的市场环境下，为了满足不同产品、不同企业、不同的流通环境的要求，在配送组织活动过程中，可以采取不同的配送模式来满足客户的需要。根据配送组织过程的两大要素，即配送时间和配送货物数量的不同，配送活动分为定时配送、定量配送、定时定量配送、定时定线路配送、即时配送和快递配送等几种模式。

1. 定时配送

定时配送是按照与用户商定的时间或时间间隔进行的配送。每次配送的品种和数量既可以预先在协议中约定，配送时按计划执行；也可由用户在送货之前以商定的联络方式（如电话、传真和电子邮件等）通知配送中心，配送中心根据通知中的品种和数量安排配送。

由于定时配送在时间上是固定的，对用户而言，便于按照自己的经营情况，在最理想的时间进货，也易于安排接货的人员和设备。对配送中心来说有利于制订工作计划，实施共同配送，以降低成本。但定时配送也有不足之处，主要是当用户选定的时间比较集中时，造成配送中心的任务安排不均衡。

2. 定量配送

定量配送是指按照规定的数量（或批量），在一个指定的时间范围内（对配送时间不严格限定）进行配送。这种配送方式配送货物数量固定，备货比较简单，可以依据托盘、集装箱及车辆的装载能力来测定配送数量，也能够有效利用托盘、集装箱等集装方式，做到整车配送，配送的效率高。另外，由于配送的时间没有严格限定，所以在时间上能够将不同客户所需的货物配装成一辆整车后进行配送运输，从而能提高运力的利用率。而对客户来讲，由于每次送达的货物的数量是固定的，所以接货工作也易于组织，客户的生产和销售计划也易于与配送活动保持同步进行。不足之处在于，由于每次配送的数量保持不变，所以不够机动灵活，有时会增加客户的库存，造成库存过高。

3. 定时定量配送

定时定量配送是按照所规定的配送时间和配送的数量来组织配送。这种形式兼有定时配送和定量配送两种形式的优点，但是对配送组织要求高，计划难度大，不太容易做到与客户的生产节奏保持合拍，同时又保持较高配送效率，实际操作较困难。一般适合于配送专业化程度高的，如汽车、家用电器、机电产品制造业等配送中心配送。

4. 定时定线路配送

定时定线路配送是指在规定的运行线路上，制定到达时间表，按照运行时间表进行配送的形式。采用这种配送方式，用户必须提前提出供货的品种、数量要求，并按规定的时间在规定的运行线路上接货。因此，也可以将其称作班车配送或列车时刻表配送。

这种配送方式对配送企业而言，有利于安排车辆运行及人员配备，比较适合于客户相对比较集中，客户需求比较一致的环境，并且配送的品种和数量不能太大，批量的变化也不能太大。对于客户来讲，由于配送的时间和路线固定，可以根据需要有计划地安排接货，但由于配送时间和路线不变，因而对客户的适应性较差，灵活性和机动性不强。

5. 即时配送

即时配送是指完全按照客户提出的接货时间和送货数量,随时进行的配送组织形式。这是一种灵活性和机动性很强的应急配送方式。采用这种配送方式,对客户而言,可以用即时配送来代替保险储备。但对配送的组织者来说,很难做到充分利用运力,配送成本较高。同时,由于这种配送形式完全按照客户的要求来进行,因而配送的计划性较差,对配送组织要求高,对配送企业的应变能力和快速反应能力要求也比较高。其优点是适合客户要求的能力强,对提高配送企业的管理水平和作业效率有利。当然,这种服务方式成本较高,不宜经常采用。

6. 快递配送

快递是一种快速的、向社会广泛提供服务的配送方式。一般而言,这种方式覆盖范围较广,服务承诺的时限随着地域的变化而变化。所以,这种配送方式很少用作生产企业"零库存"的配送。

正因为快递配送的对象是社会的广大企业和个人客户,配送的物品主要是小件物品,而且以快速、便利为特色,所以颇受青睐,发展很快。日本的宅急便、美国的联邦快递,我国邮政系统的特快专递等都是运作得异常成功的快递配送企业。目前,快递在世界范围内都得到了快速发展,快递业四大巨头 Fedex、UPS、DHL、TNT 已经将业务延伸到世界各地,我国民营快递公司,如顺丰、申通、圆通等公司业务的发展也异常迅猛。

我的笔记

12.2 配送业务流程

配送作业是按照用户的要求,将货物分拣出来,按时按量发送到指定地点的活动。配送作业也是配送中心运作的核心业务。因此,配送作业流程的合理性、配送作业效率的高低都会直接影响整个物流系统的正常运行。

配送作业一般包括以下几项作业:进货、装卸搬运、储存、订单处理、分拣、补货、配货和送货。

1. 进货作业

进货作业是实现货物配送的前置工作,是货物从生产领域进入流通领域的第一步,基本的环节包括货物从货运卡车上卸货、点数、分类、验收并搬运到配送中心的储存地点,如图4.22 所示。

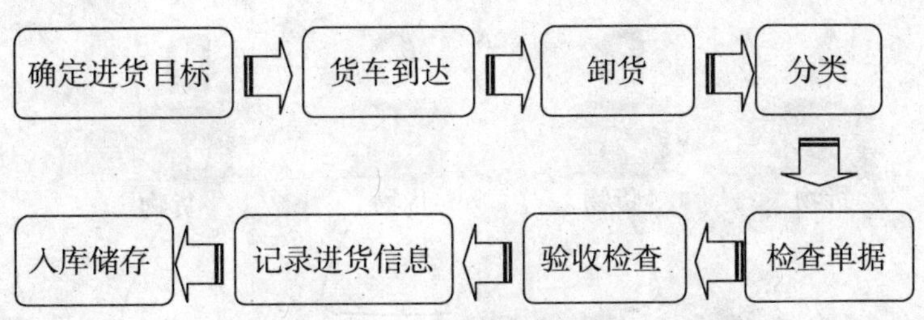

图 4.22 进货作业的流程

2. 订单处理

从接到客户订单开始到着手准备拣货之间的作业阶段,称为订单处理。通常包括订单确认、存货查询和单据处理等内容。订单处理是与客户直接沟通的作业阶段,对后续的拣选作业、调度和配送产生直接影响。

订单处理分为人工和计算机两种方式。人工处理具有较大的弹性,但只适合少量的订单处理,一旦订单数量较多,处理将变得缓慢且易出错。计算机处理则速度快、效率高,适合大量的订单处理。

订单处理的基本内容及步骤如图 4.23 所示。

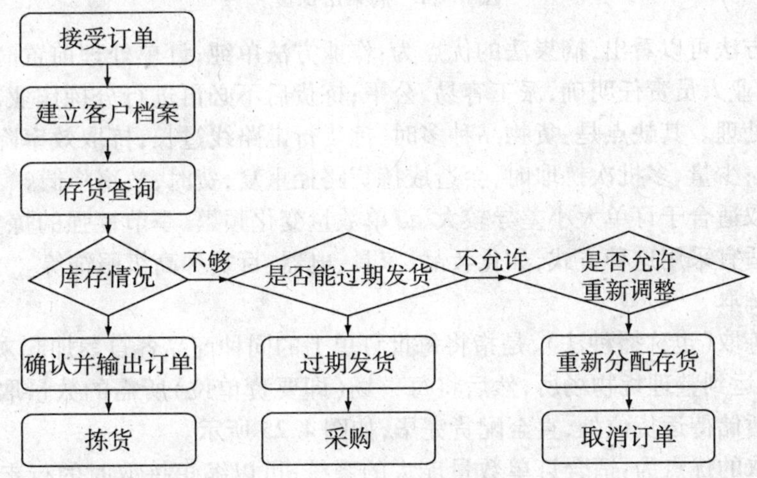

图 4.23 订单处理的基本内容及步骤

3. 拣选作业

拣选作业又称拣货,它是配货中心根据客户订单所规定的商品品名、数量和储存仓位,将商品从货垛或货架上取出,并分放在指定货位,完成用户的配货要求的活动。拣选是配送中心的核心作业。

拣货作业最简单的划分方式,是将其分为按订单拣取、批量拣取与复合拣取 3 种,下面分别介绍。

(1) 按订单拣取

所谓按订单拣取(也称摘果法),是指让拣货搬运巡回于储存场所,按某个要货单位的订单挑选出每一种商品,巡回完毕也就完成了一次拣取作业。然后,将配齐的商品放置到发货场所指定的货位,再进行下一个要货单位的拣货,如图 4.24 所示。

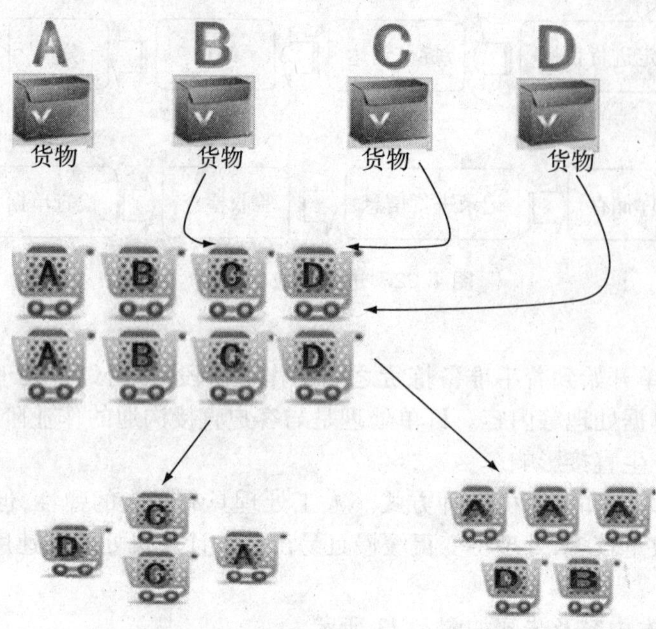

图4.24 摘果法拣货

从以上的方法可以看出,摘果法的优点为:作业方法单纯;订单处理前置时间短;导入容易且弹性大;作业人员责任明确,派工容易、公平;拣货后不必再进行分拣作业,适用于大量、少品种订单的处理。其缺点是:货物品种多时,拣货行走路线过长,拣取效率降低;拣取区域大时,搬运困难;少量、多批次拣取时,会造成拣货路径重复,费时,效率降低。

按订单拣取适合于订单大小差异较大、订单数量变化频繁、季节性强的拣货。货物外观体积变化较大适宜采用这种方式,如化妆品、家具、电器、百货和高级服饰等。

(2) 批量拣取

所谓批量拣取(也称播种法),是指将每批订单上的同种商品各自累加起来,从储存仓位上取出,集中搬运到整理货物场所,然后将每一场(即要货单位)所需的数量取出,分放到该要货单位商品暂储待运货位处,直至配货完毕,如图4.25所示。

播种法拣取的优点为:适合订单数量庞大的系统;可以缩短拣取时的行走搬运距离,增加单位时间的拣取量;越要求少量、多批次的配送,批量拣取就越有效。其缺点是:对订单的到来无法做及时的反应,必须等订单达到一定数量时才做一次处理,因此会有停滞的时间产生。

(3) 复合拣取

复合拣取是将按订单拣取和批量拣取组合起来的拣货方式,即根据订单的品种、数量及出库频率,确定哪些订单适合按订单拣取,哪些适合按批量拣取,然后分别采取不同的拣货方式。

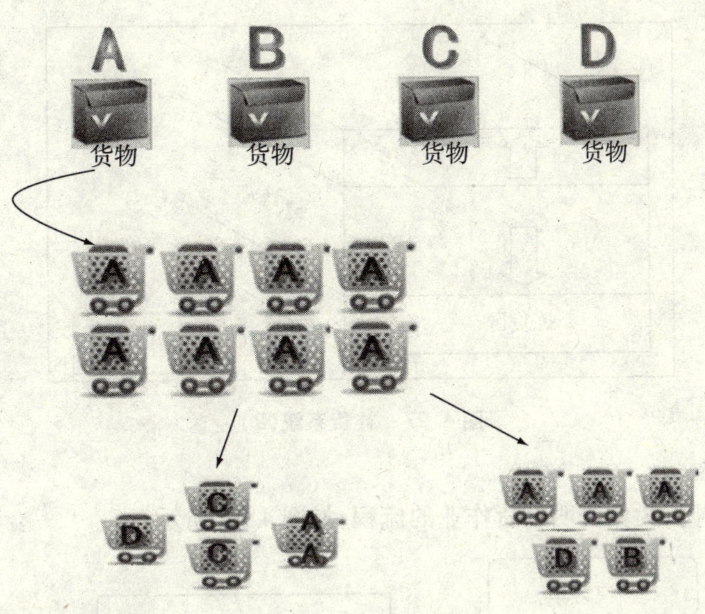

图 4.25 播种法拣货

4. 补货

补货作业的目的是保证拣货区有货可拣，是保证充足货源的基础。补货通常是以托盘为单位，从货物保管区将货品移到拣货区的作业过程。

(1) 两种主要的补货系统

① 由存储货架与流动式货架组成的存货、拣货和补货系统。这种补货方式的主要特点是存储区和拣货区分开，存储区主要采用货架来存储货物，而拣货采用流动式货架，如图4.26所示。

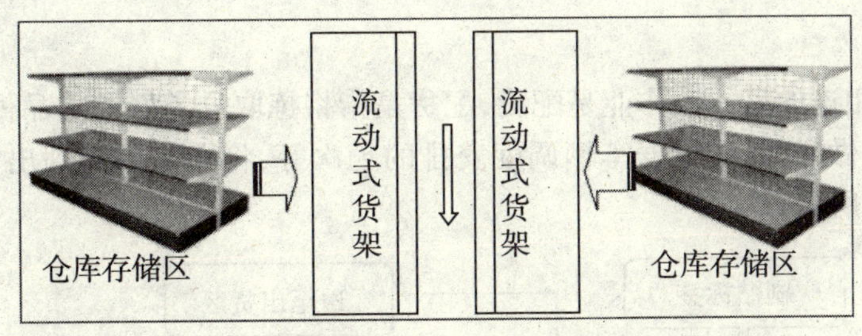

图 4.26 补货系统(1)

② 货架的上层作为储存区，下层为拣货区，由上而下补货的系统。这种系统的特点是存货区就在拣货区的上面，并且是同一货架，如图 4.27 所示。

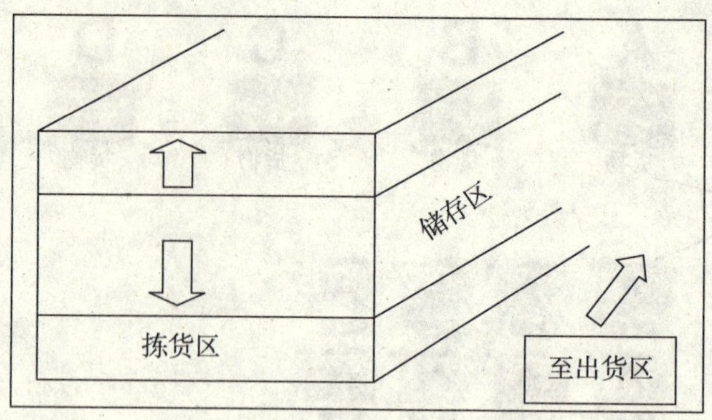

图4.27 补货系统(2)

(2) 补货流程

下面以托盘补货为例说明补货作业的流程,如图4.28所示。

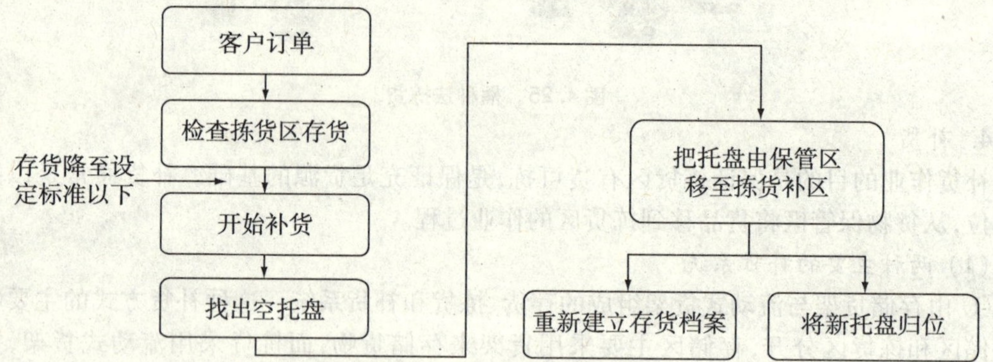

图4.28 一般补货作业流程

5. 配货

跟拣货紧密相连的另一项作业是配货,配货是指将拣取分类好的货品做好出货检查,装入妥当的容器,并做好标记,根据车辆调度安排的趟次等,将物品搬运到出货待运区。其基本流程如图4.29所示。

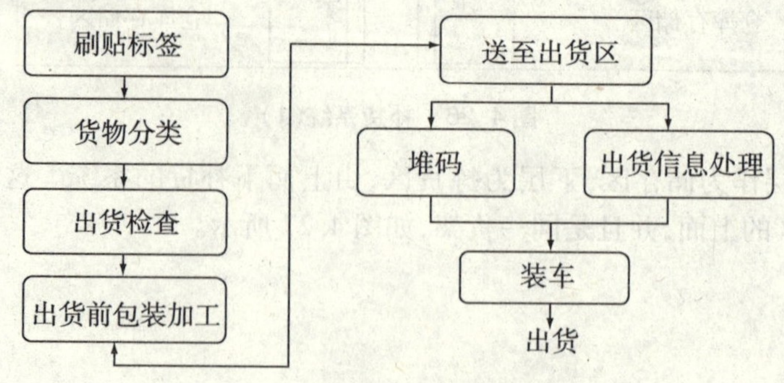

图4.29 配货作业基本流程

(1) 分拣

拣货作业完成后,按照不同的客户或不同的配送路线将物品作分类的工作,就是所谓的

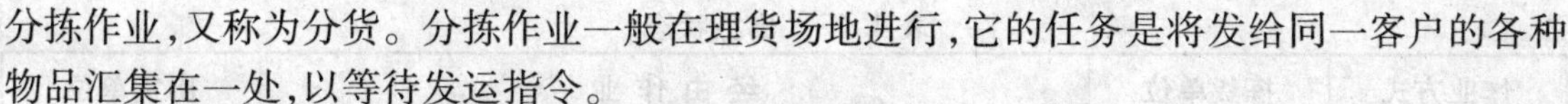

分拣作业，又称为分货。分拣作业一般在理货场地进行，它的任务是将发给同一客户的各种物品汇集在一处，以等待发运指令。

分拣的操作方式一般有人工分拣和自动化分拣两种。

① 人工分拣。人工分拣是用人力以手推车为辅助工具，将被分拣商品分送到指定的场所堆放待运。批量较大的商品则用叉车、托盘作业。现阶段，我国的大多数传统的仓库、配送中心都采用人工分拣作业。它的优缺点非常明显。

优点：机动灵活，不需复杂、昂贵的设备，不受商品包装等条件的制约。

缺点：速度慢、工作效率低、易出差错，只适用于分拣量少的场合。

② 自动化分拣。促进分拣自动化主要有两个原因：一是消费者“多品种、少批量”的消费需求的日趋强烈；二是已经具有足够的技术水平完成此项工作。

自动化分拣的优点：单位时间内的商品处理量提高，如一台自动分拣机每小时分拣量可达 5 000～15 000 箱；可提高物流服务品质，使物品在物流作业过程中的货损率大大低于人工作业；降低分货的差错率，通常自动分拣系统的分拣错误率在万分之零点几，这是人工所无法比拟的；自动分拣机成倍地缩短了分拣作业的前置时间、降低物流成本；同时解决了劳动力不足的问题，把操作员从繁重的分货作业中解放出来。

自动化分拣的缺点：投入的成本高，一般的中、小型企业根本无法承受。

(2) 流通加工作业

在整个物流配送作业系统，为了提高服务水平、增加附加价值，企业可以采用流通加工作业。很明显，流通加工作业可以增强一个物流企业的竞争力。较常见的流通加工作业有进口商品贴标签、礼品包装、热缩包装及贴价格标签等。

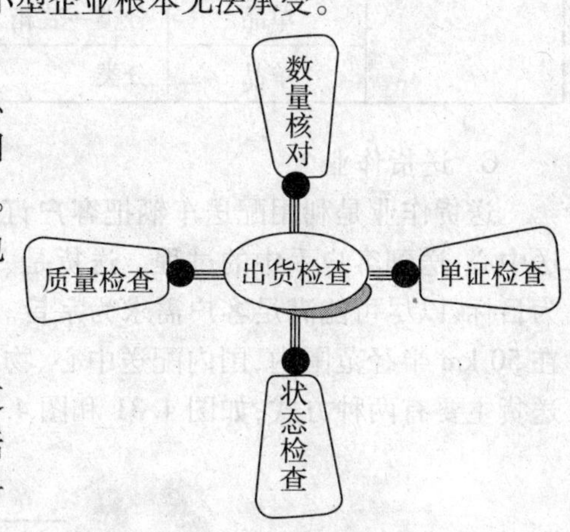

图 4.30　出货检查作业内容

(3) 出货检查

货物分拣、配货后，就要进行检查核对工作，这项工作就是出货检查作业。出货检查作业主要包括把拣取物品依照客户、车次对象，按出货单逐一核对货品的品项及数量。同时，还必须核查货品的包装与质量，如图 4.30 所示。

(4) 包装和捆包

包装是配货作业中重要的一个环节，它起到保护商品、便于搬运、储存、提高用户购买欲望以及易于辨认的作用，分为个装、内装和外装 3 种。

内装和外装统称为运输包装。对于运输货物的包装，通常不要求装潢美观，只求坚固耐用和便于装卸，以免货物经长距离辗转运输而遭受损失。

(5) 出货形式

配送中心在拣货时，一般以托盘、箱、单件为单位进行拣取。同样，出货的形式也以这 3 种方式进行。因此，针对不同的拣货及出货形式，应采取不同的作业方式，如表 4.12 所示。

表4.12 出货状态

作业方式	拣货单位	经由作业	出货单位
订单拣取	托盘	捆包(用包装膜或绳索固定)	托盘
	托盘	卸载→捆包	箱子
	箱子	捆包	箱子
	单品	分类	单品
	单品	装箱	箱子
批量拣取	托盘	捆包(托盘物属同一客户) 卸托盘→分类→捆包(拣取的托盘物不属同一客户)	托盘
	托盘	卸托盘→分类→捆包	箱子
	托盘	卸托盘→拆箱→分类→包装	单品
	箱子	分类→捆包(整箱属同一客户) 拆箱→分类→装箱(整箱不属同一客户)	箱子
	箱子	拆箱→分类	单品
	单品	分类→装箱	箱子
	单品	分类	单品

6. 送货作业

送货作业是利用配送车辆把客户订购的物品从制造厂、生产基地、批发商、经销商或配送中心,送到客户手中的过程。送货是一种短距离、小批量和高频率的运输形式。它以服务为目标,以尽可能满足客户需求为宗旨。从日本配送运输的实践来看,配送的有效距离最好在50 km半径范围内,国内配送中心、物流中心,其配送经济里程大约在30 km半径范围内。送货主要有两种方式,如图4.31和图4.32所示。

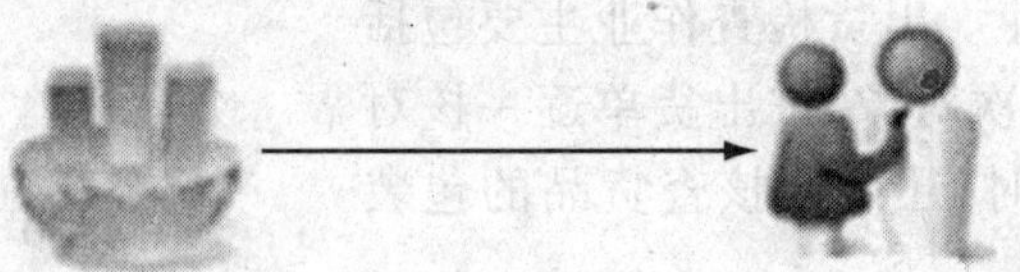

图4.31 送货的形式(1)

图4.32 送货的形式(2)

送货作为配送的最后一道环节,对于物流企业来说是非常关键的,因为它直接跟客户打交道。因此,如何有效地管理送货作业是物流企业不可忽视的问题。如果在这方面失误,会产生种种问题,如从接受订单到出货非常费时、配送效率低下、驾驶员的工作时间不均、货品在输送过程中的损坏、丢失等。同时,最直接的影响是输送的费用超常。所以,在送货管理中,不仅要对送货人员的工作时间、发生的重要情况进行管理,而且还要加强对车辆利用(如装载率、空驶率等)的监控。送货的基本作业流程如图4.33所示。

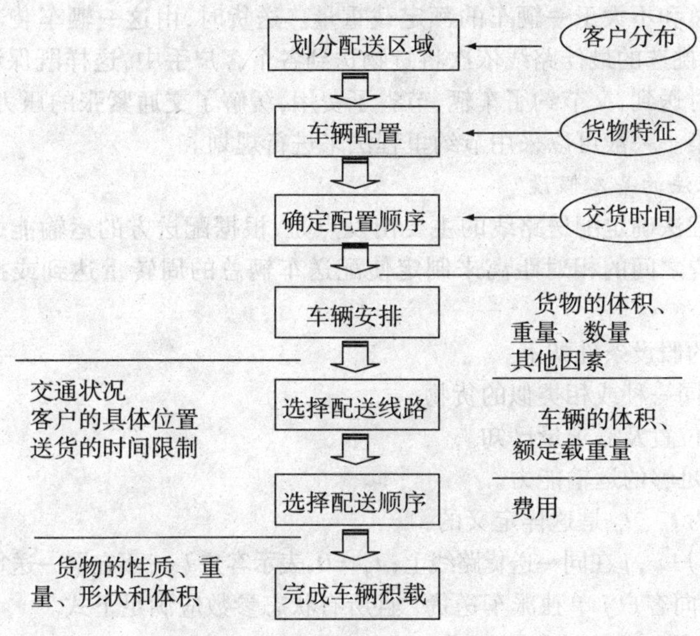

图4.33 送货的基本作业流程

送货作业的特点主要体现在以下几个方面:时效性、可靠性、沟通性、便利性、经济性。

我的笔记

12.3 配送路线优化方法

1. 配送路线规划的意义

配送运输由于配送方法的不同,其运输过程也不尽相同。影响配送运输的因素很多,如车流量的变化、道路状况、客户的分布状况,以及配送中心的选址、道路交通网、车辆定额载重量和车辆运行限制等。配送路线规划就是整合影响配送运输的各种因素,适时适当地利用现有的运输工具和道路状况,及时、安全、方便、经济地将客户所需的商品准确地送达客户手中。在配送运输路线规划中,需根据不同客户群的特点和要求,选择不同的路线规划方法,最终达到节省时间、运距和降低配送运输成本的目的。配送路线规划技术包括直送式配送运输路线规划和分送式配送运输路线规划。下面以分送式配送运输路线规划为例来说明配送路线的规划方法。

2. 分送式配送运输

分送式配送是指由一个供应点对多个客户的共同送货。其基本条件是同一条路线上所有客户的需求量总和不大于一辆车的额定载重量。送货时,由这一辆车装着所有客户的货物,沿着一条精心挑选的最佳路线依次将货物送到各个客户手中,这样既保证按时按量将用户需要的货物及时送到,又节约了车辆,节省了费用,缓解了交通紧张的压力,并减少了运输对环境造成的污染。一般可以采用节约里程法来进行规划。

(1)节约里程法的基本假设

利用节约里程法确定配送路线的主要出发点是,根据配送方的运输能力及其到客户之间的距离和各客户之间的相对距离来制定使配送车辆总的周转量达到或接近最小的配送方案。

节约里程法的假设条件如下。

① 配送的是同一种或相类似的货物。

② 各用户的位置及需求量已知。

③ 配送方有足够的运输能力。

设状态参数为 t_{ij} 。t_{ij} 是这样定义的:

$t_{ij}=1$,表示客户 i , j 在同一送货路线上; $t_{ij}=0$,表示客户 i , j 不在同一送货路线上; $t_{0j}=2$,表示由送货点 P_0 向客户 j 单独派车送货,且所有状态参数应满足下式。

$$\sum_{i=1}^{j-1} t_{ij} + \sum_{i=j+1}^{N} t_{ij} = 2 \quad (j = 1,2,\cdots,N)$$

式中,N——客户数。

利用节约里程法制定出的配送方案除了使总的周转量最小外,还应满足以下要求。

① 方案能满足所有客户的到货时间要求。

② 不使车辆超载。

③ 每辆车每天的总运行时间及里程满足规定的要求。

(2)节约里程法的基本思路

设 P_0 为配送中心,分别向用户 P_i 和 P_j 送货。P_0 到 P_i 和 P_j 的距离分别为 d_{0i} 和 d_{0j} ,2 个用户 P_i 和 P_j 之间的距离为 d_{ij} ,送货方案只有 2 种,即配送中心 P_0 向用户 P_i 、P_j 分别送货和配送中心 P_0 向用户 P_i 、P_j 同时送货,如图 4.34(a)和(b)所示。比较这 2 种配送方案。

方案(a)的配送路线为 $P_0 \rightarrow P_i \rightarrow P_0 \rightarrow P_j \rightarrow P_0$,配送距离为 $d_a = d_{0i} + d_{0j}$ 。

方案(b)配送路线 $P_0 \rightarrow P_i \rightarrow P_j \rightarrow P_0$,配送距离为 $d_b = d_{0i} + d_{0j} + d_{ij}$ 。

显然, d_a 不等于 d_b ,用 S_{ij} 表示里程节约量,即方案(b)比方案(a)节约的配送里程为:

$$S_{ij} = d_{0i} + d_{0j} - d_{ij}$$

根据节约里程法的基本思路,如果一个配送中心 P_0 分别向 N 个客户 $P_j(j = 1,2,\cdots,N)$ 配送货物,在汽车载重能力允许的前提下,每辆汽车的配送路线上经过的客户个数越多,里程节约量越大,配送路线越合理。

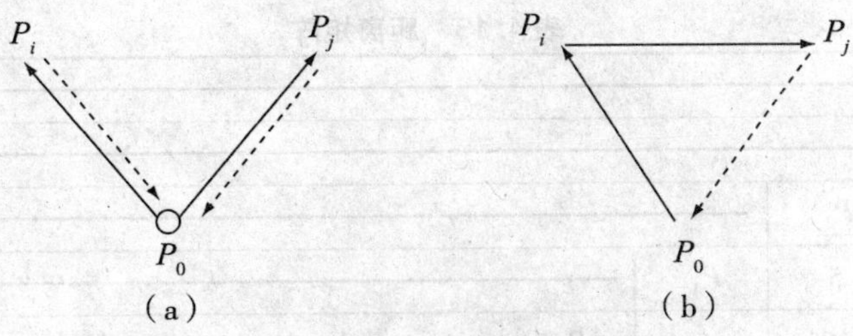

图 4.34　2 种配送方案

下面举例说明节约里程法的求解过程。

某一配送中心 P_0 向 10 个客户 $P_j(j=1,2,\cdots,10)$ 配送货物，其配送网络如图 4.35 所示。图中括号内的数字表示客户的需求量(t)，路线上的数字表示 2 个节点之间的距离。配送中心有 2t 和 4t 两种车辆可供使用，试制定最优的配送方案。

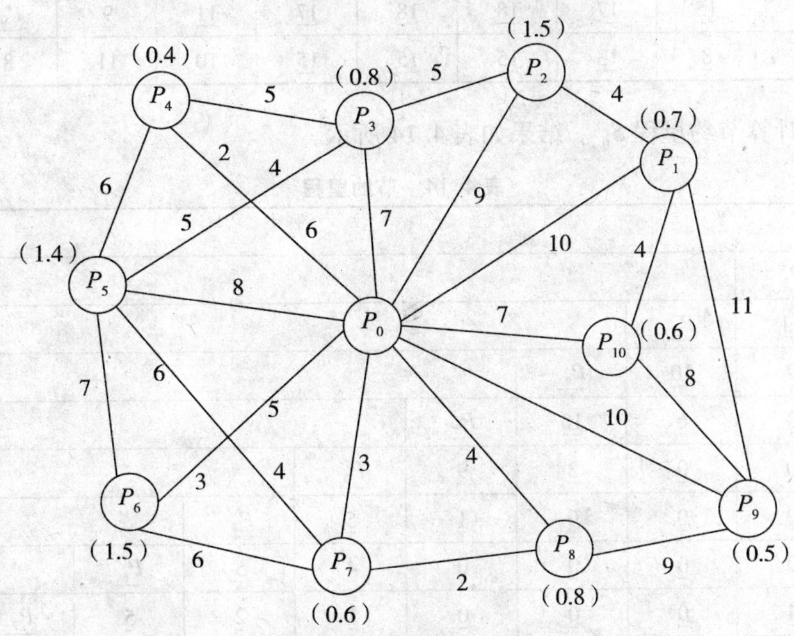

图 4.35　配送线路示意

最优配送方案的规划步骤如下。

第 1 步：计算最短距离。根据配送网络中的已知条件，计算配送中心与客户，以及客户之间的最短距离。结果如表 4.13 所示。

表 4.13 距离矩阵

P_0										
10	P_1									
9	4	P_2								
7	9	5	P_3							
8	14	10	5	P_4						
8	18	14	9	6	P_5					
8	18	17	15	13	7	P_6				
3	13	12	10	11	10	6	P_7			
4	14	13	11	12	12	8	2	P_8		
10	11	15	17	18	18	17	11	9	P_9	
7	4	8	13	15	15	15	10	11	8	P_{10}

第 2 步:计算节约里程 S_{ij} 。结果如表 4.14 所示。

表 4.14 节约里程

P_1									
15	P_2								
8	11	P_3							
4	7	10	P_4						
0	3	6	10	P_5					
0	0	0	3	9	P_6				
0	0	0	0	1	5	P_7			
0	0	0	0	0	4	5	P_8		
9	4	0	0	0	1	2	5	P_9	
13	8	1	0	0	0	0	0	9	P_{10}

第 3 步:将节约里程 S_{ij} 进行分类,按从大到小的顺序排列,如表 4.15 所示。

表 4.15 节约里程项目分类

序号	路线	节约里程/km	序号	路线	节约里程/km
1	P_1P_2	15	13	P_6P_7	5
2	P_1P_{10}	13	13	P_7P_8	5
3	P_2P_3	11	13	P_8P_9	5

（续表）

序号	路线	节约里程/km	序号	路线	节约里程 /km
4	P_3P_4	10	16	P_1P_4	4
4	P_4P_5	10	16	P_2P_9	4
6	P_1P_9	9	16	P_6P_8	4
6	P_5P_6	9	19	P_2P_5	3
6	P_9P_{10}	9	19	P_4P_6	3
9	P_1P_3	8	21	P_7P_9	2
9	P_2P_{10}	8	22	P_3P_{10}	1
11	P_2P_4	7	22	P_5P_7	1
12	P_3P_6	6	22	P_6P_9	1

第4步：确定配送线路。从分类表中，按节约里程的大小顺序组成路线图。

1）初始方案：对每一客户分别单独派车送货，结果如图4.36所示。

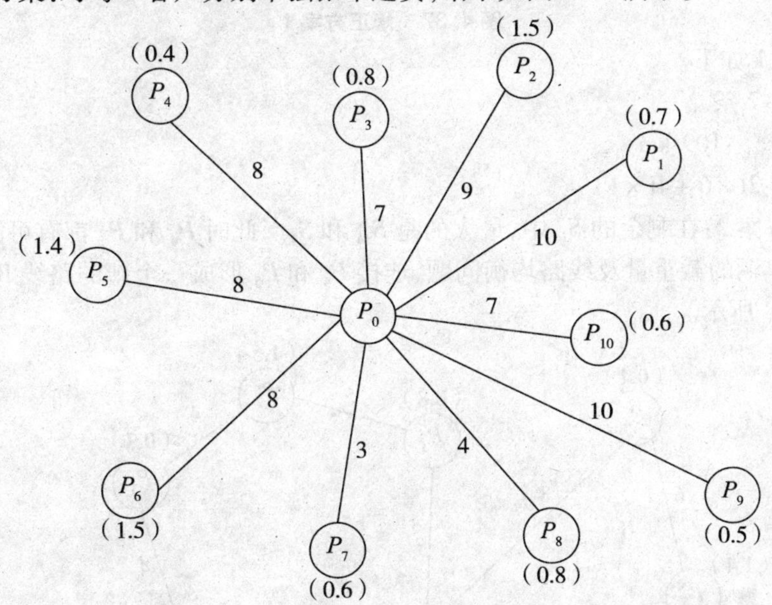

图4.36 初始方案

初始方案如下。

配送路线：10条

配送距离 S_0：148 km

配送车辆：2t×10

2）修正方案1：按节约里程 S_{ij} 从大到小的顺序，连接 P_1 和 P_2，P_1 和 P_{10}，P_2 和 P_3，得到修正方案1，如图4.37所示。

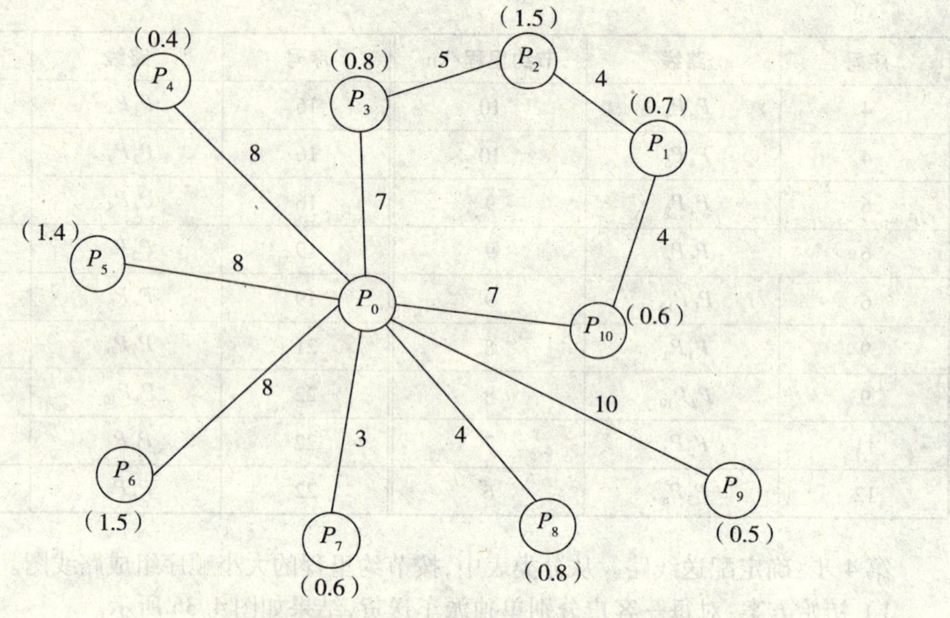

图4.37　修正方案1

修正方案1如下。

配送路线:7条

配送距离 S_1 :109 km

配送车辆:2t×6+4t×1

3)修正方案2:在剩余的 S_{ij} 中,最大的是 S_{34} 和 S_{45},此时 P_4 和 P_5 都有可能并入路线A中,但考虑到车辆的载重量及线路均衡问题,连接 P_4 和 P_5 形成一个新的路线B,得到修正方案2,如图4.38所示。

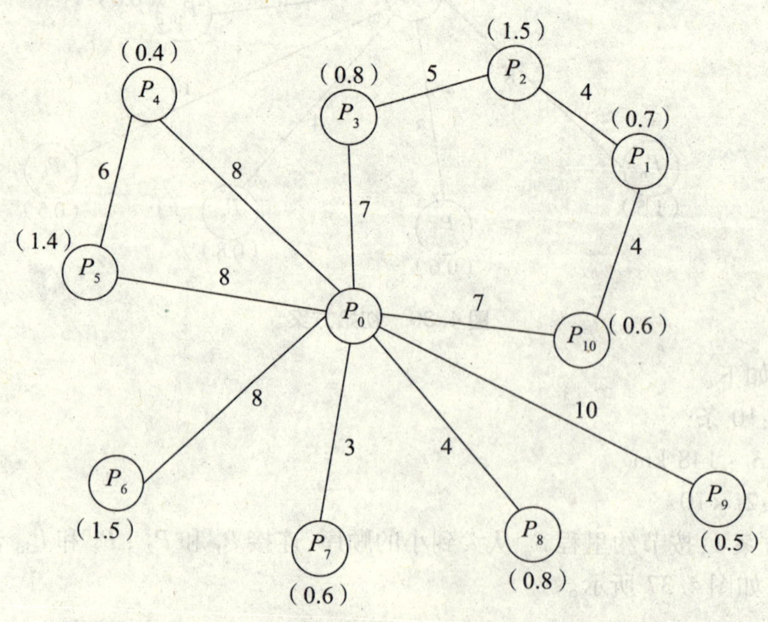

图4.38　修正方案2

修正方案 2 如下。

配送路线:6 条

配送距离 S_2 :99 km

配送车辆:2t ×5 +4t ×1

4) 修正方案 3:接下来最大的 S_{ij} 是 S_{19} 和 S_{56} ,由于此时 P_1 已属于路线 A,若将 P_9 并入路线 A,车辆会超载,故只将 P_6 点并入路线 B,得到修正方案 3,如图 4. 39 所示。

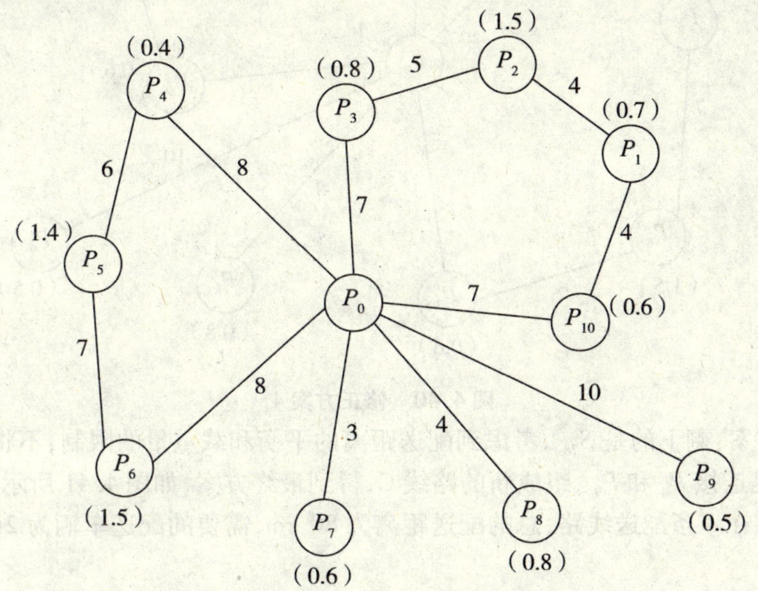

图 4. 39 修正方案 3

修正方案 3 如下。

配送路线:5 条

配送距离 S_3 :90 km

配送车辆:2t ×3 +4t ×2

5)修正方案 4:再继续按 S_{ij} 由大到小排出 S_{910} 、S_{13} 、S_{210} 、S_{24} 、S_{36} ,由于与其相应的用户均已包含在已完成的线路里,故不予考虑。把 S_{67} 对应 P_7 点并入路线 B 中,得到修正方案 4,如图 4. 40 所示。

修正方案 4 如下。

配送路线:4 条

配送距离 S_4 :85 km

配送车辆:2t ×2 +4t ×2

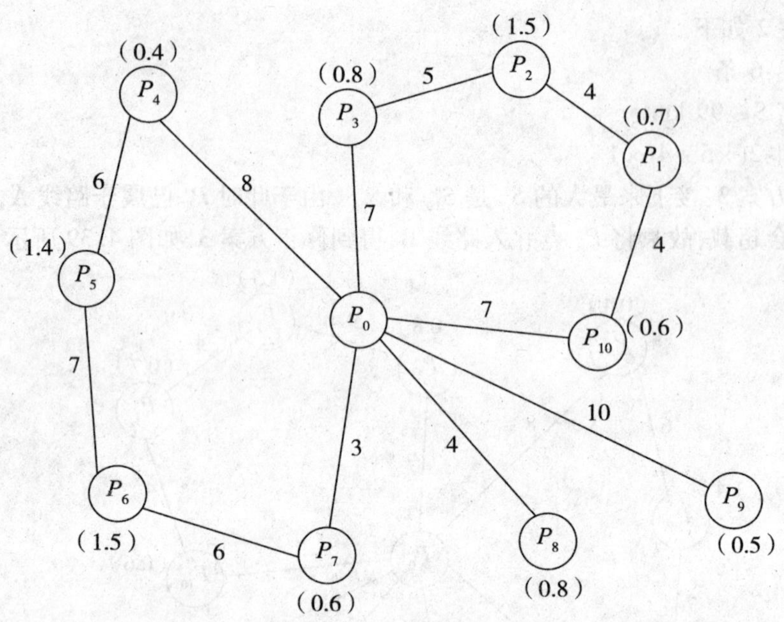

图 4.40　修正方案 4

6）最终方案:剩下的是 S_{78} ,考虑到配送距离的平衡和载重量的限制,不将 P_8 点并入到路线 B 中,而是连接 P_8 和 P_9 ,组成新的路线 C,得到最终方案,如图 4.41 所示。这样配送方案已确定:共存在 3 条配送线路,总的配送距离为 80 km,需要的配送车辆为 2t 车 1 辆,4t 车 3 辆。

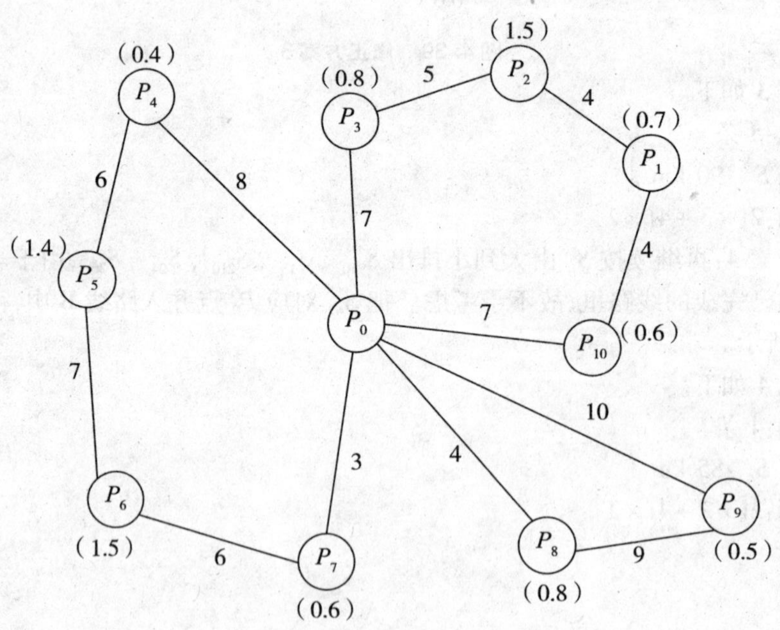

图 4.41　最终方案

3 条配送路线如下。

第 1 条配送路线 A: $P_0 \rightarrow P_3 \rightarrow P_2 \rightarrow P_1 \rightarrow P_{10} \rightarrow P_0$,使用 1 辆 4t 车。

第 2 条配送路线 B: $P_0 \rightarrow P_4 \rightarrow P_5 \rightarrow P_6 \rightarrow P_7 \rightarrow P_0$,使用 1 辆 4t 车。

第3条配送路线C：$P_0 \to P_8 \to P_9 \to P_0$，使用1辆2t车。

最终方案如下。

配送线路:3条

配送距离 S_4 :80 km

配送车辆:2t×1+4t×2

12.4 配送系统规划与设计

所谓配送中心，就是把多品种、大批量物品从供货人那里通过领货、转运、分拣、保管、流通加工和信息处理，按照客户的订单把货品配齐，迅速、准确而且方便配送的基础设施。

配送中心是专门从事货物配送活动的经济组织，又是集加工、理货、送货等多种职能于一体的物流结点。配送中心实际上是集货中心、分货中心和加工中心功能的综合体，其主要的功能有采购、存储、分拣、集散、衔接以及流通加工等。

1. 配送中心规划与设计的含义

"配送中心规划"与"配送中心设计"是两个不同但是容易混淆的概念，二者有密切的联系，但是也存在着很大的差别。在配送中心建设的过程中，如果将规划工作与设计工作相混淆，必然会给实际工作带来许多不应有的困难。因此，比较配送中心规划与配送中心设计的异同，阐明二者的相互关系，对于正确理解配送中心规划与设计的界定，在理论和实践上都具有重要意义。

配送中心规划属于配送中心建设项目的总体规划，是可行性研究的一部分，是关于配送中心建设的全面长远发展计划，强调宏观指导性；而配送中心设计则属于项目初步设计的一部分内容，是在一定的技术与经济条件下，对配送中心的建设预先制定详细方案，是项目施工图的依据，主要强调方案的微观可操作性。

2. 配送中心规划与设计的内容

配送中心是一个系统工程，其规划与设计包括物流系统规划与设计、信息系统规划与设计、运营系统规划与设计3个方面的内容。物流系统规划与设计包括设施布置规划与设计、物流设备规划与设计和作业方法规划与设计；信息系统规划与设计也就是对配送中心信息管理与决策支持系统的规划与设计；运营系统规划与设计包括组织机构、人员配备、作业标准和规范等的规划与设计。通过系统规划与设计，配送中心可实现高效化、信息化、标准化和制度化运作。

3. 配送中心规划与设计的程序

配送中心的规划与设计程序分为5个主要阶段，包括筹建准备阶段、系统规划阶段、方案评估阶段、详细设计阶段和系统实施阶段。

(1) 筹建准备阶段

在配送中心的筹建准备阶段，公司首先应该明确建设配送中心的任务、目标以及有关的背景条件，然后进行必要性和可行性初步评估。

在对配送中心建设的必要性和可行性有了初步结论后，公司就应该建立筹建小组（或委员会）进行具体规划。筹建小组应根据企业经营决策的基本方针，进一步确认配送中心建设的重要性，并对以下因素加以仔细考虑：配送中心的设置点；在物流网络中采取集中型配送中心还是分散型配送中心；和生产工厂以及仓库的关系；配送中心的规模以及配送中心的服务水平基本标准。

(2) 系统规划阶段

在本阶段,公司需要对配送中心的基本流程、设施设备、运营体制、项目进度计划以及预算等进行全面的规划与设计。

(3) 方案评估阶段

在系统规划阶段往往会产生几个可行的系统方案,公司应根据各方案的特点,采用各种系统评估方法或计算机仿真的方法,对各方案进行比较和评估,从中选出一个最优的方案进行详细设计。

(4) 详细设计阶段

在详细设计阶段,公司应对所使用的设备类型、能力等做出规定,决定作业场所的详细配置,确定办公及信息系统的设施规格、数量,制订设计施工计划等。

(5) 系统实施阶段

为了保证系统的统一性和系统目标与功能的完整性,公司应对参与设计、施工的各方单位所设计的内容从性能、操作、安全性、可靠性和可维护性等方面进行评价和审查;在确定承包工厂前应深入现场,对该厂环境、质量管理体制等进行考察,如发现问题应提出改善要求;在设备制造期间也需进行现场了解,对质量和交货日期等进行检查。

我的笔记

____

____

____

复习思考

一、填空题

1. 根据配送组织过程中配送时间和配送货物数量的不同这两大要素,配送活动分为________、________、________、定时定线路配送、即时配送和快递配送等几种模式。

2. 共同配送可以分为________和________。

3. 配送作业一般包括以下几项作业:________、________、________、________、________、补货、________、________。

4. 订单处理是指从________到________之间的作业阶段。

5. 订单处理分为________和________两种方式。

6. 拣货作业最简单的划分方式,是将其分为________、________与________3 种。

7. 拣货策略是影响拣货作业效率的关键,它主要包括________、________、________、________4 个因素。

8. 通常补货的时机可以采用________、________或________3 种方式。

9. ________是指将拣取分类好的货品做好出货检查，装入妥当的容器，并做好标记，根据车辆调度安排的趟次等，将物品搬运到出货待运区。

10. 分拣的操作方式一般有________和________两种。

二、不定项选择题

1. 从货主的角度看，共同配送的优点主要体现在(　　　　)。
   A. 运费负担减轻　B. 可以裁减人员　C. 可以小批量进货配送
   D. 收货人员可以对不同品种货物统一验收
   E. 物流空间可以互相融通　F. 可以缓解交通拥挤　G. 防止环境污染
2. 从运送业者的角度看，共同配送的优点主要体现在(　　　　)。
   A. 可以提高输送效率　B. 可以降低物流成本　C. 可以减少物流人员
   D. 可以减少不适当的竞争　E. 可以减少重复的服务　F. 可以缓解交通拥挤
   G. 防止环境污染
3. 日本菊池康也教授认为开展共同配送过程中出现的问题主要有(　　　　)。
   A. 有可能泄漏企业的商业机密　B. 难于进行商品管理
   C. 担心出现纠纷，担心服务水平下降　D. 担心物流设施费用及管理成本增加
   E. 担心成本收益的分配出现问题　F. 主管人员在经营管理方面存在困难
   G. 缺乏实现共同配送的领袖人物　H. 未建立共同配送设施而投入
   I. 改善环境的投资不易合理分配　J. 建立共同配送系统的专家不足
4. 属于传统订货方式的有(　　　　)。
   A. 业务员跑单接单　B. 邮寄订单　C. 客户自行取货
   D. 电话口头订货　E. 厂商巡查隔天送货　F. 厂商铺货
   G. 传真订单
5. 较常见的流通加工作业形式有(　　　　)。
   A. 进口商品贴标签　B. 礼品包装
   C. 热缩包装　D. 贴价格标签
6. 出货检查的主要内容有(　　　　)。
   A. 数量核对　B. 质量检查
   C. 单证检查　D. 状态检查
7. 包装一般可以分为(　　　　)。
   A. 个装　B. 内装　C. 外装　D. 商业包装
8. 送货作业的特点主要体现在(　　　　)。
   A. 时效性　B. 可靠性　C. 便利性　D. 沟通性　E. 经济性
9. 配送中心的功能有(　　　　)。
   A. 采购功能　B. 存储功能　C. 分拣功能
   D. 集散功能　E. 衔接功能　F. 流通加工功能
10. 目前物流配送常用的几种路径模式有(　　　　)。
   A. 工厂→营业所(经销商)→零售商→消费者
   B. 工厂→配送中心→营业所→(经销商)→零售商→消费者

C. 工厂→配送中心→零售店→消费者

D. 工厂→配送中心→消费者

三、简答题

1. 配送作业中,配送订单的确认主要包括哪些内容?
2. 拣选作业方式主要有哪几种?
3. 出货检查的主要内容和方法各是什么?
4. 配送作业的订单处理输出的单据有哪几种?

四、实训

实训1　邮政信函的分拣与配送作业

实训目的　了解邮政信函的分拣与配送作业处理流程。

实训方式　实地参观见习。

实训内容及步骤　组织学生实地参观当地中心邮政的信函分拣处理中心,由分拣作业人员介绍信函分拣流程和配送作业流程。

实训结果　画出该邮局的信函分拣处理流程图和配送作业流程图。

实训2　连锁超市生鲜品配送作业方案设计

实训目的　根据货物特点进行配送作业方案设计。

实训方式　在老师指导下进行方案设计,课后完成,课内演讲汇报,分组完成。

实训内容及步骤

1. 了解生鲜品(如蔬果、水产、畜产、日配食品、冷冻冷藏食品、五谷杂粮和散装凉果等)的特征及配送要求。

2. 针对连锁店的需求特征,设计出生鲜品配送作业方案。要求有流程图、配送时间表和每个环节的具体管理要求等要素。

实训结果

1. 每小组提交一份设计方案。
2. 制作幻灯片并派代表向全班陈述设计方案,发言时间不超过5分钟。

项目5

设计供应链

任务13 供应链设计基础

学习任务

设计和运行一个有效的供应链是实施供应链管理的基础，对于企业来说至关重要。结合本任务提供的知识导读，熟悉供应链设计的一般原则和设计流程，掌握基于产品和服务两种不同的供应链设计策略，能运用供应链设计的知识分析本任务提供的案例。

知识目标

- 熟悉供应链设计的原则。
- 掌握供应链设计的主要流程。
- 掌握基于产品的供应链设计方法。
- 掌握基于服务的供应链设计方法。

技能目标

- 能够根据企业的实际情况设计相应供应链的内容。
- 能够根据供应链的设计策略有效选择供应链的设计方法。

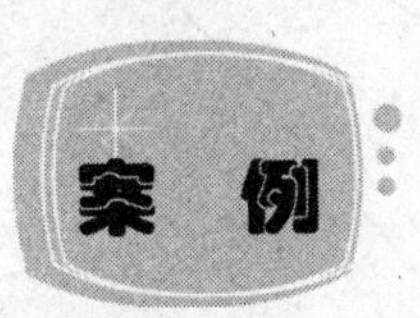

案例 天津宝运物流股份有限公司的服务供应链设计

天津宝运物流股份有限公司是一家专业的第三方物流公司。公司作为一家物流服务集成商，能够为各类制造企业和商贸企业提供一体化物流服务，其提供的物流服务包括长途运输服务、短途运输服务、仓储管理服务、装卸搬运服务和流通加工服务等。为了满足客户多元化的物流服务需求，公司通过资源整合，先后与32家大型仓储企业、一千多家运输公司（车队）、30多家专业搬运公司建立了良好的合作关系。这些仓储企业、运输公司（车队）和搬运公司作为宝运物流公司的功能型服务提供商，在宝运物流的集成运作下，为客户提供专业的功能型物流服务。宝运物流公司采取集成化设计理论来构建服务供应链，具体来说，主要有以下几个步骤。

1）宝运物流公司在进行服务供应链设计时,首先进行客户需求的特点分析,分析其所在行业的特点以及客户的物流服务需求类别,然后确定物流服务运作目标。例如,客户宝洁(P&G)公司是大型日化用品制造商,其日化用品辐射全国,公司根据宝洁公司对运输车辆的特别需要,选择了符合要求的车辆、车型,做到良好的运输服务;公司根据宝洁公司对仓库管理的要求,制定符合宝洁公司标准操作流程的仓储管理质量标准。

2）在确定服务类别之后,宝运物流公司进行服务产品结构设计,找出公司自身能够提供的服务、需要外部协助的服务和需要外部采购的服务。例如,公司专门与天津瑞琴装卸队签订了装卸服务协议,以优质的服务质量专门为客户宝洁公司提供装卸服务。

3）在上述服务产品设计之后,宝运物流公司确定服务供应链的类型。根据服务产品的需要,对于一般的运输仓储等服务,公司努力降低运营成本,采用精益供应链类型,通过与功能型服务提供商(如运输公司、个体车辆和集体车队)之间的密切协调与合作,以成本领先确保服务竞争优势。对于模块式选择服务和定制化设计服务,公司采用精益敏捷型供应链。公司采用订单分离点的原理,在分离点前,在公司的市场部做好服务设计的策划工作,充分满足客户对创新服务的要求;在分离点后,公司的运营部门对不同客户的服务内容进行整合,利用各种物流运作资源整合方法,形成规模优势,实施精益化生产。

该公司的服务供应链构成如图 5.1 所示。

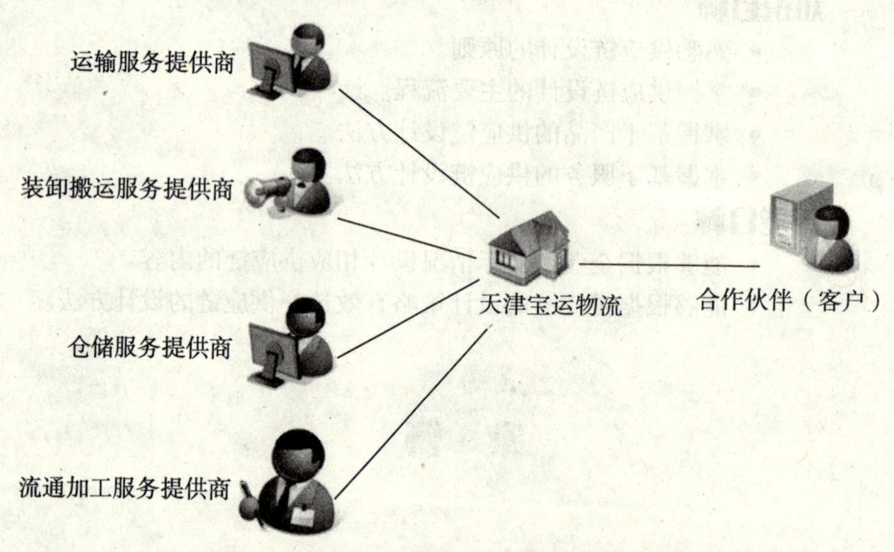

图 5.1　天津宝运物流公司的服务供应链构成

4）公司专门成立了资源管理部,负责功能型物流服务提供商的选择和确定工作。截至 2006 年底,宝运物流公司已有合同车辆 1 901 辆。这些合同车辆隶属于其他物流企业、车队和个体司机等。通过科学地设计服务供应链,加上规范化的服务和网络化的运作,宝运物流倍受国内外客户的信赖,已成功为宝洁、西门子和德尔福等二十多家大型中外合资企业提供了综合性的物流服务。公司也先后在 2004 年、2005 年和 2006 年被评为中国物流百强企业,现已跻身天津物流行业的前三强。

我的笔记

知识导读

设计和运行一个有效的供应链是实施供应链管理的基础，对于企业来说至关重要。因为它可以获得提高客户服务水平、达到成本和服务之间的有效平衡、提高企业竞争力、提高柔性，以及降低库存等好处。供应链管理的绩效在很大程度上取决于供应链基础设施、运行机制、管理系统以及物流、信息流和资金流交互作用过程等的规划和设计。

13.1 供应链设计的基本策略

1. 供应链设计的宏观原则

(1) 自顶向下和自底向上相结合的设计原则

在系统建模设计方法中，存在两种设计方法：自顶向下和自底向上的方法。自顶向下的方法是从全局走向局部，自底向上的方法是从局部走向全局；自顶向下是系统分解的过程，而自底向上则是一种集成的过程。在设计一个供应链系统时，往往是先由主管高层做出战略规划与决策（规划与决策的依据来自市场需求和企业发展方针），然后由下层部门具体实施，因此供应链的设计是自顶向下和自底向上的综合。

(2) 简洁性原则

简洁性是供应链设计的一个重要原则。为了能使供应链具有灵活快速响应市场的能力，供应链的每个节点都应是精简的、具有活力的，以及能实现业务流程的快速组合。例如，供应商的选择就应以少而精的原则，通过和少数的供应商建立战略伙伴关系，减少采购成本，推动实施 JIT 采购法和准时生产。生产系统的设计更应以精益思想为指导，努力实现从精细的制造模式到精细的供应链这一目标。

(3) 互补原则

供应链的各个节点的选择应遵循强—强联合的原则，达到实现资源外用的目的。每个企业只集中精力致力于各自核心的业务过程，就像一个独立的制造单元——这些所谓单元化企业具有自我组织、自我优化、面向目标、动态运行和充满活力等特点，能够实现供应链业务的快速重组。

(4) 协调性原则

供应链业绩的好坏取决于供应链合作伙伴关系是否和谐，因此建立战略伙伴关系的企业关系模型是实现供应链最佳效能的保证。和谐是描述系统是否形成了充分发挥系统成员和子系统的能动性、创造性及系统与环境的总体协调性。只有和谐而协调的系统才能发挥最佳效能。

(5) 动态性原则

不确定性在供应链中随处可见,许多学者在研究供应链运作效率时都提到不确定性问题。由于不确定性的存在,需求信息被扭曲。因此,要预见各种不确定因素对供应链运作的影响,减少信息传递过程中的信息延迟和失真。增加透明性,减少不必要的中间环节,提高预测的精度和时效性对降低不确定性的影响都是极为重要的。

(6) 创新性原则

创新设计是系统设计的重要原则,没有创新性思维,就不可能有创新的管理模式,因此在供应链的设计过程中,创新性是很重要的一个原则。要产生一个创新的系统,就要敢于打破各种陈旧的思维框框,用新的角度、新的视野审视原有的管理模式和体系,进行大胆的创新设计。进行创新设计时要注意几点:一是创新必须在企业总体目标和战略的指导下进行,并与战略目标保持一致;二是要从市场需求的角度出发,综合运用企业的能力和优势;三是发挥企业各类人员的创造性,集思广益,并与其他企业共同协作,发挥供应链整体优势;四是建立科学的供应链和项目评价体系及组织管理系统,进行技术经济分析和可行性论证。

(7) 战略性原则

供应链的设计应具有战略性,通过战略层面的考虑以减少不确定性的影响。从供应链的战略管理的角度考虑,我们认为供应链设计的战略性原则还体现在供应链发展的长远规划和预见性,供应链的系统结构发展应和企业的战略规划保持一致,并在企业战略指导下进行。

2. 供应链设计的微观原则

从微观管理的角度出发,在实际应用中,供应链设计的一些具体原则如下。

(1) 总成本最小原则

成本管理是供应链管理的重要内容。供应链管理中常出现成本悖反问题,即各种活动的成本的变化模式常常表现出相互冲突的特征。解决冲突的办法是平衡各项成本使其达到整体最优。供应链设计要进行总成本分析,判断哪些因素具有相关性,从而使总成本最小。

(2) 多样化原则

供应链设计的多样化原则是指要对不同的产品、不同的客户提供不同的服务水平。要求企业将适当的商品在恰当的时间、恰当的地点传递给恰当的客户。一般的企业也分拨多种产品。因此,要面对各种产品的不同的客户要求,不同的产品特征,不同的销售水平,也就是意味着企业要在同一产品系列内采用多种分拨战略,如在库存管理中,就要区分出销售速度不一的产品,按照销售最快的产品放在最前列的基层仓库的顺序依次摆放产品。

(3) 推迟原则

推迟原则就是分拨过程中运输的时间和最终产品的加工时间应推迟到收到客户订单之后。这一思想避免了企业根据预测在需求没有实际产生的时候运输产品(时间推迟)以及根据对最终产品形式的预测生产不同形式的产品(形式推迟)。

(4) 合并原则

设计中,将小批量运输合并成大批量运输具有明显的经济效益。但是同时要平衡由于运输时间延长而可能造成的客户服务水平下降与订单合并的成本节约之间的利害关系。通常当运量较小时,合并原则对制定战略最有用。

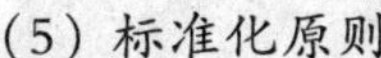

(5) 标准化原则

标准化的提出解决了满足市场多样化产品需求与降低供应链成本的问题。例如,生产中的标准化可以通过可替换的零配件、模块化的产品和给同样的产品贴加不同的品牌标签而实现。这样可以有效地控制供应链渠道中必须处理的零部件、供给品和原材料的种类。服装制造商不必去存储众多客户需要的确切号码的服装,而是通过改动标准尺寸的产品来满足消费者的要求。

3. 供应链设计的主要流程

(1) 分析市场竞争环境

要做到"知彼",目的在于找到针对哪些产品市场开发供应链才有效。为此,必须知道现在的产品需求是什么、产品的类型和特征是什么。分析市场特征的过程要向卖主、客户和竞争者进行调查,提出诸如"客户想要什么""他们在市场中的分量有多大"之类的问题,以确认客户的需求和因卖主、客户、竞争者产生的压力。这一步骤的输出是每一产品按重要性排列的市场特征。同时,对于市场的不确定性要有分析和评价。

(2) 总结、分析企业现状

要"知己",主要分析企业供需管理的现状(如果企业已经有供应链管理,则分析供应链的现状)。这一个步骤的目的不在于评价供应链设计策略的重要性和合适性,而是着重于研究供应链开发的方向,分析、找到、总结企业存在的问题及影响供应链设计的阻力等因素。

(3) 针对存在的问题提出供应链设计项目,分析其必要性

从可靠性和经济性两方面分析供应链设计的必要性,必要性的研究对于整个供应链项目建设过程乃至整个国民经济都有非常重要的意义。

(4) 提出设计目标

提出供应链设计的目标。主要目标在于获得高客户服务水平和低库存水平、低单位成本两个目标之间的平衡(这两个目标往往有冲突)。

(5) 分析供应链的组成,提出组成供应链的基本框架

供应链中的成员组成分析主要包括制造工厂、设备、工艺和供应商、制造商、分销商、零售商与用户的选择与其定位,以及确定选择与评价的标准。

分析供应链节点的组成,提出组成供应链的基本框架;供应链组成包括产品设计公司、制造工厂、材料商、外发厂(如表面处理)、物流伙伴,以及确定选择和评价的标准(包括质量、价格、准时交货、柔性、提前期和批量、服务、管理水平等指标)。

(6) 分析和评价供应链设计的技术可能性

这不仅是某种策略或改善技术的推荐清单,而且也是开发和实现供应链管理的第一步。它在可行性分析的基础上,结合本企业的实际情况为开发供应链提出技术选择建议和支持。这也是一个决策的过程,如果认为方案可行,就可进行下面的设计;如果不可行,就要重新进行设计。

(7) 设计供应链

设计供应链主要解决以下问题。

① 供应链的成员组成(包括供应商、设备、工厂、分销中心的选择与定位、计划与控制)。

② 原材料的来源问题(包括供应商、流量、价格和运输等问题)。

③ 生产设计(包括需求预测、生产什么产品、生产能力、供应给哪些分销中心、价格、生

产计划、生产作业计划和跟踪控制、库存管理等)。

④ 分销任务与能力设计(包括产品服务于哪些市场、产品的运输和价格等)。

⑤ 信息管理系统设计。

⑥ 物流管理系统设计等。

在供应链设计中,要广泛地应用到许多工具和技术,包括归纳法、流程图、模拟和设计软件等。设计过程中需要每个节点企业的参与交流,以便于以后的有效实施。

(8) 检验供应链

供应链设计完成以后,应通过一定的方法、技术进行测试检验或试运行,如果不行,返回第(4)步重新进行设计;如果没有什么问题,就可以实施供应链管理了。

(9) 实施供应链

供应链实施过程中需要核心企业的协调、控制和信息系统的支持,使整个供应链成为一个整体,顺利负责从工业设计、批量生产到物流等全方位的供应链控制、协调。

我的笔记

13.2 基于产品的供应链设计

产品有不同的特点,供应链有不同的功能,只有两者相匹配,才能起到事半功倍的效果。企业应当根据产品的不同设计不同的供应链。

1. 两种不同类型的产品

产品分为两种类型:功能性产品和革新性产品。不同类型的产品对供应链设计有不同的要求,高边际利润、不稳定需求的革新性产品的供应链设计就不同于低边际利润、有稳定需求的功能性产品。

功能性产品需求具有稳定性、可预测的特点。这类产品的寿命周期较长,但它们的边际利润较低,经不起高成本供应链折腾。功能性产品一般用于满足客户的基本要求,如生活用品(柴、米、油、盐)、男式套装、家电和粮食等,其特点是变化很少。功能性产品的供应链设计应尽量减少链中物理功能的成本。

革新性产品的需求一般难以预测,寿命周期较短,但利润空间高。这类产品是按订单制造,如计算机、流行音乐和时装等。生产这种产品的企业没接到订单之前不知道干什么,接到订单就要快速制造。革新性产品供应链设计应较少关注成本而更多地关注向客户提供所需属性的产品,重视客户需求并对此做出快速反应,因此特别强调速度和灵活性。

2. 两种不同功能的供应链

供应链从功能上可以划分为两种:有效性供应链(efficient supply chain)和反应性供应链(responsive supply chain)。有效性供应链主要体现供应链的物理功能,即以最低的成本将原

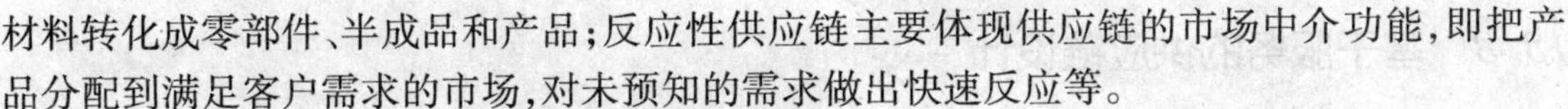

材料转化成零部件、半成品和产品；反应性供应链主要体现供应链的市场中介功能，即把产品分配到满足客户需求的市场，对未预知的需求做出快速反应等。

3. 供应链设计应当与产品特点相匹配

功能性产品具有客户已接受的功能，能够根据历史数据对未来或季节性需求做出较准确的预测，产品比较容易被模仿，其边际利润低。与功能性产品相匹配的供应链应当尽可能地降低链中的物理成本，扩大市场占有率。因此，对于功能性产品，应采取有效性供应链。

革新性产品追求创新，不惜一切努力来满足客户差异化需求。这类产品往往具有某些独特的、能投部分客户所好的功能，由于创新而不易被模仿，因而其边际利润高，在产品供货中强调速度、灵活性和质量，甚至主动采取措施，宁可增加成本大量投资以缩短提前期。对革新性产品的需求是很难做出准确预测的，因而追求降低成本的有效性供应链对此是不适应的，这时只有反应性供应链才能抓住产品创新机会，以速度、灵活性和质量获取高边际利润。

当然，产品与供应链之间是否匹配，并非是绝对的，匹配与否也会随着情况的变化而发生变化。理论上很容易得出有效性供应链匹配功能性产品、反应性供应链匹配革新性产品的判断，但实际上，由于市场行情、客户需求和企业经营状况等因素的影响，匹配和不匹配也是相对的。一方面，原本相匹配的产品和供应链可能变成不相匹配的，如对于革新性产品采取反应性供应链，这时二者是匹配的，随着时间的推移，革新性产品的创新功能也会被模仿，一旦革新性产品变成功能性产品，如果仍选用反应性供应链，那么原来匹配的情形就会相应变成不匹配的情形。另一方面，原本不匹配的产品和供应链随着情况的变化也可能变成匹配的。例如，企业进行产品开发时，由于市场信息不灵，不知对手已推出相同的产品而将自己刚刚开发出的功能性产品误认为是革新性产品，并错误地使用反应性供应链，这时就会产生不匹配的情况。如果企业在原有产品的基础上开发出新的功能，这类功能性产品在一段时间内对某些客户可能表现出革新性的特征，企业选用反应性供应链，这时不匹配的情况就变成匹配的情况。相反，如果在产品表现出革新性特征时，企业没有认清形势，却错误地选用了有效性供应链，就会造成新的不匹配。所以，随着诸多因素的变化，匹配与不匹配也会随时发生变化，关键在于企业能否随即做出调整。

我的笔记

13.3 基于服务的供应链设计

1. 服务供应链与产品供应链的区别

服务供应链和产品供应链在产生背景、主要管理内容、主要管理目标和主要集成内容等方面都具有很大的相似性,产品供应链的相关理论可以借鉴到服务供应链中。但是,服务供应链与产品供应链也有区别。产品供应链是指制造业的供应链,它是以制造业实体产品为核心的一种供应链;服务供应链是指服务业的供应链,它是以服务产品为核心的一种供应链。

两者的区别主要来源于服务产品与制造产品的本质区别上。服务产品具有不同于制造产品的6个特征:客户影响(customer influence)、不可触摸(intangibility)、不可分割性(inseparability)、异质性(heterogeneity)、易逝性(perishability)、劳动密集性(labor intensity)。两者的区别具体如表5.1所示。

表5.1 服务供应链和产品供应链的区别

比较指标	产品供应链	服务供应链
渠道	原材料供应商—制造商—批发商—销售商—客户等较长的渠道	由于服务行业自身的特点(如客户参与性等)需要更多采取较短的供应链渠道;典型结构为功能型服务提供商—服务集成商—客户
上下游之间供需的内容	实体产品	服务产品
运营模式	拉动型和推动型两者结合,越是上游,越用推动;越是下游,越用拉动	更多采用市场拉动型,具有完全反应型供应链特征
供应链牛鞭效应的影响因素	库存、需求信号、价格波动、短缺博弈	价格波动、短缺博弈
牛鞭效应的体现	库存堆积等	订单堆积、能力利用率波动等
供应链协调的主要内容	生产计划协调,库存管理协调	服务能力协调,服务计划协调
体系结构	核心企业可能有多个	一般只有一个,通常是服务集成商
绩效评价	基于产品运作的绩效评价,易操作	基于服务的绩效评价,比较主观
稳定性	具有较高的系统稳定性,强调基于信任基础上的全面合作	稳定度较低,首先最重视客户的不稳定性;其次,异质化的客户服务需求使服务企业所选择的服务供应商会随需求有较大的变化

由于服务供应链与产品供应链的区别,在进行服务供应链设计的时候,要充分考虑到服务供应链自身的特性,进行科学设计和分析。

2. 服务产品的类型分析

为了满足客户多样化服务的需要,服务集成商推出的服务产品可以分为3种,包括一般服务、模块式选择服务和定制化设计服务,其特点如表5.2所示。

表5.2 服务集成商所提供的服务产品的类型划分

服务产品的类型	客户的参与程度	集成商的服务规模	服务特点	运营特点	举例
一般服务	被动接受	大规模	服务是面向广泛的客户群的	强调成本	某培训公司推出人力资源师认证培训服务,面向广大人力资源工作人员;某物流公司的铁路运输服务,面向广大的工商企业
模块式选择服务	主动选择	中等规模	服务是针对某一客户群体的	成本和柔性并重	某培训公司推出的模块化管理培训服务,可由学员自主选择任意组合;某物流公司推出的铁路运输、仓储、搬运装卸和流通加工服务等,由客户选择自己感兴趣的服务模块
定制化设计服务	主动提出	小批量个性化	某些服务是特殊的增值服务,满足个别客户的特殊需求	强调柔性	培训公司根据客户的实际需要为客户提供量身定制的培训,如应客户的邀请,前往该公司进行企业内训;某物流公司依据客户的需要为其提供物流网络规划设计服务等增值服务

由于3种服务产品类型的共同存在,服务集成商在设计服务供应链时,必须考虑到满足3种不同服务的要求。因此,服务供应链的设计不是单一的设计,而是要采取组合战略的思想进行集成化的设计,它有多条基于不同产品的供应链。

3. 服务产品的供应链设计过程

在服务供应链进行集成化设计的过程中,主要有以下几个主要过程。

(1) 服务供应链构建的需求分析

① 客户需求研究:主要是通过需求分析,挖掘客户的一般需求、特殊需求和隐含需求,分别将这些需求的特点进行归类,找出其需求的特性和需求的数量。

② 服务供应链目标的确定:通过目标确定,明确服务供应链的服务水平和服务成本的目标。

③ 运营特点分析:通过客户需求分析,找出所要建立的服务供应链的运营管理特点,如是否需要较高的柔性、服务的个性化程度如何,以及服务计划性特点如何,以及服务能力的安排有什么特点等。

(2) 服务产品的设计

服务产品的设计包括两类,首先是服务产品整体方案的设计;其次是在整体方案设计后,根据这些服务所包含的服务子模块进行分解,依据自身服务能力和外部服务资源的情况,进行服务产品的结构化设计。服务产品的方案设计可以分为3种不同类别的服务:一般服务、模块式选择服务和定制化设计服务。

服务产品的结构设计可以分为以下3类。

① 自有服务产品:该服务产品是企业自身能够提供的服务产品,具有相应的服务能力。

② 协作服务产品:由于某些服务产品重要程度较高,因此,需要与其他功能型服务提供商建立协作伙伴关系。服务集成商除了对协作方提出服务能力的数量、价格、时间和服务质量方面的要求外,一般还要求协作方根据自身的特殊要求,对其服务能力配置和服务过程做适当的调整,同时协作方也在一定程度上介入自己的生产过程,使服务产品的提供达到最佳

状态。

③ 采购服务产品:服务集成商与功能型服务提供商之间的关联程度较低,服务集成商只对功能型服务提供商提出采购服务能力的数量、价格、时间和服务质量方面的要求即可。

4. 服务供应链类型的确定

由于不同的服务产品所需要达到的服务目标不同,运营的特点也不同。因此,在服务供应链类型确定的过程中,通常采用的是多种供应链类型的组合方法。

对于一般的服务,由于具有大规模服务的特点,其服务供应链设计的核心在于降低成本。因此,可以采用精益供应链类型,服务集成商通过与功能型服务提供商之间的密切协调与合作,降低服务成本,以成本领先确保服务供应链的竞争优势。

对于模块式选择服务和定制化设计服务,由于具有功能性创新服务的特点,可以采用精益敏捷型供应链。通过确定订单分离点的方式,实施延迟策略,在分离点上游的生产环节采用精益服务模式,在分离点下游的生产环节采用敏捷服务模式,既保证成本优势,又保证服务水平优势。

5. 服务供应链成员的选择与确定

在服务产品的设计和服务供应链类型确定后,要进行功能型服务提供商的选择,分别寻找协作型服务提供商和采购型服务提供商。对于协作型服务提供商,除了服务能力的数量、价格、时间和质量考核外,还要着重识别其所能够提供的服务能力类型是否与服务产品吻合,是否具有较大的服务能力配置和服务过程调整的弹性,是否愿意达成战略性协作等。对于采购型服务提供商,要注重考核其提供服务能力数量的稳定性,是否具有成本优势,以及服务时间和服务质量的稳定性等,以保证充分降低供应链运作成本。

对于具有分销代理渠道的多级服务供应链,服务集成商不仅具有直销的服务能力,同时还与很多的分销商进行合作——分销商帮助服务集成商推销服务产品。例如,国内著名的携程网公司,它不仅具有直销服务能力,客户可以在携程网上直接订购其相关的服务产品如机票酒店预订、旅游度假预订等;同时,它还与众多的分销代理机构(如机票、酒店分销代理机构,旅游度假分销代理机构,网站品牌分销代理机构等)进行合作,最大限度地将公司的服务产品销售给客户。因此,对于这类服务供应链结构,还需要进行分销商的选择和确定。

6. 服务供应链的形成与运行

在功能型服务提供商选择和确定之后,通过契约合作协议,确定了服务供应链成员的组成,完成服务能力的匹配(包括类型、数量、质量和时间等方面的匹配)与协调,从而形成了服务供应链的基本结构。然后设计相应的信息管理系统,集成服务供应链的信息,将服务供应链投入运行,并依据反馈结果进行调整。

我的笔记

复习思考

一、填空题

1. 供应链从功能上可以划分为两种，即________和________。
2. 产品的主要类型有________和________。
3. 基于产品的供应链设计中提出的供应链设计目标，主要是在________和________两个目标之间进行平衡。
4. 为了满足客户多样化服务的需要，服务集成商推出的服务产品可以分为3种：________、________、________。
5. 对于一般的服务，由于具有大规模服务的特点，其服务供应链设计的核心在于________。
6. 对于模块式选择服务和定制化设计服务，由于具有功能性创新服务的特点，可以采用________。

二、不定项选择题

1. 下面哪些属于供应链设计的宏观原则？（　　）
   A. 自顶向下和自底向上相结合的设计原则
   B. 简洁性原则　C. 互补原则　D. 协调性原则　E. 动态性原则
   F. 创新性原则　G. 战略性原则
2. 下面哪些属于供应链设计的微观原则？（　　）
   A. 总成本最小原则　B. 多样化原则　C. 推迟原则　D. 合并原则
   E. 标准化原则
3. 基于产品的供应链设计目标除了在获得高客户服务水平和低库存水平、低单位成本两个目标之间的平衡外，还应包括的目标有（　　）。
   A. 进入新市场　B. 开发新产品
   C. 开发新分销渠道　D. 改善售后服务水平
   E. 提高客户满意程度　F. 降低成本
   G. 通过降低库存提高工作效率
4. 设计供应链，主要解决（　　）问题。
   A. 供应链的成员组成　B. 原材料的来源问题
   C. 生产设计　D. 分销任务与能力设计
   E. 信息管理系统设计　F. 物流管理系统设计

三、简答题

1. 浅谈供应链设计的主要步骤。
2. 谈谈功能性产品和革新性产品的主要差别。
3. 比较分析服务供应链与产品供应链的区别。

我的笔记

任务14　供应链体系设计

学习任务

本任务将着重从企业与企业之间关系的角度考查几种供应链的结构模型。通过知识导读的学习能比较分析供应链常见的链状、网状及SCOR模型,能灵活运用模型分析研究企业供应链现状,能通过案例提供的模型分析相关案例的供应链设计方案。

知识目标

- 掌握链状供应链模型的主要内容。
- 掌握网状供应链模型的主要内容。
- 熟悉SCOR模型的主要内容。

技能目标

- 能够根据企业供应链的表述判断供应链的主要类型。
- 能够根据不同的企业设计不同的供应链模型。

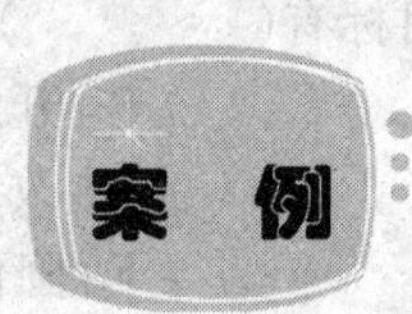

案例　宝钢出厂物流的SCOR模型分析

1. 宝钢出厂物流现状分析

(1) 宝钢物流的优势

目前,宝钢通过管理层面与技术层面地不断改进和提高,已经在一体化出厂物流方面取得了一定的成绩和优势,这些优势包括以下几个方面。

① 丰富的物流管理人才储备。随着宝钢的成长壮大,物流管理人才不断走向成熟,物流人才的质和量实现了跨越式发展。

② 先进的物流管理信息平台。宝钢作为信息化带动工业化的先进典范,已具有建立先进物流管理信息平台的硬件基础。同时,宝钢运输管理信息系统的建成投用,规范的物流管

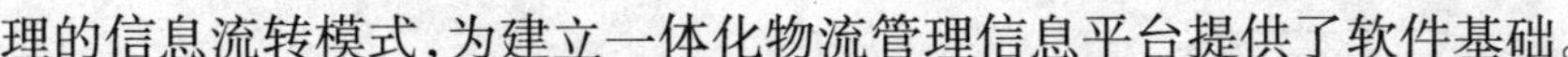

理的信息流转模式，为建立一体化物流管理信息平台提供了软件基础。

③ 强大的运输潜能。在现有的生产管理体制下，运输能力无法从根本上得到发挥。同时，从目前一体化管理角度来看，这种能力的储备又是丰富的运输资源，能够为一体化管理创造巨大的利润空间。

④ 集团公司一体化管理力度加大。随着集团公司推进集中管理地不断深入，物流一体化管理将作为其中的一项有效控制手段，应提升到一定的高度加以研究实践。

（2）宝钢出厂物流急需解决的问题

宝钢目前已基本具备物流管理优势。根据宝钢出厂物流一体化的战略思想，宝钢目前亟待解决的出厂物流问题包括以下方面。

① 仓库的规划与合理利用。目前宝钢仓库总使用面积为 61 563 m^2，总堆存能力为 134 500 t，但是仓库往往出现较多空置面积或者堆存空间不够的现象，这与钢铁产品的需求不稳定有关；同时，宝钢"十一五"规划建设也需要充裕的仓库与之相适应。

② 提高配载效率。目前宝钢的火车配载以人工操作为主，每次装车出库都需要现场操作人员手工获得到库的产品信息，管理员凭经验手工计算配载方案。

因此，需要设计一个决策支持系统来帮助配载人员减少装载方案确定时间、减少车皮等待装卸时间和降低车皮的空载率。

③ 合理利用和科学管理框架资源。一直以来，配合框架车作业的框架长期以来无论从配置的数量、结构还是日常的管理上，都未得到过应有的重视和科学的管理，在目前生产的运行过程中，框架配置不合理的方面逐步凸显，已成为影响框架车总体运行效率进一步提高的一个因素。

2. 出厂物流与供应链管理的关系

美国物流管理协会（Council of Logistics Management，CLW）认为，物流为供应链的一个子集，并且是供应链的一个重要的表现形式。从价值链的角度看，供应链是一条连接供应商到用户的增值链，而在迈克尔·波特（Michael Porter）的价值链模型中，为企业创造价值的活动包括基本价值活动和支持价值活动。前者是与生产有关的活动，后者为基本价值活动提供资金和基础设施的支持。

其产品增值的五大主要活动为入厂物流、生产运营、出厂物流、市场营销和售后服务，其中出厂物流是上下游价值链的衔接，还与市场营销和售后服务活动相关。如果企业的出厂物流所有相关活动都比其竞争对手具有成本和效益优势，能为企业的产品增加更多价值的话，其出厂物流将是重要的竞争资源。

因此，出厂物流的研究是供应链研究的一个重要方面，许多供应链管理的思想和方法可以用于出厂物流管理中，同时出厂物流的研究对于丰富供应链管理理论和方法也具有重要价值。特别是在将出厂物流看作一个体系进行研究的时候，由于出厂物流体系本身也是一条小型的供需链，这条链上体现出的很多特性和链上组织的行为，跟供应链上的节点有很多相似性和可比性，这样，借鉴供应链建模的思想和方法，并将其应用于出厂物流一体化的研究是可行且有现实意义的。

3. 出厂物流 SCOR 模型的现状分析

由于宝钢出厂物流体系涉及的流程很多，因此不在此一一列举。图 5.2 为以代表性的"铁路库集配载"为例建立的流程图。

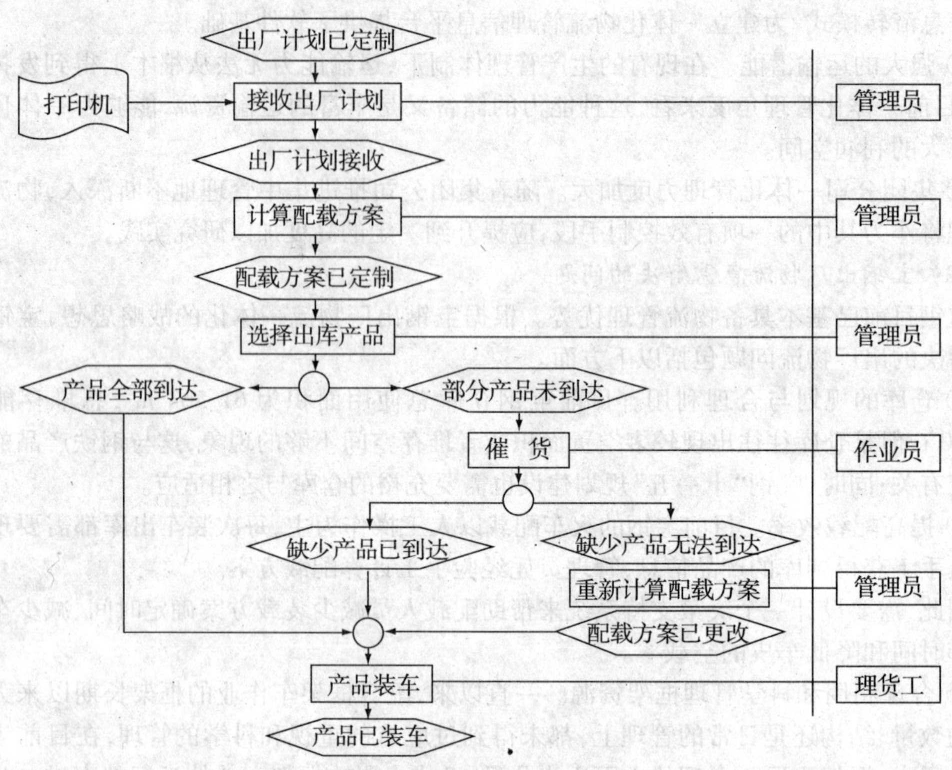

图5.2 铁路库集配载流程

4. 出厂物流改进方案

(1) 流程改进方案一

根据当前的仿真流程和流程瓶颈,首先选择对"选择出库产品"这一功能进行改进,引入"智能配载系统"取代当前的人工计算方法,这将使得"计算配载方案"这一功能从原来的20分钟降到15分钟,并且由于使用了计算机计算配载方案,出厂计划可以直接由系统下载到本地计算机,取消了原来的"打印出厂计划"这一过程。

通过这一流程的改变,可以使整个订单的完成率达到100%,订单总执行时间减少了近10个小时,平均执行时间从2.1小时降低到了1.5小时,管理员利用率从49%降低到36%,即可以进一步减少管理员的数量。并且,此时的"产品装车"已经成了铁路库出厂物流的瓶颈。

(2) 流程改进方案二

虽然这样改进的流程已经可以完成当天的所有出厂计划,但是一旦进入到订单高峰期,每天的出厂计划将远远大于40单,并且每年这样的订单高峰期将持续长达两个月之久。以每天完成80单出厂计划为例,我们可以发现当前的流程还不能满足客户的需求,每天的订单完成率63.75%,而动态等待时间高达23天。

于是根据新的瓶颈所在,再一次改进出厂流程。首先将原先被动地等待末端库送来产品改为根据配载结果通知末端库发货,这样可以保证送来的产品能立即被装车,省去了催货的情况;然后引入了另一个应用程序"自装车系统",通过计算机计算和定位产品应该在火车中摆放的坐标,生成行车操作指令,指导行车以最高效率装载产品,这样不但省略了人工"选择出库产品",还可以将"产品装车"时间缩短为原来的一半,同时可以将"通知末端库发货"和"计算装车顺序"改为并行流程,大大减少了等待时间。通过对新的流程的仿真,发现订单

完成率上升到了 96.25%,订单平均处理时间下降到了 0.87 小时。

物流仿真参数:对于该 EPC 流程模型的各仿真参数设置如表 5.3 至表 5.6 所示。

表 5.3 处理时间

功 能	处 理 时 间
接收出厂计划	normal distribution(mu = 0000:00:08:00, sigma = 0000:00:02:00)
计算配载方案	normal distribution(mu = 0000:00:20:00, sigma = 0000:00:05:00)
选择出库产品	normal distribution(mu = 0000:00:20:00, sigma = 0000:00:05:00)
催货	normal distribution(mu = 0000:01:00:00, sigma = 0000:00:30:00)
重新计算配载方案	normal distribution(mu = 0000:00:30:00, sigma = 0000:00:10:00)
产品装车	normal distribution(mu = 0000:00:40:00, sigma = 0000:00:10:00)

表 5.4 功能分支概率

分 支	概 率
产品全部到达	0.60
部分产品到达	0.40
缺少产品已到达	0.80
缺少产品无法到达	0.20

表 5.5 组织人员数据

岗 位	人 数
作业长	1
管理员	3
理货工	3

表 5.6 工作班次

分 支	早 班	中 班
Relative interval start	0000:07:00:00	0000:15:00:00
Interval Duration	0000:08:00:00	0000:08:00:00
Number of process instances	20	20
Distribution	Equal distribution	Equal distribution
Cyclical repeat	Y	Y
Period	0001:00:00:00	0001:00:00:00

仿真结果:将该 EPC 模型在 ARIS 中转化为仿真模型,并运行一个工作日的时间,可以得到当天处理的出厂计划 40 单时的仿真结果,如表 5.7 所示。

表 5.7 宝钢铁路库出厂物流的部分性能指标

指 标	数 值
订单完成率	82.5%
订单平均执行时间	2.1 小时
平均动态等待时间	0.58 小时
人员平均利用率	44%

从图5.3中还可以看到“产品装车”“计算配载方案”和“选择出库产品”所需的时间远远大于其功能,是流程瓶颈所在,需要加以改进。

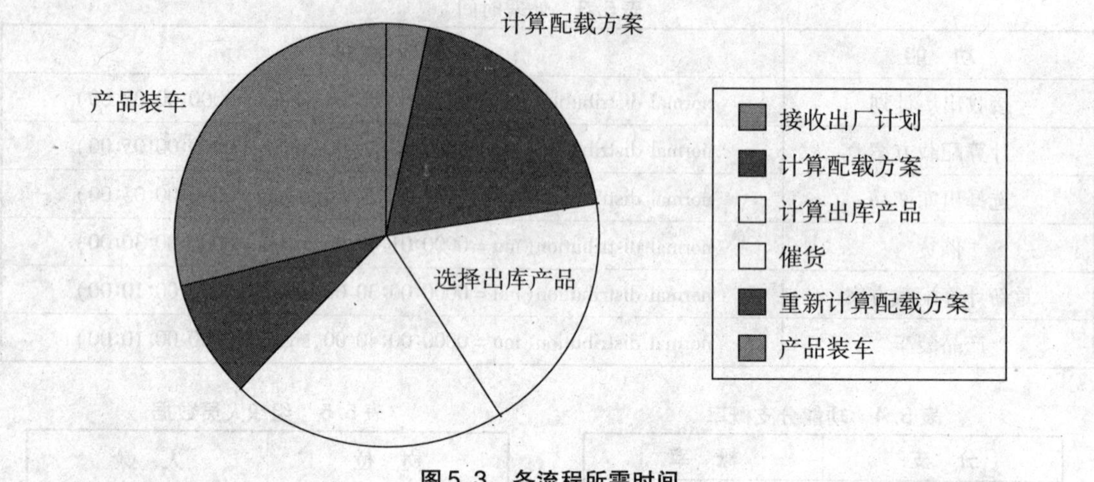

图5.3 各流程所需时间

知识导读

为了有效指导供应链的设计,了解和掌握供应链结构模型是十分必要的,本任务将着重从企业与企业之间关系的角度考察几种供应链的结构模型。

14.1 链状供应链模型

有一种供应链的结构是链状结构,供应链的各成员企业构成链条结构的各个节点,物流、资金流和信息流构成供应链的连线,如图5.4所示。供应链管理通过前馈的信息流(需方向供应方流动,如订货合同、加工单和采购单等)将供应商、制造商、分销商、零售商及最终用户连成一个整体,对整个供应链系统进行计划、协调、操作、控制和优化的各种活动。

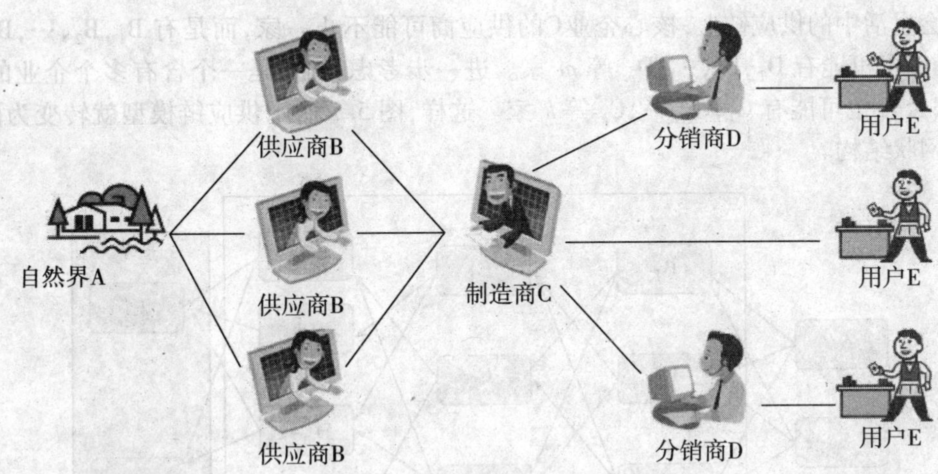

图 5.4 链状结构的供应链模型

显然，静态的链状供应链结构模型可以进一步简化成如图 5.5 所示的串行链状供应链结构模型。串行的链状供应链结构模型是链状供应链结构模型的进一步抽象，它把供应链上的一个个商家都抽象成一个个的点（称为节点），并用字母或数字表示。这些节点以一定的方式和次序连接，构成一条供应链。在串行的链状供应链结构模型中，若 C 为制造商——核心企业，则 B 为供应商，D 为分销商；若假定 B 为制造商——核心企业，则 A 为供应商，C 为分销商。在这个模型中，产品的最初来源——自然界，最终去向——用户，以及产品的物质循环过程都被隐含掉了。从供应链研究的一般化角度来讲，把自然界和用户放在供应链模型中通常没有太大的作用。串行的链状供应链结构模型着重对供应链的中间过程进行研究。

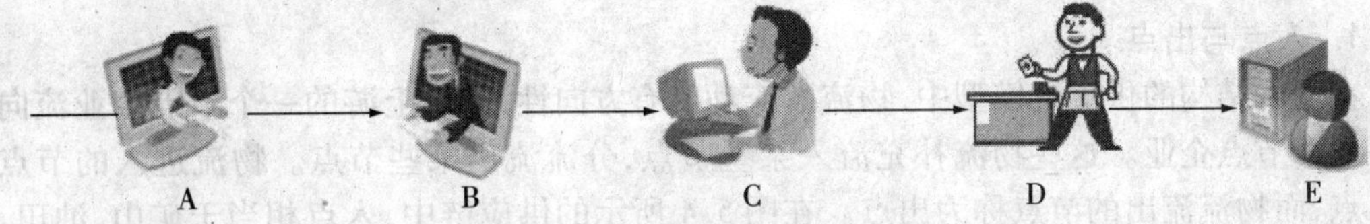

图 5.5 串行的链状供应链结构模型

我的笔记

14.2 网状供应链模型

图 5.5 所示的供应链结构模型代表一种特殊抽象的供应链，并不具有代表性。因为在

现实社会生活中的供应链上,核心企业C的供应商可能不止一家,而是有 $B_1,B_2,\cdots,B_n$ 等 n 家,分销商也可能有 $D_1,D_2,\cdots,D_m$ 等 m 家。进一步考虑,如果是一个含有多个企业的集团公司,那么 C 也可能有 $C_1,C_2,\cdots,C_k$ 等 k 家。这样,图 5.5 所示供应链模型就转变为图 5.6 所示的网状结构。

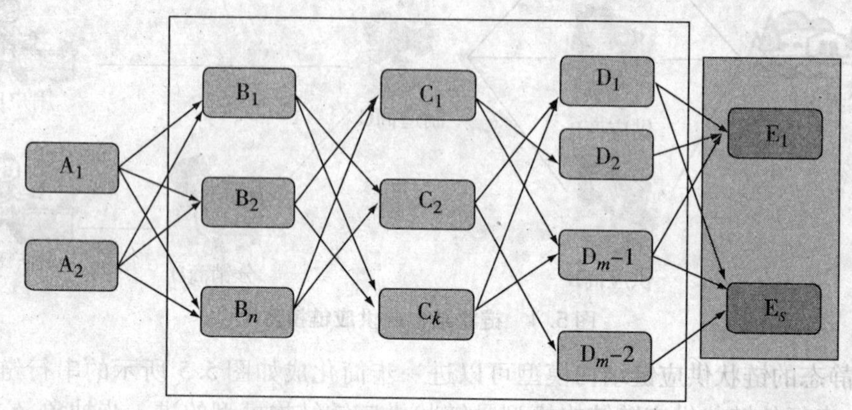

图 5.6　网状结构的供应链模型

网状结构的供应链模型更能说明现实社会中企业间复杂的供应关系。从广义的角度看,网状模型理论上可以涵盖世界上所有的企业组织,而每一个企业都可看作是它上面的一个节点,同时可以认为这些节点之间存在着供需联系。当然,这些联系有强有弱,并且在不断地变化着。

从狭义的角度看,通常一个企业仅与有限的企业发生联系,但这丝毫不影响我们对供应链模型的理论设定。网状结构的供应链模型对企业供应关系的描述很直观,适合宏观把握企业间的供应关系。

1. 入点与出点

在网状结构的供应链模型中,物流的流动具有方向性,它从上游的一个节点企业流向下游另一个节点企业。这些物流补充流入某些节点,分流流出某些节点。物流进入的节点称为入点,而物流流出的节点称为出点。在图 5.4 所示的供应链中,入点相当于矿山、油田、橡胶园和山泉等原始材料提供商,出点相当于用户;图 5.6 所示的供应链中 A 类节点为入点,E 类节点为出点。对于那些既为入点又为出点的节点企业。为了便于网状供应链表达的简化,将用符号 A 表示,这个企业的节点一分为二,变成两个节点,一个为入点、一个为出点,并用实线将其框起来。如图 5.7 所示,A_1 为入点,A_2 为出点。同样,如果有的企业对于另一个企业既是供应商又是分销商,也可以将这个企业一分为二,变成两个节点:一个节点表示供应商,一个节点表示分销商,并用实线框起来。

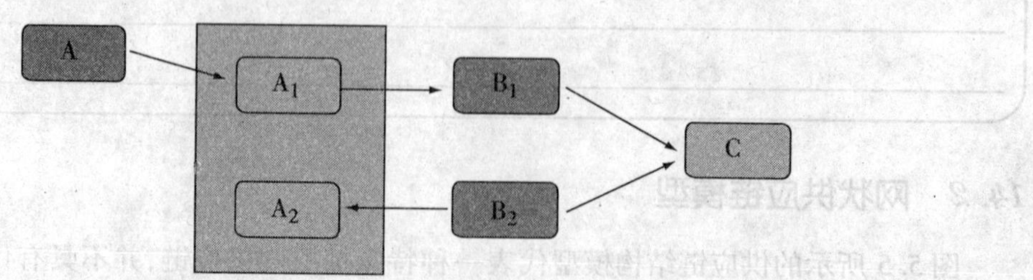

图 5.7　含出点和入点的企业

如图 5.8 所示，B_1 是 C 的供应商，B_2 是 C 的分销商。根据企业实际情况，有时甚至可以一分为三或更多，供应链上的实线框内就有 3 个或 3 个以上对应节点。

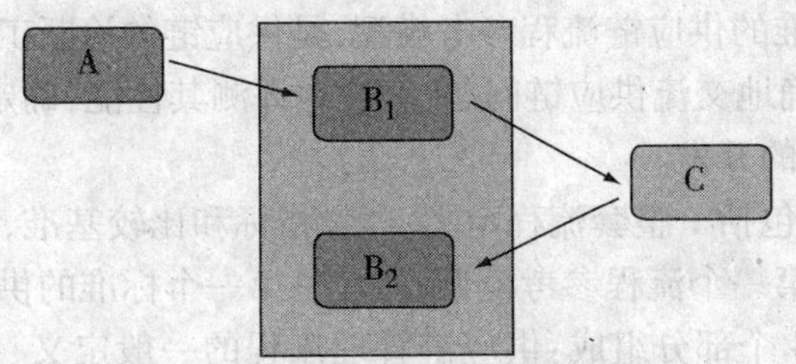

图 5.8 含供应商和分销商的企业

2. 供应链子网

有些集团公司虽然内部结构非常复杂，但与其他企业发生业务往来的只是其中的一些部门或分公司；同时在集团内部有些部门或分公司之间却存在着产品供应关系。显然，这时候只用一个节点来表示集团内部这些复杂的关系式是不行的，这就需要将表示这个集团的节点分解成很多相互联系的子节点，这些子节点之间存在关联关系，由此构成一个网，这被称之为子网，如图 5.9 所示。在引入供应链子网的概念之后，如果要研究图 5.9 中 C 与 D 的联系，只需考虑 C_4 与 D 的联系就可以了，而不需要考虑 C_3 与 D 的联系。

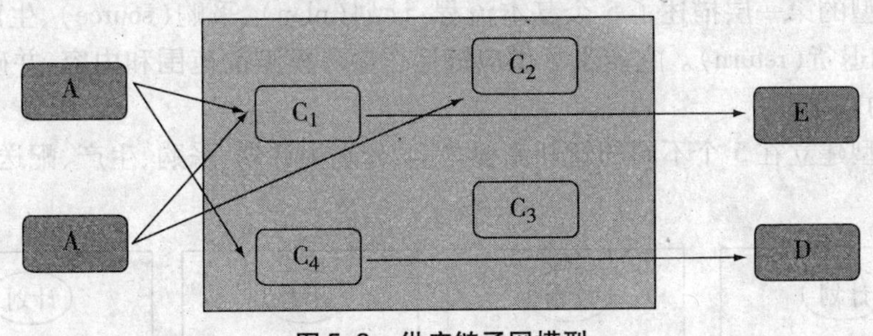

图 5.9 供应链子网模型

我的笔记

14.3 SCOR 模型

SCOR(Supply-Chain Operations Reference model) 是由国际供应链协会（Supply-Chain Council）开发支持，适合于不同工业领域的供应链运作参考模型。

1996 年春，两个位于美国波士顿的咨询公司——Pittiglio Rabin Todd & McGrath (PRTM) 和 AMR Research (AMR) 为了帮助企业更好地实施有效的供应链，实现从基于职能管理到基于流程管理的转变,牵头成立了SCC(供应链协会),并于当年底发布了供应链运作参考模型。

SCOR是第一个标准的供应链流程参考模型,是供应链的诊断工具,它涵盖了所有行业。SCOR使企业间能够准确地交流供应链问题,客观地评测其性能,确定性能改进的目标,并影响今后供应链管理软件的开发。

流程参考模型通常包括一整套流程定义、测量指标和比较基准,以帮助企业开发流程改进的策略。SCOR不是第一个流程参考模型,但却是第一个标准的供应链参考模型。

SCOR模型主要由4个部分组成:供应链管理流程的一般定义、对应于流程性能的指标基准、供应链"最佳实施"(best practices)的描述以及选择供应链软件产品的信息。

SCOR把业务流程重组、标杆比较和流程评测等著名的概念集成到一个跨功能的框架之中。SCOR是一个为供应链伙伴之间有效沟通而设计的流程参考模型,是一个帮助管理者聚焦管理问题的标准语言。作为行业标准,SCOR帮助管理者关注企业内部供应链。

1. SCOR模型结构

SCOR模型按流程定义可分为3个层次,每一层都可用于分析企业供应链的运作。在第三层以下还可以有第四、五、六等更详细的属于各企业所特有的流程描述层次,这些层次中的流程定义不包括在SCOR模型中。

SCOR模型的第一层描述了5个基本流程:计划(plan)、采购(source)、生产(make)、配送(deliver)和退货(return)。它定义了供应链运作参考模型的范围和内容,并确定了企业竞争性能目标的基础。

SCOR模型建立在5个不同的管理流程之上,分别为计划、采购、生产、配送和退货,如图5.10所示。

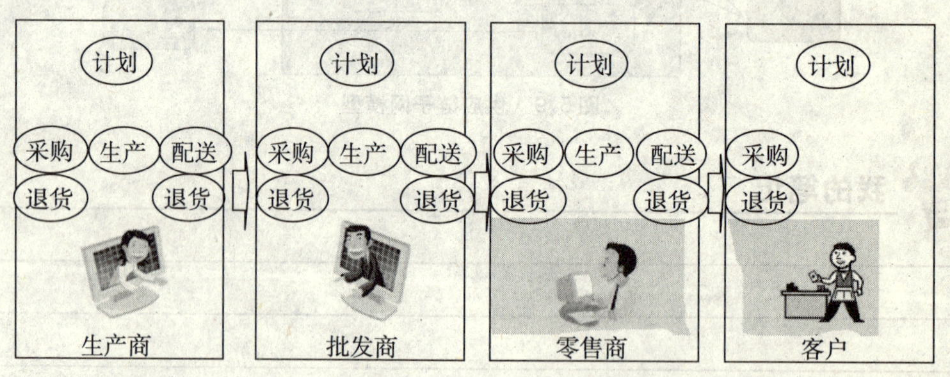

图5.10 SCOR模型示意

企业通过对第一层SCOR模型的分析,可根据下面的供应链运作性能指标做出基本的战略决策,如表5.8所示。

表 5.8　SCOR 各流程中的供应链运作性能指标

流程	供应链运作性能指标
计划	需求/供应计划 ① 评估企业整体生产能力 ② 总体需求计划 ③ 库存计划、分销计划、生产计划 ④ 物料及生产能力计划、制造或采购决策制定 ⑤ 供应链结构设计 ⑥ 长期生产能力与资源规划 ⑦ 企业计划 ⑧ 产品生命周期 ⑨ 生产正常运营过渡期管理 ⑩ 产品衰退期管理与产品线管理
采购	1. 寻找供应商/物料收取 ① 获得、接收、检验、拒收与发送物料 ② 供应商评估、采购运输管理、采购品质管理、采购合约管理、进货运费条件管理、采购零部件规格管理 2. 原材料仓库管理 3. 原材料运送和安装管理 4. 采购支持业务 ① 采购业务规则管理 ② 原材料存货管理
生产	1. 生产运作 ① 申请及领取物料、产品制造和测试、包装出货 ② 工程变更、生产状况掌握、产品质量管理、现场生产进度制定、短期生产能力计划与现场设备管理 ③ 在制品运输 2. 生产支持业务 ① 制造业务规格管理 ② 在制品库存管理
配送	1. 订单管理 订单输入、报价、客户资料维护、订单分配、产品价格资料维护、应收账款管理、授信、收款与开立发票 2. 产品库存管理 存储、拣货、按包装明细将产品装入箱、制作客户特殊要求的包装与标签、整理确认订单、运送货物 3. 产品运输安装管理 运输方式安排、出货运费管理、货品安装进度安排、安装与产品试运行 4. 配送支持业务 配送渠道决策、配送存货管理、配送品质掌控、产品进出口业务
退货	1. 原料退回 退还原料给供应商：包括与商业伙伴的沟通、同时准备好文件资料以及物料实体的返还及运送 2. 产品退回 接受并处理从客户处返回的产品：包括商业伙伴的沟通、同时准备好文件资料以及物料实体的返还及接受和处理

2. SCOR的用途及意义

(1) SCOR的用途

① 分析目前供应链的过程。

② 确立供应链再造和取得改进的方法。

③ 量化同类型企业的运作表现并设置标杆。

④ 总结出最好的供应链管理方法,并尝试将它软件化。

(2) SCOR的意义

SCOR模型中所有流程元素都有流程元素的综合定义;循环周期、成本、服务/质量和资金的性能属性;与这些性能属性相关的评测尺度以及软件特性要求。值得注意的是,SCOR不是软件指南,而是业务流程指南,但它也可作为供应链管理软件开发商的参考。在许多情况下,改变管理流程即可使企业获得最佳业绩而不需要开发软件。

SCOR模型是一个崭新的基于流程管理的工具,国外许多公司已经开始重视、研究和应用SCOR。大多数公司都是从SCOR模型的第二层开始构建它们的供应链,此时常常会暴露出现有流程的低效或无效,因此需要花时间对现有的供应链进行重组。典型的做法是减少供应商、工厂和配送中心的数量,有时公司也可以取消供应链中的一些环节。一旦供应链重组工作完成,就可以开始进行性能指标的评测和争取最佳业绩的工作。

企业在运营中自始至终必须努力提高其供应链管理的效率。在提高其自身运作效率的同时,企业可以开始同供应商和客户一道发展被称为"扩展企业"(extended enterprise)的一种供应链成员间的战略伙伴关系。

国外许多公司在中国的分公司已经开始依照其在国外应用SCOR的经验在我国应用SCOR。同时,SCOR也开始越来越受到我国本土大型企业的关注。

我的笔记

复习思考

一、填空题

1. 物流进入的节点称为________,而物流流出的节点称为________。

2. SCOR是第一个标准的________参考模型,是________的诊断工具,它涵盖了________行业。

3. SCOR模型主要由4个部分组成:________、________、供应链"最佳实施"(best practices)的描述以及________。

二、不定项选择题

1. SCOR 模型的第一层描述的几个基本流程是(　　)。

A. 计划　　B. 采购　　C. 生产　　D. 发运　　E. 退货

2. SCOR 的用途主要有(　　)。

A. 分析目前供应链的过程

B. 确立供应链再造和取得改进的方法

C. 量化同类型企业的运作表现并设置标杆

D. 总结出最好的供应链管理方法,并尝试将它软件化

三、简答题

1. 谈谈你对供应链子网的认识。
2. 查阅相关资料,说出你对 SCOR 模型 3 个层次的理解。

四、案例分析

说说你对图 5.11 供应链网状模型的理解。

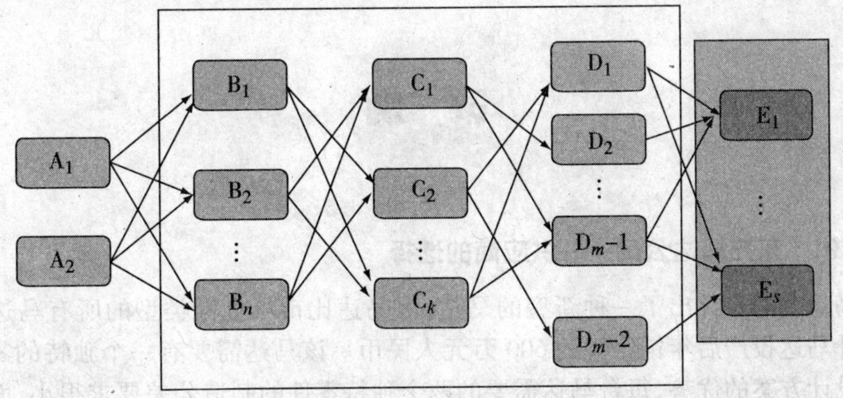

图 5.11　供应链网状模型

任务15 供应商管理

学习任务

本任务拟从降低公司的采购成本角度出发,通过知识导读对供应商的评价与选择进行研究,熟练使用相关知识和工具对东方马达公司进行案例分析,建立起基于供应链的供应商评价体系和选择方法。

知识目标

- 掌握供应商开发的一般知识和一般方法。
- 掌握供应商评估的主要内容。
- 掌握供应商考核的方法和内容。
- 熟悉供应商关系管理技术。

技能目标

- 能够根据企业的情况对不同的供应商进行评估和考核。
- 能够在一定程度上掌握供应链开发以及供应链关系管理的一般方法。

案例 东方马达公司——供应商的选择

东方马达公司设计出了一种新型的马达,该马达比市场上同类型的所有马达的性能都要好。估计马达投产后年销售额约600万元人民币。该马达需要有一个独特的零件。为了实现马达设计方案的优势,每台马达需要的两个独特零件的制造公差要求很小,面临着加工困难的问题。

东方马达公司确定了3个可能的供应商,并且向它们发出了零件图。

供应商A位于1 200 km以外,是一家技术实力雄厚的加工企业。东方马达公司去年向该供应商采购过另一种产品的零件,但该供应商不能按协商的进度交货。供应商A经长途电话多次许下承诺,但直到采购经理跑到该厂催货之后,零件也晚了2个月才到货。由于该零件交货延误,产品的其他零件不得不搁置一旁,使东方马达公司向客户赔偿了违约金,造成很大的损失。供应商A提出如下报价:

5 000件	单价1.60元	
10 000件	单价1.30元	模具成本8 000元,交货期约10周
20 000件	单价1.10元	具体时间取决于作业排序

以上报价不包括每件为0.52元的运输成本,也不包括东方马达公司对独特零件的每件约为0.85元的机加工成本。

供应商B距东方马达公司300 km,相对来说,是一家零件加工的新公司。公司经理来

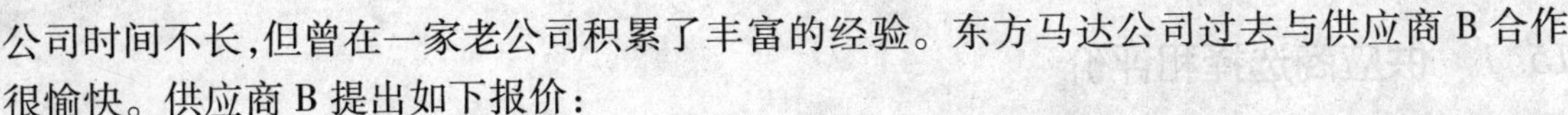

公司时间不长，但曾在一家老公司积累了丰富的经验。东方马达公司过去与供应商 B 合作很愉快。供应商 B 提出如下报价：

5 000 件	每件 3.00 元	
10 000 件	每件 2.40 元	模具成本为 6 500 元，交货期为 10～12 周
20 000 件	每件 0.90 元	

另外，每件还需运费 0.35 元。该报价包含了对零件图的相应修改，也就是供应商 B 负责对零件的机加工，加工成本已包含在报价中。

第三个供应商，即供应商 C，东方马达公司以前没有同它有过业务往来，但这次也希望它就独特零件报价。供应商 C 是一个大型汽车公司的一个附属公司，在技术上有很好的声誉。供应商 C 的报价如下：

5 000 件	单价 9.00 元	
10 000 件	单价 1.70 元	模具成本 4 000 元，交货期为 10 周
20 000 件	单价 1.50 元	

供应商 C 距东方马达公司 900 km，每件需运费 0.5 元。而且供应商 C 的报价方案中，所交零件的两个表面有一处突起，需要东方马达公司进行机加工才能保证零件性能。尽管在这种情况下需要专业加工技术，但是，东方马达公司估计每批超过 5 000 件的时候，每件再花 0.4 元就能去掉这个突起。

思考

1. 如果你是东方马达公司的采购部经理，你愿意将订单交给哪个供应商？
2. 你在采购时应考虑哪些主要因素？

我的笔记

知识导读

据投资银行的一项调查显示，现在采购及购买成本占到了整个销货成本的 60%，而几十年前采购成本所占的比例大概只有 20%。采购及购买成本所占比例大幅增长的主要原因是：现代制造型企业越来越依赖于供应商为企业制成品所提供的增值部件。

可见，企业的物料供应策略、供应商管理策略对于企业总成本的降低、产品质量的保证以及交货期的保证有了越来越重要的意义。因此，本任务拟从降低公司的采购成本角度出发，对其供应商的评价与选择进行研究，建立起基于供应链的供应商评价体系和选择方法。

15.1 供应商选择和评价

《零售商供应商公平交易管理办法》规定:供应商是指直接向零售商提供商品及相应服务的企业及其分支机构、个体工商户,包括制造商、经销商和其他中介商。供应商也称为“厂商”,即供应商品的个人或法人。

供应商可以是农民、生产基地、制造商、代理商、批发商(限一级)和进口商等,应避免太多中间环节的供应商,如二级批发商、经销商、皮包公司(倒爷)或亲友所开的公司。

采购商选择供应商建立战略伙伴关系、控制双方关系风险和制定动态的供应商评价体系是采购商普遍关心的几个问题。随着采购额占销售收入比例的不断增长,采购逐渐成为决定制造商成败的关键因素。供应商的评估与选择作为供应链正常运行的基础和前提条件,正成为企业间最热门的话题。

选择供应商的标准有许多,根据时间的长短进行划分,可分为短期标准和长期标准。在确定选择供应商的标准时,一定要考虑把短期标准和长期标准结合起来,才能使所选择的标准更全面,进而利用标准对供应商进行评价,寻找到理想的供应商。

1. 供应商选择的短期标准

选择供应商的短期标准主要有合适的商品质量、较低的成本、及时交货和整体服务水平好等指标。

(1) 合适的商品质量

采购商品的质量合乎采购单位的要求是采购单位进行商品采购时首先要考虑的条件。对于质量差、价格偏低的商品,虽然采购成本低,但会导致企业的总成本增加。因为质量不合格的产品在企业投入使用的过程中,往往会影响生产的连续性和产成品的质量,这些最终都会反映到总成本中去。

相反,质量过高并不意味着采购物品适合企业生产所用,如果质量过高,远远超过生产要求的质量,对于企业而言也是一种浪费。因此,采购对于质量的要求是符合企业生产所需,要求过高或过低都是错误的。

(2) 较低的成本

成本不仅包括采购价格,而且包括原料或零部件使用过程中所发生的一切支出。采购价格低是选择供应商的一个重要条件。但是价格最低的供应商不一定就是最合适的,因为如果在产品质量、交货时间上达不到要求,或者由于地理位置过远而使运输费用增加,都会使总成本增加,所以总成本最低才是选择供应商时考虑的重要因素。

(3) 及时交货

供应商能否按约定的交货期限和交货条件组织供货,直接影响企业生产的连续性,因此交货时间也是选择供应商时要考虑的因素之一。

企业在考虑交货时间时需要注意两个方面的问题:一是要降低生产所用的原材料或零部件的库存数量,进而降低库存占压资金,以及与库存相关的其他各项费用;二是要降低断料停工的风险,保证生产的连续性。结合这两个方面内容,对交货及时的要求应该是:用户什么时候需要,就什么时候送货,不晚送,也不早送,非常准时。

(4) 整体服务水平好

供应商的整体服务水平是指供应商内部各作业环节能够配合购买者的能力与态度。评价供应商整体服务水平的主要指标有以下几个方面。

① 安装服务:通过安装服务,采购商可以缩短设备的投产时间或投入运行所需要的时间。

② 维修服务:免费维修是对买方利益的保护,同时也对供应商提供的产品提出了更高的质量要求。这样,供应商就会想方设法提高产品质量,避免或减少免费维修情况的出现。

③ 技术支持服务:如果供应商向采购者提供相应的技术支持,就可以在替采购者解决难题的同时销售自己的产品。例如,信息时代的产品更新换代非常快,供应商提供免费或者有偿的升级服务等技术支持对采购者有很大的吸引力,也是供应商竞争力的体现。

如果采购者对如何使用所采购的物品不甚了解,供应商就有责任向采购者培训所卖产品的使用知识。供应商对产品售前和售后的培训工作状况也是采购方选择供应商的考虑因素。

2. 供应商选择的长期标准

选择供应商的长期标准主要在于评估供应商是否能保证长期而稳定的供应,其生产能力是否能配合公司的成长而相对扩展,其产品未来的发展方向能否符合公司的需求,以及是否具有长期合作的意愿等。选择供应商的长期标准主要考虑下列4个方面。

(1) 供应商内部组织是否完善

供应商内部组织与管理关系到日后供应商供货效率和服务质量。如果供应商组织机构设置混乱,采购的效率与质量就会因此下降,甚至会由于供应商部门之间的互相扯皮而导致供应活动不能及时地、高质量地完成。

(2) 供应商质量管理体系是否健全

采购商在评价供应商是否符合要求时,其中重要的一个环节是看供应商是否采用相应的质量体系。例如,某供应商是否已经通过ISO 9000质量体系认证,如果已经通过,那么其内部的工作人员是否按照该质量体系不折不扣地完成各项工作,其质量水平是否达到国际公认的ISO 9000所规定的要求。

(3) 供应商内部机器设备是否先进以及保养情况如何

从供应商机器设备的新旧程度和保养情况就可以看出管理者对生产机器、产品质量的重视程度,以及内部管理的好坏。如果车间机器设备陈旧,机器上面灰尘油污很多,很难想象该企业能生产出合格的产品。

(4) 供应商的财务状况是否稳定

供应商的财务状况直接影响到其交货和履约的绩效,如果供应商的财务出现问题,周转不灵,就会影响供货进而影响企业生产,甚至出现停工等严重危机。

3. 选择供应商的步骤

不同的企业在选择供应商时,所采用的步骤会有差别,但基本的步骤应包含下列几个方面。

(1) 建立评价小组

企业必须建立一个小组以控制和实施供应商评估。组员来自采购、生产、财务、技术和市场等部门,组员必须有团队合作精神、具有一定的专业技能。评估小组必须同时得到制造商企业和供应商企业最高领导层的支持。

(2) 确定全部的供应商名单

通过供应商信息数据库,以及采购人员、销售人员或行业杂志、网站等媒介渠道了解市场上能提供所需物品的供应商。

(3) 列出评估指标并确定权重

每个评估指标的重要性对不同的企业是不一样的。因此,对于不同的企业,在进行评估指标权重设计时也应不同。评估供应商的一个主要工作是调查、搜集有关供应商的生产运作等各个方面的信息。在搜集供应商信息的基础上,就可以利用一定的工具和技术方法进行评估。

(4) 评估供应商

对供应商的评估共包含两个程序:一是对供应商做出初步筛选;二是对供应商实地考察。在对供应商进行初步筛选时,首要的任务是:使用统一标准的供应商情况登记表管理供应商提供的信息。

这些信息应包括供应商的注册地、注册资金、主要股东结构、生产场地、设备、人员、主要产品、主要客户和生产能力等。通过分析这些信息,可以评估其工艺能力、供应的稳定性、资源的可靠性及其综合竞争能力。

在这些供应商中,剔除明显不适合进一步合作的供应商后,就能得出一个供应商考察名录。接下来要对供应商实地考察,这一步骤至关重要。必要时,在审核团队方面,可以邀请质量部门和工艺工程师一起参与——他们不仅会带来专业的知识与经验,共同审核的经历也会有助于公司内部的沟通和协调。

(5) 确定供应商

在综合考虑多方面的重要因素之后,就可以给每个供应商打出综合评分,选择出合格的供应商。

4. 选择供应商应注意的问题

(1) 选择有实力的供应商

在报价相同及交货承诺相同的情况下,应首先选择那些企业形象好并有实力的供应商。如果这家供应商曾经给某些品牌企业提供过产品供应,并得到这些品牌企业的认可,那么无疑应成为选择时的最好参考,否则,就不应选择该供应商。

例如,1992 年大量南斯拉夫廉价轿车涌入美国,很多人在第一次听到 Yugo 轿车的时候就购买了它,而现在那些购买 Yugo 轿车的人已经得不到任何服务了。对于这些购买轿车的人来说,如果当初选择一家已经有一定知名度并有实力的供应商,就能避免这样的损失。

(2) 选择一定数量的供应商

应避免选择独家供应商。许多企业对某些重要材料过于依赖同一家供应商,这种情况导致供应商常常能左右采购价格,对采购方施加极大的压力。这时采购方已落入供应商垄断供货的控制之中,处在进退两难的境地,因为更换供应商的转换成本太高。对于采购方而言,要尽可能避免出现这种情况的发生。这就要求采购方在采购同种商品时,尽可能多选择几家供应商,最好选择两三家。

(3) 避免缺乏科学的选择方法

目前,我国许多企业的管理制度不完善,缺乏科学的选择供应商的方法,致使在大多数项目选择供应商时,更多的是参考供应商本身提供的各类书面文字材料和自我介绍,以及在市场上的口碑,或凭个人主观臆想,因而在选择供应商时,人为因素比较大。

另外,在选择供应商的标准方面,目前企业的选择标准多集中在供应商的产品质量、价格、柔性、交货准时、提前期和批量等方面,没有形成一个全面的供应商综合评估指标体系,不能对供应商做出全面、具体和客观的评估。

我的笔记

15.2　供应商选择方法

选择供应商,是对企业输入物料的适当品质、适当期限、适当数量与适当价格的总体进行选择的起点与归宿。选择供应商的方法较多,一般要根据供应单位的多少、对供应单位的了解程度以及对物料需求的时间是否紧迫等要求来确定,目前,较常用的方法主要有以下几种。

1. 直观判断法

直观判断法是根据征询和调查所得的资料并结合个人的分析判断,对供应商进行分析,评估的一种方法。这种方法主要是倾听和采纳有经验的采购人员意见,或者直接由采购人员凭经验做出判断,这种方法常用于选择企业非主要原材料的供应商。

2. 招标法

当订购数量大、合作伙伴竞争激烈时,可采用招标法来选择适当的合作伙伴。它是由企业提出招标条件,各招标合作伙伴进行竞标,然后由企业决标,与提出最有利条件的供应商签订合同或协议。招标法可以是公开招标,也可以是指定竞级招标。公开招标对投标者的资格不予限制;指定竞标则由企业预先选择若干个可能的合作伙伴,再进行竞标和决标。招标方法竞争性强,企业能在更广泛的范围内选择适当的合作伙伴,以获得供应条件有利的、便宜而适用的物料。但招标法手续较繁杂,时间长,不能适应紧急订购的需要;订购机动性差,有时订购者对投标者了解不够,双方未能充分协商,造成货不对路或不能按时到货。

3. 采购成本比较法

对质量和交货期都能满足要求的合作伙伴,则需要通过计算采购成本来进行比较分析。采购成本一般包括售价、采购费用、运输费用等各项支出的总和。采购成本比较法是通过计算分析针对各个不同合作伙伴的采购成本,选择采购成本较低的合作伙伴的一种方法。

4. AHP

(1) AHP 的基本理念

AHP(Analytic Hierarchy Process,层次分析法)是20世纪70年代中期由美国运筹学家托马斯·塞蒂(T. L. Satty)正式提出。它是一种定性和定量相结合的、系统化、层次化的分析方法。由于它在处理复杂的决策问题上的实用性和有效性,很快在世界范围得到重视。它的应用已遍及经济计划和管理、能源政策和分配、行为科学、军事指挥、运输、农业、教育、人才、医疗和环境等领域。

层次分析法的基本思路与人对一个复杂的决策问题的思维、判断过程大体上是一样的。不妨用假期旅游为例:假如有3个旅游胜地A、B、C供你选择,你会根据诸如景色、费用和居住、饮食、旅途条件等一些准则去反复比较这3个候选地点。首先,你会确定这些准则在你的心目中各占多大比重,如果你经济宽绰、醉心旅游,自然看重景色条件,而平素俭朴或手头拮据的人则会优先考虑费用,中老年旅游者还会对居住、饮食等条件给予较大关注。其次,你会就每一个准则将3个地点进行对比,譬如A景色最好,B次之;B费用最低,C次之;C居住等条件较好等。最后,你要将这两个层次的比较判断进行综合,在A、B、C中确定哪个作为最佳地点。

层次分析法有很多优点,其中最重要的一点就是简单明了。层次分析法不仅适用于存在不确定性和主观信息的情况,还允许以合乎逻辑的方式运用经验、洞察力和直觉。也许层次分析法最大的优点是提出了层次本身,它使得买方能够认真地考虑和衡量指标的相对重要性。

(2) AHP的步骤

1) 建立层次结构模型(见图5.12)。在深入分析实际问题的基础上,将有关的各个因素按照不同属性自上而下地分解成若干层次,同一层的诸因素从属于上一层的因素或对上层因素有影响,同时又支配下一层的因素或受到下层因素的作用。最上层为目标层,通常只有一个因素,最下层通常为方案或对象层,中间可以有一个或几个层次,通常为准则或指标层。当准则过多(如多于9个)时应进一步分解出子准则层。

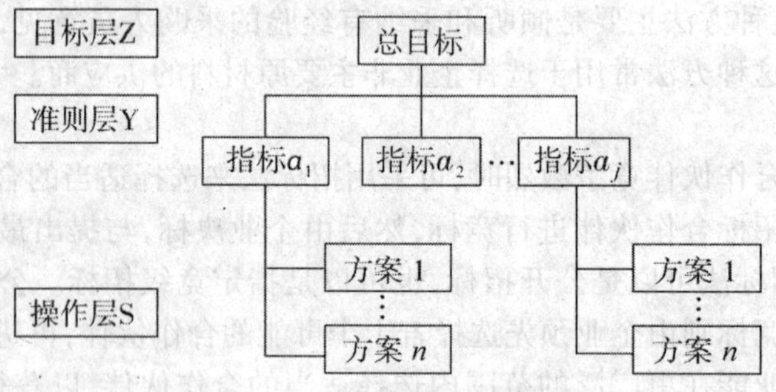

图5.12 AHP层次结构模型

2) 构造成对比较矩阵。从层次结构模型的第2层开始,对于从属于(或影响)上一层每个因素的同一层诸因素,用成对比较法和1~9比较尺度构造成对比较矩阵,直到最下层。

由决策人或者专家组通过对两两因素的比较,用标度打分,得到判断矩阵$A=(a_{ij})_{m\times n}$,检验成对比较矩阵A一致性的标准RI——RI称为平均随机一致性指标,它只与矩阵维数有关。维数与RI值如表5.9所示,标度指标及其含义如表5.10所示。

表5.9 维数与RI值

维数	1	2	3	4	5	6	7	8	9
RI	0	0	0.58	0.96	1.12	1.24	1.32	1.41	1.45

表 5.10 标度指标及其含义

标度 a_{ij}	含 义
1	元素 i 与元素 j 对上一层因素的重要性相同
3	元素 i 比元素 j 略重要
5	元素 i 比元素 j 重要
7	元素 i 比元素 j 重要得多
9	元素 i 比元素 j 极其重要
2,4,6,8	以上两判断之间的中间状态
倒数	$a_{ij}=1/a_{ji}$

3）计算权向量并做一致性检验。

对于每一个成对比较矩阵计算最大特征根 λ 及对应特征向量 $\boldsymbol{\omega}$，利用一致性指标、随机一致性指标和一致性比率做一致性检验。若检验通过，特征向量（归一化后）即为权向量；若不通过，需重新构造成对比较矩阵。

检验成对比较矩阵 A 一致性的步骤如下。

首先计算衡量一个成对比较矩阵 A（$n>1$ 阶方阵）不一致程度的指标 CI。

$$CI=\frac{\lambda(A)-n}{n-1} \qquad \text{式}(5-1)$$

式中，$\lambda(A)$ 是矩阵 A 的最大特征值。

然后按下面公式计算成对比较矩阵 A 的随机一致性比率 CR。

$$CR=\frac{CI}{RI} \qquad \text{式}(5-2)$$

最后进行判断，判断方法如下：当 $CR<0.1$ 时，判定成对比较矩阵 A 具有满意的一致性，或其不一致程度是可以接受的；否则就调整成对比较矩阵 A，直到达到满意的一致性为止。

4）计算组合权向量并做组合一致性检验。

计算最下层对目标的组合权向量 $\boldsymbol{\omega}$，并根据公式做组合一致性检验，若检验通过，则可按照组合权向量表示的结果进行决策，否则需要重新考虑模型或重新构造那些一致性比率较大的成对比较矩阵。

我的笔记

15.3 供应商考核

1. 供应商绩效考核的必要性

供应链管理是为了使供应链运作达到最优化,从供应链采购开始,把合适的产品以最低的成本、合理的价格,及时准确地送到消费者手中,满足最终客户需求的管理模式。

对供应链管理而言,供应商是管理与控制的关键环节。如果供应商管理出现问题,则下游的各环节将无法做到最优。因此,对于下游企业,如果将订单交给经过评估绩效好的供应商,产品在质量上能放心,同时也能争取到好的价格,而对于供应商而言,也可以从整条供应链的绩效成果中获得收益。因此,供应链管理环境下的上下游企业是一种双赢的战略合作伙伴关系,能够使整个供应链富有竞争力。

在企业生产过程中,采购成本占总成本比重的30%~80%,采购成本在总成本中的比重是非常大的。供应商提供产品的价格和质量决定了最终商品的价格,从而也决定了商品的市场竞争力。好的供应商是企业成功采购的决定因素,理想的供应商能够让供应链整体降低生产成本、提高产品质量和客户满意度。所以,对供应商的绩效考核是一个关键问题,企业必须对供应商进行绩效考核,并进行评估和选择。

2. 供应商绩效考核的关键指标

(1) 成本控制

供应商管理中的采购成本控制是一个关键问题,因为采购成本增加就意味着产品价格提高,不利于供应链整体参与市场竞争。

供应链主体企业在采购成本控制环节,首先应明确最终产品在市场中的定位,在比较同类型竞争性产品的基础上,确定最终产品的市场合理价位。在此基础上,逐级向上游反馈,对供应商的产品提出成本要求,可依此设定一个参数指标,对供应商进行评估和考核。

(2) 及时供货

供应商绩效考核的第二个指标就是供货的及时性。由于目前市场中的产品绝大多数属于需方市场,客户具有极大的选择权,所以,对于整条供应链而言,压力非常大。而供货的及时性,就是不得不面对的一个客户需求指标。

供应链主体企业根据客户需求时间进行推算,通过逐级分解,计算出产品生产加工时间及原材料供应时间。因此,在选择供应商时,就具有了一个可量化的考核指标,要求供应商必须按照供应链主体企业的要求,及时供应。

至于供应的具体方法,双方可以共同协商,如果供应商距离生产企业较近,可以采取 JIT 方式直接送至生产线;如果供应商距离生产企业较远,可以采取 VMI 方式等。

(3) 质量可靠

供应商管理的重要性不仅体现在成本和时间上,还体现在产品质量上。由于供应商是供应链管理的源头,所以原材料的质量优劣直接决定了供应链最终产品的质量。

在考核供应商时,应对原材料的生产质量进行严格的评估和控制。

首先,应根据最终产品的要求,确定原材料的质量要求。整条供应链应根据客户需求制定不同的产品质量策略,在此基础上,再对供应商进行质量要求,尽可能提高性价比,满足不同客户的不同需求。

然后,要求供应商对原材料生产的全过程建立质量规范;要求供应商对机器设备、人员

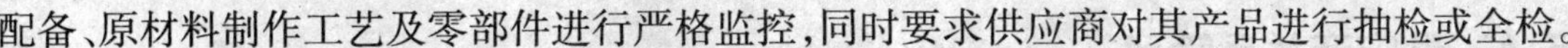

配备、原材料制作工艺及零部件进行严格监控，同时要求供应商对其产品进行抽检或全检。

最后，派送专家跟踪服务。供应链主体企业派送专家直接为供应商企业服务，简单地说就是监督产品的生产过程。对于材料和先进的生产技术做出更好的选择，让原材料生产能够更好地保证质量，使更多的消费者满意。

3. 供应商绩效考核的实施

(1) 成立评选小组

企业建立一个专门的小组来控制和实施供应商管理，小组成员来自采购、质量、生产和工程等与供应链合作关系密切的部门。这些成员要有团队合作精神以及一定的专业技能。

评选小组应与初步选定的供应商取得联系，确认它们是否愿意与企业建立供应链合作关系，是否有获得更高业绩水平的愿望，企业应尽可能早地让供应商参与到评选的设计过程中。然而，企业的力量和资源毕竟是有限的，只能与少数关键的供应商保持紧密的合作关系，所以参与的供应商应该尽量少。

(2) 高层重视

供应链节点企业的高层领导对供应链产品最终质量的好坏起着决定作用。

在评价和选择供应商时，双方高层领导应直接参与。当企业经过考察，一旦决定加入某一条供应链时，就应该全力以赴为供应链整体运营效率的优化提供支持。支持行为的首要体现就是高层领导的参与。

高层领导的参与，可以加强企业各级管理层的重视程度，推进各类规范化管理的运行，使产品质量得到保证。并且在执行合作过程中出现的问题，双方可以更好地协商解决，目的都是为了保证供应链整体的利益最优。

(3) 建立完善的信息系统

完善的信息系统可以更好地实施供应商的绩效考核。完善的信息系统主要体现在两个方面：一方面是单一企业已经拥有了良好的信息化系统，包括良好的管理行为、计算机软硬件能力和人才资源等，具体应用包括企业级 OA 系统、ERP系统和产品设计系统等；另一方面是以供应链主体企业为核心的、涉及供应链整体的信息系统。这涉及供应链企业之间的信息横向联合，使得供应链在信息系统的支撑下，更加快捷和流畅。完善的信息系统，使得供应链主体企业能够很好地了解整个供应链的运行效率，便于企业发现供应链的瓶颈节点，并依此展开效率考核。

我的笔记

15.4 供应商关系管理

1. 供应商关系管理的概念及作用

供应商关系管理(Supplier Relationship Management,SRM)正如当今流行的CRM(客户关系管理)是用来改善与客户的关系一样,是用来改善与供应链上游供应商的关系的,是一种致力于实现与供应商建立和维持长久、紧密伙伴关系的管理思想和软件技术的解决方案。它旨在改善企业与供应商之间关系的管理机制,实施于围绕企业采购业务相关的领域,目标是通过与供应商建立长期、紧密的业务关系,并通过对双方资源和竞争优势的整合来共同开拓市场,扩大市场需求和份额,降低产品前期的高额成本,实现双赢的企业管理模式。同时,它又是以多种信息技术为支持和手段的一套先进的管理软件和技术,它将先进的电子商务、数据挖掘和协同技术等信息技术紧密集成在一起,为企业产品的策略性设计、资源的策略性获取、合同的有效洽谈和产品内容的统一管理等过程提供了一个优化的解决方案。实际上,它是一种以扩展协作互助的伙伴关系、共同开拓和扩大市场份额、实现双赢为导向的企业资源获取管理的系统工程。

杰夫·赫曼(Jeff Herrmann)和布莱恩·霍德森(Brian Hodgson)把供应商关系管理定义为这样一个过程:管理评估已经选择的供应商绩效、寻找新的供应商、积累供应商管理经验并确保从供应商伙伴关系中获利。当企业认识到供应商关系作为参与市场竞争武器的价值时,供应商关系管理就成为实施供应链变革的最重要的投资。

根据著名咨询公司Gartner的观点,企业采用供应商关系管理能带来以下好处。

① 优化供应商关系,企业可以依据供应商的性质,以及其对企业的战略价值,对不同供应商采取不同的对待方式。

② 建立竞争优势,并通过合作,快速地引入更新、更好、以客户为中心的解决方案,从而增加营业能力。

③ 扩展、加强与重要供应商的关系——把供应商集成到企业流程中。

④ 在维持产品质量的前提下,通过降低供应链与运营成本来促进利润提升。

2. 供应商关系管理策略

根据供应物资的重要程度,与供应商的关系可以分为战略合作伙伴关系、双赢博弈关系,以及零和博弈关系3种,不同的关系适合不同的策略。

(1) 一般物资的供应商关系策略

对于一般性物资,由于本身价格不高,种类繁多,供应市场上也容易获得,另一方面供应商也有很多,所以供应商和采购者之间会形成一种零和博弈的关系。

一般物资的供应商管理策略,应该是在保持与供应商之间零和博弈关系的大格局下,充分引入竞争,通过供应商之间的激烈竞争,使采购价格保持较低的水平。同时要利用信息技术等手段简化采购管理程序,致力于管理成本最小化,不能在这类物资的供应商竞争管理上花费过多的人力和时间。这种供应商关系策略要特别注意防止过度竞争可能带来的物资质量风险,要建立相对稳定的供应商名单,保持有序竞争的氛围,努力营造采购优势地位,降低采购供应成本。

选择此类供应商时可以将价格放在首位考虑,在供应商声誉、生产能力相当的情况下适当压低价格,同时可以充分利用现代网络技术、电子商务等寻找供应商。

(2) 瓶颈类物资供应商的关系策略

企业对该类物资需求量不大,但是其质量的好坏对企业的生产影响很大,而且企业对该类物资没有多少讨价还价余地,这样企业就会处于一种比较被动的地位。虽然这类物资价格并不一定很高,但是关键时候会因为这些价值不高的物资稀缺而造成巨大的损失。

解决这一瓶颈问题可以有两种方法。一方面企业要不断地开发新的供应商,寻找多个供应渠道。对于产品价格可以放到考虑因素的后面,能保证及时供应是关键所在。另一方面,企业可以不断地修正自己,摆脱这类物资对自己的限制,将瓶颈类产品转换为一般物资,这样与瓶颈类物资供应商的关系可以转换为一般物资的供应商关系。

(3) 重要物资的供应商关系策略

重要物资的供应商管理策略,应该以实现采购总成本最低为重点原则,努力构建双赢博弈关系(合作竞争关系),使采购合作关系保持相对稳定,降低采购成本和供应风险。建立双赢博弈供应商关系的重要目的是稳定资源、控制风险,进而降低采购供应成本,双方既是竞争关系又是相对稳定合作的关系。双赢关系的评估重点,是在零和博弈关系评估内容的基础上,重点增加对供应商价格水平高低、产品制造成本和持续供应能力等多项指标的考核评估,确保既控制供应风险又降低采购成本。

企业对于此类供应商服务水平的要求放在第一位,要求供应商能够送货、退货、换货等,保证产品质量,将产品的价格放在次位。在构建双赢伙伴关系的同时,不仅要考虑设置较高的安全库存,还应不断进行市场供需状况及变动趋势,特别是对供应商能力变化等情况的分析研究,考虑寻找替代方案,努力控制供应风险。

(4)战略性物资的供应商关系策略

基于战略性物资的特点,与供应商应该建立战略合作伙伴关系。战略合作伙伴供应商,不仅是企业生产经营过程中的合作伙伴,也是企业谋求发展的战略协作伙伴。与供应商建立战略合作伙伴关系,除了要考虑所需物资的质量、价格、交货时间、售后服务和供应商的持续供应能力以外,还要对供应商的经营状况、资金状况、产品技术创新状况和可持续发展能力等情况进行综合评估。

建立了战略合作伙伴关系就意味着厂商与供应商不仅是买家和卖家的关系,更重要的是一种伙伴,甚至是朋友关系,双方在买卖之外还应有更多其他方面的往来。要抛开“各扫门前雪”的思想,双方要利益共享,风险共担,实现双赢,使采购方在长期的合作中获得货源上的保证和成本上的优势,也使供应商拥有长期稳定的大客户,以保证其产出规模的稳定性。这种战略合作伙伴关系的确立,能给采购方带来长期而有效的成本控制利益。

需要注意的是,由于这种物资需求量大、价格昂贵,属于生产经营关键物资,其质量、价格和供应的可持续性对企业生产经营有重大影响,采购方要进行详细的市场调查和需求预测,设置一定量的安全库存并进行严格的库存控制和物流监控,不能完全依靠伙伴供应商,以防供应商垄断造成难以挽回的供应风险。

为建立并维护好战略合作伙伴关系,企业内部应该建立适应战略合作伙伴关系要求的经营理念和信息沟通协调机制,把采购伙伴供应商提升为企业经营发展的合作伙伴,把采购部门的功能提升为外部资源管理和企业间合作管理功能的高度,并通过长期合作使供应商也从中得到应有的好处,使战略合作伙伴关系得以长期、稳定保持。

我的笔记

复习思考

一、填空题

1. 根据供应物资的重要程度,与供应商的关系可以分为______、______和______3种。

2. 供应链产品最终质量的好坏,供应链节点企业的______领导起着决定作用。

3. 采购成本一般包括______、______、______等各项支出的总和。

4. 当订购数量大、合作伙伴竞争激烈时,可采用______来选择适当的合作伙伴。

5. ______是根据征询和调查所得的资料并结合个人的分析判断,对供应商进行分析评价的一种方法。

二、不定项选择题

1. 选择供应商的短期标准主要有(　　)等指标。
   A. 商品质量合适　B. 价格水平低　C. 交货及时　D. 整体服务水平
2. 选择供应商的长期标准主要考虑(　　)。
   A. 供应商内部组织是否完善
   B. 供应商质量管理体系是否健全
   C. 供应商的财务状况是否稳定
   D. 供应商内部机器设备是否先进以及保养情况如何
3. 选择供应商的步骤主要有(　　)。
   A. 建立评估小组　B. 确定供应商　C. 列出评估指标并确定权重
   D. 供应商的评估　E. 确定全部的供应商名单
4. 较常用的供应商选择方法主要有(　　)。
   A. 直观判断法　B. 招标法　C. 采购成本比较法　D. 层次分析法
5. 供应商绩效考核的关键指标有(　　)。
   A. 成本控制　B. 供货及时　C. 质量可靠　D. 价格最低
6. 著名咨询公司 Gartner 的观点,企业采用供应商关系管理能带来的好处有(　　)。
   A. 优化供应商关系
   B. 建立竞争优势
   C. 扩展、加强与重要供应商的关系

D. 在维持产品质量的前提下，通过降低供应链与运营成本来促进利润提升

三、简答题

1. 谈谈选择供应商应该注意的问题。
2. 什么是供应商关系管理？
3. 浅谈供应商考核的必要性。
4. 谈谈瓶颈类物资供应商的关系策略。
5. 战略性物资需要怎样的供应商关系策略？

任务 16 供应链库存管理策略

学习任务

供应链库存管理在整个供应链系统中具有举足轻重的作用。本任务围绕供应链系统库存管理的策略、库存控制的研究模型及库存控制的方法等展开，在深入学习并理解本任务知识导读内容的基础上，能够熟练地运用供应链库存控制方法进行案例分析，具备建立库存控制模型并解决企业实际问题的基本技能。

知识目标

- 掌握库存管理的主要内容。
- 掌握供应链库存管理的主要策略。
- 掌握供应链的库存控制模型。

技能目标

- 能够根据不同的企业采用有针对性的供应链库存管理策略。
- 能够熟练使用供应链库存控制的一般方法。

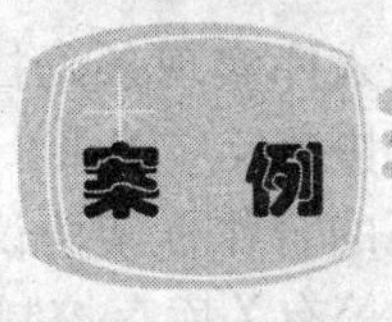

案例 1 VMI 在美的空调的应用

美的空调在 2002 销售年度，悄悄导入 VMI 模式，开始实践“用信息替代库存”这一经营思想。美的空调作为供应链里面的“链主”（通常也叫核心企业），供应商则追求 JIT 及时供货。以出口为例，美的空调出口机型都在顺德生产，美的空调在顺德总部建立了很多仓库，把仓库分成很多片。运输距离长的外地供应商，运货时间 3 ~ 5 天的，一般会租赁一个片区，仓库所有权归美的，并把零配件放到片区里面储备。美的空调要用这些零配件则通知供应商，进行资金划拨，并取货，零配件的产权由供应商转移到美的。

美的空调供应商有三百多家。零配件出口、内销加起来有三万多种。60%的供货商是在顺德周围,还有部分供应商是车程3天以内的地方,如广东的清远一带。

因此,只要15%的供应商在美的空调周围租赁仓库就可以了。实现供应商管理库存的难度并不大。此外,美的空调在ORACLE的ERP基础上经二次开发与供应商建立了直接的交货平台。供应商在自己的办公地点能看到美的空调的订单内容,包括品种、型号、数量和交货时间。供应商不用装这种系统,而是通过Web的方式登录到美的空调的页面上。原来供应商与美的空调每次采购交易,要签订的协议非常多。而现在程序大为简化,年初确定供货商时签订一个总协议。价格定下来后,美的空调就在网上发布采购信息,然后由供应商确认信息,一张采购订单就已经合法化。

实行供应商管理库存以后,美的空调零部件库存周转率在2002年达到7 080次左右,零部件库存原来平均保存5~7天,现在减少为3天。而且这3天的库存也是由供应商管理。周转率提高后,资金占用少了,资金利用效率提高,资金风险下降,库存成本下降。

案例2 VMI在海尔的应用

海尔的供应商提供物料,并将它们存储在海尔的物流中心,物料在寄存耗用之前,物料的物权属于供应商,供应商通过海尔的B2B网站,可随时查看库存信息。当生产用料时,物料在海尔的ERP系统中做寄售释放,此时系统会将其物权转移到海尔公司下,在系统中产生结算的凭证,在供应商提出支付后给予结算。

海尔之所以实现VMI,是因为已经具备了以下4个必备条件。

第一,企业资源计划系统(ERP)。2000年10月份,海尔企业资源计划系统成功上线——该系统集成了销售管理的功能,通过对这些功能的扩展,可以建立完善的销售网络管理系统。实现了库存状态的透明化以及业务处理的标准化,使供应商对海尔的库存状态能随时进行跟踪调查和检查。

第二,基于Internet的电子数据传递。海尔B2B网站是基于Internet建立的与供应商之间零距离的信息沟通手段,供应商可通过高速数据专用线与Internet实现联网,通过路由器与自己的intranet相连,再由intranet内服务器为供应商的库存管理部门提供各种信息存取、处理等服务。

第三,条码技术的应用。海尔的出入库实现条码扫描,实现对物料的准确识别,便于供应商随时跟踪和检查海尔的库存状况,快速反应需求。

第四,供应商与海尔之间互动双赢的合作框架协议。海尔通过与供应商协商来确定库存检查周期、库存的维持水平和订货点等有关库存控制的核心问题,以及合作双方之间如何进行信息的交流和存取、订单的传递和处理等有关业务流程的问题。

目前80%以上的海尔供应商实现了VMI管理,不但实现了海尔零库存的目标,而且降低了供应商的库存,使库存信息达到共享,实现了供应商的成本最低,提高了整条供应链的响应速度,达到了互动双赢。

海尔实施VMI可以降低存货,提高海尔的核心竞争力;减少供应商的数目;通过改进供应商之间、供应商与用户之间的流程节约采购时间;提高供应链的持续改进能力;加强供应商的伙伴关系;降低采购订单、发票、付款、运输和收货等交易成本。实施VMI,可以实现海尔和供应商的双赢。

我的笔记

知识导读

16.1 库存的概念及作用

对于供应链管理而言,库存决策既会带来很大的风险,同时也具有相当大的影响力。库存能够对未来的销售活动提供支持,也可以推动大量预期的供应链运作行为。假如企业没有适量的库存,那么许多产品就有可能失去销售机会,同时也有可能造成客户的不满。库存计划对于生产具有至关重要的影响。原材料或零部件的短缺很有可能导致整个生产线停产,迫使企业不得不重新调整生产进度。这不但会给企业带来大量的额外成本,而且还会造成产品缺货。另外,正如缺货会破坏销售计划和生产计划一样,库存过剩也会导致严重的运作问题。库存过剩造成仓储成本的增加,占用大量的营运资金,增加企业的保险费、税费和商品废弃成本等,从而增加了企业的总成本,降低了企业的利润。要想对库存资源进行合理的管理,企业必须深刻地理解库存的功能、原理、成本、影响力以及动态性。

库存管理具有风险,库存风险的大小取决于企业在分销渠道中所处的地位。衡量库存管理的指标通常包括库存管理的延续时间、库存管理的深度和广度。

对于制造商而言,库存风险具有长期性。制造商的库存开始于原材料和零部件的采购,并且贯穿于整个生产过程,直至生产出成品。另外,产成品制造商经常需要根据客户的要求把生产出的产成品存放在仓库里,以满足客户未来的需要。在某些情况下,客户会委托制造商为它们管理库存,这样,所有的库存风险都转移到了制造商的身上。尽管制造商的产品线比零售商或批发商的产品线要窄得多,但是制造商的库存数量却相当大,库存的维持时间也非常长。

批发商从制造商那里购进大量产品,然后以少量批发的形式把产品出售给零售商。从经济学角度来看,批发商运作的合理性在于它能够获得来自不同生产厂家的多种产品,然后根据零售商的要求提供它们所需要的产品种类及数量。如果是季节性产品,那么在销售季节来临前批发商就必须做好准备,维持一定的产品库存,这样会增加批发商风险的深度,同时延长风险持续的时间。批发商所面临的最大挑战就是产品线的扩展,其风险的广度近似于零售商风险的广度,而其风险的深度和持续时间却仍然与传统情况下批发商的风险特点相同。近几年来,零售商逐渐把库存责任推卸给批发商,这大大增加了批发商所面临风险的深度和持续时间。

对于零售商而言,库存管理影响了它们买卖产品的速度。零售商购入各类商品的同时,也承担了销售过程中大量的风险。零售商库存风险的广度很大,但是深度却不明显。由于库存场地的费用很高,因此,零售商更注重库存周转率和直接的产品收益率。库存周转率是衡量库存周转速度的一个指标,用年销售额除以平均库存量就可以得到企业的库存周转率。

尽管零售商承担了许多产品带来的风险,但是针对某一种具体产品而言,它所承担的风险其实并不大。例如,超市中通常包括30 000个以上的库存单位(SKU),因此零售商风险的涉及范围超过30 000。对于大型零售商而言,风险涉及范围可高达50 000个库存单位。鉴于库存种类如此之多,零售商总是千方百计地希望制造商和批发商承担更多的责任,从而降低自己面临的风险。零售商为了把库存风险尽可能地推给上游企业,它往往要求批发商和制造商实施快速交换,并且一次性运输多种商品。专卖店零售商与大众化零售商不同,它们销售的产品种类较少,因此库存风险的广度也就相应较窄。但是,它们在库存存储的深度和持续时间方面却比大众化零售商具有更大的风险。

如果企业希望采取多种分销渠道的运作方式,那么他就必须做好承担相应库存风险的准备。例如,除了需要承担零售商普遍面临的风险之外,仓储式食品连锁店还要承担批发商具有的部分风险。如果一个企业已经实现了纵向一体化,那么他一定是在供应商的多个层次上同时进行库存管理的。

1. 库存的概念

库存有时被译为“存储”或“储备”,是为了满足未来需要而暂时闲置的资源,包括人、财、物和信息各方面的资源都有库存问题。

库存既是生产、服务系统合理存在的基础,又为合理组织生产、服务过程所必需。以较低的库存成本,保证较高的供货率,不仅在理论上是成立的,在实践方面也是完全可以达到的。

从企业生产、经营活动的全过程看,库存是指企业用于生产或服务所使用的以及用户销售的储备物料。库存的形态主要包括:原材料、辅助材料、在制品、产成品和外购件等四大类。

2. 库存的作用

设置库存的根本目的,是要保证在需要的时间、需要的地点,为需要的物料提供需要的数量。库存的作用主要体现在以下几个方面。

(1) 平衡供求关系,弥补时间差,实现物流的时间效用

由于物资数量、价格和市场政策的变化等原因,导致供求在时间和空间上出现不平衡,企业为了稳定生产和销售,必须准备一定数量的库存以避免市场震荡。

客户订货后要求收到物资的时间比企业从采购物资、生产加工、到运送产品至客户的时间短,为了弥补时间差也必须预先库存一定数量的物资。

(2) 减少运输的复杂性

由于企业供应商的所在地不同,企业拥有的生产厂或车间也可能在不同的地点,企业的客户更是遍布各地。因此,企业如果不设立中转仓库,就会出现非常复杂的运输系统,而通过中转仓库,再加上配送这一物流功能,企业可以大大简化运输的复杂性。

(3) 降低运输成本

企业有时会面临原材料和产成品的零担运输问题,长距离零担运输的费用比整车运输要高得多。通过将零担物资运到附近的仓库后再从仓库运出,仓储活动就能够使企业将少

量运输结合成大量运输,从而有效减少运输费用。

(4) 提高服务水平,实现企业工厂(车间)或客户所需物资的组合

企业工厂(车间)发出的用料需求和客户发出订单需求通常都是各种物资的组合。如果这些原料或产品被存放在不同的地点,企业就必须从各个地点分别运货来履行供应和服务的功能,可能会出现运达时间不同、物资弄混等问题。因此,企业可以通过建立混合仓库,用小型交通工具进行集货和交付,并在最佳时间安排这些活动以避免交通阻塞,提高服务水平。

(5) 预防意外的发生

仓储管理可以有效地预防如运输延误、零售商缺货和自然灾害等意外事件的发生。

同时,库存还能起到保证生产、销售过程顺利进行,提高生产均衡性、调节季节性需求等作用。

3. 库存的分类

库存的分类方式很多,从不同的角度可以进行不同的分类。

① 按库存在再生产过程中所处的领域进行分类:库存分为制造库存、流通库存和国家储备。

② 按照库存的目的进行分类:可以分为周转库存、保险库存和战略库存。

③ 按价值进行分类:分为贵重物品与普通物资。

④ 按库存需求的相关性分类:可分为独立需求库存与相关需求库存。

⑤ 按库存在企业中的用途进行分类:可分为周转库存、安全库存、调节库存和在途库存。

周转库存是指由批量周期性形成的库存。在这里订货周期是指两次订货之间的间隔时间,订货批量是指每次订货的数量。

安全库存是为了应付需求、生产周期或者供应周期等可能发生的意外变化而设置的一定量的库存。设置安全库存的一种方法是,正常的订货时间提前一段时间订货,或者比交货期限提前一段时间开始生产。另一种方法是,每次的订货量大于到下次订货为止的需要量,多余的部分就是安全库存。安全库存的数量除了受需求和供应的不确定性影响外,还与企业希望达到的客户服务水平有关,这些是制定安全库存决策的主要考虑因素。

调节库存是为了调节需求或供应的不均衡、生产速度与供应速度不均衡、各个生产阶段的产出不均衡而设置的。例如,为了满足产品在旺季的供应,企业需要在淡季设置调节库存。

在途库存是指正处于运输以及停放在相邻两个工作地点之间或者相邻两个组织之间的库存。这种库存是一种客观存在,而不是有意设置的。其大小取决于运输时间以及该期间内的平均需求。

如图 5.13 所示为几种常见的库存。

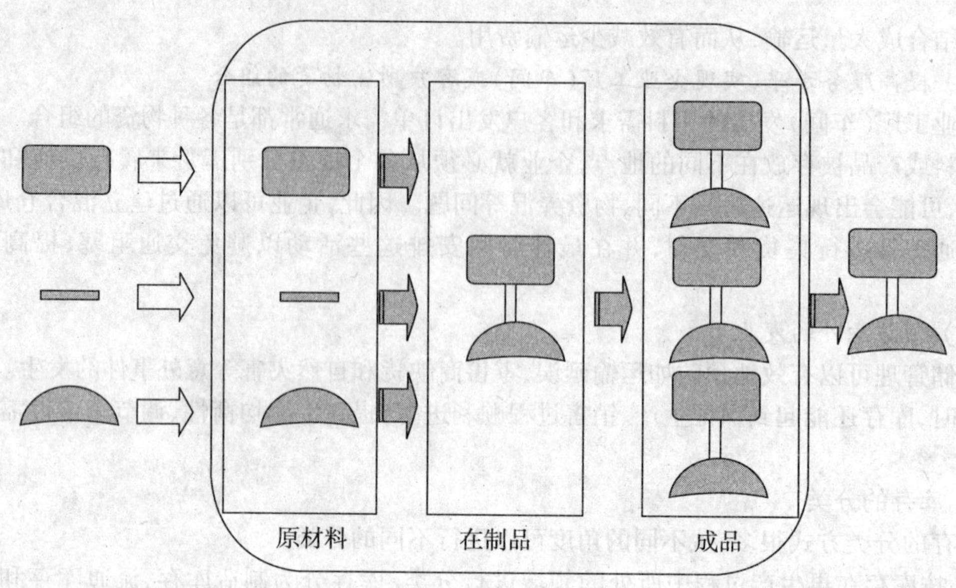

图5.13　几种常见的库存

4. 库存绩效的衡量

企业在制定库存政策时必须对库存关系进行考虑。企业必须利用这些关系来制定其库存政策,确定最佳的订货时间和订货数量。库存政策决定了库存的运作绩效。衡量库存运作绩效的2个重要指标是服务水平和平均库存。

(1)服务水平

服务水平是一种衡量企业运作绩效的指标,它通常由企业的管理层制定,并确定了库存的绩效目标。服务水平的衡量指标通常包括订购周期、单笔订单完成率、订单线完成率、订单完成率等,或者也可以使用以上各项指标的组合来进行衡量。运作周期是买方从发出订单开始,知道最后收到货物所花费的全部时间。单笔订单完成率是指实际发货量与订购货物量之间的比例。例如,95%的单笔订单完成率是指平均算起来,在订购的100件货物中实际发出了95件,剩余的5件货物要么可以通过再次订购获得,要么就被取消了。订单线完成率是指已经完成订购的产品线在订购的所有产品线中所占的比例。订单完成率则是指完全满足顾客订单的订货量与所有订货量之间的比例。

库存管理是物流策略的主要组成部分之一。企业必须对其物流策略加以整合,才能够实现所有服务目标。有2种方法可以帮助企业获得较高的服务水平:一种是增加库存量,另一种则是加快运输速度,加强客户与服务提供商之间的合作,可以减少不确定性因素的影响,从而提高服务水平。

(2)平均库存

平均库存指的是物流系统内存储的原材料、零部件、在制品和产成品。从库存政策的角度看,企业必须为每一个库存设施制定具体的库存水平。图5.14形象地展示了一个仓库中某一库存产品的运作周期。当不存在缺货且处于正常的运作周期时,该仓库所能够达到的库存最大值为70 000美元,最小为30 000美元。最高与最低库存水平的差值为40 000美元,即为订货量。这个订货量将会引起20 000美元的周期库存。周期库存,或称基本库存,是平均库存中的一部分。在运作周期的初期,企业从供应商那里获得了订购的货物,因而此时的库存水平是最高的。随着客户逐渐消耗掉企业的库存量,库存水平也逐渐降至最低水平。在库存达到最低水平之前,企业必须及时发出补货订单,以保证补充的库存能够在出现缺货之前及时到达。在运作周期中,当现有库存量小于或等于预测的需求时,企业就必须发出补货订单。通常将企业为了补货而订购的产品数量称为订货量。根据基本的订货及时方法,平均周期库存或基本库存等于订货量的一半。通常情况下,在物流系统中,大部分的库存都是安全库存。企业维持安全库存的目的在于应对需求不确定性及运作周期不确定性的影响。在补货周期末期,只有当不确定性因素导致实际需求高于预计需求,或者实际的运作周期比预计的运作周期长时,企业才需要使用安全库存。因此,平均库存就等于订货量的一半与安全库存之和。

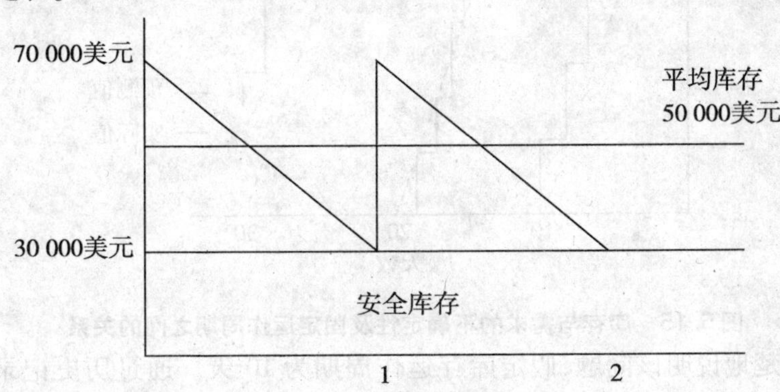

图 5.14 典型产品的库存循环

我的笔记

16.2 供应链库存管理的不确定性

毋庸置疑,研究确定条件下的库存关系是非常重要的,但是在供应链制定库存政策时,我们还必须考虑到不确定性因素的影响。其中,需求的不确定性和运作周期的不确定性对于供应链库存政策的制定有直接的影响。

1. 需求的不确定性

需求的不确定性是指在库存补货期间销售的变化情况。销售预测能够对库存补货周期内单位产品的需求情况做出估计。通常,即使使用最准确的预测结果,补货周期内的实际需求量也会高于或低于预测值。为了防止实际需求高于预测值而造成缺货,企业需要在基本库存中加入安全库存。在需求不确定的情况下,基本库存等于订货量的一半与安全库存之和。需求不确定情况下的库存运作周期如图5.15所示,图中虚线代表预测值,实线则代表多个运作周期之间的实际库存。确定安全库存的数量需要分3步:第一步,估计出现缺货的可能性;第二步,估计缺货期间的潜在需求量;第三步,在制定决策时,明确希望达到何种程度的缺货保护水平。

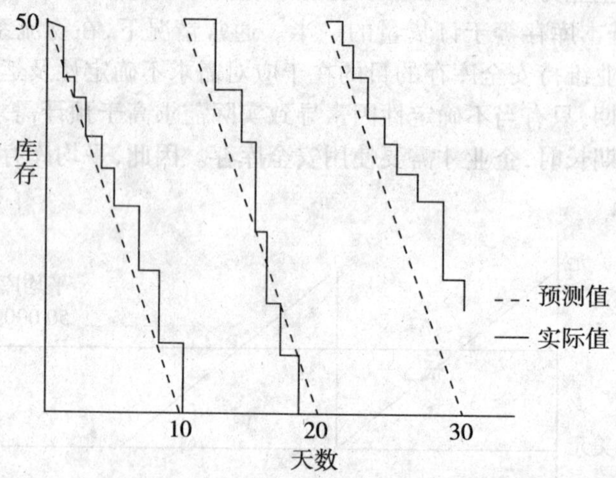

图5.15 库存与需求的不确定性及固定运作周期之间的关系

为了更加清楚地说明该问题,假定库存运作周期为10天。通过历史记录得知,每天的销售量在0~10个单位之间波动。那么,平均日销售量为5个单位。假定经济订货批量为50个单位,再订货点为50个单位,平均库存为25个单位,预计在运作周期内的销售量为50个单位。

在第一个运作周期中,虽然每天的销售量都有所变化,但是日平均销售量仍保持5个单位。第一周期的总需求量为50个单位,与预期相符。在第二个周期中,前8天的总需求量为50个单位,出现了缺货。这样,第9天和第10天就没有能够销售的产品。第三个周期的总需求量为39个单位,因此,在本周起结束后还有11个单位的产品剩余。总体而言,30天内总销售量为139个单位,平均每天的销售量为4.6个单位。

从表5.11的历史记录中可以看到,在30天内有2天出现了缺货。由于每天的销售量从来没有超过10个单位,所有在运作周期的前5天内不会发生缺货。但是,假如前5天内的日平均需求量为10个单位,同时上一周期结束后未出现库存积压,那么从第6天到第10天就会出现缺货。当然,这种可能性非常小。从表5.11中可知,在3个运作周期内,只有一天的销售量为10个单位。所以很显然,真正的缺货风险只会出现在每个周期的最后几天,或者只有当销售量大大超过平均值的时候才会出现缺货。可以对第二个周期内第9天和第10天的潜在销售量进行一些估算。如果这两天仍然持有一定的库存,那么20个单位的需求或许可以得到满足。但是,即使有库存,第9天和第10天也可能根本没有任何需求。对于平均日需求量为4~5个单位而言,这两天内合理的销售损失大约为8~10个单位。

表 5.11 销售历史记录

天数	预测周期 1		缺货周期 2		超储周期 3	
	需求量	累计需求量	需求量	累计需求量	需求量	累计需求量
1	9	9	0	0	5	5
2	2	11	6	6	5	10
3	1	12	5	11	4	14
4	3	15	7	18	3	17
5	7	22	10	28	4	21
6	5	27	7	35	1	22
7	4	31	6	41	2	24
8	8	39	9	50	8	32
9	6	45	缺货	50	3	35
10	5	50	缺货	50	4	39

很显然,在上例中销售量变化所造成的缺货风险只发生在很短的时间内,同时销售损失仅仅只占了总销售量的一小部分。虽然表 5.11 中的销售分析能够帮助我们更好地了解发生缺货的几率,但是正确的运作过程尚不得而知。了解统计概率能够对安全库存的管理起到一定作用。

表 5.12 统计了 30 天内的销售记录的频率分布情况。分析频率分布的主要目的是观察日平均需求的波动情况。如上所述,平均每天的预测销售量为 5 个单位,有 11 天的实际需求量超过了预测平均值,有 12 天低于预测平均值。这种频率分布的现象还可以用柱状图来表示,如图 5.16 所示。

表 5.12 销售记录的频率分布

日需求量(单位产品)	频率(天数)
缺货	2
0	1
1	2
2	2
3	3
4	4
5	5
6	3
7	3
8	2
9	2
10	1

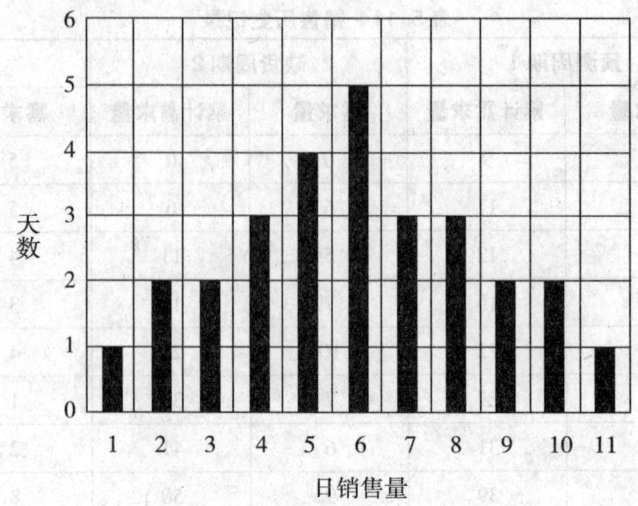

图5.16　产品需求的历史数据分析

以日实际需求的历史数据为基础,可以根据设定的缺货保护水平计算出安全库存的数量。在所举的例子中,样本大小只有30天。需要注意的是,概率论的基础是大量事件中的某一随机事件发生的概率。因此,在实际应用中通常需要使用更大的样本量。

事件发生的概率表明了在某一中心值附近变化的趋势,这个中心值就是所有事件的平均值。在库存管理中可以使用多种频率分布,正态分布是一种常见的分布形式。

正态分布的特点是它的曲线呈对称的钟形,如图5.17所示。正态分布最本质的特点是3个指标,平均值、中位数和众数的值是相等的。换句话说,当这3个值近似相同时,频率的分布就呈正态分布。

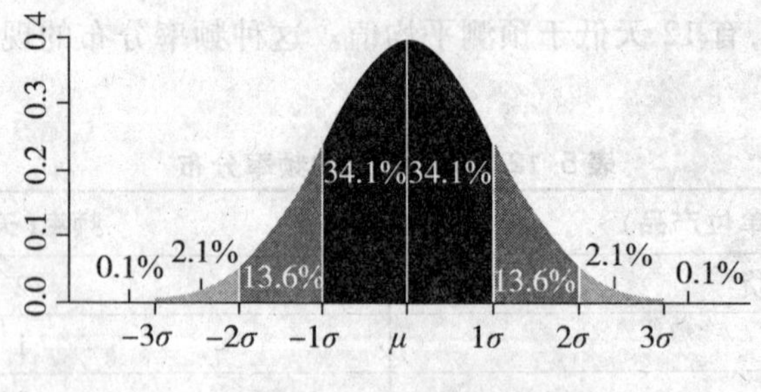

图5.17　正态分布

用正态分布来预测一个运作周期内的需求时,需要使用围绕中心值变化的标准差来进行计算。

标准差指的是对正态分布曲线中某一区域内事件的偏离程度。当应用于库存管理时,事件就是指单位产品的日销售数量,偏离程度就是日销售水平的变化程度。当标准差在±1的范围内变化时,事件发生的概率为68.27%。这就是说,在一个运作周期中,在68.27%的时间内,日销售量的平均销售量在±1个标准差范围内波动。当标准差为±2时,事件发生的概率为95.45%。当标准差为±3时,事件发生的概率为99.73%。从库存政策的角度来看,标准差提供了一种估算安全库存的方法,这些安全库存能够对缺货情况起到一定程度的保护作用。

要确定安全库存,第一步就是要计算出标准差。可以通过以下公式来计算标准差。

$$\sigma=\sqrt{\frac{\sum F_iD_i^2}{n}}$$

式中，σ——标准差；F_i——事件 i 发生的频率；D_i——事件 i 与平均值的偏差；n——事件的总数。

计算标准差所需的数据如表 5.13 所示。

表 5.13　日需求量的标准差计算

单位	频率(F_i)	与平均值的偏差(D_i)	偏差的平方(D_i^2)	$F_iD_i^2$
0	1	−5	25	25
1	2	−4	16	32
2	2	−3	9	18
3	3	−2	4	12
4	4	−1	1	4
5	5	0	0	0
6	3	1	1	3
7	3	2	4	12
8	2	3	9	18
9	2	4	16	32
10	1	5	25	25
$n=28$	$s=5$			$\sum F_iD_i^2=181$

通过对表 5.13 中的数据进行计算，得到其标准差约为 3 个单位产品。在设置安全库存时，只要选取 2 个标准差大小，即 6 个单位产品，就可以对频率分布中 95.45% 的事件起到保护作用。然而，在确定安全库存的数量时需要注意的一点是，事件可能会超过平均值的大小。当满足需求的库存等于或小于平均值时没有任何问题，所以在 50% 的时间里不需要使用安全库存。实际上，如果安全库存水平达到 95%，那么就可以对 97.72% 的事件起到保护作用。当日需求量在平均值 ±2 个标准差的范围内进行波动，且需求量比平均值小 2 个以上标准差的概率为 2.72% 时，95% 的安全库存水平就能够有效地防止出现缺货。产生上述效用的主要原因是因为使用了一种被称为单尾统计的方法。

通过上述例子，说明了如何使用概率统计方法对需求的不确定性进行量化。但是，需求波动并不是造成不确定性的唯一原因，运作周期的变化也会导致不确定性的产生。

2. 运作周期的不确定性

运作周期的不确定性指的是库存补货时间的变化。运作周期的不确定性意味着在补货过程中，无法保证产品到货始终如一。计划员应该预料到实际的运作周期会在平均值附近进行波动，从而导致实际周期比计划周期长。

在表 5.14 中举了一个例子，用来表示运作周期天数的分布情况。虽然周期为 10 天的频率最高，但是总的来看，补货周期的变化范围是 6～14 天。如果运作周期服从正态分布，那么在68.27%的时间内,各个运作周期有可能降为8~12天。

表5.14 补货周期内的标准差计算

运作周期/天	频率(F_i)	与平均值的偏差(D_i)	偏差的平方(D_i^2)	$F_iD_i^2$
6	2	−4	16	32
7	4	−3	9	36
8	6	−2	4	24
9	8	−1	1	8
10	10	0	0	0
11	8	1	1	8
12	6	2	4	24
13	4	3	9	36
14	2	4	16	32
$n = 28$	$\bar{s} = 5$	$N = 50, t = 10$	$\sigma=\sqrt{\frac{\sum F_iD_i^2}{N}} = 2$	$\sum F_iD_i^2 = 200$

从实践的角度来看,当运作周期降到10天以下时,安全库存不会马上出现问题。但是,如果在很长一段时间内运作周期始终低于计划周期,那么就应该对预计的运作周期进行修改。运作周期如果长期超过10天的话,就必须引起高度注意了。

为了站在概率的角度来研究运作周期超过10天的情况,将表5.14中事件发生的概率分成周期大于10天、小于10天和等于10天3种情况。在这个例子中,因为事件服从正态分布,所以标准差不会发生变化。然而,如果实际运作周期超过了预计的运作周期,那么使用泊松分布则会更为准确。在泊松分布中,标准差等于平均值的平方根。一般来说,平均值越小,偏差的程度就越大。

3. 安全库存及其不确定性

库存计划员经常面临如图5.18所示的情况,即同时存在需求的不确定性与运作周期的不确定性。要想处理这两种不确定性带来的影响,就必须把这两个相互独立的变量结合起来。运作周期与日需求量相对独立,至少是在短期内如此。然而,在确定安全库存数量时,必须确定需求不确定性与运作周期为10天这一点,才能更好地理解表5.15中各种数据之间的潜在关系。在10天中,假设总需求在0~100个单位产品的范围内波动,并且每一天的需求概率与前一天的概率相对独立。同时,还假定在运作周期内,总销售量在0~140个单位产品的范围内波动。在牢记了需求与运作周期这两种不确定性之间的基本关系后,我们就可以用数学或模拟的方法来确定安全库存的数量了。

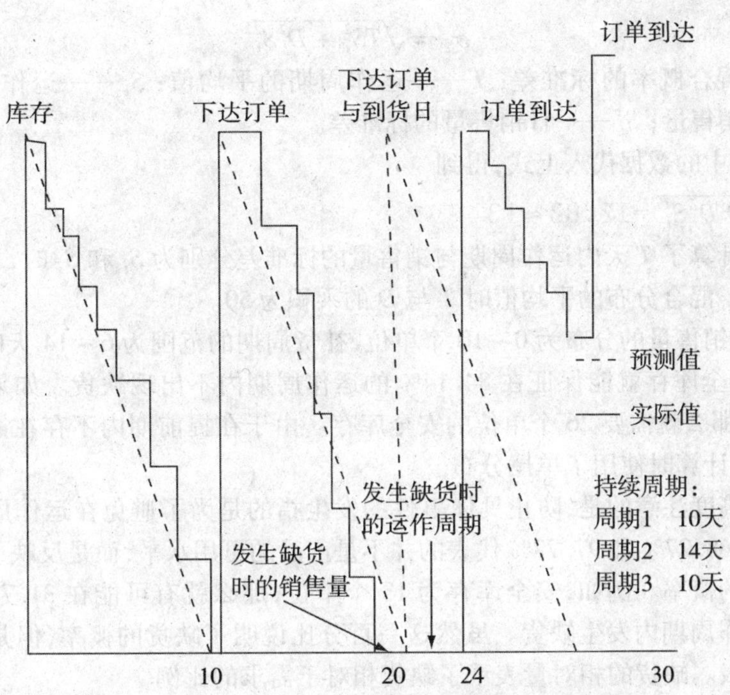

图5.18 需求不确定性与运作周期不确定性的组合

表5.15 频率分布表——需求与补货的不确定性

需求分布		补货周期分布	
日需求量	频率	天数	频率
0	1	6	2
1	2	7	4
2	2	8	6
3	3	9	8
4	4	10	10
5	5	11	8
6	3	12	6
7	3	13	4
8	2	14	2
9	2		
10	1		
$n=28$ $D=5$ $S_s=2.54$		$n=50$ $T=10$ $S_t=2$	

使用数值混合法对这两种相对独立的变量进行计算时要涉及多项式的展开，需要进行大量的计算。一种直接的方法就是先确定需求不确定性与运作周期不确定性的标准差，然后使用以下公式计算出大致的混合标准差。

$$\sigma_c = \sqrt{TS_s^2 + D^2S_t^2}$$

式中，σ_c ——混合概率的标准差；T ——运作周期的平均值；S_t ——运作周期的标准差；D ——平均日销售量；S_s ——日销售量的标准差。

将表 5. 15 中的数据代入上式，得到

$\sigma_c = \sqrt{TS_s^2 + D^2S_t^2} = 12.83 \approx 13$

这个公式计算了 T 天内运作周期与销售量的标准差分别为 S_t 和 S_s 时，日平均需求量 D 的混合标准差。混合分布的平均值时 T 与 D 的乘积为 50。

那么，当日销售量的分布为 0 ~ 10 个单位，补货周期的范围为 6 ~ 14 天时，13 个单位(1 个标准差)的安全库存就能保证在 84. 14% 的运作周期内不出现缺货。如果希望将概率提高到 97. 72% ，那么就需要 26 个单位的安全库存。由于在提前期内不存在需求低于平均值的情况，因此在计算时使用了单尾分布。

需要引起高度注意的是，防止具体事件的发生指的是为了避免在运作周期中出现缺货的情况。因此，68. 27% 和 97. 72% 代表的并不是产品的可用水平，而是反映了在某一订货周期中出现缺货的概率。例如，安全库存为 13 个单位，那么就有可能在 31. 73% (即 100% - 68. 27%) 的运作周期内发生缺货。虽然这一百分比说明了缺货的概率，但是它并没有具体说明缺货的量级。缺货的相对量表示了缺货相对于需求的比例。

如果不考虑安全库存，则平均库存的数量应该为 25 个单位产品。平均库存与两个标准差之和为 51 个单位产品(即 25 + 2 × 13)，这就是安全库存的数量。这一库存水平可以在运作周期 97. 72% 的时间内防止缺货现象的发生。根据不同的假设以及这些假设对平均库存的影响，表 5. 16 对计划人员通常可能遇到的一些情况进行了总结。

表 5. 16　EOQ 的改变对平均库存的影响

可能遇到的情况	订货量	安全库存	平均库存
假设销售量 S 为常数，运作周期 T 也为常数	50	0	25
假设需求的保护范围为 $+2\sigma$ ，运作周期 T 为常数	50	6	31
假设需求 S 为常数，运作周期的保护范围为 $+2\sigma$	50	20	45
假设需求和运作周期的保护范围之和为 $+2\sigma$	50	26	51

16. 3　供应链库存管理策略

供应链库存管理是指将库存管理置于供应链之中，以降低库存成本和提高企业市场反应能力为目的，从点到链、从链到面的库存管理方法。

1. 供应链库存管理的特点

供应链库存管理的目标服从于整条供应链的目标，通过对整条供应链上的库存进行计划、组织、控制和协调，将各阶段库存控制在最小限度，从而削减库存管理成本，减少资源闲置与浪费，使供应链上的整体库存成本降至最低。与传统库存管理相比，供应链库存管理不再是作为维持生产和销售的措施，而是作为一种供应链的平衡机制。通过供应链管理，消除企业管理中的薄弱环节，实现供应链的总体平衡。供应链管理理论是对现代管理思想的发展，其特点主要表现为以下几点。

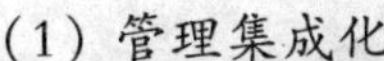

(1) 管理集成化

供应链管理将供应链上的所有节点看成一个有机的整体,以供应链流程为基础,物流、信息流、价值流、资金流和工作流贯穿于供应链的全过程。因此,供应链管理是一种集成化管理。

(2) 资源范围扩大

传统库存管理模式下,管理者只需考虑企业内部资源的有效利用。供应链管理模式导入后,企业资源管理的范围扩大,要求管理者将整条供应链上各节点企业的资源全部纳入考虑范围,使供应链上的资源得到最佳利用。

(3) 企业间关系伙伴化

供应链管理以最终客户为中心,将客户服务、客户满意与客户成功作为管理的出发点,并贯穿于供应链管理的全过程。由于企业主动关注整条供应链的管理,供应链上各成员企业间的伙伴关系得到加强,企业间由原先的竞争关系转变为“双赢”关系。供应链的形成使供应链上各企业间建立起战略合作关系,通过对市场的快速反应,共同致力于供应链总体库存的降低。因此,库存管理不再是保证企业正常生产经营的措施,而是使供应链管理平衡的机制。

2. 供应链库存管理策略

长期以来,企业一直都在寻找更有效地控制和管理库存的策略和方法,以便在减少安全库存量和库存总量的同时降低缺货率。传统的策略主要有 JIT、ABC 分类管理系统等。这里,我们对供应链管理中一些新型的库存管理策略进行讨论。

(1) 共担风险策略

一个理想的供应链体系追求的是“利益共享,风险共担”的管理理念和运营模式,问题的关键在于如何才能实现“利益共享,风险共担”? 随着供应链协调机制的建立和完善,供应链成员之间的联系越来越紧密,它们相互依存、相互影响,结成战略联盟,共享利益、共担风险,通过合理利用风险、分担风险实现供应链整体最优和供应链成员的共赢。

从库存管理的角度,风险共担是指供应链各环节需求总和的变动性小于各个环节需求的变动性。由于每个环节的需求是随机变动的,当把不同地点的需求集中起来处理时,各环节可能出现的需求高峰与需求低谷会出现相互抵消的现象,从而使总需求的变动性减小。需求变动性的减小可使安全库存减少,从而降低平均库存水平,实现风险分担。因此,一个集中式的库存管理系统可以有效降低供应链的库存水平。理论上,采用风险共担策略时,有效提前期的平均时间及其不确定性将会减小,从而降低既定服务水平下的安全库存量以及供应链缺货成本。

供应链体系中的风险共担策略,通过集中式的库存管理方式,实现了跨时间和跨空间的风险共担,有效降低了市场需求的波动性,以较低的安全库存水平为企业带来更高的收益。

知识链接

常见的共担风险策略主要有以下几种类型。

① 跨产品风险共担(见图 5.19)。这种策略主要用于以产品族的方式管理面向订单的组装 ATO(Assemble To Order,按订单装配)和生产 MTO(Make To Order,按订单制造)。主要原因在于:一是产品族的预测比个别产品的预测准;二是产品群所需的安全库存量比个别产品安全库存量的总和低。因此,为了提高产品零件的兼容性,应该采用公用性设计方式提高产品和零部件的公用性。而公用性越高,库存就越低,同时又可兼顾产品的多样性。因此,接单方式应多采用按订单组装,只储存公用零部件,不储存产成品。

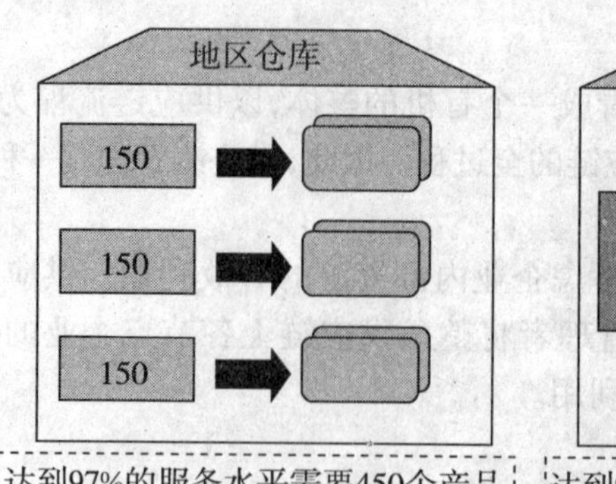

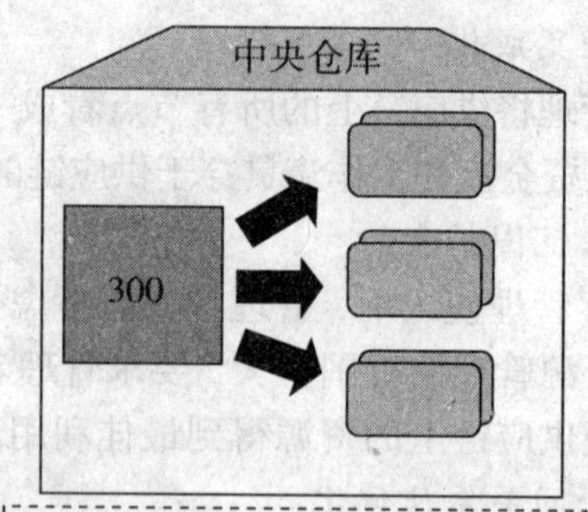

图5.19 风险共担示意

例如,某企业生产2 500种电器产品,工厂在菲律宾,仓库在美国的洛杉矶,需要为全美国的订单地区供货。它存在的问题是:经销商和企业在洛杉矶的仓库一方面存在着库存极高的现象;另一方面,又经常出现缺货现象。解决的办法是:该企业在菲律宾仅生产共用性部件,然后,将它们运送到美国洛杉矶的仓库,在仓库附近建立最终组装线,根据实际客户订单加工最终产成品。这样,就有效地解决了高库存和缺货状况。

② 跨空间风险共担。通过合并不同地点的库存、集中库存及运转调拨来实现跨空间风险共担。这种策略是供应商通过将库存合并到一个配送中心,在完成配送任务的同时起到存货"蓄水池"的作用,供自己的零售商提货。

这种策略实现了供应链上同层次成员(如批发商或零售商)相互调拨转运货物,依赖信息系统使供应链成员共享其他成员的库存,同时需要有快速的转运功能实现相互调拨(如快递公司)和较强的信息系统实现信息共享。这种策略必须是销售同一厂家产品的分销或零售体系才能选择和使用。它常用于供应链的分销商一体化(Distributor Integration,DI)模式。

(2) 集中与分散策略

让我们来考虑如图5.20所示的两个系统,它们是集中策略和分散策略。对于相同的服务水平,哪一个系统需要更多的库存?对于相同的总库存水平,哪一个系统能提供更好的服务?为什么?什么因素对它们产生影响?

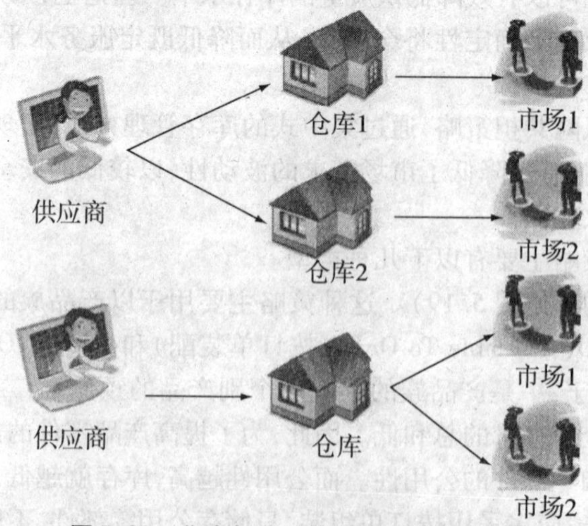

图5.20 集中与分散策略供应商库存示意

影响这些问题的因素主要有以下几种。

① 安全库存。集中库存的同时也降低了风险,这意味着库存越集中,抵御缺货风险的能力越强,因此安全库存水平将越低。

② 提前期。如果库存的分散使得仓库更加靠近需求点,则可以缩短提前期,而集中库存的提前期相对会长些。

③ 日常管理费用。少数集中的仓库所需的管理费用要低于多数的分散仓库。

④ 运输成本。一般来说,仓库越多,运输的总距离就越长,成本就越高;但由于更靠近客户,送货的成本会降低。

⑤ 服务水平。库存分散使供应商更贴近客户的需求,但它的缺货风险也增大;而集中库存远离了客户但降低了风险。

由此可以看出,集中或分散的选择不是一个简单的问题,需要根据企业的经营目标来决定。但是,我们可以将这两种策略结合起来使用,根据客户的需求,将那些客户需求紧急程度高的货物分散地存放到靠近客户的仓库中,使客户能及时获得;而将那些非紧急的货物集中起来存储,减少成本。

(3) 越库作业策略

越库作业是指在越库设施接收来自各家供应商的整车货件,立即依客户需求及交货点加以拆解、分类和堆放,进而装上准备好的出货运具上,送往各客户交货点。其中,所有货件均不进入仓库的储存空间。越库作业特别适合于快速处理的紧急订单,适合于要求零售商向客户直接运送商品的情况。

在越库作业中,货物是流经仓库或配送中心而不是储存起来。通过越库作业策略大幅降低库存水平,可以降低库存管理成本、减少货物损失率、丢失率及加快资金周转等。用德鲁克的话形容越库作业就是:采用越库作业后,仓库将成为一个编组场所,而非一个保管场所。货物到达仓库后经过简短的交叉分装后,省去了仓储等其他内部操作,而直接将货物发送至供应链下一节点。

越库作业可以消除库存量、缩短货物提前期,从而降低库存成本、存货风险及运输费用,为企业赢得更多的利润。

越库作业在供应链中的流程一般为:先由销售商将采购订单发往供应商,同时向供应商说明各店所需商品的具体情况。供应商将订单中各店的商品集中到一个货箱或SKU,并用代表商品号和店号的条形码贴在外包装上,再将货物运至分销商处。分销商扫描所有货品外包装上的条形码进行验货,确保所有订购货物收齐,然后立即把货箱按照不同地点进行分装后将货物运出,这一步是越库作业的关键所在。图5.21描述了越库作业中货物在仓库中的流动过程。

越库作业与传统的仓储库存不同之处在于:传统的仓储模式中,仓库持有存货,直到客户订单到达后,工作人员依据订单从货架上拣选货物,然后打包运出。其补货策略主要基于仓库存货量来制定。

在越库作业中,配送中心库存极少,在接到客户订单后向上级供应商提货,其补货策略是基于客户订单需求而制定,货物不进行长期储存。与仓储库存相比,优势显而易见,如降低分销成本、减少货物的仓储空间、降低零售商的库存、减少整个供应链的仓库数量、降低库存成本及装卸成本、降低货物破损率、提高分销中心的利用率和整合订单以提高客户响应水平等。同时,该种配送模式完全符合准时制策略,可为企业实施准时制造提供保障。

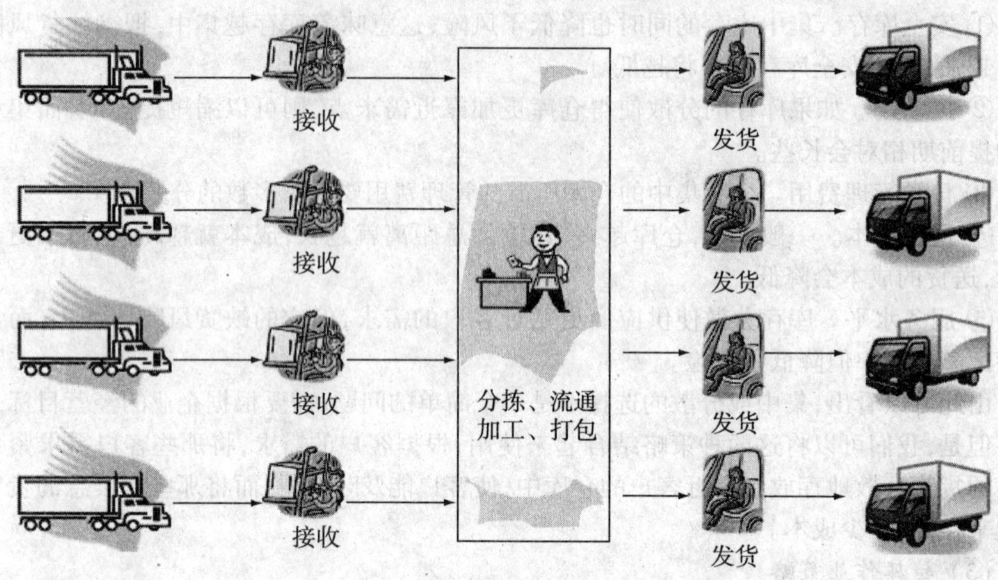

图5.21 越库作业示意

(4) 延迟策略

“延迟”概念最初是由爱德森(Alderson)(1950)在《营销效率和延迟原理》一文中引入的,他将延迟定义为一种营销战略,即将形式和特征的变化尽可能向后推迟。这一概念在实践中被广泛地运用于物流和配送业务。消费品行业也在运用这一理念对客户订单实施快速响应。例如,Benetton公司存储未染色的服装,直到销售季节开始,可获得更多客户偏好的信息后才开始染色。其他服装企业(如生产滑雪装的Obermeyer公司)也使用类似的策略。

我们认为,延迟就是通过设计产品和生产工艺,把制造某种具体产品、使其差异化的决策延迟到开始生产之时。使一类或一系列的产品延迟区分为专门的产成品,这种方法称为延迟产品差异。一般来说,多个产品在生产流程的初始阶段可以共享一些共同的工艺和(或)零部件,在工艺流程的某一点或某些点上使用特定的工艺和部件来定制、加工半成品,这样,一个通用产品直到流程的这一点之后就成为不同的产成品。这一点通常就是产品差异点。延迟的实质就是重新设计产品和工艺以使产品差异点延迟。

延迟策略实施的关键是客户需求切入点的定位。

在延迟策略中,我们把推式流程与拉式流程的分界点称为客户需求切入点(Customer Order Postponement Decoupling Point,CODP)。它是供应链中产品的生产从基于预测转向响应客户需求的转折点。在下面个人计算机的例子中,物流中心内进行的装配业务便是CODP的起点,在个人计算机的装配之前的业务流程为推式流程,而装配流程及其之后的业务流程都始于响应客户订单,为拉式流程。

在供应链中,CODP的定位是延迟策略成败的关键,因为它直接影响到规模与变化的程度,若CODP过于偏向供应链的上游,那么通用化阶段就无法产生相应的规模经济;而反之,若CODP过于偏向供应链下游,差异化阶段也无法获得多样化的优势。

总体而言,在供应链中,CODP会出现在5个位置,如图5.22所示。图中“◇”表示

CODP,“——”表示推式流程,“┈┈”表示拉式流程。

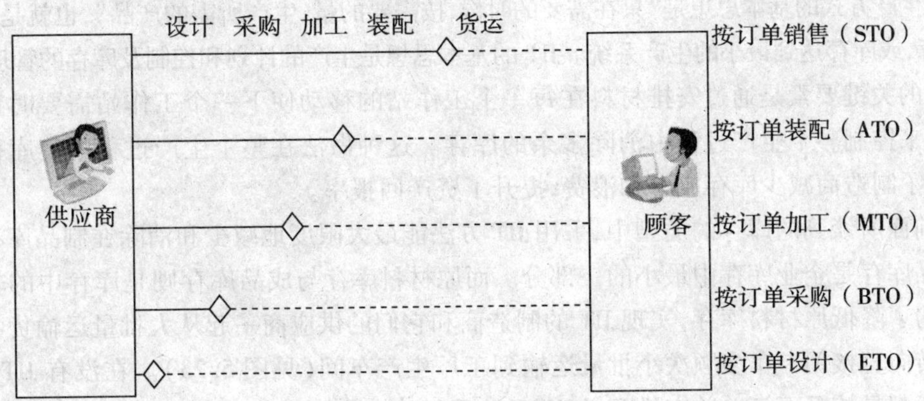

图 5.22　延迟的位置

CODP 处于装配与货运之间,此时装配及其上游的所有生产业务均已按通用化阶段要求生产,产品已经被制造出来,客户只能在其中选购,常见于日常生活用品、家用电器等产品生产模式中。

CODP 处于加工与装配之间,这是一种常见的定位,也是实现大规模定制最常用的手段,一般发生在 ATO 环境下,常见于汽车、个人计算机等产品生产中。

CODP 处于原材料采购与零部件加工之间,一般发生在 MTO 方式中,常见于机械产品、一些软件系统(如 ERP、MRP 等)产品生产中。

CODP 处于设计与采购之间,客户对产品的原材料、加工装配工艺有特殊要求,常见于 BTO 方式中。

CODP 处于设计阶段之前,此时设计及其下游生产业务均按客户的特定要求进行,一般发生在 ETO 方式中,常见于大型机电设备和船舶等产品的生产以及建筑行业中。

因此,CODP 的定位既要考虑到规模与变化的因素,还要结合具体产品结构与客户需求的特点,在权衡利弊、综合分析后,才能加以确定。

我的笔记

16. 4　供应链库存控制模型

1. JIT

JIT(Just In Time)生产方式,其实质是保持物质流和信息流在生产中的同步,实现以恰当数量的物料,在恰当的时候进入恰当的地方,生产出恰当质量的产品。这种方法可以减少库存,缩短工时,降低成本,提高生产效率。

JIT生产方式的基本思想是“只在需要的时候,按需要的量,生产所需的产品”,也就是追求一种无库存,或库存达到最小的生产系统。JIT的基本思想是生产的计划和控制及库存的管理。

JIT的关键要素是通过安排材料在每一个工作站的移动使下一个工作站需要时正好到达,以此来控制整个生产过程中消除多余的库存。这种做法在整个生产过程中使库存最小化,帮助了制造商减少库存成本和浪费,提升了资产回报率。

在前面所谈到的库存的类型中,采用JIT方法能最大限度地减少和消除在制品库存。但是在制品库存是企业库存中最小的一部分。而原材料库存与成品库存则是库存中的较大的部分。为了降低原材料库存,实现JIT的制造商和它们的供应商一起从大批量运输货物到中央仓库转向直接用卡车多频次小批量运输到工厂生产车间(见图5.23)。在没有JIT之前,公司一般都是按月下订单并安排配送,而现在采用JIT之后每天都会按照精确的时间安排多批次配送,大多数公司使用多频次小批量的配送来减少成品库存。

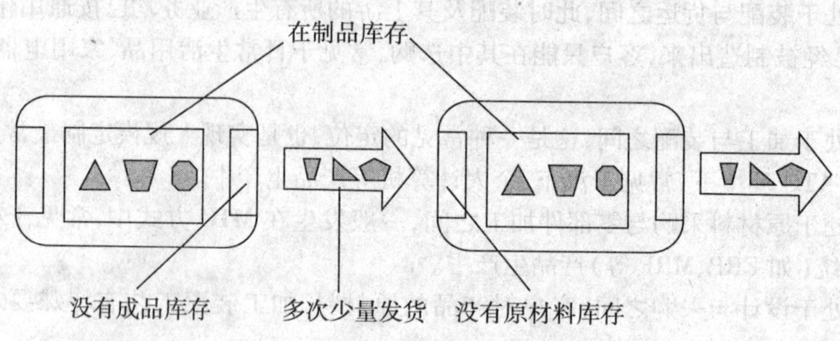

图5.23 JIT

JIT的方式很快从生产制造领域扩展到供应链管理,日本丰田公司从20世纪70年代开始推行JIT生产方式,它们和供应商一起协作,把它们的工厂也变成了JIT工厂,从而可以精确地安排从供应商到工厂的配送。为了支持这种生产方式,丰田和他的重要供应商采用了一种称为日本式合作方式(keiretsu),在该模式中,丰田公司会买下供应商20% ~50%的股份,同时供应商中有20%的重要管理人员来自丰田公司,这样的合作模式确保了JIT的实施。

(1) JIT的优势

一是减少了供应链的复杂性。JIT方式的真正意义在于消除任何不必要的复杂性。在供应链中,JIT思想简化了从运输到付款的周期。制造商不再堆积大量混杂的不同原料的大订单,而是对每种原材料下许多订单;付款则在配送开始时就开始了,而不是等到堆积到一个大数字再开始付款。另外,JIT方式也消除了大量的文件,如传统的订单被不断更新的配送计划所取代,传统付款过程中产生的很多单据都被信息流替代。

二是降低了库存量。这意味着减少了仓储空间,从而节约了租赁和保险费用。

三是由于仅在需要时才取得存货,所以降低了花费在存货上的运营成本。

四是降低了存货变质、陈旧或过时的可能。

五是避免因需求突然变动而导致大量产成品无法出售的情况出现。

六是由于JIT着重于第一次就执行正确的工作这一理念,因而降低了检查和返工他人所生产的产品的时间。

(2) JIT的劣势

JIT的最大的缺点在于会让供应链上合作伙伴的依赖性加大,从而使供应链变得很脆弱,供应链上任何干扰都会使整个链条停止运作。丰田公司在1997年有过深刻的教训,那时候一个供应商的工厂着火了,使得丰田的生产线停了整整一周。1998年发生在通用汽车的两个部件工厂的罢工事件使得几天内几乎所有总装厂都停产了。1999年,由于一家供应商的工厂发生洪灾,使得一个部件短缺,7家克莱斯勒汽车工厂和3家通用汽车的工厂被迫只能开半个班。"九·一一"事件之后,在美国许多工厂由于交通系统瘫痪而被迫停产。例如,福特公司由于零件短缺关闭了在北美的5家工厂,很大一部分原因是由于穿越加拿大边境的卡车运输延期而造成的。

类似这样的停工会使得减少库存所带来的成本优势化为乌有。对于一家大的生产企业来说,工厂每停工一分钟的损失可能高达一万美元。因此,很多企业在采用JIT的时候引入风险管理机制。但是,即使在正确的风险管理下,JIT也不是适合所有的供应链,如对于不使用流水线或者需求不确定的产品,JIT不是一个很好的选择。

2. VMI

VMI(Vendor Managed Inventory,供应商管理库存)是一种在供应链环境下的库存运作模式,本质上,它是将多级供应链问题变成单级库存管理问题,相对应于按照用户发出订单进行补货的传统做法。VMI是以实际或预测的消费需求和库存量,作为市场需求预测和库存补货的解决方法,即由销售资料得到消费需求信息,供货商可以更有效地计划、更快速地反应市场变化和消费需求。

根据《中华人民共和国国家标准物流术语》的定义,VMI是指供应商等上游企业基于其下游客户的生产经营、库存信息,对下游客户的库存进行管理与控制。

供应商管理库存的主要思想是供应商在用户的允许下设立库存,确立库存水平和补给策略及拥有库存控制权。这种思想打破了传统的各自为政的库存控制模式,体现了供应链的集成思想。作为供应链上第一个环节的供应商,可以利用EDI和电子商务技术,从零售商那里实时获得销售端点的数据,调取零售商的库存文档,及时补充存货,并按照市场需求安排生产和计划。制造商与零售商的紧密合作大大改善了整个流程,减少了不必要的系统成本、库存和固定资产,共同着眼于最终消费者的需求,制造商不再依赖于零售商的订货而组织生产和供货,从而降低了供应链的库存。

VMI与传统库存管理的关系如图5.24所示。

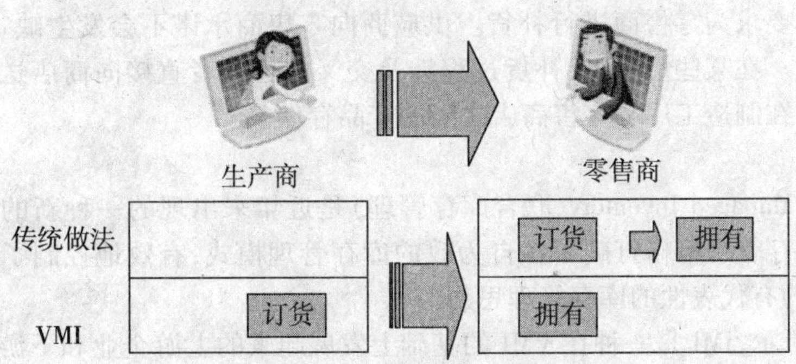

图5.24 VMI与传统库存管理的关系

VMI的实施方法:实施 VMI 策略,首先要改变订单的处理方式,建立基于标准的托付订单处理模式。首先,供应商和批发商一起确定供应商的订单业务处理过程所需要的信息和库存控制参数,然后建立一种订单的处理标准模式(如 EDI 标准报文),最后把订货、交货和票据处理各个业务功能集成在供应商一边。

库存状态透明性是实施供应商管理用户库存的关键。供应商能够随时跟踪和检查到销售商的库存状态,从而快速地响应市场的需求变化,对企业的生产(供应)状态做出相应的调整。为此需要建立一种能够使供应商和用户(分销、批发商)的库存信息系统透明连接的方法。供应商管理库存的策略可以分如下几个步骤实施。

① 建立客户情报信息系统。要有效地管理销售库存,供应商必须能够获得客户的有关信息。通过建立客户的信息库,供应商能够掌握需求变化的有关情况,并把由分销商进行的需求预测与分析功能集成到供应商的系统中来。

② 经建立销售网络管理系统。供应商要很好地管理库存,必须建立起完善的销售网络管理系统,保证自己的产品需求信息和物流畅通。为此必须做到以下 3 点:保证自己产品条码的可读性和唯一性;解决产品分类、编码的标准化问题;解决商品存储运输过程中的识别问题。

③ 建立供应商与分销商合作框架协议。供应商和分销商一起通过协商,确定处理订单的业务流程以及控制库存的有关参数(如再订货点、最低库存水平等)、库存信息的传递方式(如 EDI 或 Internet)等。

④ 组织结构的变革。这点很重要,因为 VMI 策略改变了供应商的组织模式。过去一般由客户经理处理与用户有关的事情,引入 VMI 策略后,在订货部门产生了一个新的职能负责用户库存的控制、库存补给和服务水平。

⑤ 完善 VMI 的支持技术。VMI 的支持技术主要包括 EDI /Internet、ID 代码、条码、条码应用标识符和连续补给程序等。沟通所采用的技术和语言的标准化是畅通沟通的基本条件。在技术设备和交流术语的使用上必须具有统一标准。

VMI 是在对 QR 的进一步完善中发展起来的,它有效地减少了企业对补货的需求。VMI 的目的在于建立一个灵活有效的供应链体系,从而不断地对零售商库存进行补充。QR 和 VMI 明显的区别在于,在 QR 中,零售商确定了目标库存水平并且制定了补货决策;而在 VMI 中,供应商则承担了更多的责任,并且实际上是由供应商为零售商管理库存。当供应商获得了每日的销售量以及仓库运输量等信息之后,它就要承担起责任,按照数量、颜色、大小和款式等方面的要求为零售商进行补货。供应商向零售商承诺不会发生缺货,并且要保证一定的供货速度。在某些情况下,补货过程涉及交叉转运或者直接向商店送货。这些运作模式避免了企业在制造工厂与零售商店之间的产品存储。

3. JMI

JMI(Jointly Managed Inventory,联合库存管理)是近年来出现的一种新的供应链库存管理方法。这种库存管理策略打破了各自为政的库存管理模式,有效地控制了供应链的库存风险,是一种新的有代表性的库存管理思想。

如图 5.25 所示,JMI 是一种在 VMI 的基础上发展起来的上游企业和下游企业权利责任平衡和风险共担的库存管理模式。联合库存管理强调供应链中各个节点同时参与,共同制订库存计划,使供应链过程中的每个库存管理者都从相互之间的协调性考虑,保持供应链各个节点之间的库存管理者对需求的预期保持一致,从而消除了需求变异放大现象。JMI 在供应链中实施合理的风险、成本与效益平衡机制,建立合理的库存管理风险的预防和分担机制、合理的库存成本与运输成本分担机制和与风险成本相对应的利益分配机制,在进行有效激励的同时,避免供需双方的短视行为及供应链局部最优现象的出现。通过协调管理中心,供需双方共享需求信息,因而起到提高供应链运作稳定性的作用。

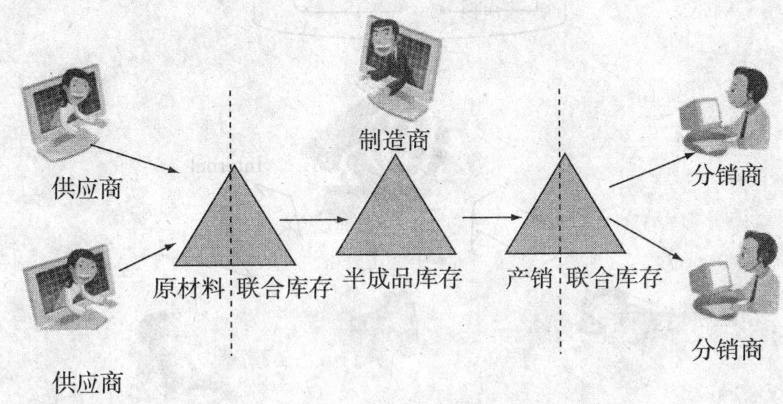

图 5.25 JMI 示意

JMI 与 VMI 的区别主要体现在以下方面:JMI 是解决供应链系统中由于各节点企业的相互独立库存运作模式导致的需求放大现象,提高供应链的同步化程度的一种有效方法。JMI 和 VMI 不同,它强调双方同时参与,共同制订库存计划,使供应链过程中的每个库存管理者(供应商、制造商和分销商)都从相互之间的协调性考虑,保持供应链相邻的两个节点之间的库存管理者对需求的预期保持一致,从而消除了需求变异放大现象。任何相邻节点需求的确定都是供需双方协调的结果,库存管理不再是各自为政的独立运作过程,而是供需连接的纽带和协调中心。

4. CPFR

当今世界,激烈的市场竞争和快速多变的市场需求使企业面临不断缩短交货期、提高质量、降低成本和改进服务的压力,迫使供应商、制造商、分销商和零售商走向合作。因此,供应链作为包括供应商、制造商、分销商和零售商的由物料获取并加工成中间件或成品,再将成品送到用户手中的一些企业和部门构成的网络,成了学术界和企业界研究和实践的热点。但供应链是错综复杂的,供应链的业务活动不仅要跨越供应链通道(供应商、制造商、分销商、零售商和其他合作伙伴)的范畴,而且要跨越功能、文化和人员的范畴,在努力减少成本、增加效率和获得竞争的过程中,不得不重新构思、重新定义和重新组织供应链合作伙伴关系和模式。为了建立新型合作伙伴关系,一种面向供应链的策略——CPFR(Collaborative, Planning, Forecasting and Replenishment,协同、计划、预测及补货)应运而生,并逐渐成为供应链管理中一个热门的研究问题。

CPFR(见图 5.26)的形成始于沃尔玛所推动的 CFAR(Collaborative Forecast And Replenishment,协同、预测和补货)。CFAR 是利用 Internet 通过零售企业与生产企业的合作,共同做出商品预测,并在此基础上实行连续补货的系统。后来,在沃尔玛地不断推动之下,基于信息共享的 CFAR 系统向 CPFR 发展——在 CFAR 的基础上,进一步推动共同计划的制订,即不仅实行共同预测和补货,同时将原来属于各企业内部事务的计划工作(如生产计划、库存计划、配送计划和销售规划等)也由供应链各企业共同参与。

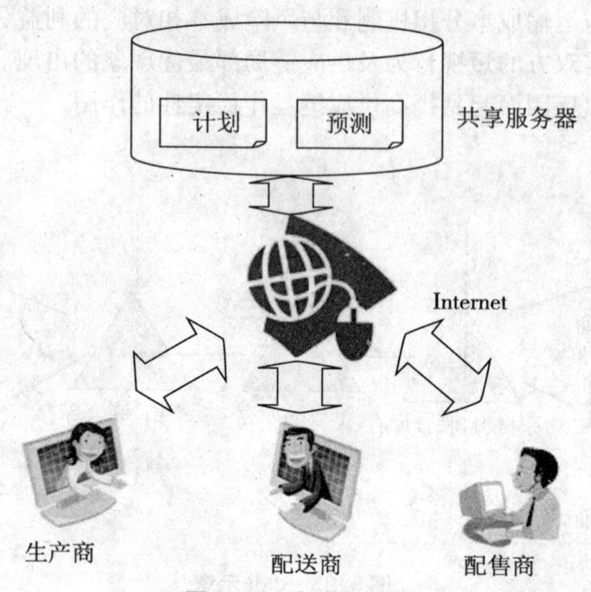

图 5.26 CPFR 示意

简单地说,CPFR 计划依赖于高级的、基于互联网的工具来收集需求和供应的信息,促使贸易伙伴协同库存管理,从而在整个供应链中稳定货物的流动。使用这些工具具有非常大的好处,但是也需要公司在新技术上进行大量的投资。

我的笔记

复习思考

一、填空题

1. 库存的形态主要包括:________、________、________、________四大类。
2. 按价值对库存进行分类可分为________与________。
3. 联合库存管理的实现形式有________、________以及________和________。
4. CPFR 的本质特点有________、________、________和________。

二、不定项选择题

1. 库存的作用主要体现在(　　　　)。

   A. 平衡供求关系,弥补时间差,实现物流的时间效用

   B. 减少运输的复杂性

   C. 降低运输成本

   D. 提高服务水平,实现企业工厂(车间)或客户所需物资的组合

   E. 预防意外的发生

2. 按库存在再生产过程中所处的领域进行分类,可将库存分为(　　　　)。

   A. 制造库存　　B. 流通库存　　C. 国家储备

3. 按库存在企业中的用途进行分类,可将库存分为(　　　　)。

   A. 周转库存　　B. 安全库存　　C. 调节库存　　D. 在途库存

4. 供应链库存管理的特点主要有(　　　　)。

   A. 管理集成化　　B. 资源范围扩大　　C. 企业间关系伙伴化

5. 集中与分散的供应商库存策略的影响因素主要有(　　　　)。

   A. 安全库存　　B. 提前期　　C. 日常管理费用　　D. 运输成本

   E. 服务水平

6. 供应链环境下采用的延迟模式主要有(　　　　)。

   A. 拉动式延迟　　B. 物流式延迟　　C. 结构式延迟

7. JIT 的优势主要体现在(　　　　)。

   A. 减少了供应链的复杂性

   B. 降低了库存量

   C. 降低了花费在存货上的运营成本

   D. 降低了存货变质、陈旧或过时的可能性

   E. 避免因需求突然变动而导致大量产成品无法出售的情况出现

三、简答题

1. 什么是安全库存?
2. 什么是在途库存?
3. 什么是共担风险策略?
4. 谈谈越库作业策略。

四、案例分析

联想集团计算机年销量达 300 多万台,名列全世界计算机生产厂商第八位,其业务规模已完全达到了 VMI 模式的要求,并已经引起了供应商的重视。在国内 IT 企业中,联想是第一个开始品尝 VMI 滋味的。其在北京、上海和惠阳三地的个人计算机生产厂的原材料供应均在 VMI 项目之中,涉及的国外供应商的数目也相当大。联想集团最终选择了伯灵顿全球货运物流有限公司作为第三方物流企业,这家 1994 年就进入中国的美国物流公司目前在上海、厦门为戴尔、惠普等知名 IT 企业做第三方物流服务。

联想以往的运作模式是国际上供应链管理通常使用的看板式管理,即由香港联想对外订购货物,库存都放在香港联想仓库,当国内生产需要时再由香港公司销售给国内公司,再根据生产计划调拨到各工厂,这样可以最大限度地减少国内材料库存。但是此模式经过11个物流环节,涉及多达18个内外部单位,运作流程复杂,不可控因素较多。同时,由于订单都是从香港联想发给供应商,大部分供应商在香港交货,而联想的生产信息系统只在内地的公司中使用,所以生产厂统计的到货准时率并不能真实地反映供应商的供货水平,导致不能及时地调整对供应商的考核。

按照联想VMI项目要求,联想将在北京、上海、惠阳三地工厂附近设立VMI,并根据生产的要求定期向库存管理者,即作为第三方物流的伯灵顿全球货运物流有限公司发送发货指令,由其完成对生产线的配送。从其收到通知,进行确认、分拣、海关申报及配送到生产线的时间要求为2.5小时。该项目将实现供应商、第三方物流、联想之间货物信息的共享与及时传递,保证生产所需物料的及时配送。实行VMI模式后,将使联想的供应链大大缩短,成本得到降低,灵活性增强。

思考

1. 联想以往的供应链管理模式和VMI模式存在哪些区别?
2. VMI管理模式给联想带来了哪些改变?

项目 6 供应链绩效

任务 17 供应链绩效测量

学习任务

通过弗莱克斯特罗尼克斯公司的供应链绩效管理案例,理解供应链绩效测量方法;通过惠普等公司的案例,理解供应链绩效控制的传统方法;理解弗莱克斯特罗尼克斯公司实施供应链绩效管理带给业界的启示;掌握时间测量的方法,重点理解补货提前期;掌握成本测量的方法,特别是各种成本的测量;掌握有效性测量和效率测量方法。

知识目标

- 掌握供应链的时间测量指标的主要内容。
- 掌握供应链成本测量的核心内容。
- 掌握供应链有效性测量的指标体系。
- 掌握供应链效率测量的主要指标。

技能目标

能够根据供应链的情况选择合适的指标进行供应链绩效测量。

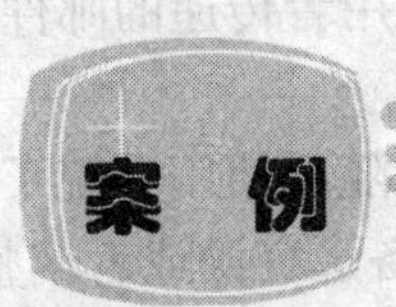

案例 弗莱克斯特罗尼克斯公司的供应链绩效管理

电子制造服务(EMS)提供商弗莱克斯特罗尼克斯公司 2005 年面临着一个既充满机遇又充满挑战的市场环境。弗莱克斯特罗尼克斯公司面临的境遇不是罕见的。事实上,许多其他行业的公司都在它们的供应链中面临着同样的问题。很多岌岌可危的问题存在于供应链的方方面面——采购、制造、分销、物流、设计和融资等。

1. 供应链绩效控制的传统方法

控制绩效的两种传统的方法是指标项目和平衡积分卡。在指标项目中,功能性组织和工作小组建立和跟踪那些被认为是与度量绩效最相关的指标。不幸的是,指标项目这种方法存在很多的局限性。为了试图克服某些局限性,许多公司采取了平衡积分卡项目。虽然概念上具有强制性,但是绝大多数平衡积分卡作为静态管理“操作面板”实施,并不能驱动行为或绩效的改进。弗莱克斯特罗尼克斯公司也被供应链绩效控制的缺陷苦苦折磨着。

2. 弗莱克斯特罗尼克斯的供应链绩效管理

弗莱克斯特罗尼克斯公司认为,定义关键绩效指标、异常条件和当环境发生变化时及时更新是供应链绩效管理系统令人满意的一大特征。以正确的行动对异常的绩效做出快速的响应是必要的。但是,一旦响应已经确定,只有无缝地、及时地实施这些响应,公司才能取得绩效的改进。这些响应应该是备有文件证明的,系统根据数据和信息发生以及异常绩效的解决不断地做出更新、调整。响应性行动导致了对异常、企业规则和业务流程的重新定义。因此,周期中连续地确认和更新流程是必要的。

在统计流程控制中,最大的挑战往往是失控情形的根本原因的确认。当确认异常时,对此的管理需要能确认这些异常的根本原因。供应链绩效管理应该也能在适当的位置上支持理解和诊断任务。这允许管理迅速重新得到相关的数据,相应地合计或者分解数据,按空间或者时间将数据分类。

3. 成功的例子

弗莱克斯特罗尼克斯公司的成功,确认了供应链绩效管理作为供应链管理的基础性概念和实践的力量以及重要性。

弗莱克斯特罗尼克斯公司使用了供应链绩效管理的方法,使它能确认邮政汇票的异常情况,了解根本原因和潜在的选择,采取行动更换供应商、缩减过度成本、利用谈判的力量。绩效管理的方法包括了实施基于 Web 的软件系统加速供应链绩效管理的周期。弗莱克斯特罗尼克斯公司在 8 个月的“实施存活期”中节约了几百亿美元,最终在第一年产生了巨大的投资回报。供应链绩效管理周期使弗莱克斯特罗尼克斯公司获得这样的结果。

识别异常绩效,弗莱克斯特罗尼克斯公司的系统根据邮政汇票信息连续比较了合同条款和被认可的卖主名单。如果卖主不是战略性的或者订单价格是在合同价格之上的,系统就提醒买方。另一方面,如果邮政汇票价格是在合同价格之下的,系统就提醒货物管理人员可能的成本解决机会。向接近 300 个使用者传递的邮件通告包含详细绩效信息的 Web 链接和异常情况的总结。

弗莱克斯特罗尼克斯公司管理人员随后使用系统了解问题和选择方案。它们评价异常情况并且决定是否重新谈判价格,考虑备选资源或者调整基于业务需求的不一致。同样,采购经理分析市场状况、计算费用,然后通过商品和卖主区分成本解决的优先次序。在供应链绩效管理周期开始之前或者周期进行中,弗莱克斯特罗尼克斯公司确认数据、流程和行动的有效性。当实施它们的绩效系统时,弗莱克斯特罗尼克斯公司建立指标和界限,并且也保证数据的质量和合时性。使用绩效管理系统,弗莱克斯特罗尼克斯公司已经能通过资本化各种机会节约成本并获得竞争优势。

思考

弗莱克斯特罗尼克斯公司的供应链绩效是如何测量的?该公司供应链绩效测量的方法是什么?成功的关键因素有哪些?

我的笔记

知识导读

改善供应链运营的关键之一是有一整套有效的测量指标来检测供应链的运营绩效,难题是如何在几十种测量指标中做出最佳选择。有些公司试图采用大量的测量指标,却淹没在大堆数据中,从未形成一套完整而有效的数据;而另一些公司则只用一两种指标,这样又不能全方位地反映自己供应链运营的效果。

没有一个简单、统一的答案能回答所有供应链问题,与此一样,提升绩效也没有什么有魔力的测量指标能够解决所有问题。本任务从 4 个方面来介绍如何理解和挑选供应链的测量指标——如果想提高供应链绩效到最佳状态,需要从每个方面中选择一种或几种测量指标(见图 6.1)。

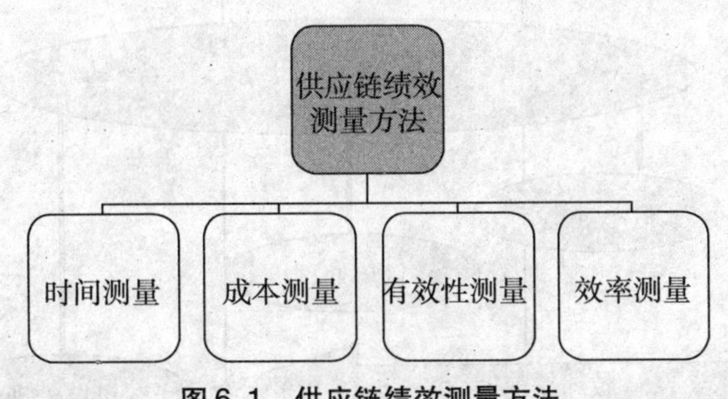

图 6.1 供应链绩效测量方法

17.1 时间测量

时间是最容易获得的测量指标,因为它只不过涉及取得两个数据然后相减。在供应链中最使人感兴趣的时间是过程时间。它的意思是关键商业过程从开始到结束所需要的时间,正如图 6.2 所建议的那样,过程的测量范围可以从秒到月份。

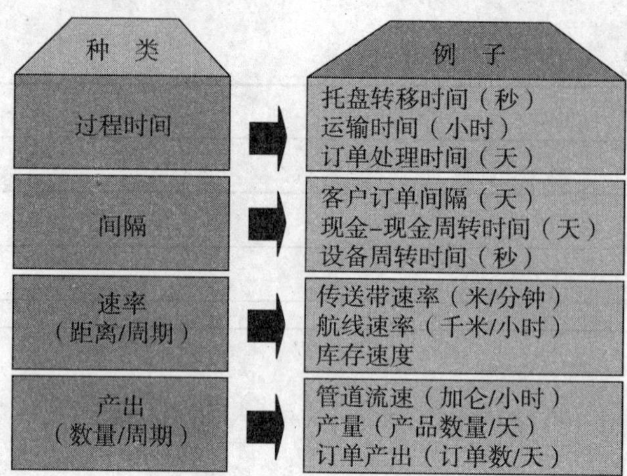

图 6.2 时间测量指标

图 6.3 显示了供应链的履约过程——履约过程可以分成 3 个阶段,分别是需求流、供应流和现金流。尽管总的履约过程所花费的时间对现金流来说很重要,却很少被直接测量。而主要被关注的是履约提前期,这是前两个阶段的总和。第三个阶段通常由会计部门处理,它们通过测量过期的应收账款来间接地测量。

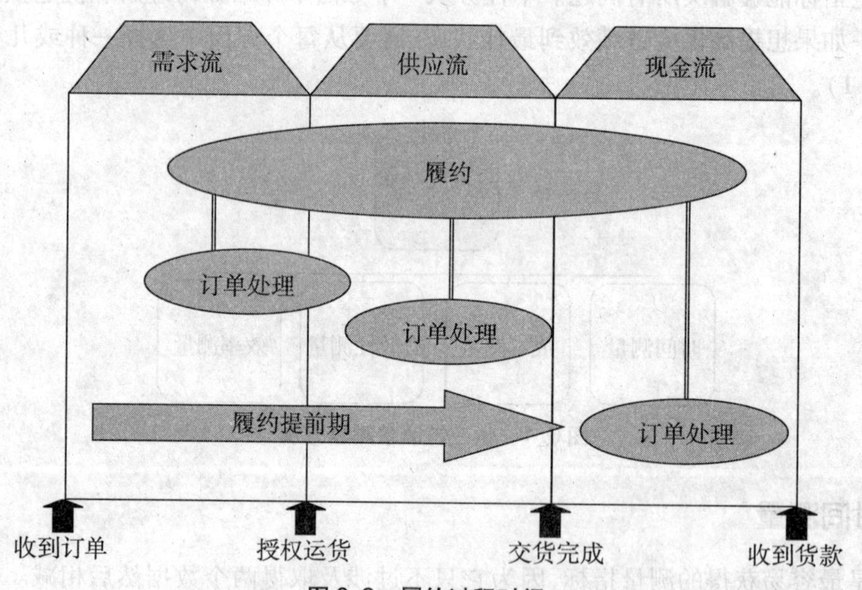

图 6.3 履约过程时间

履约提前期在各个行业中相差很大,一个没有提前排程的订单的典型周期在两到三个星期。其中处理订单要花上几天,还有几天用于配货,剩下的时间则用在运输上。

图 6.4 显示了把补货过程也分成同样的 3 个阶段。在这个过程中,最主要关注的是补货提前期,这是从采购申请提交到采购那里开始,直到货物收到并可投入使用时结束。这段时间必须包括供应商的履约提前期,对客户来说这只是个等待的时间段。由于供应商的供货周期是履约提前期的可见部分,公司常常把这两者等同起来并试图通过要求供应商加快供货周期过程来减少整个履约提前期。同时客户自己的采购和收货流程也可以加快。

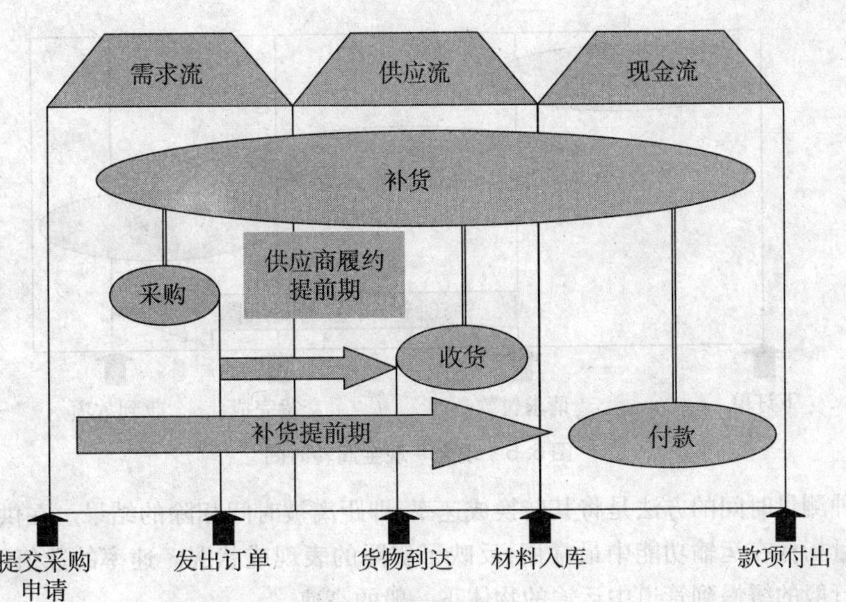

图 6.4 补货过程时间

不直接和单一的商业过程相关的时间段通常叫作间隔。正如图 6.2 显示的那样，其中一个间隔是同一客户的订单之间的时间——在 JIT 的生产环境下只要几个小时，而在传统的生产运营环境下则需要几天。另外一个令人感兴趣的间隔是“现金 - 现金”周转时间，通常这是用天数来测量的。从图 6.4 中可以看出，这个间隔并不直接对应于任何过程。它开始于补货过程的结尾——对原材料付款，结束于履约过程的结尾——收到货款。

在过去的供应链中，现金 - 现金周转时间并没有像其他更直观的基于时间的测量指标那样受到关注。但是现在公司认识到了现金是重要的供应链资产，需要尽快回收并重新投入到供应链中，因此这个测量指标也被越来越多地使用了。典型的现金 - 现金周转时间大约在 70 ~ 90 天，但是效率高的公司可以低于 60 天，最好的公司可以做到 30 天以下。

图 6.5 中涉及的第三个间隔的例子是设备周期时间，这提出了怎么样把周期时间测量指标放进框架内。起初，周期时间指的是重复的周期性过程间的间隔，这并不等同于整个过程的持续时间。例如，一条周期性时间为 30 秒钟的生产线在一分钟内可以生产两个产品，但是组装任意产品所需的时间可能是 20 分钟。现在人们在使用时混淆了这两个测量指标，周期时间既用来说明过程时间也可以指代重复间隔了。由于这种混淆，当你看见周期时间这个名词就需要小心，要确保你准确地理解了需要测量的对象。

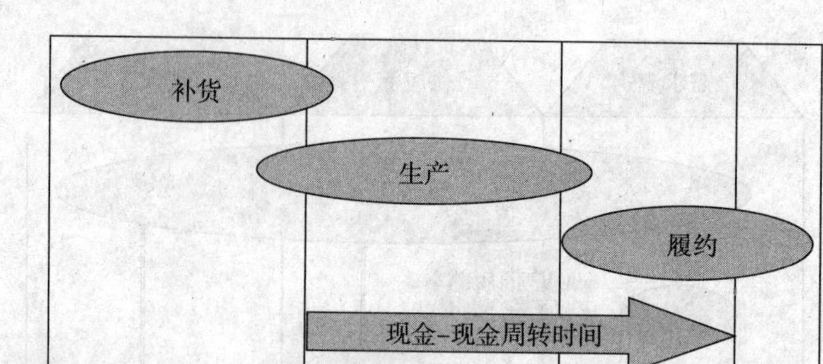

图6.5 现金－现金周转时间

另一种测量时间的方法是将其转换成速率,即距离被时间相除的结果。在供应链中,速率这种测量指标在运输功能中最常用,反映了实际的表现或状况。速率的数值可以从像远洋货船步行般的缓慢到管道中运输的物体飞一般的高速。

最近,存货流通速度成为描述材料流通供应链速度的术语。当今的重点是找到提高速度的方法,这是一个极好的目标,但是存货流通速度更像是个比喻而不是测量指标。当人们谈到存货流通速度时并不是真正描述库存运输的速度,而是指把原材料转化成成品所需要的时间。如果寻找存货流通速度的测量指标,可能会两手空空,真正找到的只是传统的测量指标,如库存周转率和库存周转天数。

如图6.2所示的最后一种测量指标是产出,定义是单位时间的产量。这种测量指标实际上是速度的一个变量,但是它主要和工作做得多快而不是材料移动得多快有关。对于供应链来说,生产能力通常比速度更使人感兴趣。生产能力的衡量包括每周产量、每日处理的订单数、每小时产量和每分钟产量。

在所有的测量指标中,时间的指标反映一个过程的特定时段或间隔;对重要订单交货所用的时间,可以按时段合计,如一个工厂在上月内对所有的订单交货所需的时间。当测量指标累积起来,它们通常被报告成一个单一数字,有时候是总和,但通常是平均数值。这是危险的做法,因为把一组测量指标简化成一个数字会掩盖这些测量指标间的不稳定性,而供应链管理中最深层次的挑战在于对付不稳定性。

图6.6通过展示两家供应商履约提前期的分布说明了这一点。供应商A平均需要17天来履行订单,而供应商B则平均需要19天。根据平均数值,供应商A明显表现更好。但是正态分布告诉了我们另外一个事实:供应商A在运营时间上与供应商B相比要不稳定得多。其提前期最少是9天,最多是25天。过早交货会使你持有库存的时间拉长,而晚交货则需要你提高库存水平来避免断货,因此在所要求交货时间上的任何偏差的结果都是你要保持更多的库存。根据持有库存的成本,你可能发现供应商B尽管交货比供应商A要晚,但是它的稳定性使它成为更好的选择。

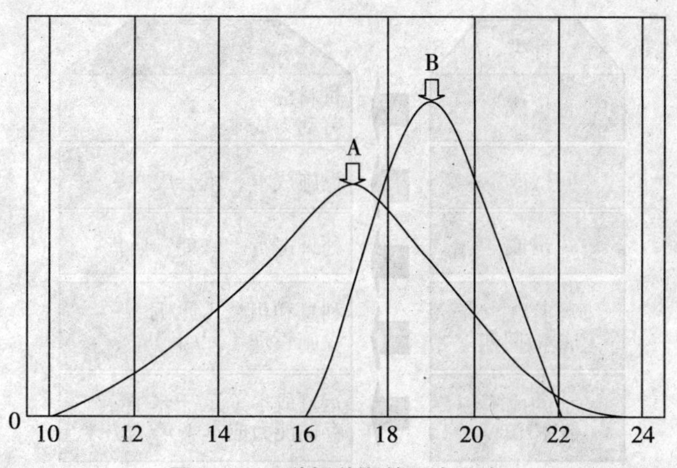

图 6.6　两种提前期的正态分布

当合并一些中间过程来形成更大的流程的时候，理解变化性非常重要。各个时间段的变化性有没有相互抵消，使总的时间变成一个更稳定的测量指标？还是变化性增加了，变得更不稳定了？如果各个过程时间相互独立，总的时间的变化性的分布是所有单独的时间段的变化性的综合。也就是说，如果想减少供应链的变化性，就必须使每个过程的变化性最小化。

我的笔记

17.2　成本测量

成本测量指标具有多种不同的形式。和简单地测量时间相比，测量成本要难得多。图 6.7 中给了 5 种不同类型的成本，显示了成本产生的不同方式，而且显示出成本之间不是互相排斥的。例如，许多周期成本也是间接成本，纠错的成本可能包括图中所有种类的成本。

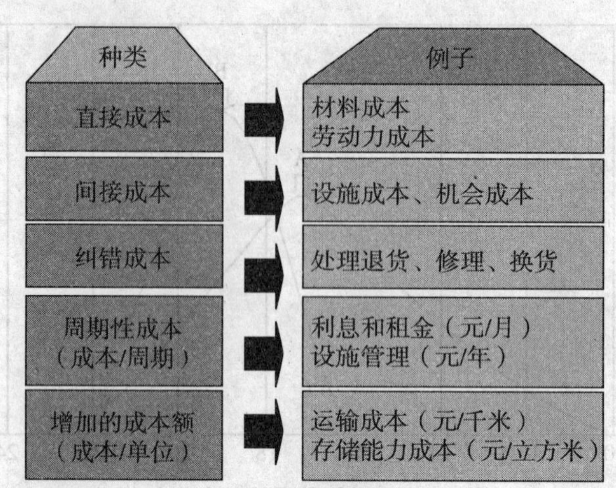

图6.7 成本测量指标

第一类是直接成本,是指为了生产产品发生的直接成本。这类成本包括原材料成本,以及劳动力成本。精确地测量直接成本很难,大多数情况生产商有一套合理的方法来测量成本。

第二类是间接成本,是那些对维持公司运行所必需的但不能直接归到特定产品上的成本。这些成本包括采购和维护生产设备的成本、建造及运营装配有设备的工厂的成本、必需的组织运作成本。间接成本相对容易测量,关键在于怎样把其分摊到成品上。要获取利润,销售价格不但要高于直接成本,还要高于直接成本加上合理分摊的间接成本。

分摊成本的最系统的方法是作业基础成本法(又称ABC法)。这种方法下,间接成本通过作业和作业所需要的资源来分摊。在图6.8中,印刷的过程中消耗油墨、纸盒与劳动力,因此完全消耗这些资源。印刷需要印刷机但是没有完全消耗,需要合理分摊。相似地,印刷过程利用了印刷车间并需要办公室来管理文件,因此这些资源也是总成本的一部分。这些间接成本通过某些方法进行归集,然后按照统一的标准分摊到成品上,也相应地增加了成品的成本。

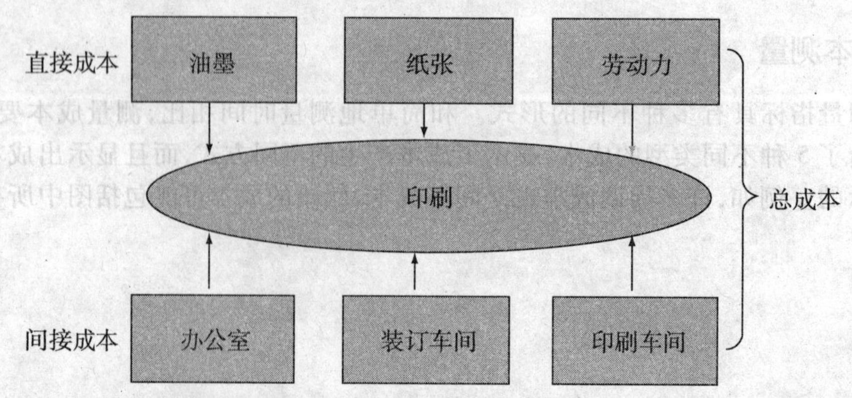

图6.8 分摊印刷过程中的成本

例如,购买一台设备需要花费10 000元,运输费2 000元。这2 000元的运输费就全部算在了这一台设备上,设备的总成本就是12 000元。购买两台设备,每台设备10 000元,合计20 000元,运输费合计发生2 000元。每台设备分摊的运输费就是1 000元,则每台设备的总成本应该是 11 000 元。

在间接成本中有一种成本叫作机会成本,它是指失去利用这些资金生产其他产品获利的机会。例如,投资 20 万元在生产线上并知道 6 个月后才能收回投资,就失去了这笔资金做其他生意的机会。

机会成本在逻辑上等同于为过程占用的资金支付利息,但是比银行利息要高得多,因为机会成本是基于企业最充分利用资金所获得的回报,通常公司使用机会成本的比例为 10%~15%。

第三种成本即纠错成本,就是汇总供应链各个过程由于错误发生的费用。这些错误包括数量错误、替代产品不可用、价格不精确、库存断货、交货延期、运送地点错误和货损等。

最明显的错误成本是运行纠错的过程费用,如处理退货、加速交货替换品、重新加工和处理解决方案。因为这些纠正过程通常很特别而且时间很紧,所以它们通常比原过程更加昂贵,往往会使交易的总成本翻倍上升。

我的笔记

17.3 有效性测量

效率关心的是资源的经济使用问题,和效率不同,有效性则反映一个过程达到商业目标的程度有多好。这两个概念常常被混淆,但是其中的区别很简单:效率测量资源的利用效率,而有效性是测量是否将拥有的资源做了想做的以及做得有多好。有效性测量指标如图 6.9 所示。

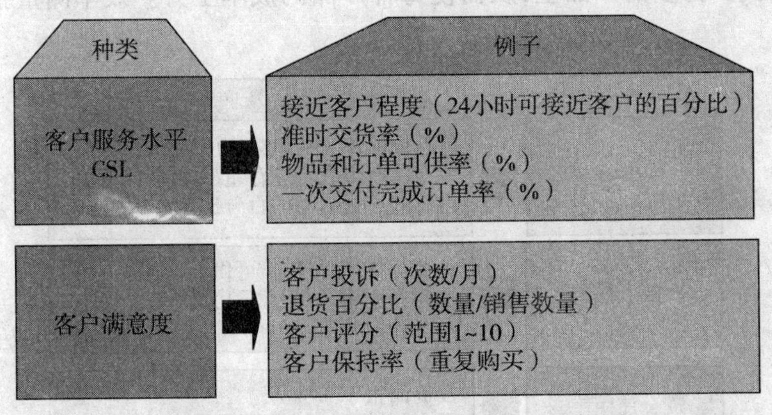

图 6.9 有效性测量指标

有效性的最重要的指标和客户服务水平有关。客户服务水平可以用几种不同的方法测量,最常见的测量指标是准时交货率,就是在一定时间限制下准时交货给客户的百分比。时间限制可以是固定的时间段(如隔天交货),也可以是订单要求的时间——最终选择取决于客户的满意度。维持良好的订单履行率和准时交货对好的客户服务来说非常重要,但是也有可能达到了目标水平履约仍旧有问题。例如,企业可能运送了订单中没有订购的产品、产品被错误地标记或包装、订单的价格错误、支持文件缺失、货物在运输中被损坏或者货物完好无损地准时到达,但是目的地错了。

为了控制这些错误,许多公司现在采用完美订单的测量指标作为客户服务的标准。这种指标记录包括交货完毕、准时到达、装运的货物正确、装运货物无损坏,以及货物支持文件正确的订单占所有订单的百分比。完美订单指标是一个要求很高的指标,但是对于一个追求卓越服务的公司来说这是个正确的指标。

另一种测量有效性的指标是测量客户满意度,其可以被动也可以主动地测量。被动测量主要包括计算投诉、退货、要求调整等的指标。主动测量则是主动从客户那里获得反馈,不然的话,这些客户可能默不作声。被动测量指标是最常见的,但是主动测量指标是最有效的。

我的笔记

17.4 效率测量

尽管成本对于供应链来说十分关键,但它没有抓住供应链的一个重要方面——供应链利用资源的效率。如果工厂、运输工具、设备和其他资产没有被完全或充分利用,它们的间接成本被分摊到少得多的产品上,从而使每种产品的成本上升。效率测量指标如图 6.10 所示。

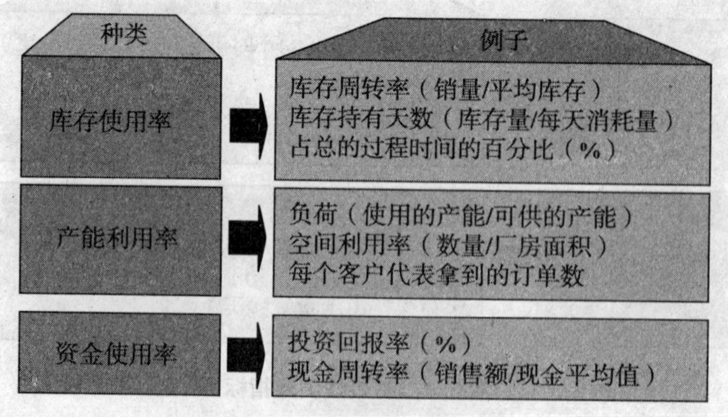

图 6.10 效率测量指标

有几种测量指标来检测库存水平，包括当前和平均盘点数量，但是被最广泛使用的测量指标是库存周转率（也叫作库存周转次数）。一种产品的周转率是该产品的销售数量除以手头持有的平均数量而得到的。例如，一种一年销量为 60 个的产品的平均库存是 10 个，它的库存周转率就是 6 次。各个行业的库存周转率相差很大，但是 6 是个典型的数字。在行业中，周转率可能相差 4 或者 5。因此，如果 6 是个平均值，一些公司的周转率是 2 或者 3，另一些是 10 或者 12 也很正常。

尽管库存周转率对于传统的生产来说是个最普通的测量指标，那些采用 JIT 生产的公司通常发现这个指标没有什么用处。例如，李尔集团作为一家美国汽车内饰厂商，进货的库存的周转率一年为 120 到 214 次。当周转率达到这个高度时，测量库存更简单和精确的做法是用库存持有天数，这是指库存在正常消耗下所能维持生产的天数。拿李尔的例子来说，这家公司库存的持有天数为一两天。尽管这两种测量指标提供的是同样的信息，库存持有天数指标把信息以更有意义的形式展现给像李尔这样的库存周转如此快的公司。

其他测量产能利用的指标通过单位产能表示完成的工作，如每平方米工厂所生产的产品数量或者每个客户代表处理的订单的数字。和其他测量指标一样，用比率表达产能的利用，在比较不同厂房设施或者比较同一厂房在不同时段的产能利用是有用的。和产能的绝对测量指标不同，这些比率在工厂间或者不同时间段比较时，随数量不同会自动调整。

测量固定资产效率的指标是投资回报率（ROI）——可以通过将净利润和所需要的固定资产相除而得到。测量资金效率的指标是现金周转率，其值等于正在使用的现金除以年销售额。现金周转率和库存周转率有直接的可比性，它们可以测量公司现金流动的效率。

我的笔记

复习思考

一、填空题

1. 补货提前期是从________到采购那里开始，直到________结束测量的。
2. 分摊成本最系统的方法是________（又称 ABC 法）。
3. 测量有效性的最重要的指标包括________和________。

二、不定项选择题

1. 供应链的绩效测量方法主要有（　　）。
   A. 时间测量　　B. 成本测量　　C. 有效性　　D. 效率

2. 测量过程时间的指标是(　　　)。
A. 托盘转移时间　B. 运输时间　C. 订单处理时间　D. 客户订单间隔
E. 设备周转时间　F. 现金－现金周转时间
3. 属于间隔时间测量指标的有(　　　)。
A. 托盘转移时间　B. 运输时间　C. 订单处理时间　D. 客户订单间隔
E. 设备周转时间　F. 现金－现金周转时间
4. 属于速率测量指标的有(　　　)。
A. 米/分钟　B. 千米/小时　C. 订单数/天　D. 加仑/小时
5. 属于直接成本的有(　　　)。
A. 材料成本　B. 劳动力成本　C. 设施成本　D. 机会成本
E. 运输成本　F. 仓储成本
6. 属于间接成本的有(　　　)。
A. 材料成本　B. 劳动力成本　C. 设施成本　D. 机会成本
E. 运输成本　F. 仓储成本

三、简答题

1. 企业供应链绩效测量的方法有哪些?
2. 比较分析直接成本和间接成本的区别。

任务18　提升供应链绩效

学习任务

通过Mopar零件集团的案例理解供应链绩效,能够运用绩效标杆设置绩效目标,能够运用激励机制解决目标冲突。

知识目标

- 掌握设置供应链的绩效目标的方法。
- 掌握解决供应链目标之间冲突的方法。

技能目标

- 能够根据供应链实际情况设置绩效测量目标。
- 能够掌握解决供应链上目标冲突的一般方法。

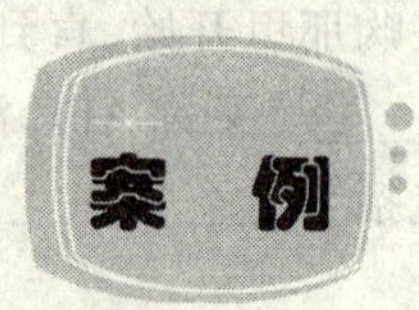

案例　Mopar零件集团怎样提高供应链周转率

Daimler Chrysler公司的Mopar零件集团销售额40亿美元,在美国和加拿大地区经营汽车零配件的分销。Mopar有一个极为复杂的供应链,有3 000家供应商、30个分销中心和每天来自4 400个北美经销商的225 000个订单。然而,汽车零配件销售极难预测,因为它不是直接为生产所驱使,相反是为如天气、车辆地点、车辆磨损和破坏,以及客户对经销商促销的反应等不可预测因素所决定。客户不愿意为替换零件而花费等待的时间,因此零售商不得不寻求可替代的零配件资源以避免客户不满和失去市场份额。为了保证经销商不使用非OEM零件,汽车公司一般都因订货管理、库存平衡和供应奖励等导致高昂的补货成本。Mopar零件公司就面对着这样一个困境。Daimler Chrysler公司意识到了它们未来的竞争力在于甄别、理解、采取解决行动并防止昂贵的服务供应链问题的能力。因此,它们开始投入到了SCPM系统的实施之中。

Mopar的SCPM系统通过监测未来需求、库存和与预先确定的目标相关的供应链绩效关键指标来甄别出绩效例外。然后,用户利用该系统探究问题,找到个别的或相互关联的可选方案。导致问题的潜在根本原因包括非季节性天气(更好或者更坏)、竞争性促销、对预测模型的不准备假设。理解问题和可选方案后,系统用户就要采取解决问题的行动了。Mopar集团通过削减安全库存和不必要的"过期"(不可能被接受)运输每年节约数百万美元的成本。仅仅在第一年,Daimler Chrysler公司就将它们的决策周期从几个月缩短到几天,减少了超额运输成本,将补货率增加一个百分点,还节约了1 500万存货。看来,Daimler Chrysler从SCPM中获得了竞争力的巨大提升。

思考

Mopar零件集团是怎样提高供应链绩效的?

我的笔记

知识导读

18.1　设置绩效目标

我们从事任何一项工作都要通过对该活动所产生的效果进行度量和评价,以此判断这项工作的绩效及其存在的价值。同样地,在供应链管理中,为了能够使供应链健康发展,科学、全面地分析和评价供应链的运营绩效,就成为一个非常重要的问题。简单地说,企业需要一整套清晰并能贯彻一致的商业目标来指导企业提升供应链的表现。

一旦企业制定了目标,测量目标的进展就是一件简单的事情。图6.11显示了目标的设定和测量。第一步是选择一套合适的测量指标来追踪目标的进展——测量指标分成4个方面,即时间、成本、效率和有效性。对于每一个测量指标,必须要有个基准数来表示当前的表现。然后制定一个将来的目标,最后定期读取读数来监测目标的进展情况。

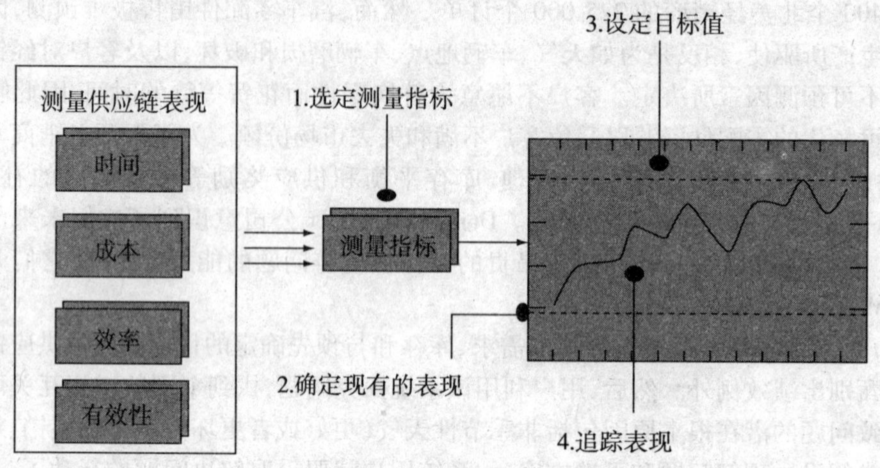

图 6.11 设置目标

因为对于每个目标都需要多种测量手段,所以一次只能设法完成合理数量的目标。研究表明大多数公司设立了太多的目标,却只用了很少的测量指标,导致公司的方向很混乱而且不清楚进展的情况。在测量供应链表现方面领先的公司通常专注在3至5个区域,每个区域定义几个测量指标并记忆追踪。另外还有一个有趣的特点是,这些公司更加喜欢测量效率而不是效力。例如,85%的领先公司测量准时交货率,而只有75%的公司测量供应链成本,差不多只有一半(53%)的公司测量库存周转率。

成功提升绩效的另一个关键是为每种测量指标确定一个现实的、可以完成的目标。假设你决定测量订单无差错率并发现公司现在只能达到87%,你的目标是提高到97%,但很可能在一个特定时间段内这个目标根本不可能达到。

更好的方法是确立这样的目标:一年以后达到90%,再用一年达到95%,然后第三年才达到97%。这样循序渐进地而不是想一步登天地确立目标是一种好方法。

确立目标的方法有3种。

① 在现有的基础上提高百分比。

② 以竞争对手为基准将公司的绩效与之相对比。

③ 用正式的工具来寻找提升的机会。

其实从目前来看,最常用的方法是在现有的基础上提高百分比,这也许是因为这种方法最简单。但是同时使用另两种方法会有很多重要的好处。例如,如果与竞争对手的表现相比,你在测量的某一方面是业界中最后的公司之一,那么大量提升百分比很可能以失败告终,因为这样反而会降低效果。

如何建立目标,不妨看一下标杆。标杆的定义可以概括为:以那些出类拔萃的企业作为基准,将本企业的产品、服务和管理措施等方面的实际状况与这些基准进行定量评价和比较,分析这些基准企业的绩效达到优秀水平的原因,在此基础上选取改进的最优策略。

标杆管理之所以能引起各大企业如此重视并风靡于世界,其根本原因在于它能给企业带来巨大的实效——它会让企业形成一种持续学习的文化,企业的运作业绩永远是动态变化的,只有持续追求最佳才能获得持续的竞争力,才能始终立于不败之地。它的作用主要表现在进行企业绩效评估、企业持续的改进、提高企业经济绩效、制定企业战略、增长企业潜力、衡量企业工作好坏，以及实行企业全面质量管理等方面。

企业可以寻找整体最佳实践，也可以发掘优秀“片断”进行标杆比较，由于现实中不同的企业各有长短，所以这种“片断”标杆可以使企业的比较视角更开阔，也更容易使企业集百家之长。

实施标杆管理的收益如下。

① 标杆管理实施过程可以帮助企业辨别最优秀企业及其优秀的管理功能，并将之吸收到企业的经营计划中来，以通过标杆活动改进工作绩效。

② 实施标杆法可以克服阻碍企业进步的顽疾。管理者通过对比外界的状况，找出本企业深层次的问题和矛盾，再根据标杆企业成功的做法，决定采取何种措施保持企业的持续发展。

③ 实施标杆管理还是一种市场信息的来源，如可以通过实施标杆法发现过去没有意识到的技术或管理上的突破。

我的笔记

18.2　解决目标冲突

知识链接

一旦企业选择了测量指标并设定了目标，记录下来的实际数字会持续地反馈，让我们知道该怎么做。原则上，只要每种测量指标向着你希望的方向发展，你就应该看到供应链不断改进的结果。但事实上，目标之间总是相互抵触的，因此朝着一个目标的进步往往会使企业远离另一个目标。供应链的目标之间相互冲突的问题很难被察觉，这是因为一个公司的不同部门可能在设立它们自己目标的时候根本就没有考虑到可能会和其他部门的目标产生冲突。但是，如果没有发现并消除这些冲突，公司会遇到很多麻烦。

例如，生产部门在追求把库存周转率从 14 提高到 18 的时候，着手减少所有的 3 种库存。同时采购部门试图通过增加订单的订货量，降低 10% 的订货成本，这样做的结果会导致原材料库存的上升而不是下降。与此同时，销售部门正狂热地把产品推出工厂以争取达到季度目标而得到奖金，它们需要更多的成品从而给客户更多的选择、更短的交货期。这些不协调的目标会使部门互相之间持续产生紧张的关系和冲突并把公司往不同的方向上拉，而不是使公司朝同一个方向平稳发展。

一个工厂内部，对于库存的问题，不同部门有着不同的理解，如图 6.12 所示。采购部门追求的是规模经济效益，因而它希望能达到尽量低的库存，提高自己部门的效率、效益。生产部门希望使用精益生产的方法来生产产品，为了保证正常的生产以及预防突发情况的发生（如大批量的紧急订单），总试图保留有更多的库存。销售部门自己的目标与前两者也有不同，它们在考核自己部门业绩的时候，关注的是销售量，销售量高则季度奖金高，它总是希望能有源源不断的库存满足自己业绩的发展。

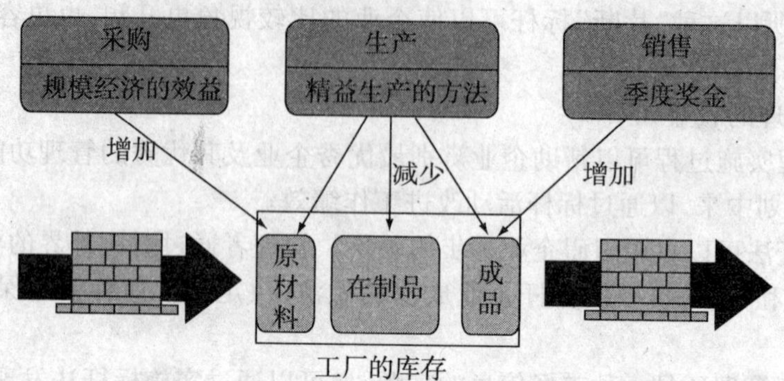

图 6.12　目标之间的冲突

这样，各个部门之间对库存的需求就产生了差异，要解决这个问题就必须找到一个简单的共同目标来衡量其他所有的目标。显然，利润是最合适的共同目标。如果为了达到一个目标使利润减少而不是增加的话，这可能不是一个好的目标。当然，有些目标为了长期增加利润而牺牲短期的利益，一般我们可以通过标准的数学公式计算资金的时间价值来解决这个问题。

对运营的目标来说，只需要表现销售的增长和成本的降低即可。对计划的目标来说，就需要把未来净现值与最近花费的成本相比较来表现达到目标会带来的利润。同样的，可以通过计算投资回报率来证明花在提升供应链表现上的投资很值得。

我的笔记

复习思考

一、填空题

1. 供应链绩效的测量指标分成 4 个方面：____、____、____和____。
2. 供应链设置目标的主要过程有：____、____、____表现。

二、不定项选择题

1. 供应链的绩效测量方法主要有(　　)。
   A. 时间测量　B. 成本测量　C. 有效性　D. 效率

2. 供应链激励的手段主要有(　　　　)。

A. 价格激励　　B. 订单激励　　C. 商誉激励　　D. 信息激励

E. 淘汰激励　　F. 新产品或新技术的开发　　G. 组织激励

三、简答题

确立目标的方法有哪几种?

四、案例分析

请应用绩效原理分析图 6.13 所表达的内涵。

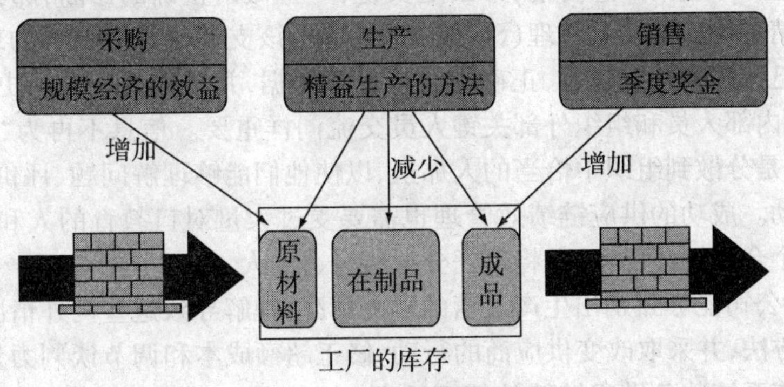

图 6.13　某工厂绩效情况

五、实训

1. 在当地调查一个小型制造企业,了解一下该企业供应链绩效评价工作的主要特点和所采用的方法。

2. 选择一家你熟悉的企业,运用标杆法为该企业寻找榜样。

任务 19　优化供应链绩效

学习任务

通过 Flextronics 公司的案例理解供应链绩效管理,理解加快供应链反应速度的方法,掌握供应链风险分担的方法,理解延迟技术。

知识目标

- 理解优化供应链绩效的基本概念。
- 掌握优化供应链绩效的主要方法。

技能目标

- 能够识别优化供应链绩效主要方法的几个关键特征。
- 能够运用优化供应链绩效的主要方法提高行业及企业绩效。

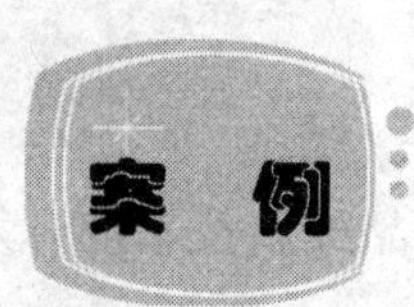

案例 Flextronics公司如何利用供应链绩效管理提高采购灵活性

在统计流程控制中,最具挑战性的任务往往是如何界定那些导致失控的根本原因。在供应链绩效管理中,也是这样。当例外情况被分辨出来后,必须分辨出导致这些例外的根本原因是什么。正如医生治疗患者前,诊断是关键,一旦做出正确的诊断,那么治疗的方式将是很简单的事情。供应链绩效管理(SCPM)系统也应该支持这种对任务的理解和诊断。这将允许管理者迅速找回相关数据,正确综合或分解数据,并根据地理和历史因素剖析数据。而且,与恰当的内部人员和组织外部关键人员交流同样重要。信息不再为“专家们”分析和决策所独用,而是分散到组织中恰当的人那里,以使他们能够理解问题、评价可选方案,并且采取合适的行动。成功的供应链绩效管理也需要受过大量对口教育的人和绩效管理方法,还需要创造一个合作性环境,以及将责任分派给合适的人。

Flextronics 公司能够甄别出生产运营的例外情况,理解导致这些例外情况的根本原因和潜在的替代性方法,并采取改变供应商的行动,修正超额成本和调节谈判力量。该方法包括用网络软件实施系统装备供应链绩效管理循环。Flextronics 公司在 8 个月内节约了几百万美元,最终在第一年就产生了显著的投资回报。这都是供应链绩效管理带来的好处。

为了甄别出绩效例外,Flextronics 公司的系统可以不断地比较合同条款内容和经许可的供应商名单。如果供应商并非是战略性的,或者订货价格高于约定价,该系统将对采购方提出警告。另一方面,如果生产运营价格低于约定价格,该系统将提醒管理者这个可能的节约成本的机会。

Flextronics 公司的管理者还利用该系统理解问题和找到可选方案。他们评价例外条件、决定是否重新谈判采购价格、考虑可选方案,或者证明基于业务需要的不一致性是必要的(如及时满足客户订货的需要)。同样,采购经理分析市场条件,综合费用,然后区分节约成本费用的机会。

然后,系统用户针对有高度影响力的问题和机会采取行动。供应链绩效管理循环之前和之中,Flextronics 公司都会确认数据、流程和行动。当实施绩效系统时,Flextronics 公司建立关键指标和必要的门槛高度,还要确保数据质量和时间性要求。在日常使用中,他们还需确认行动的结果,加速整体的例外解决循环。

思考

Flextronics 公司如何利用供应链绩效管理提高采购灵活性?

我的笔记

知识导读

19. 1　加快供应链速度

加快供应链速度最简单的方法是加快供应链中货物的流动。加速提升了效率,因为这样货物就不会在供应链中停留过长的时间。同时,增加货物流动的速度也使灵活性增加了,减少了因为要应对需求的改变而对运输路径的改变。如果货物从生产出来到客户的手中需要 6 个星期,那么产品的交货总是落后于需求好几个月。

增加速度最明显的方法是使用更快的运输方式。如果你用船把货物运往海外,同时也可以选择空运的方式时,可以通过转换来获得好处。但是选择更快的运输方式的成本通常会很高,因此仅通过增加运输要素很难加快供应链速度。为了得到净利益,增加的运输成本必须低于减少存储库存的成本、增加销售、减少资产的账面减值等这些组合所带来的财务上的利益。

增加速度的更好的方法是改进供应链中不在运动状态中的货物等待处理的方式。尽管在过去的几十年里,人们一直在为供应链效率而努力,其实始终都把大部分时间花在了等待上。据英国汽车工业的研究证明,钢铁组件有 97% 的时间在等待状态中。

简而言之,提高库存周转速度的较好的方法不是在当它移动时加快它的移动速度,而是让它大部分时间都动起来。达到这个目标比仅改变运输方式要难得多,需要系统地研究货物在供应链中是如何移动的,检查它停留的每一站,然后寻找使它再次移动的方法。为了达到快得多的速度,需要用 JIT、精益生产等相关技术来重新设计供应链的运营。

可以通过观察原材料在工厂设施中收货区和每个工作站前堆积所引起的排队状况来很快地知道减速发生在什么地方。如图 6. 14 所示,F 是整个供应链中的瓶颈部位。要清楚地知道货物的时间花在哪里,需要派人记录在供应链里货物在每个地点所花费的时间,然后把结果画在时间表上。英国汽车工业的钢铁组件有 97% 的时间是在等待状态中的研究告诉我们,即使那些货物在移动中,也只有不到 1/3 的时间增加了产品的附加值。尽管看上去已经很糟糕,事情还可能更糟糕——有些活动不但不增加价值,反而还减少价值。

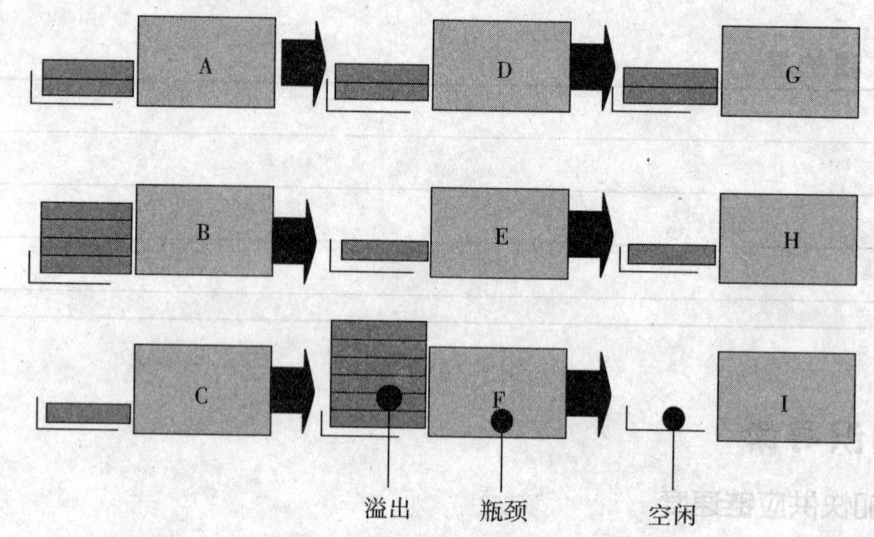

图 6.14 寻找瓶颈加快速度

例如,服装生产商把一粒盐那么大的射频发射器做在服装的标签内,这个创新可以使它们从工厂到销售点追踪每一件衣服。但是在这个例子里,对于市场来说,这种技术过于先进了,不会得到广泛的推广。因为尽管服装公司在销售点可以把已经安装好的射频发射器拆掉,客户对他们穿上衣服时,他们的行踪可能被追踪这一点仍然很不满意。

尽管试图提高速度主要是指货物的流动,我们也可以从加速需求和现金流来得到好处。需求向供应链上方流动得越快,上游的供应商对需求变化的反应也就越快。另外,加速需求信号是最有效地消除需求放大的方法之一,而需求放大是扰乱供应链的源头。

最后,加速现金流可以使整个供应链的债务成本降低,可以在灵活性不变的情况下更好地提升效率。思科就是这样一个例子,它在供应链中快速付款从而帮助供应商抵销快速交货的成本。这里给我们的启示是:考虑如何提升供应链的速度时,除了考虑货物流外,也要考虑需求流和现金流。

我的笔记

19.2 供应链风险分担

第二种提升供应链绩效的方法是风险分担,其背后的原理是把本来单独管理的库存合并起来管理,这样会减少对需求变化的安全库存。

图 6.15 反映了风险分担是怎样工作的,图中分别比较了一个中央仓库和 3 个地区仓库

要达到97%的客户服务水平所需要的库存水平。每个地区仓库需要准备150个产品的库存来达到目标客户的客户服务水平,那么3个地区仓库总共要准备450个产品。但如果有一个中央仓库的话,300个产品就够了。

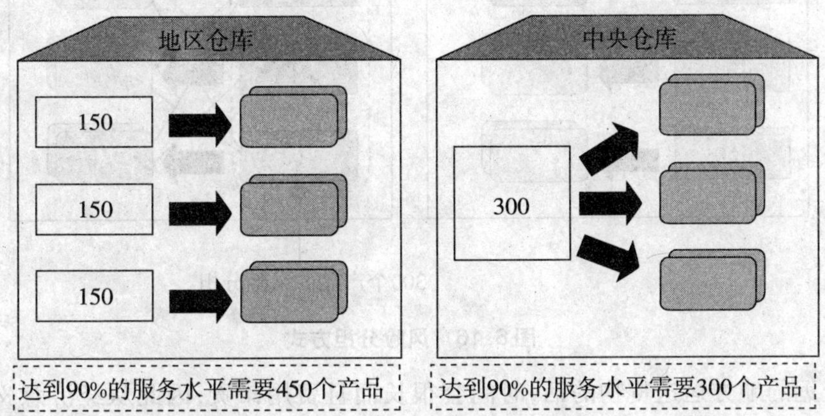

图6.15 风险分担

这其中的差异如何解释呢?正确的解释需要统计学的原理。简单地讲是本地需求的变化可以相互抵消。在图6.15中,随机的变化性可能使第一个地区的需求变高,第二个地区不变,第三个地区变低,或者发生其他可能的组合。但是3个地区的需求同时都变高的可能性很小。如果3个地区的库存合并起来分担风险的话,那么同样的安全库存可以覆盖任何地区的高需求风险。这样的话总的需要的库存就减少了。根据不同情况,我们用风险分担的方法可以减少25%~35%的库存。

当然,决定集中库存涉及的不仅是关于安全库存的要求。如果不在客户附近放置库存的话,有可能无法达到目标客户的服务水平,或者用更快的运输方式的成本可能比保存较少库存所节省的成本要高。但是风险分担并不要求库存实际只放在一个地方,它所要求的只是共同管理库存。这可以通过许多技术来达到,如提醒库存、多方库存、转运和直运。

许多配送网络都有多个层次。例如,产品可以从一个中央仓库通过几个地区配送中心到达大量分散的商店,尽管每个地方都可能单独管理库存,实际上,很少有公司这样做,因为把库存作为梯形库存来共同管理更有效。用这种方法,从中央仓库到零售店经过的这些地方可以共同分担风险。中央库存的库存可以作为地区库存的后备,地区库存也为零售店做后备。只要客户能承受由于从上一层次库存引起的延期,层次系统内的总库存可以通过风险分担来大大减少。

如图6.16所示,在梯次编队配送系统中,最常见的安排是每个节点只服务于它的上一层次节点。这种结构简化了对系统的管理,但是限制了可以通过风险分担节省成本。如果每个地方都可以从上一层次的两个或更多的地方收到货物的话,那么这些地方的库存就会自动形成风险分担,减少对安全库存的需要。图6.16显示了每个地方用自己的仓库来补充库存,但是当库存短缺时,仓库会互相支援,而不是从一个中央仓库向所有3个地方提供库存。这样总库存减少到300个产品,同时地区配送中心又保证了接近客户。

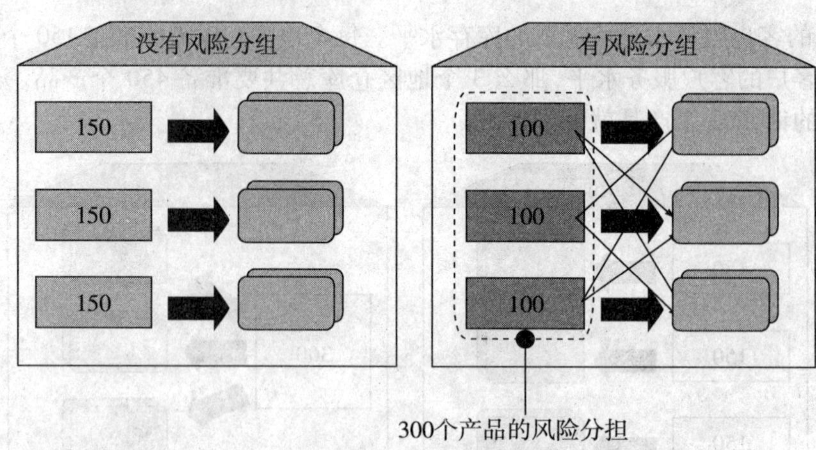

图6.16 风险分担方式

从比较远的地方运送货物的话,时间会很长而且费用昂贵,因此从经济意义上来说,支持仓库和地区配送中心之间的联系是不可行的。解决这个问题的方法是仍把这些设施分开,但是像图6.16所示的那样使风险总量交叠。风险总量交叠可以把相联系的数字保持在一个合理的水平而同时使总的库存大大降低。即便从较远的地方运送产品会亏损,这个策略也有效。因为这些事件相对较少,所以节省的成本大于所花费的成本。

风险分担的好处还可以通过转运来得到。用这种方法,供应链的某个层次上的设施相互之间交换库存。这种方法比多方供应更昂贵,因为产品平均运输了更长的距离。但是有时候这是唯一的选择。在零售店这一层次尤其如此,因为它们没有下家来接受混合运输的货物。这样的话,转运是最常用的方法。零售店可以如图6.16那样根据接近程度组成风险分担体系,相互之间通过联网来知道对方库存的信息。这样即使在缺货时它们也可以告诉客户所要的产品有货,可以马上到货。

还有一种达到风险分担的方法,那就是直运。在这种方法下,供应链的几个层次都绕过了。例如,在图6.15中一个大订单可能直接从中央仓库运到零售店,省略了地区配送中心。这个例子说明,考虑到上游为下游后备库存,可以把直运当作梯形库存的一个变量。直运的好处在于可以节省经过中间环节所带来的成本,包括在装货、储存、取货和重新装货上花费的时间和金钱。直运通常用在处理数量达到运输限制点的大订单,如整车运输,这时不管离零售店最近的地方有没有库存。这样不但消除了本地操作的费用而且通过利用整车运输费率的好处减少了总的运输成本。这样做更大的好处是下游的仓库不用处理大的订单,可以在维持服务水平的同时缩短它们的库存周转以减少安全库存。

风险分担是推进供应链绩效的优秀工具,可以帮助企业变换各种效率和进行灵活性的组合。例如,可以在维持同样服务水平的情况下减少达1/3的库存,也可以在不增加库存的情况下应对更大变化的需求,还可以以任何想要的组合来同时提升两者的质量。

尽管风险分担的作用强大,但是它不是万能的,从中得到的好处的多少取决于企业的需求的性质。如果企业的产品需求十分稳定,那么在开始的时候不需要多少安全库存,减少库存不会有多大好处。更重要的是,如果在不同地区的需求趋向于同时升高或者降低,风险分担的作用就不大了,因为一个地区的货物短缺时,另一个地区也是如此。这并不是说在这些情况下我们不能使用风险分担,而是说在需求不确定而且不同地区的需求相对独立的情况下,风险分担技术才能发挥最大的作用。

另一个需要注意的地方是在管理标准的梯次编队配送系统时,风险分担会困难得多,容易发生所谓的"串货"现象——一个地方可以从它层次上方的多个地方拿货,或者从上游拿货,或者选择同层次拿货,而不是简单地只从上游拿货,从而增加了管理难度。使事情更加复杂的是对每个地方而言,它的选择可能被限制在它所在的风险分担区内。管理好的话,这些选择可以使供应链绩效超过现在的水平,而管理不好的话,可能使公司陷入困境。

我的笔记

19.3　延迟技术

在供应链设计上有一种创新行动叫作延期或者延迟差异的技术,也叫作冰点延迟。其基本的思想是在工厂制造通用形式的产品,然后运输到靠近终点的配送中心,接着完成最后的产品组装。这种技术提升了供应链的绩效,因为它在生产和运输两方面都提供了更多的规模经济效益,同时也增强了企业应对需求变化的灵活性。

延期技术的经典范例是惠普喷墨打印机生产线。这些打印机的销量增长很快,温哥华工厂的生产线根据计划精确地增加生产来满足不断增长的需求,问题是打印机要根据不同国家的市场进行不同的配置组装,普惠发现自己常常短缺某些配件,或者过多存储了某些配件。因为一个工厂要满足全世界的需求而且打印机通过海运来运送,惠普没有办法迅速调整来解决这个问题。于是,公司对打印机进行了重新设计从而允许配送中心可以进行所在国家的配置组装。这个变化使惠普大批量地生产通用打印机并大量运送,把最后配置组装延期到打印机最靠近目标市场的地方。

惠普的例子说明了延期技术的以下几个要点。首先,产品在不牺牲生产和运输规模经济的情况下可以做到专门针对不同的市场。这十分重要,在当今的客户导向的市场上,制造商必须不断增加产品的新品种,但这和大批量生产相冲突。延期技术通过允许在靠近客户的地方进行专门配置组装,提供了解脱这种困境的可能。工厂通过大批量生产通用产品重新获得了规模经济,客户也得到了它们想要的不同品种的产品。

延期的另一个好处是它利用了风险分担的优点来降低对库存的要求。风险分担通过把不同地点的库存合并和相互抵消不同地区的变化,减少了对安全库存的需求,延期通过合并同一系列的产品库存到同一个风险总量里,极大地减少了每个地区需要放置的库存。

另外一个相关的好处是生产可以基于总体预测之上,这通常比详细的预测更准确。实际上,延期技术需要允许通用产品的变化,通过最新的需求来拉动而不是被不确定的、详细到每件产品的预测来推动。同时,延期通过允许次要的变化在最后销售点处实现的做法提高了定制化的程度。

延期是供应设计的一种形式。最重要的是延期需要模块化的方法来设计和生产产品,这样才能使下游组装最后的配置。例如,在计算机的外围设备中,可能需要重新设计现在做在一起的电源和机箱,使电源成为可插入的部件,或者把区别 PC 和 Mac 的逻辑电路从模板上分离分别做成外部插件。

和总的供应设计一样,延期技术需要进行一些困难的改革。惠普的延期计划最大的障碍之一是配送中心抵制参与最后的总装——已经习惯了存储和搬运的运营,总装对它们来说是一项非常不同的任务。如果配送中心缺少最后总装所要的空间、设备和技术,采用延期技术会导致缺陷率的上升、延期交货和其他的生产问题。

如果把配送中心改造成总装中心不可行,总工厂还是可以采用延期的技术。这样的话,这项技术是纯粹基于时间而且不会给下游带来任何的成本节省。但是,延期差异所带来的灵活性的增强还是使这个改变很有价值。

例如,班尼顿公司改变生产毛线的顺序,不是在针织前对毛线染色,而是对生产出来的毛线衫染色。尽管这样做增加了 10% 的生产成本,但是却产生 10% 的净利。因为公司可以对客户对颜色的偏好的改变做出快得多的反应。

相反,如果最后配置的程序很简单,或者如果零售商有特别的技巧,就可能把延期推向最终的销售点。这通常发生在消费电子产品上,这些产品可能需要用特别的电线或电源适配器作为最后的配置。在自行车的销售中也有这种情况,因为每辆自行车都是根据每个客户的需要特别配置的。甚至还有可能最后的配置在消费者家里完成,如家庭娱乐系统、家具等就是如此。

延期技术提供了许多潜在的好处,但是这并不是没有成本的。除了当组装线在被向供应链下方推动时可能出现质量和组织的问题外,在下游进行最后总装的成本总是比在工厂里总装的成本要高。另外,不管最后总装在哪里进行,产品的模块化和生产运营的重新排序可能提高生产的成本。这些成本都需要在延期技术产生任何成本的节省前被抵销掉。

采用延期技术需要具备以下两个基本条件:一是通用产品中可以有很多配件;二是很难预测这些配件的需求。

延期技术的应用在差异化产品中很常见。差异化产品指的是服装和消费类电子产品等,这些产品有各种各样的款式、尺寸和颜色,并迎合各种流行和时尚。常见的延迟方法如图 6.17 所示。

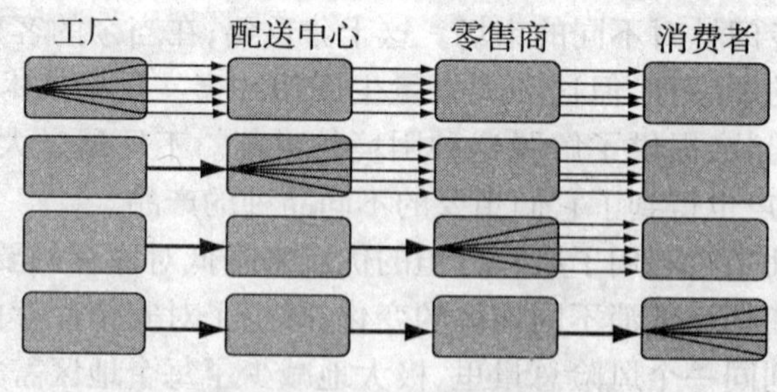

图 6.17 常见的延迟方法

最有效的方法是在不同的产品线之间有选择地使用延期技术,并只是在收入超过成本时才使用。比这还要好的方法是在同一产品线中有选择地使用。采用这种延期技术,需要在工厂里首先区分产品,使它们的每一个变化都能满足最低需求,然后在需求不确定的部分采用延期技术,这样就能带来最大的好处。

我的笔记

复习思考

一、填空题

1. 考虑如何提升供应链的速度时,除了考虑货物流外,也要考虑________和________。

2. 采用延期技术只有满足以下两个条件时才最有效:一是通用产品中可以有很多配置,二是________。

3. ________是推进供应链绩效的优秀工具。

4. 增加供应链速度最明显的方法是________。

二、简答题

1. 延迟技术是如何实现的?

2. 供应链风险分担的方法是如何优化企业供应链绩效的?

三、案例分析

詹姆电子是一家生产诸如工业继电器等产品的韩国制造商企业。其在远东地区的5个国家拥有5家制造工厂,总部设在首尔。

美国詹姆公司是詹姆电子的一个子公司,专门为美国国内提供配送和服务功能。詹姆公司在芝加哥设有一个中心仓库,为两类客户提供服务,即分销商和原始设备制造商。分销商一般持有詹姆公司产品的库存,根据客户需要供应产品。原始设备制造商使用詹姆公司的产品来生产各种类型的产品,如自动化车库的开门装置。

詹姆电子大约生产2 500种不同的产品,所有这些产品都是在远东制造的,产成品储存在韩国的一个中心仓库,然后从这里运往不同的国家。在美国销售的产品是通过海运运到芝加哥仓库的。

近年来,美国詹姆公司已经感到竞争大大加剧了,并感受到来自于其客户要求提高服务水平和降低成本的巨大压力。不幸的是,正如库存经理艾尔所说:"目前的服务水平处于历史最低水平,只有大约70%的订单能够准时交货。另外,很多没有需求的产品占用了大量库存。"

在最近一次与美国詹姆公司总裁和总经理及韩国总部代表的会议中,艾尔指出了服务水平低下的以下几个原因。

① 预测客户需求存在很大的困难。

② 供应链存在很长的提前期。美国仓库发出的订单一般要六七周后才能交货。存在这么长的提前期的主要原因是:一是韩国的中央配送中心需要一周来处理订单;二是海上运输时间比较长。

③ 公司有大量的库存。如前所述,美国公司要向客户配送2 500种不同的产品。

总部给予美国子公司较低的优先权。美国的订单的提前期一般要比其他地方的订单早一周左右。

为了说明预测客户需求的难度,艾尔向大家提供了某种产品的月需求量信息,如图6.18所示(图中纵轴表示数量,单位为千个)。

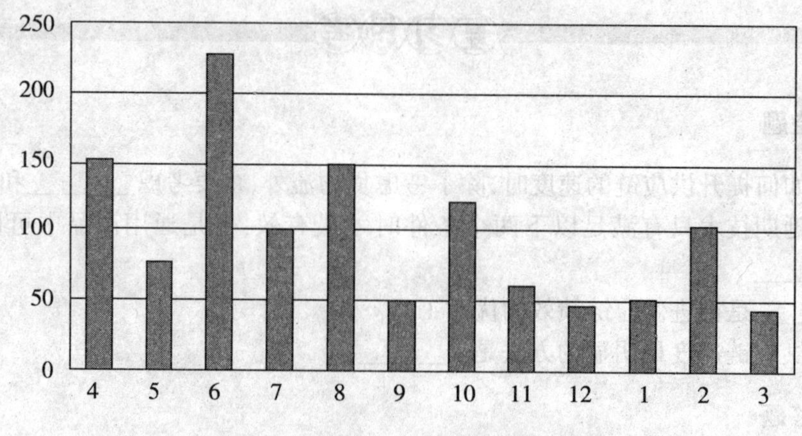

图6.18 詹姆公司产品的月需求量

但是,总经理不同意艾尔的观点。他指出,可以通过空运的方式来缩短提前期。这样,运输成本肯定会提高。但是,怎么样进行成本节约呢?公司决定建立一个特别小组来解决这个问题。

思考

1. 詹姆公司如何针对这种变动较大的客户需求进行预测?
2. 詹姆公司如何平衡服务水平和库存水平之间的关系?
3. 提前期和提前期的变动对库存有什么影响?詹姆公司该怎么处理?

参考文献

[1] 泰勒．供应链制胜[M]. 北京:中国市场出版社,2006.
[2] 鲍尔索克斯．供应链物流管理[M]. 北京:机械工业出版社,2007.
[3] 骆温平．物流与供应链管理[M]. 北京:电子工业出版社,2002.
[4] 科伊尔,等．企业物流管理——供应链视角[M]. 文武,等译．北京:电子工业出版社 2003.
[5] 蒙兹卡,等．采购与供应链管理[M]. 刘秉镰,等译．北京:中信出版社,2002.
[6] 巴罗．企业物流管理:供应链的规划、组织和控制[M]. 王晓东,胡瑞娟,等译．北京:机械工业出版社,2002.
[7] 纳尔逊,等．供应链管理最佳实践[M]. 刘祥亚,等译．北京:机械工业出版社,2003.
[8] 盖特纳．战略供应链联盟:供应链管理中的最佳实践[M]. 宋华,等译．北京:经济管理出版社,2003.
[9] 韩小霞,王钢．供应链管理[M]. 清华大学出版社,2016.
[10] 朱道立．物流和供应链管理[M]. 复旦大学出版社,2001.
[11] 乔普瑞,梅因德尔．供应链管理:战略、规划与运营[M]. 李丽萍,等译．北京:社会科学文献出版社,2003.
[12] 来桑斯,吉林厄姆．采购与供应链管理[M]. 鞠磊,等译．北京:电子工业出版社,2004.
[13] LAMOUREUX M, et al. The e - Sourcing Hand book-A Modern Guide to Supply & Spend Management Success. Indianapolis: Iasta Publishing, 2008.
[14] SIMCHI - LEVI D, KAMINSKY P, SIMCHI - LEVI E. Designing and Managing the Supply Chain, International Student Edition[M]. New York: McGraw - Hill Companies, Inc. ,2007.
[15] 卡维纳托,考夫曼．MBA 必修核心课程[M]. 编译组,译．北京:中国国际广播出版社,2003.
[16] 威斯纳,梁源强,陈加存．供应链管理[M]. 朱梓齐,译．北京:机械工业出版社,2006.
[17] 马士华,林勇,陈永祥．供应链管理[M]. 北京:机械工业出版社,2000.
[18] 季建华,邵晓峰．物流案例[M]. 北京:高等教育出版社,2008.
[19] 泰勒．全球物流与供应链管理案例[M]. 胡克,程亮,译．中信出版社,2003.
[20] 李勇,屈亚琴,王慧娟．现代物流管理[M]. 清华大学出版社,2016.
[21] 柯恩,罗塞尔．战略供应链管理:供应链最佳绩效管理的五项原则[M]. 2 版．机械工业出版社,2015.
[22] 骆温平,戴建平．物流企业与供应链成员多边合作价值创造机理及实现——基于组织间学习效应视角[J]. 吉首大学学报(社会科学版),2016(6).
[23] 戴建平,骆温平．物流企业与供应链成员多边合作价值创造机理研究[J]. 商业研究,2015(7):164 - 168.
[24] 董安邦,廖志英．供应链管理的研究综述[J]. 工业工程,2002,5(5):16 - 20.
[25] 陈勤飞．传统物流如何向现代供应链管理转变[J]. 经营管理者,2015(33).
[26] 吴梦洁,周化,黎毅麟．基于供应链管理的动态库存调度策略研究[J]. 企业技术开发(学术版),2015,34(1):1 - 3.
[27] 吴智勇．供应链管理案例分析[J]. 现代商贸工业,2015,36(9):31 - 32.
[28] 吴金斌,苏小城．沃尔玛供应链管理分析[J]. 港澳经济,2014(29):28 - 29.

尊敬的老师：

您好。

请您认真、完全地填写以下表格的内容(务必填写每一项)，索取相关图书的教学资源。

教学资源索取表

<table>
<tr><td>书　名</td><td colspan="3"></td><td>作者名</td><td></td></tr>
<tr><td>姓　名</td><td></td><td>所在学校</td><td colspan="3"></td></tr>
<tr><td>职　称</td><td></td><td>职　务</td><td></td><td>讲授课程</td><td></td></tr>
<tr><td>联系方式</td><td colspan="5">电话：　　E-mail：　　微信号：</td></tr>
<tr><td>地址(含邮编)</td><td colspan="5"></td></tr>
<tr><td>贵校已购本教材的数量(本)</td><td colspan="5"></td></tr>
<tr><td>所需教学资源</td><td colspan="5"></td></tr>
<tr><td>系/院主任姓名</td><td colspan="5"></td></tr>
</table>

系/院主任：__________(签字)

(系/院办公室公章)

20____年____月____日

注意：

① 本配套教学资源仅向购买了相关教材的学校老师免费提供。

② 请任课老师认真填写以上信息，并**请系/院加盖公章**，然后传真到(010)80115555转735253索取配套教学资源。也可将加盖公章的文件扫描后，发送到presshelp@126.com索取教学资源。

南京大学出版社

http://www.NjupCo.com